# 치우치지 않는 삶

웨인 다이어의 노자 다시 읽기

**일러두기**

《도덕경》은 숭국에 있는 수석서만노 넟 수레 분냥이 될 성노노 나양하게 해석뇌고 있나.
이 책에서도 웨인 다이어가 해석한《도덕경》원문과 구본형이 해석한 원문에 약간의
차이가 있음을 밝힌다.

# 치우치지 않는 삶

웨인 다이어의 노자 다시 읽기

웨인 다이어 지음
신종윤 옮김
구본형 해제

나무생각

# 나는 왜 《도덕경》을 읽게 되었을까?

구본형

미래는 꿈으로 만들어졌다. 그 외에 다른 무엇으로도 만들어질 수 없다. 그러므로 미리 미래를 보려는 자는 늘 꿈을 꿔야 한다. 꿈은 멋진 것이다. 딱 한 가지만 빼놓고 그렇다. 한 가지 치명적 약점, 그것은 불확실하다는 것이다. 꿈은 언제나 몽상과 개꿈에 그칠지 모르는 위험을 안고 있다. 인간은 그래서 미래를 보는 안목을 키우려 애쓴다. 미래학자들은 트렌드라는 물결 위에서 미래를 보려 한다. 그 물결 위에 꿈을 실어 모호함을 줄여보려 한다.

사방팔방으로 뻗어가는 햇살 같은 트렌드들을 모두 이해한다는 것은 가능한 것이 아니다. 그러나 그중에서 가장 큰 메가트렌드 몇 개는 기억해둘 필요가 있다. 메가트렌드는 보통 30~50년 정도의 반감기를 가지고 있다. 그것은 아주 널리 퍼져 있어 우리 삶의 모든 영역에 영향을 미치고 있다. 그리고 메가트렌드는 글로벌하다. 세계 어디서든 감지된다. 이런 특성을 가지고 있으면 메가트렌드라 불릴 수 있다. 종종 사람들은 메가트렌드에 대하여 "그건 예전에도 들었던 거야. 새로울게 없어. 눈이 번쩍 뜨일 새로운 걸 내놔봐."라고 말할지도 모른다. 위험한 생각이다. 메가트렌드의 힘은 새로움에 있는 것이 아니라 생활에 끼치는 영향력의 깊이와 넓이에 있다. 따라서 그동안 잘 알려져 있고, 오랫동안 영향력을 미치고 있는 것들에 주목해야 한다.

가장 영향력이 강한 몇 가지의 메가트렌드 중 첫 번째 물결은 고령화다. 그것은 이미 모든 선진국에서 감지되고 있다. 우리 역시 예외가 아니다. 노화는 갑자기 찾아와 사람들을 뒤흔들어놓는다. 개인만 늙은 것이 아니라 인류 전체가 늙어가고 있다. 철학자이며 민속학자인 클로드 레비스트로스는 "인구통계학적인 재앙과 비교하면, 공산권 붕괴 따위는 아무것도 아니다."라고 말한다. 경제 전문가들은 대체로 2020년을 전후하여 선진국에서 벌어지는 인구 전쟁에서 노인들이 유리한 지위를 차지하기 시작할 것으로 전망한다. 다수가 되기 시작한 것이다. 일본은 이미 2006년에 65세 이상 노인이 인구의 20%를 넘어서는 초고령사회로 진입했다. 그리고 유럽의 대부분이 2020년을 전후하여 초고령사회로 진입하게 될 전망이다. 한국의 경우는 2026년이면 초고령사회가 될 것으로 추정된다.

두 번째 중요한 메가트렌드는 여성이다. 여성은 점점 더 똑똑해지고 있다. 100년 전 여성들에게 교육은 주어지지 않았다. 그러나 지금은 세계 도처에서 여학생들의 수가 남학생의 수를 넘어서기 시작했으며, 남학생들의 성적을 뛰어넘기 시작했다. 정치·사회·문화 전반에 걸쳐 여성의 참여가 급증하고, 이에 반비례하여 출산율은 현격히 줄어들었다. 맞벌이 부부 중에서 아내가 돈을 더 많이 버는 경우에는 남편이 집에서 가사일을 하는 경우가 늘고 있다. 런던의 경우 벌이가 아내에 미치지 못하는 남편의 40%는 집에서 가사일을 하고 있다. 남성이 돈을 벌고 여성이 가사일을 전담하는 모습은 사라져간다. 당연히 결혼 생활의 그림도 달라졌다. 아이를 낳아 기르는 재생산 모델에서 서로에 대한 독립성이 존중되는 일종의 이중 공동체 모델로 바뀌어가고 있는 것이다. 즉, 남편과 아내는 서로 다른 직장 동료, 친구 등과 자신이 번 봉급으로 독립된 세계를 가진 상태에서 결혼 생활을 병행해간다. 경제력의 확보를 통해 여성은 구매 결정의 80%를 차지하는 의사결정권자가 되었다. 여성을 겨냥하지 않고 비즈니스를 하기 어렵다는 뜻이다. 디자인이 중요해지고, 컬러가 구매 포인트가 되고, 아름다움이 가격 결정력을 가지게 되었다. 야망이 아니라 도덕이 중요해졌으며, 기능이 중요한 것이 아니라 감성적 하이터치 서비스가 중요해졌다.

세 번째 중요한 메가트렌드는 로하스LOHAS다. 로하스는 소비 측면에서 개인의 건강과 사회의 지속가능성, 환경 및 새로운 가치를 중요시하는 라이프스타일을 의미한다. 에코eco라는 단어는 이제 모든 상품과 서비스가 가장 선호하는 접두사가 되었다. 먹거리에 '에코'가 붙는 것은 당연한 프리미엄을 의미한다. 몇 배의 비싼 가격에도 거래된다. 사람들은 저지방이나 무지방 우유를 더 비싸게 사서 마신다. 저농약 쌀이나 무농약 쌀은 더 비싸다. 친환경 채소도 그렇지 않은 보기 좋은 채소보다 훨씬 더 비싸다. 캄보디아의 작고 예쁜 씨엠립 공항에서는 캄보디아의 앙코르와트 여행을 친환경 에코 트립eco-trip이라고 선전한다. 개발되지 않은 불편과 초라함은 벌레 먹은 채소처럼 자연스러운 건강함을 상징한다. 에코 서비스는 푸른빛을 띠고 일상의 모든 구석구석을 파고든다. 요가는 가장 인기 있는 건강법이 되었고, 자전거를 타고 거리와 산을 누비는 것은 훌륭한 스포츠가 되었다. 모든 지자 체는 자연과 하나가 된 공간을 만날 수 있다며 자신의 고장으로 찾아 오라고 설득한다. 에너지업계와 자동차업계는 친환경 신에너지를 개 발해내는 데 총력을 기울이고 있다. 우리 시대 가장 대중적인 단어는 에코가 되었다. 정책적으로 기후변화 대책과 환경 보존에 엄청난 예산 이 투입될 것이다.

노자의 《도덕경》, 이 오래된 책은 신기하게도 메가트랜드의 세 가지 를 다 갖추고 있다. 가장 오랜 것이 가장 최신의 것이 되었다. 《도덕경》 의 저자가 누구인가? 늙은이, 노인 즉 노자老子다. 인생을 살아본 자의 달통한 삶의 지혜로 가득하다. 애쓰지 마라. 결국 네 운명대로 살게 될 것이다. 운명이 이끄는 대로, 살아지는 대로 살아라. 이 위로와 진무鎭 撫는 경쟁력을 외치며 자기계발로 전전긍긍하는 바쁜 직장인의 넥타 이를 자애로운 늙은 손길로 풀어준다. 어느 시대나 모든 나라가 역사 의 발전 단계를 거치는 동안 여성의 땀과 피와 헌신에 빚지지 않은 때 가 없었지만, 여성은 늘 약자였다. 《도덕경》은 고전 중에서 가장 여성 적인 책이다. 모든 것의 근원인 여성성, 그 어두운 계곡, 그곳이 인류의 발상지인 것이다. 이 세상에서 가장 자연친화적인 책을 들라면 당연히 《도덕경》이다. 사회에서 가지가지의 사연으로 다친 모든 이들을 품어 주는 곳이 자연이다. 자연은 우리의 죽음을 받아줌으로써 삶을 완성하 게 하는 귀소歸所인 것이다.

신기한 일이다. 어찌하여 가장 오래된 것 중의 하나가 이미 우리의 미래에 가 있단 말인가? 나는 카를 구스타프 융의 다음과 같은 말을 기억하고 있다.

꿈은 영혼의 가장 깊고 비밀스러운 곳에 숨어 있는 작은 문이며, 이 문은 우주의 밤을 향해 열려 있다. 그 밤은 자아의식이 생겨나기 오래전부터 프시케로 존재했다. 그것은 모든 것이 하나가 된 깊은 곳으로부터 생겨나며, 너무도 유치하고, 기괴하고, 비도덕적이시만, 꽃처럼 피어나는 그 솔직함과 진실함 앞에 우리는 기만에 찬 우리의 삶에 대하여 얼굴을 붉히게 되는 것이다.

《도덕경》은 이미 오래전부터 존재한 인류의 프시케였던 것이다. 우리는 우주적 존재들이다. 가장 깊은 곳에서, 한 방울의 바닷물 안에 모든 바다가 들어 있듯, 한 개인은 인류의 보편성을 공유한다. 인류의 집단 무의식은 다양한 개인을 싣고 스스로의 길을 간다. 우리의 미래 역시 그 길 위에 있다.

한 서양인이 마치 한 마리의 영특한 생쥐처럼 커다랗고 맛있는 치즈 앞에서 코를 콤콤거리고 있나. '어, 이거 대단한데. 엄청난 밥인데.' 라고 경탄하면서 말이다. 저자가 바로 그 생쥐다. 그는 경도되었다. 그리고 어느 날 자신에게 선물을 하나 주기로 결심했다. 그리하여《도덕경》을 읽고 그 나름의 깊이로 주해를 해보기로 한 것이다. 그것이 바로 이 책이다. 나는 이것을 '한 서양인이 본 동양'이라 생각한다. 과거의 오리엔탈리즘처럼, '동양은 스스로 동양의 이야기를 할 수 없기 때문에' 서양이 대신 그 이야기를 해준다는 오만이 아니라, 해결할 수 없는 서구의 치명적 문제를 풀기 위해 위대한 인류의 지혜에 의지하겠다는 겸손으로 말이다.

이 책을 읽을 때 두 가지의 독법을 가지면 훨씬 재미있게 볼 수 있을 것이다. 하나는 구렁이 담 넘어가듯 언어의 한계를 교묘히 벗어나는 동안 늘 이러지도 저러지도 못한 채 마음으로 다가가려 한 우리와 달리, 한 서양인은 그들의 전통적 배움의 양식을 따라 어떻게 그 모호함을 견뎌가는지 유심히 살펴보는 것이다. 그들은 어떻게 해서든지 모호함을 줄여보려는 경향이 있다. 종종 불명료한 것을 명료하게 보기 위한 노력이 빚어내는 상당한 왜곡과 무리가 없지 않지만 말이다. 바로 여기서 두 번째 독법이 나온다. 이 서양인의 해석이 이렇다면, 나의 해석은 무엇일까 질문을 하는 것이다. 이것이 위대한 독법이다. 남의 글을 따라가되 자신의 견지를 갖추어 되묻는 것이야말로 진실로 잘 배우는 방법이다. 전통적인《도덕경》의 해석에 갇히지 말고, 이 서양인처럼 스스로 자신만의《도덕경》주해를 해보는 것이다. 전통으로부터 나를 풀어주고, 기존의 해석으로부터 벗어나 자신의 견해를 갖는 것이야말로 멋진 자유의 연습이 아닐 수 없다.

심장을 빼내 한 여인에게 주는 것이 사랑이다. 마음을 끄집어내어 인생에게 바치는 것이 삶이다. 사랑에서 멀어지면 삶에서도 멀어지는 것이고, 마음이 본질을 떠나 돈과 명예에 매이면 한 번도 해보고 싶은 일을 하지 못한 채 헛산 것이다. 가지가지의 일로 몸과 영혼이 추울 때, 할아버지 옆에서 불을 쬐며 장작이 타오르는 것을 보라. 자신을 죽여 태움으로써 나를 돕는 것이니, 내 삶이 하루인들 어떤 우주적 존재의 호의와 도움 없이 살아질 수 있겠는가?

# 차례

해제 _ 구본형 · 4

프롤로그 · 16

1  신비로운 삶 Living the Mystery · 24

2  모순된 조화를 따르는 삶 Living the Paradoxical Unity · 32

3  만족하는 삶 Living Contentmen · 38

4  무한한 삶 Living Infinitely · 44

5  치우치지 않는 삶 Living Impartially · 50

6  창조적인 삶 Living Creatively · 56

7  에고 너머의 삶 Living Beyond Ego · 62

8  흐름을 따르는 삶 Living in the Flow · 68

    구본형의 노자 읽기  있기도 하고 없기도 한 딜레마를 즐겨라 · 74

9  겸허한 삶 Living Humility · 78

10  하나 되는 삶 Living Oneness · 84

11  비움으로 사는 삶 Living from the Void · 90

12  내면의 신념에 따른 삶 Living with Inner Conviction · 96

13  독립된 마음으로 사는 삶 Living with an Independent Mind · 100

14  외형 너머의 삶 Living Beyond Form · 106

15 서두르지 않는 삶 Living an Unhurried Life · **112**

16 한결같은 삶 Living with Constancy · **118**

   구본형의 노자 읽기 자연스러운 마음이 사라지니 예의가 생기고 · **124**

17 현명한 지도자의 삶 Living as an Enlightened Leader · **128**

18 규칙적인 삶 Living without Rules · **136**

19 집착하지 않는 삶 Living Without Attachment · **142**

20 애쓰지 않는 삶 Living without Striving · **148**

21 오묘한 모순의 삶 Living the Elusive Paradox · **156**

22 유연한 삶 Living with Flexibility · **162**

23 자연스러운 삶 Living Naturally · **168**

24 넘치지 않는 삶 Living Without Excess · **174**

   구본형의 노자 읽기 서양이 동양을 찾는 이유 · **180**

25 위대한 삶 Living from Greatness · **184**

26 평온한 삶 Living Calmly · **190**

27 내면의 빛을 따르는 삶 Living by Your Inner Light · **194**

28 덕이 있는 삶 Living Virtuously · **200**

29 자연법칙에 따르는 삶 Living by Natural Law · **206**

30 폭력 없는 삶 Living Without Force · **214**

31 무기 없는 삶 Living Without Weapons · 220

32 도의 완전한 선함을 따르는 삶 Living the Perfect Goodness of the Tao · 226

구본형의 노자 읽기 말할 수 있는 것은 이미 그 실체가 아니다 · 232

33 자신을 다스리는 삶 Living Self-Mastery · 236

34 위대한 도를 따르는 삶 Living the Great Way · 242

35 세속적인 기쁨 너머의 삶 Living Beyond Worldly Pleasures · 248

36 드러나지 않는 삶 Living in Obscurity · 254

37 단순한 삶 Living in Simplicity · 260

38 타고난 본성을 따르는 삶 Living within Your Own Nature · 266

39 온전한 삶 Living Wholeness · 272

40 되돌아감과 약함의 삶 Living by Returning and Yielding · 278

구본형의 노자 읽기 우리는 왜 먼 길로 가는 것이
되돌아오는 것임을 알지 못할까? · 284

41 보이는 모습 너머의 삶 Living beyond Appearances · 288

42 조화로 어우러지는 삶 Living by Melting into Harmony · 296

43 부드러운 삶 Living Softly · 302

44 멈춰야 할 때를 아는 삶 Living by Knowing When to Stop · 308

45 표면적인 것 너머의 삶 Living Beyond Superficialities · 314

46 평화로운 삶 Living Peacefully · 322

47 존재함으로 사는 삶 Living by Being · 328

48 덜어내는 삶 Living by Decreasing · 334

구본형의 노자 읽기 물, 마음대로 해도 한 번도 물이 아닌 적이 없다 · 340

49 비난하지 않는 삶 Living Beyond Judgment · 344

50 불멸의 존재로 사는 삶 Living as an Immortal · 350

51 숨은 덕에 의한 삶 Living by Hidden Virtue · 356

52 어머니에게 되돌아가는 삶 Living by Returning to the Mother · 362

53 부끄러움을 아는 삶 Living Honorably · 368

54 변화를 만들어내는 삶 Living as If Your Life Makes a Difference · 374

55 내려놓는 삶 Living by Letting Go · 378

56 말없는 앎을 따르는 삶 Living by Silent Knowing · 384

구본형의 노자 읽기 노자 사상 속 가장 중요한 신화적 모티프 · 390

57 권위주의를 버린 삶 Living Without Authoritarianism · 394

58 행운과 불운에 흔들리지 않는 삶
Living Untroubled by Good or Bad Fortune · 400

59 절약과 절제의 삶 Living by Thrift and Moderation · 406

60 악에 흔들리지 않는 삶 Living with Immunity to Evil · 412

61 낮은 곳에 머무르는 삶 Living by Remaining Low · 418

62 도라는 보물창고 안의 삶 Living in the Treasure-house of the Tao · 424

63 어려움 없는 삶 Living Without Difficulties · 430

64 지금 여기에 존재하는 삶 Living by Being Here Now · 436

　구본형의 노자 읽기 　1+1=3 생명, 오직 생명이구나 · 442

65 우직한 삶 Living by Staying Simple-hearted · 446

66 바다를 닮은 삶 Living by Emulating the Sea · 452

67 세 가지 보물이 이끄는 삶 Living by the Three Treasures · 458

68 서로 돕는 삶 Living by Cooperating · 464

69 적이 없는 삶 Living Without Enemies · 470

70 신의 존재를 깨닫는 삶 Living a God-Realized Life · 476

71 병들지 않는 삶 Living Without Sickness · 482

72 경외하고 수용하는 삶 Living with Awe and Acceptance · 488

　구본형의 노자 읽기 　도란 무엇인가? · 494

73 하늘의 그물 안에서 사는 삶 Living in Heaven's Net · 500

74 죽음을 두려워하지 않는 삶 Living with No Fear of Death · 506

75 덜 요구하는 삶 Living by Demanding Little · 514

76 굽힐 줄 아는 삶 Living by Bending · 520

77  남는 것을 나누는 삶 Living by Offering the Surplus · 526

78  물처럼 사는 삶 Living like Water · 532

79  원한을 남기지 않는 삶 Living Without Resentments · 538

구본형의 노자 읽기  대립되는 짝을 찾아 그 가운데를 무찔러라 · 544

80  자신만의 낙원에서 사는 삶 Living Your Own Utopia · 550

81  쌓아두지 않는 삶 Living Without Accumulating · 556


에필로그 · 562

옮긴이의 글 · 565

참고도서 · 567

# 변화 없는 진보란 없다

자신의 마음을 변화시키지 못하는 사람은
그 무엇도 변화시킬 수 없다.

– 조지 버나드 쇼

이 책은 《성경》을 제외하면 세상의 그 어떤 책보다도 많이 번역된
지혜의 책 《도덕경道德經》을 1년에 걸쳐 연구하고, 명상하고, 생활에
적용한 결과물이다. 많은 학자들은 이 고전을 존재의 본질에 대한 궁
극적인 담론으로 생각하기도 한다. 《도덕경》은 고결하고, 행복하고,
평화롭고, 균형 있게 살아가는 삶의 방식에 대한 지혜를 전하고 있다.
나는 최근에 이 고전의 81장을 계속해서 읽은 후 생명을 위협하는 중
독 증상을 극복한 사람에 대한 글을 읽었다. 한번 상상해보라. 이 얼마
나 놀라운 일인가. 《도덕경》은 100개도 안 되는 짧은 문단들을 통해서
균형 잡히고 도덕적이며 또한 영적인 삶의 방식을 이야기한다. 그리고
그것은 세상의 모든 삶에 다양하게 적용된다.

전하는 이야기에 따르면 《도덕경》은 고대 주나라의 수도 낙양洛陽에
살면서 왕궁 서고 관리 일을 했던 노자에 의해 쓰여졌다고 한다. 전쟁
기간 동안 점점 쇠락해가는 나라를 지켜보던 노자는 결국 서쪽 사막으
로 길을 떠났다. 그렇게 떠난 길에서 노자의 명성을 알아본 함곡관函谷
關의 수문장, 윤희尹喜가 가르침을 글로 남겨달라고 부탁했고, 그로 인

해 5천여 자로 이루어진 《도덕경》이 탄생하게 된 것이다.

《도덕경》의 탄생 배경에 대해 여러 가지 글을 읽었지만 역사적인 사실을 증명하는 결정적인 기록을 찾을 수는 없었다. 어찌 되었든 《도덕경》은 오늘날 거의 모든 언어를 통해 수천 가지 번역본으로 살아남았다. 나는 하루에 두 가지의 서로 다른 번역본을 읽고는 《도덕경》에 빠져들었다.

그 후 좀 더 다양한 번역본들을 구했다. 그중에 다섯 권은 상당히 오래된 것들이었고, 나머지 다섯 권은 비교적 근대의 것들이었다.(이 목록은 '참고도서'에서 확인할 수 있다.) 노자와 《도덕경》의 근원이 역사적으로 분명하지 않다 하더라도 학자마다 이 5천여 자의 한문을 모두 다르게 해석했다는 사실에 나는 매료되었다. 이 고대 한문 중에 일부는 오늘날 더 이상 사용되지 않는데, 이는 《도덕경》이 다양하게 해석되는 원인이 되기도 한다.

나는 《도덕경》의 가르침을 21세기 식으로 풀어내는 에세이를 쓰기로 결심했다. 10가지의 각기 다른 번역본을 읽고 그것들이 내 안에 공명을 일으킨 방식에 따라 81장을 구성했다. 이 책은 삶과 본질에 대한 통찰을 준 《도덕경》에 대한 내 개인적인 해석이다. 나는 10가지의 서로 다른 번역본들 중에서 가장 유용하다고 생각되는 부분을 발췌하고 연결해서 이 책을 구성했다. 이 과정에서 원문의 내용 중 일부가 빠지게 된 것에 대해서 죄송스럽게 생각한다. 또한 더해진 부분 중의 일부가 본문과 완벽하게 어울리지 못한다면 그것에 대해서도 사과드린다.

《도덕경》이 우리에게 주는 여러 선물 중에 하나는 바로 우리의 정신을 확장시켜준다는 점이다. 특히 풍자와 역설을 통해 삶을 바라보게 하는 방식이야말로 《도덕경》이 우리에게 주는 가장 큰 선물이라고 하겠다. 힘으로 밀어붙이는 것이 옳다고 생각할 때 노자는 겸허함이야말로 진정한 가치라고 말한다. '행함爲'이 필요하다고 느낄 때에 그는 '행하지 않음無爲'을 권한다. 또한 움켜쥐어야만 필요한 것이나 원하는 것을 얻을 수 있다고 생각할 때 그는 놓아주고 인내하라고 이른다.

도대체 도道란 무엇인가? 《도덕경》의 1장에서 말하는 것처럼 '이름을 규정하는 것은 그것을 잃어버리는 것'이다. 따라서 내가 찾아낸 최선의 답은 이렇다. 도란 궁극의 실재이며 널리 영향을 미치는 모든 것의 근원이다. 도는 결코 시작도 끝도 없으며, 아무것도 하지 않지만 그럼에도 세상 모든 만물에 생명을 불어넣는다.

내가 읽은 모든 번역본들은 도道를 대문자 'W'로 시작되는 '길 the Way'로 나타냈다. 65년이 넘도록 함께 해온 내 이름 웨인 다이어Wayne W. Dyer를 살펴보면, 왜 내가 이 책을 써야 했는지 예상하게 된다. 내 이름의 첫 세 알파벳이 바로 도를 뜻하는 'Way'와 같다. 게다가 'Dyer'라는 이름이 색이나 빛을 더하는 사람이라는 뜻이 아니던가? 이는 내가 왜 그토록 《도덕경》을 읽고, 쓰고, 번역하고 81개의 이야기를 실생활에 적용하는 일에 빠져들었는지를 잘 설명해준다.

《중국과 인도의 지혜The Wisdom of China and India》라는 책에서 임어당林語堂은 말한다.

"모든 동양의 문헌 중 꼭 하나 읽어야 할 책이 있다면 바로 노자의 도에 대한 책이다…. 이 책은 인류 철학사에 있어 가장 난해한 책 중 하나다."

노자의 신비롭고 실용적인 철학을 오늘날의 삶에 적용한다면 우리는 우리 자신만의 '길'을 찾게 될 것이다.

이 책을 쓰는 것은 이성적인 접근 방식에 전혀 들어맞지 않는 사고

방식에 완전히 주도권을 넘겨주는 일이었다. 그리고 그 과정은 설명할 수도 없고 이름 지을 수도 없는 도의 방식으로 나를 변화시켰다. 나는 이 책을 위한 프로젝트가 1년에 걸쳐 진행되리라 예상하고 그 창조의 과정을 다음과 같은 방식으로 구성했다.

새벽 4시에 일어나 우선 명상을 하고 과일 주스와 영양제를 챙긴 후 글쓰기를 위한 나만의 신성한 공간에 들어간다. 책상에는 노자의 초상을 그린 그림이 몇 개 놓여 있다. 하나의 그림은 노자가 소박한 관복을 입고 있다. 다른 그림은 노자가 지팡이를 짚고 서 있고 또 다른 그림 속에서는 노자가 황소를 타고 있다. 나는 천천히 작업에 몰입해 들어간다. 《도덕경》의 한 장을 읽고, 그 글이 내 안에 머물게 한다.

《도덕경》의 몇몇 장은 정치 지도자를 향한 개념들을 담고 있다. 하지만 어떤 경우라도 나는 일반 독자를 염두에 두었다. 정부나 기업의 특정 위치에 있는 사람이 아닌 모든 사람에게 보편적으로 적용될 수 있는 지혜를 찾고자 했다.

우선 간단한 느낌을 몇 가지 써둔다. 그러고는 사흘 동안 노자가 말하고자 하는 바에 대해 생각한다. 하루의 모든 활동에 도를 배경처럼 불러들인다. 그리고 스스로에게 속삭인다. '생각을 바꾼 후 삶이 어떻게 달라지는지 살펴봐.' 그러면 내 생각은 정말 변한다.

도와 내가 함께하는 것을 느낀다. 도는 항상 그 자리에 있으며, 아무것도 하지 않지만 이루지 못하는 것이 없다. 도를 통해 바라보면 주변 풍경이 다르게 보인다. 사람들이 자신의 본성을 외면하고 있음을 알게 된다. 더욱 가슴 아픈 것은 사람들이 타인의 관심사에 휘둘리고 있다는 점이다.

나는 이제 다른 시각을 갖게 되었다. 전보다 더 평화롭고, 더 인내하게 되었다. 모든 만물은 변화하고 순환한다. 우리 인간들 역시 마찬가지다. 슬픔, 공포, 좌절 혹은 그 어떤 근심도 끝없이 계속될 수는 없다. 끝나지 않는 폭풍은 없다. 불행 속에는 항상 행운이 숨어 있기 마련이다.

이렇게 각 장의 지혜에 대해 사색하고 적용하면서, 때때로 그림 속에 있는 노자의 눈을 바라보며 묻는다. '무슨 뜻인가요?' '어떻게 하면 이 구절을 오늘, 바로 이 자리에서, 그 가르침에 따라 살기를 원하는 사람들이 적용할 수 있을까요?'

해답은 자연스럽게 찾아온다. 그냥 마음이 흐르도록 내버려두면 된다. 글은 나의 보라색 펜을 통해서 종이 위에 흐른다. 나는 이것을 '무의식적인 글쓰기'라고밖에 달리 표현할 방법이 없다. 그 글이 나에게서 비롯된 것이 아님을 알고 있다. 그것은 만질 수도, 느낄 수도, 볼 수도 없으며 이름을 붙여 규정할 수도 없다. 때때로 나는 감사하고, 당황하고, 놀라고, 기뻐한다. 그러고는 다음 날부터 행복하고, 영광스럽고, 한편으로는 두려운 마음을 품은 채로 2,500년 전 중국의 현자가 기록한 지혜의 또 다른 장을 가지고 새롭게 나홀의 모험을 시작한다.

나의 바람은 우리 세계가 노자의 가르침을 깊이 이해하는 21세기 지도자를 길러내는 것이다. 우리의 생존은 도를 따르는 삶을 통해 적과 전쟁이라는 개념이 사라질 수 있음을 깨닫는 데 달려 있는지도 모른다. 정부는 우리 개인의 삶을 제한하고, 과도하게 세금을 거두고, 또 개인의 사생활을 침해하는 데서 한 걸음 물러나야 할 것이다.

우리는 도의 교훈과 진실을 발견하고 이를 삶에 적용해야 한다. 그러면서 우리는 거대한 존재의 불가사의로 인도된다. 바로 당신이야말로 살아 숨 쉬는 도, 그 자체다. 우리의 존재有, being는 비존재無, non-being로부터 태어나서 다시 그곳으로 돌아간다. 이 책을 통해 그러한 여행을 시작하라. 먼저 《도덕경》의 한 장과 거기에 이어지는 글을 깊이 음미하라. 그런 다음 그 내용을 스스로에게 적용해보는 시간을 가져라. 기존의 사고방식을 바꾸고 새로운 삶의 방식을 향해 마음의 문을 활짝 열어젖혀라. 마지막으로 글을 쓰거나 그림을 그리거나 녹음을 하는 등 무엇이든 본인이 끌리는 방식으로 표현하고 정리함으로써 그 내용을 자신만의 것으로 만들어라. 그러고는 자신만의 리듬에 따라 다음 장으로 넘어가라.

다음 글은 덩 밍다오鄧明道가 쓴 《마음의 눈을 밝혀주는 도 365일365 Tao : Daily Meditations》에서 빌려온 것이다. 나는 이 글들을 나의 하루하루에 적용하는 것을 즐긴다.

공부하고 수양하는 데 오랜 시간 노력을 기울이면 도道의 길에 접어들게 될 것이다. 그렇게 함으로써 또한 비범한 지각의 세계로 들어설 것이다. 상상도 할 수 없는 것들을 경험하고, 그 깊은 사상과 가르침을 받아들이고, 또한 예지라고 할 수 있는 것들을 느끼게 된다. 경험한 것을 다른 사람들에게 전하려고 해도 아무도 이해하지 못할 것이고, 또 믿지도 않을 것이다. 이 길을 걸어갈수록 사회의 보편적인 길에서는 멀어지게 될 것이다. 당신은 진실을 알게 되겠지만, 그와 동시에 사람들은 정치인이나 유명인, 그리고 돌팔이들을 더 잘 믿는다는 것도 알게 될 것이다.

당신이 도를 추구하는 사람이라고 알려지면 종종 찾아오는 사람들이 생길지도 모른다. 그러나 그런 사람들 중에 진정으로 도를 이해하는 사람은 드물다. 그들은 도를 그저 하나의 도구로 써먹으려는 사람들일 뿐이다. 그들에게 당신의 경이로운 경험을 말하는 것은 종종 시간 낭비가 되고 만다. 그래서 아는 사람은 말하지 않는 법이다.

왜 그냥 고요하게 있지 못하는가? 그저 도를 즐겨라. 다른 사람들이 당신을 어리석다고 생각하도록 내버려두어라. 당신은 내면에서 신비로운 도의 즐거움을 알게 될 것이다. 혹시 당신의 경험에서 무언가를 얻고자 하는 사람을 만나거든 반드시 함께하여라. 그러나 당신의 경험을 말하는 것이 마치 낯선 군중 속에서 이방인처럼 서 있는 경우라면 오히려 침묵하는 편이 낫다.

이 교훈들을 실생활에 적용해나가면서 이 모두가 얼마나 심오한 것들인지 알게 될 것이다. 그와 동시에 그 단순함과 자연스러움에 깜짝 놀랄 것이다. 굳이 복잡하게 생각할 필요도 없다. 그저 본능에 따라 적절히 듣고 행동하면서 조화롭게 살도록 자신을 놓아주기만 하면 된다.

노자와 그의 놀라운 책《도덕경》의 따뜻한 마음을 통해 당신이 행복하기를 진심으로 바란다. 또한 이 위대한 도道에 당신만의 빛과 색을 더하기를 바란다. 도가 중심이 되는 세상이 되게 하기 위한 나의 다짐과 사랑을 당신께 전한다. 나는 당신과 이 지구, 그리고 우리의 우주를 위해 이보다 훌륭한 비전을 떠올릴 수가 없다.

웨인 W. 다이어
하와이의 마우이에서

새에게는 날 수 있는 날개가 있고,

물고기에게는 헤엄칠 수 있는 지느러미가 있으며,

들짐승에게는 달릴 수 있는 발이 있다는 것은 나도 알고 있다.

그러니 달리는 들짐승은 덫을 놓아 잡으면 되고,

헤엄치는 물고기는 그물을 던지면 되고,

날아가는 새는 활을 쏘면 된다.

그러나 용은 바람과 구름을 타고 하늘로 날아오르니

그것에 대해서는 누가 안단 말인가?

오늘 나는 노자를 만났는데, 그는 한 마리 용이었다.

위터 바이너, 《노자를 따르는 삶의 길》중에서

(이것은 공자가 예절에 대해서 묻고자 노자를 찾아간 이후 제자들에 전한 이야기라고 한다.)

# 1

말할 수 있는 도는 영원한 도가 아니다.
이름 붙일 수 있는 이름은 영원한 이름이 아니다.

도는 이름이 있기도 하고 없기도 하다.
이름 없는 것은 모든 것의 근원이고
이름 있는 것은 만물의 어머니다.

욕심이 없으면 신비로움을 볼 수 있고
욕심이 있으면 눈에 보이는 것만 본다.
그 신비로움은 모든 이해로 향한 문이다.

# 신비로운 삶

*Living the Mystery*

《도덕경》의 첫 번째 장에서 노자는 우리에게 "도는 이름이 있기도 하고 없기도 하다."라고 말한다. 서구적인 사고로 볼 때 이 말은 명백히 모순이다. 실제로도 이 말은 모순이다. 이러한 모순적인 생각은 음양陰陽 사상이나 여성성과 남성성, 그리고 사물의 '이것'과 '저것'을 동시에 묘사할 수 있는 동양적인 사고에 뿌리를 두고 있다. 반면 서양 사람들은 이런 반대되는 개념들을 양립할 수 없는 것으로 보는 경향이 있다.

도는 모든 것이 시작되는 알 수도 볼 수도 없는 영역이지만, 그와 동시에 모든 것의 내면에 존재한다. 이 볼 수 없는 신비로움을 보고자 할 때 우리는 형태를 가진 외부 세계의 관점에서 이를 규정하려고 한다. 노자는 그 신비로움을 보려고 애쓰지 않아야 비로소 그것을 볼 수 있다고 말한다. 이것을 내 방식으로 표현하자면 '마음을 내려놓고, 신에게 맡기는 것'이라고 할 수 있다. 그러나 어떻게 그럴 수 있을까? 한 가지 방법은 '원함'과 '내버려둠'이 마치 하나로 이어진 물체의 양 끝처럼 다르기도 하고 같기도 하다는 것을 인식함으로써 더 많은 모순된 생각들을 실행에 옮기는 것이다.

원한다는 것은 우리가 잘 받아들일 수 있도록 조건을 만드는 것이다. 즉, 받아들이기 위해 내면의 세계를 준비하는 셈이다. 노자는 도의 신비로움을 알거나 보고자 한다면 다양한 징후를 통해 그 흔적을 볼 수 있지만, 그것이 도 자체는 아니라고 말한다. 그러나 이 '원함이라는 땅'으로부터 신비로운 도는 만개하기 시작한다. 이것은 마치 '원함'이 '내버려둠'으로 변하는 것과 같다. '원함'이 흔적을 본 사람들의 것이라면, '내버려둠'은 신비로움 그 자체를 본 사람들의 것이다.

노자가 들려주는 이야기에 귀를 기울이면, 우리가 살고 있는 세상에는 이런 모순의 사례가 얼마든지 있음을 알게 된다. 달콤한 토마토와 수선화를 가꾸면서 '원하는 것'을 생각해보라. 그러나 우리가 할 수 있는 것은 그들이 자라도록 '내버려두는 것'이 전부다.

이번에는 생활 속에서 '원하는 것'과 '내버려두는 것'이 어떻게 다른지 생각해보자. 예를 들면, 잠자리에 드는 것과 잠자기를 원하는 것, 살을 빼는 것과 살빼기를 원하는 것, 사랑하는 것과 사랑하기를 원하는 것 사이의 차이를 살펴보라. 도에 대한 이런 사례들 속에서 '원하지 않음'은 믿고, 허락하고, 내버려두는 것임을 알 수 있다. '원함'은 '원하지 않음'의 시작이고 토양이며, 또한 '내버려둠'의 처음이자 근본이다. 그것들은 같기도 하고 또한 다르기도 하다.

원하는 것과 내버려두는 것 사이의 어디쯤에 자신이 서 있는지 느껴라. 피아노를 잘 치려고 연습하고, 자동차를 운전하려고 노력하거나 또는 자전거를 타려고 애쓰는 것은 실제로 피아노를 치고, 자동차를 몰고, 자전거를 타는 것과 같기도 하고 또 다르기도 하다. 일단 어떠한 활동을 원하고 배우게 되면, 일부러 애쓰지 않고 내버려두는 시기가 찾아온다. 여기서 중요한 것은 자신의 몸 안에서 이 노력과 내버려둠의 차이를 인식하는 것이다. 그리고 그때서야 비로소 힘들이지 않는 후자의 느낌을 알게 된다. 이런 연습은 보이지 않는 신비로움과 보이는 만물에 대한 위대한 깨달음으로 인도될 것이다.

노자가 말하는 만물은, 범주가 나뉘고 분류되고 과학적으로 규정된 지구상의 모든 물체들을 가리킨다. 이것은 우리가 말하고 생각하는 것들을 전달하고 확인하는 데 유용하다. 그러나 전문 기술과 최첨단 과학의 발전에도 불구하고 인간은 눈이나 위장과 같은 신체 기관은 물론이고 쌀이나 밀과 같은 곡식 한 알조차도 창조할 수 없다. 이러한 것들은 규정된 세계를 구성하는 다른 것들과 마찬가지로 영원한 도의 신비로움 속에서 나온다. 세상이 단지 이름으로 규정된 것이 전부가 아닌 것처럼, 우리 몸을 구성하는 피부와 뼈, 그리고 체액이 우리의 전부는 아니다. 우리도 말하는 혀와 듣는 귀, 그리고 분명한 것과 신비로운 것을 보고 경험하는 눈에 보이지 않게 생기를 불어넣는 영원한 도로 이루어진 셈이다. 의식적으로 이 이름 없는 신비로움을 자연스럽게 내버려두는 것이야말로 도를 터득하는 궁극적인 방법이다.

내버려둔다는 것에 대해 더 생각해보자. 강도를 만나거나 부당한 대우를 받는 순간에도 그 신비로움을 믿어야 한다는 뜻일까? 그건 아닐 것이다. 무언가를 변화시키려는 노력을 전혀 하지 말라는 걸까? 이것 역시 아니다. 《도덕경》에서 말하는 '내버려둠'은 신비로움 속에 머물며, 아무런 방해 없이 당신을 통해 그 신비로움이 자연스럽게 흐르도록 내버려두는 것을 의미한다. 신비로움이 펼쳐지도록 내버려둠과 동시에 형태 안에 머무는 모순을 허락하는 것이다.

도를 행하라. 신비로움 속에 사는 자신만의 길을 찾아라. 노자가 첫 번째 장에서 말한 것처럼 "신비로움은 모든 이해로 향하는 문"이다.

## 신비로움을 즐겨라

항상 모든 것을 해결하려고 애쓰지 말고 세상이 그냥 펼쳐지도록 내버려두라. 모든 것은 신이 주신 순서에 따라 이루어질 것이므로 그냥 내버려두라. 무언가를 해결하기 위해서 너무 열심히 노력하지 마라. 그저 자연스럽게 흘러가게 두라. 당신의 친구와 자녀, 부모님, 상사 또는 다른 누구라도 너무 깊이 이해하려 애쓰지 마라.

도는 언제나 작용하고 있다. 뜻대로 일이 되지 않았을지라도 그 상황을 있는 그대로 받아들이는 연습을 하라. 긴장을 늦춰라. 자연스럽게 내버려두라. 세상을 있는 그대로 받아들이지 못하고 '세상은 이래야 한다'고 규정하고 있는 자신을 매 순간 인식하라. 예리한 관찰자가 되라. 비판은 적게 하고 많이 들어라. 신비로움의 매력과 우리 모두가 경험하는 불확실성에 대해 마음을 활짝 여는 시간을 가져라.

## 규정하고 분류하기를 멈추는 연습을 하라

우리는 학교에 다니며 사물을 규정하는 법에 대해 배웠다. '좋은 점수'를 받기 위해 사물을 올바르게 정의할 수 있도록 열심히 공부했다.

교육기관들은 모든 것을 구별할 수 있고 특정한 영역에 대한 지식을 가진 졸업생으로 우리를 분류하는 꼬리표를 부여하겠다고 억지를 부린다. 그러나 누가 말해주지 않아도 우리는 어떤 직함이나 학위 혹은 특정 이름표가 우리를 정의할 수 없다는 사실을 알고 있다. 물이라는 단어 그 자체가 물이 아닌 것처럼 이 우주의 무엇도 그것에 붙여진 이름과는 다르다. 사물의 범주를 분류하고 나누려는 우리의 노력에도 불구하고 각각의 동물, 꽃, 광물, 인간은 결코 정확하게 묘사될 수 없다. 이와 마찬가지로 도는 우리에게 "이름으로 불릴 수 있는 이름은 영원한 이름이 아니다."라고 말한다. 우리는 우리가 분류하고 외우는 것이 아닌, 보고 느끼는 것의 의미를 이해해야 한다.

## 🔱 지금, 도를 행하라

오늘 하루 중 당신이 다른 사람이나 상황과 관련해서 겪고 있는 힘겹고 화나는 일에 주목하라. 원함과 내버려둠의 사이에서 당신이 어디쯤에 위치해 있는지 그 내면을 들여다보고, 이를 통해 도를 행하겠다고 결심하라. 그 성가신 일이 사라져버리길 바라는 동시에 그것을 있는 그대로 자연스럽게 내버려두는 모순을 허락하라. 당신의 생각 속에서 그 느낌을 찾아보고 그것이 당신의 몸 속 어디에 있는지, 어떻게 움직이는지 느낄 수 있도록 자신을 내버려두라.

아무런 편견 없이 마음을 열고, 당신 안에 있는 그 신비로움과 친해질 수 있도록 마음을 확장하라. 그리고 그 느낌이 어떻게 자신을 드러내는지에 주목하라. 아마도 배 속을 돌아다니고, 뼈를 단단하게 하고, 심장을 뛰게 하거나 때론 목을 조일 것이다.

그것이 어떤 것이든 간에 그 느낌을 당신 안의 알 수 없는 정체의 메신저로 여기고 지켜보라. 판단을 미루고 주의를 기울여라. 그 느낌이 사라지길 바라는 자신의 마음에 주목하라. 그 느낌을 관찰하라. 어떤 느낌이든 그냥 받아들여라. 규정하고, 설명하고, 방어하지 말고 내면의 신비로움과 만나라. 그것은 혼자서 알아내야 하는 미묘한 느낌일 것이다. 신비로운 삶을 경험하는 기반을 마련하는 사람은 오직 자신뿐이다.

말할 수 있는 도는 영원한 도가 아니다.
이름 붙일 수 있는 이름은 영원한 이름이 아니다.

# 2

세상 모두가 아름다움을 아름다움으로 보는 것은
추함이 있기 때문이다.
착한 것을 착하다고 아는 것은
착하지 않음이 있기 때문이다.

있음과 없음은 서로를 만들어낸다.
어려움은 쉬움 속에서 태어난다.
긴 것은 짧은 것으로 인해 정해지고
높은 것은 낮은 것으로 인해 결정된다.
앞과 뒤는 서로 함께한다.

그래서 성인은 드러나는 이원성과 모순된 조화에 마음을 열고 산다.
성인은 노력하지 않음으로 행하고 말하지 않고 가르친다.
기르되 소유하지 않고
일하되 보답을 바라지 않으며
겨루지만 결과를 위한 것이 아니다.

일은 끝나면 잊힌다.
이것이 영원히 지속되는 이유다.

# 모순된 조화를 따르는 삶
*Living the Paradoxical Unity*

어떤 사람이나 사물을 아름답다고 생각하는 것은 판단을 부추기고 이중성을 장려하는 우리의 믿음 체계에 그 뿌리를 두고 있다. 이런 사고방식은 우리 문화 속에 아주 일반적이며, 때로는 사회적으로 가치가 있다고 여겨지기도 한다. 나는 당신이 《도덕경》의 2장을 읽으면서 모순된 조화에 대해 탐구해보기를 바란다. 생각을 바꾸면 삶이 달라지고 진정한 조화의 환희를 맛보게 될 것이다.

누구나 아름다움이 추함에 의해 결정된다는 것을 경험해본 적이 있을 것이다. 아름다움에 대한 인식은 추함을 낳고, 추함에 대한 생각은 반대로 아름다움을 만든다. 이러한 믿음 체계 속에서 얼마나 많은 개념들이 이처럼 정반대의 것에 따라 결정되는지 생각해보라. 키가 큰 사람은 그보다 작은 사람과 비교하지 않고서는 존재할 수 없다. 죽음이 없다면 삶도 존재할 수 없다. 낮은 밤과 대치를 이루고, 여성의 반대편에 남성이 있다.

그런데 이 모든 것을 반대되는 구조로 보지 않고 완전한 하나의 일부로 생각힌다면 어떻게 될까? 이것이 바로 노자가 "성인은 드러나는 이원성과 모순된 조화에 마음을 열고 산다."라고 말한 의미일 것이다. 서로 반대라고 생각하는 것들이 조화를 이루고 공존하는 모습을 상상해보라. 결국 반대라는 개념은 세상에서 인간의 마음이 만들어낸 판단의 결과일 뿐이다. 수선화는 데이지가 더 아름답다거나 추하다고 생각하지 않는다. 독수리나 쥐는 우리가 삶과 죽음이라고 부르는 서로 정반대의 것들에 대한 감각이 없다. 나무나 꽃, 그리고 동물들은 추함이나 아름다움을 따지지 않는다. 그들은 어떠한 판단도 내리지 않은 채 영원한 도의 조화 속에서 '그저 존재할' 뿐이다.

성인은 이원성에 얽매이지 않기 때문에 눈에 보이는 것에 대해 어떤 견해를 만들지 않고 그 근원을 폭넓게 다룬다. 비판하지 않고 완전한 하나 됨 속에서 사는 것이야말로 노자가 안내하는 삶의 길이다. 그는 반대되는 것들을 하나로 엮어서 통합된 삶을 살아갈 수 있는 지혜를 우리에게 선물한다. 눈에 보이는 이원성을 그대로 수용하여 조화를 이루는 것이야말로 도의 완성이라고 할 수 있다. 삶과 죽음은 결국 같은 것이다. 선과 악은 판단의 문제이며 이들은 서로를 규정하기 위해 존재한다. 이는 통합된 삶의 모순이며, 이것이 도 안에서 살아가는 방법이다. 일단 이분법과 반대적인 것을 넘어서거나 최소한 사물을 있는 그대로 바라보게 되면, 그것들은 마치 썰물과 밀물처럼 우리의 삶을 통해 자연스럽게 흐른다.

삶의 매 순간마다 모순 속에 살며 이를 호흡하는 연습을 하라. 우리 몸은 육체라는 한계를 갖고 있다. 몸은 시작과 끝이 있고, 물질로 구성되어 있다. 그러나 우리의 본질은 이러한 물질적인 요소가 아니고 무한하며 형체가 없다. 당신은 만물 가운데 하나인 동시에 위대한 도 그 자체이기도 하다. 서로 상반되는 생각들을 당신 안에 함께 머무르게 하라. 그리고 그 상반된 생각들이 서로를 해하지 않도록 자연스럽게 품어라. 주변에 영향을 미치는 당신의 자유의지와 능력을 굳게 믿어라. 그리고 동시에 내면에 있는 강렬한 에너지에 몸을 맡겨라. 선과 악은 한곳에서 나온 서로 다른 모습이라는 사실을 기억하라. 도의 조화로움을 유지하면서, 물질세계의 이중성을 수용하라. 그러면 내가 옳고 다른 사람은 틀렸다고 판단할 필요가 없어진다.

만약에 노자가 오늘날의 세상을 보았다면 다음과 같은 제안을 했을 것이다.

## 하나 된 삶을 살아라

모든 것을 선과 악 또는 옳고 그름으로 구분 짓는 그릇된 성향을 버리고 조화로운 세상에 발을 들여놓아라. 아름답다거나 못생겼다는 판단은 물질세계의 기준일 뿐이다. 이원성이라는 것은 결국 일종의 심리 게임이라는 사실을 명심하라. 사람들은 세상을 자신이 보는 방식대로 본다. 따라서 언제나 비판이 필요한 것도 아니고 비판이 반드시 유용한 것도 아니다. 당신과 다른 모든 사람들의 내면에 깃들인 도를 보고, 그렇게 관찰한 것들과 화해하라. 반드시 어디에 있어야 한다거나 혹은 무엇을 해야 한다는 식의 생각에서 벗어나 착한 짐승이 되어 자유롭게 움직여라. 예를 들면, 한 마리의 수달이 되어서 '수달다운' 삶을 사는 당신의 모습을 상상해보라. 당신은 선하지도 악하지도 않고, 아름답거나 못생기지도 않았으며, 부지런하지도 게으르지도 않은, 그저 한 마리의 수달일 뿐이다. 어떤 것도 판단하지 않고 그저 자유롭게, 평화롭게, 그리고 재미있게 물속을 헤엄치고 뭍에 오르는 힌 마리의 수달이다. 육체를 벗어나야 할 순간이 오면 하나 됨의 순수한 신비 속으로 당신만의 공간을 찾아 떠나라. 이것이 바로 노자가 "일은 끝나면 잊힌다. 이것이 영원히 지속되는 이유다."라는 말을 통해 뜻하는 바다.

다시 말해서 꼭 죽어야만 영원을 경험할 수 있는 것은 아니다. 살아서 육체를 지니고도 얼마든지 자신의 진정한 자아를 찾을 수 있다. 숨어 있던 이원성과 판단의 문제가 다시 수면 위로 떠오르면 이들을 그저 완전한 통합의 일부라고 생각하고 그대로 내버려두라. 도를 실천하면 다른 사람들이 이분법의 논리를 만들어낼 때조차도 항상 하나 됨을 유지할 수 있다.

## 덜 노력하고 더 많이 얻어라

노력은 전체의 한 조각일 뿐이다. 나머지 조각은 바로 '노력하지 않음'이다. 이제부터는 이러한 두 가지를 함께 녹여서 버무려라. 이것이 바로 결과에 연연하지 않는 '노력하지 않는 행함'이다. 이것은 누군가와 함께 춤을 추는 것과 같다. 동작을 취하고, 위치를 생각하며, 음악을 듣는 것이 동시에 이루어지도록 풀어주는 것이며, 상대를 따라 쉽게 움직이도록 자신을 내버려두는 것이다. 서로 반대라고 말하는 것들을 비판하거나 두려워하지 말고 조화롭게 하나로 묶어보라.

어떤 행위를 '수고로움'이라고 부를 때는 열심히 노력하는 것이 그렇지 않은 것보다 낫다는 믿음을 내포하고 있다. 그러나 노력한다는 것은 노력하지 않는다는 것에 대한 상대적인 믿음 때문에 존재할 수 있다. 길에 떨어진 휴지 조각을 주우려고 노력하는 것은 실제로 휴지를 주운 것이 아니다. 그리고 일단 휴지를 주워 올리면 노력하는 것과 노력하지 않는 것 사이의 관련은 사라진다. 우리는 '노력'과 '수고'라는 단어가 담고 있는 판단에서 벗어나 자유롭게 행동할 수 있음을 상기하라.

당신은 결과에 연연하지 않은 채 경쟁할 수 있다. 상반되는 개념을 없애면 모순적이게도 그들을 하나로 통합하게 되고 결국 더 이상 한 입장에 서서 상대를 규정할 필요가 없어진다. 만약에 노자가 《도덕경》의 2장을 오늘날의 언어로 표현한다면 짧은 두 단어로 요약할 수 있을 것이다.

"그저 존재하라."

## ☙ 지금, 도를 행하라

오늘, 자신을 변명하거나 설명할 수 있는 기회가 생긴다면 그러지 않는 쪽을 택하는 것으로 도를 행하라. 그 속에서 마음가짐을 바꾸고 그 기회를 온몸으로 느끼며 오해의 본질을 깨달으라. 설명하고 변명하는 방식을 통해 문제를 쉽게 해결하려 하기보다는 지금 그대로의 상황과 어우러져서 그저 존재하라. 옳고 그름이라는 이원성에 빠져들지 마라. 모순된 통합, 즉 다양한 스펙트럼이 존재하는 하나 됨 속에 머물기로 결정한 자신의 선택을 축하하라. 현명함을 기꺼이 실천하는 당신의 마음과 그럴 수 있도록 해준 그 기회에 대해서도 감사하라.

# 3

지위를 귀하게 떠받들면
경쟁이 생길 것이다.
재물을 중요하게 여기면
사람들은 도둑질을 할 것이다.
탐낼 만한 것을 보이지 않아야
백성들의 마음이 어지럽지 않다.

성인이 다스릴 때는
백성의 마음과 가슴을 비우게 하고,
뜻을 약하게 하며, 뼈를 강하게 한다.

노력하지 않음으로 행하라.
행함이 순수하고 자기가 사라지면
모든 것이 완전한 제자리를 찾는다.

# 만족하는 삶
## *Living Contentment*

만족스런 삶을 살기 위해서는 삶의 우선순위를 다시 조정해야 한다. 욕망에만 집착하면 결국 외적인 요인이 우리를 지배하게 된다. 돈이나 권력, 사회적 지위만 좇는 것은 도를 향한 우리의 눈을 가리고 우리를 만족으로부터 점점 멀어지게 한다. 우리의 에고가 재산, 지위, 권력 등을 얻는 것에 집착함으로써 우리는 소유와 성취를 과대평가하게 된다. 《도덕경》은 우리에게 도둑질과 논쟁과 혼란으로 내모는 삶의 방식을 과감히 버리라고 이른다. 늘 감사하는 마음 속에서 도를 행하는 습관이야말로 우리를 만족스러운 삶으로 이끈다. 우리는 개인적인 욕망이 아닌, 도에 중심을 둔 질문을 품어야 한다. '어떻게 하면 도움이 될 수 있을까?' 이렇게 생각을 바꾸면 우리의 삶은 크게 달라질 것이다.

노력하지 않음을 행하면 모든 것이 완전한 자리를 찾을 것이라는 말은 나태하고 실패한 사람들을 위한 변명처럼 들리기도 한다. 하지만 이것은 노자가 전하고자 하는 바가 아니다. 우리에게 빈둥거리며 아무 것도 하지 말라고 하는 것이 결코 아니다. 도를 따르면, 에고가 이끄는 욕망보다 차원이 높은 원칙과 근원이 당신에게 방향을 세시하고 올바른 길로 인도할 것임을 말하는 것이다.

신성하고 근원적인 그 길에는 에고의 욕심이 끼어들기도 한다. 에고를 버려라. 그리고 도가 이끄는 방식을 따르라. 극도로 화가 난 상태라면 어떨까? 이 경우에도 도를 따르라. 에고의 속박에서 벗어나라고 속삭이는 내면의 소리에 더 귀를 기울여라. 그러면 역설적이게도 당신은 더 많이 이루게 될 것이다. 세상의 속된 논리에서 벗어나 당신의 내면에 있는 것이 자연스럽게 흘러나오도록 두라. 이렇게 되면 우리의 인생이라는 오케스트라를 지휘하는 것은 더 이상 내가 아니다.

3장은 '다스리는 법'에 대한 조언들로 가득하다. 나는 이러한 조언들이 정치가나 경영자에만 한정되는 것이 아닌, 우리 자신과 우리가 함께해야 할 사람들의 삶을 향하고 있다고 생각한다. 즉, 우리 가족들과 우리가 매일 만나는 이 사회 모든 사람들의 삶과 관련이 있다고 본다.

주변 사람들이 사회적 지위와 소유에 대한 욕심을 버리고 남을 도우면서 모든 이의 건강과 활력에 공헌할 수 있도록 독려하라. 그것을 실천하는 본보기가 되라. 누구나 자신의 영혼을 위한 소명을 가지고 있다. 창조의 근원은 물질적인 소유나 사회적인 지위 따위에는 관심이 없다. 그저 필요한 것을 줄 뿐이다. 그것은 당신과 모든 이들을 이끌고, 가슴 뛰게 하고 또 움직이게 할 것이다. 에고와 욕망이 줄어들수록 그 자리에 도의 아름다움이 채워진다. 시기, 분노, 경쟁을 불러일으키는 이기적인 마음을 버리고 도를 실천함으로써 다른 사람의 본보기가 되라.

만약에 노자가 현대사회에 있다면《도덕경》의 3장에 뿌리를 둔 다음
과 같은 충고를 건넸을 것이다.

## 행복해지는 방법은 없다
## 행복은 그 여정에 있는 것이다

당신은 이루어지기만 하면 모든 것이 해결되리라 믿는 여러 가지 목
표들을 가지고 있을 것이다. 하지만 지금 이 순간, 당신의 행복지수를
점검해본다면 예전에 가졌던 목표 중의 일부가 이미 이루어졌음에도
그것들이 지속적인 기쁨을 주지 않음을 발견하게 될 것이다. 욕망은
불안과 스트레스, 그리고 시기심을 낳을 뿐이다. 외적인 사건이 기쁨
을 가져다줄 것이라는 믿음을 버리고 삶에서 마주치는 모든 사소한 일
들 속에서 행복을 찾아라. 도의 여정에 조화롭게 머물면, 당신이 그토
록 바라던 모든 것들이 삶으로 흘러 들어오기 시작할 것이다. 좋은 사
람들, 경제적인 뒷받침, 그 밖에 필요한 모든 것들이 함께 찾아올 것이
다. "스스로를 너무 몰아세우지 마라. 지금 있는 그대로에 감사와 경외
의 마음을 가져라. 당신의 인생을 좌우하는 것은 원대한 포부를 위해
마련된 시시콜콜한 목록들이 아니다. 그보다 훨씬 크고 중요한 그 어
떤 것이다."라고 노자는 말한다.

## 도는 만물의 근원이다
## 도의 완전함을 믿으라

도는 당신 내면에 존재하며, 당신을 위해 작용한다. 도의 조화로움

을 믿으라. 도는 당신이 어머니의 자궁 속에서 삶의 첫 아홉 달을 보내는 동안 모든 욕구에서 자유로울 수 있도록 돌봐주었고, 당신이 태어나는 데 필요한 모든 것들을 해결해주었다. 당신이 도를 믿고 무위를 행한다면 도는 앞으로도 계속해서 그렇게 할 것이다.

원하는 것의 목록을 만들어서 '이름을 붙일 수 없는 도'에게 넘겨주라. 그것들을 넘겨주고는 그냥 믿으라. 그와 동시에 도의 안내에 귀를 기울이고 살펴보라. 당신에게 필요한 것이라면 무엇이든 공급해주는 완전한 에너지와 당신을 연결하라. 에고가 할 일은 아무것도 없다. 영원한 도가 당신을 통해 작용하도록 자연스럽게 내버려두면 된다. 이것이야말로 노자가 오늘날의 우리에게 주는 메시지다.

다음은 헨리 데이비드 소로가 19세기 중반에 월든 호수에서 쓴 작품의 일부인데, 이 글은 마치 《도덕경》의 3장을 구체적으로 표현하고 있는 듯하다.

단 하루라도 자연처럼 유유히 살고, 사소한 일로 인해 삶의 여정에서 멀어지지 않도록 하자…. 기적이 울리면 목이 쉬도록 울리게 내버려두자. 종이 울리면 우리는 왜 달려야만 하는가? 난 항상 내가 태어나던 그날만큼도 지혜롭지 못했음에 가슴 아팠다.

당신 안의 현명함을 믿으라. 욕망이 당신과 도 사이의 영원한 관계를 망치지 못하게 하라.

오늘 무언가를 사야 한다면 주의 깊게 생각해보라. 도를 행하겠다고 마음먹고, 도가 이끌어주기를 기다려라. 당신이 그 무언가를 살 수 있다는 사실에 감사하고 내면의 소리에 귀를 기울인 채로 가만히 있으라. 그러면 도가 느낌을 통해 어떻게 해야 할지 알려줄 것이다. 도는 어쩌면 당신에게 그 물건을 사라고 할 수도 있고, 감사하는 마음으로 그저 감상만 하라고 할 수도 있다. 또는 그것을 사서 기증하거나 두 개를 사서 하나는 당신이 갖고, 다른 하나는 누군가에게 주라고 할 수도 있다. 그것도 아니라면 물건 살 돈을 자선 단체에 기부하도록 하거나 그냥 사지 않도록 할 수도 있다.

매일 마주치는 상황 속에서 도를 실천하라. 그러면 더 깊은 만족을 느끼고 이해하게 될 것이다. 《도덕경》의 3장에서도 "행함이 순수하고 자기가 사라지면 모든 것이 완전한 제자리를 찾는다."라고 말한다. 이것이야말로 내가 생각하는 만족의 의미다.

# 4

도는 비어 있지만
다함이 없고
끝없이 깊으며,
모든 것의 근원이다.

도 안에서 날카로운 경계는 무뎌지고
얽힌 매듭은 풀어진다.
태양은 구름에 가려 부드러워지고
티끌은 하나로 뭉치게 된다.

도는 보이지 않지만 언제나 존재한다.
나는 누가 그것을 태어나게 했는지 알지 못한다.
도는 모두의 공통된 원형이요, 만물의 아버지다.

# 무한한 삶

*Living Infinitely*

도는 모든 생명의 근원이다. 도는 비어 있는 동시에 무한하다. 또한 도는 통제할 수도 없고, 그 수를 세거나 양을 측정할 수도 없다. 생명을 주는 에너지인 도는 언제나 기쁨의 원천이다. 우리가 무한의 관점으로 산다면, 태어나서 자라고 늙어서 죽는 과정을 거치는 육체가 우리 자신을 증명하는 유일한 상징이라는 고정관념에서 벗어나게 될 것이다. 당신은 사람의 모습으로 태어나 '날카로운 경계'와 '얽힌 매듭'의 세상을 살아가는 무한한 존재다. 드러나지 않게 생명을 주는 도의 힘은 언제나 당신의 내면과 당신 주위로 모여든다. 도는 다함이 없고 끝없이 깊다. 그래서 도의 샘은 마르지 않는다.

《도덕경》의 4장은 '당신은 누구인가?'라는 질문에 뭐라고 답할지 생각해보라고 한다. 노자는 당신 자신의 무한함을 깨닫는 것이야말로 내면에 흐르는 창조적 에너지의 근원에 다가서는 길이라고 말한다. 예를 들어 당신은 불행한 사람들을 돕고 싶지만 현실적인 제약 때문에 그들을 도울 시간과 힘이 부족하다고 생각할 수도 있다. 그러나 현재의 직업이나 생활수준에서 한 걸음 나아가 무한한 창조의 에너지가 이미 당신의 일부라는 사실을 이해한다면, 알지 못했던 시간과 힘이 저절로 그 모습을 드러낼 것이다.

자신의 무한함에 이끌려 다른 사람을 돕는 모습을 상상하는 것은 결국 도라는 공통된 원형에서 비롯된 당신의 비전을 완성하여 행동과 실천으로 이어지게 할 것이다. 당신이 어떤 도움을 필요로 하건 그 모든 것이 바로 지금, 이 자리에 존재한다는 절대적인 진실을 알게 될 것이다. 도는 비어 있지만 틀림없이 존재한다. 도는 "다함이 없고 끝없이 깊으며 모든 것의 근원이다."라고 노자는 다시 말한다.

언제 어디서나 도가 존재함을 아는 것은 결핍에 사로잡혀 있지 않다는 뜻이다. "그런 일은 절대로 일어나지 않을 거야.", "이것은 내 운명이 아니야." 또는 "내 주제에 그런 행운이 오겠어?"라고 생각하는 순간 즐거움은 사라진다. 이런 부정적인 생각 대신에 당신이 원하는 것이 곧 이루어질 거라고 상상하라. 아니, 벌써 이루어졌다고 믿으라. 이 새로운 자화상은 우리로 하여금 더욱 멋진 삶을 살게 한다. 우리는 활기로 가득해지고 도와 영원히 연결된다. 당신이 무한함 속에서 산다면 모든 것이 제자리를 찾을 것이고, 평화로운 행복을 맛보게 될 것이다. 이것이 바로 노자의 이야기가 오늘의 세상에 전달하는 바다.


### 골칫거리처럼 보이는 모든 문제들을
### 영원한 도의 관점에서 바라보라

경제적으로 가난하게 느껴진다면 이 문제를 도의 관점에서 생각해보자. 세상의 다른 모든 것들과 마찬가지로 돈도 개인이 필요한 것보다 훨씬 풍부하게 존재한다. 이 점을 이해하고 그 무한한 공급에 접속하라. 먼저 "지금 내게 필요한 모든 것은 바로 여기에 존재한다."라고 스스로를 확신시켜라. 이러한 생각이야말로 무한한 본성에 다가서서 실천을 하게 만드는 강력한 힘이 된다.

도 안에 조화롭게 머물면서 모든 문제에 이런 방식으로 접근하라. 잘사는 데 필요한 모든 것은 우리 주변에 충분히 존재한다. 내키지 않고 불행하게 느껴지는 일에 힘을 쏟지 말고 도와 어우러져라. 결코 고갈되지 않으며 모든 것의 시작이자 창조적 근원인 도 안에 머물러라. 도를 마음에 품고 느끼고 실천하면, 도는 당신의 내면에서 당신을 위해 작용할 것이다.

## 무한의 관찰자가 되라

변화의 신호가 나타나면 일시적으로 걱정과 근심이 생기기 마련이다. 이것은 변화의 단계에서 나타나는 자연스러운 현상이다. 무한의 관찰자라는 입장에서 삶을 내려다보면 걱정과 불안, 갈등은 영원한 조화 속으로 녹아든다. 시간을 초월한 이런 관점으로 지금 당신이 걱정하고 있는 문제들이 백 년이나 천 년 혹은 그보다 더 많은 세월이 흐른 후에는 어떻게 여겨질지 그려보라. 무한한 도와 마찬가지로 우리 자신도 영원함의 일부라는 사실을 명심하라. 당신의 사고가 도와 일직선이 되도록 조율하라. 영원한 도 안에서 삶의 모든 날카로운 경계는 무뎌지고, 얽힌 매듭은 풀어지며, 티끌은 하나로 뭉친다. 그렇게 해보라!

어떤 상황이라도 좋다. 하나를 골라 조용히 당신 생각에 귀를 기울여라. 친목 모임이나 업무상 회의 자리에 참석했다면 자신의 무한한 자아를 느낄 수 있도록 침묵 속에 '텅 빔'을 찾는 쪽을 택하라. 그리고 그 '텅 빔'이 대응을 해야 할지, 한다면 언제 해야 할지 결정하게 하라. 세속적인 에고가 해석하고 판단하려 든다면 그것을 비판하거나 바꾸려 들지 말고 그냥 관찰하라. 차츰 많은 상황들 속에서 대응하지 않고도 편안함을 느끼고 즐거워질 것이다… 숨겨져 있지만 언제나 존재하는 그 무한함 속에서.

내가 스승으로 생각하는 인도의 철학자, 니사르가다타 마하라지 Nisargadatta Maharaj의 글을 잘 보이는 곳에 붙여두면 매일 읽고 싶어질 것이다.

내가 아무것도 아님을 이해하는 것이 지혜라면,
내가 전부임을 깨닫는 것이 사랑이다.
그리고 그 둘 사이를 오가며 내 삶은 나아간다.

살아 있는 동안 할 수 있는 데까지 사랑하라.

세상 모두가 아름다움을 아름다움으로 보는 것은
추함이 있기 때문이다.
착한 것을 착하다고 아는 것은
착하지 않음이 있기 때문이다.

# 5

하늘과 땅은 치우침이 없어
만물을 짚으로 만든 개처럼 여긴다.
성인도 이처럼 치우침이 없어
백성을 짚으로 만든 개처럼 여긴다.

성인은 하늘과 땅 같아서
누구도 유별나게 귀하게 여기지 않고
어떤 사람도 꺼리지 않는다.
성인은 아무런 조건 없이
자신의 보물을 누구에게나 주고 또 준다.

하늘과 땅 사이에는
풀무와 같은 공간이 있어서
비어 있으되 다함이 없다.
이는 쓸수록 더 많이 생긴다.

중심을 지켜라.
사람은 고요히 앉아 내면의 진실을 찾는 존재다.

# 치우치지 않는 삶
## *Living Impartially*

도는 차별하지 않는다. 하늘과 땅처럼 도는 치우치는 법이 없다. 도는 모든 것의 근원이며, 보이지 않게 만물을 부양하는 위대한 공급자다. 도는 다른 것에 줄 힘을 거둬서 유독 하나에만 쏟는 편애를 하지 않는다. 바람, 햇빛, 공기, 비 같은 생명 유지에 필요한 요소들은 이 땅의 모두에게 공평하게 나누어진다. 의식의 내부와 외부에서 도의 이 강력한 특징과 조화를 이루면 진정한 자아를 깨달을 수 있다. 진정한 자아는 도와 조화를 이루고 감정에 치우치지 않는 사려 깊은 태도다. 진정한 자아를 깨닫게 되면 어떤 삶을 다른 삶보다 더 가치 있는 것으로 여기지 않으며, 세속적으로 인기 있는 것들을 추구하지 않는다. 이는 노자가 "성인은 백성을 짚으로 만든 개처럼 여긴다."라고 말한 것과 같다.

노자는 이 말을 통해 도와 성인이 만물을 어떻게 다루는지에 대해서 이야기한다. 스티븐 미첼Stephen Mitchell은 그가 번역한 《도덕경》에서 "짚으로 만든 개는 종교적인 의식에 쓰이는 물건으로, 의식이 행해지기 진에는 귀하게 여겨지지만 의식이 끝난 후에는 버려진다."라고 밀했다. 다시 말해서 도교에서는 밀려들어오고 다시 흘러나가는 밀물과 썰물처럼 존재를 편견 없이 대한다. 성인은 이렇게 치우침 없는 깨달음을 통해 우리 의식 속의 모든 '짚으로 만든 개' 안에서 신성함을 찾아낸다.

《도덕경》의 5장은 우리에게 공평하고 치우침 없는 도를 깨닫고, 그 모순적인 기질을 즐기라고 말한다. 도의 에너지를 더 많이 접하고, 도의 시선을 가질수록 우리는 도에 한 걸음 더 다가서게 된다. 도는 결코 소모되는 것이 아니다. 쓰면 쓸수록 더 생긴다. 그러나 우리가 도를 가두거나 저장하려고 하면 어느새 부족해지고 한 움큼도 얻지 못할 것이다. 그 고갈되지 않는 힘은 우리가 공평한 본질에서 무엇을 배제시키려고 하는 순간 역설적이게도 사라져버린다.

어느 누구도 다른 사람보다 특별하거나 우월하지 않다는 도의 가르침을 따르면 삶의 다양한 모습들은 그저 착각을 일으키는 눈속임일 뿐임을 알게 된다. 이러한 생각은 기독교 성서의 가르침과도 같다.

"아버지께서는 악한 사람에게나 선한 사람에게나 똑같이 해를 떠오르게 하시고, 의로운 사람에게나 불의한 사람에게나 똑같이 비를 내려주신다."(〈마태복음〉 5: 45)

편견 없는 삶을 실천하는 것이야말로 《도덕경》의 5장을 삶 속으로 끌어들이고 세상에서 그 지혜를 발휘하는 길이다. 그렇기 때문에 나는 이것이 노자가 2,500년 묵은 지혜를 통해 우리에게 전해주려고 하는 가르침이라고 생각한다.

## 당신의 모든 생각과 행동이
## 치우침 없는 도와 조화를 이루도록 하라

마음속으로 사람을 차별하는 순간 스스로를 특별한 사람으로 격상시키게 되고, 따라서 자신은 예외적인 대접을 받을 가치가 있다고 여기게 된다. 스스로를 이러한 범주에 올려놓는 순간, 덜 가치 있다고 생각하는 사람들보다 자신의 존재가 더 중요해지는 것이다. 이러한 생각은 주위에 가득한 도의 작용을 멈추게 한다. 종교적인 모임을 포함해서 도를 중심에 둔 모든 조직은 몇몇 구성원에게만 특별한 권리를 부여하지 않는다. 구성원들과 외부 사람들에게 자신들이 얼마나 돈독한 관계를 유지하고 있는지 납득시킬 수 있다 하더라도, 차별하고 편애하는 행위는 진정한 자아가 작용하는 것을 방해한다. 우리를 조각조각 분열하게 하는 생각이나 행동은 신에게서 나온 것이 아니다. 우리를 하나로 뭉치도록 엮어주는 것이야말로 신이 우리에게 준 선물이다. 노자는 우리 안에 자리한 도에 초점을 맞추면 그러한 정신에서 벗어나지 않을 거라고 조언한다.

## 보물을 모두에게 나누어주라

삼라만상의 모든 스펙트럼에 필요한 것을 골고루 나누어주는 것이 매 순간 도가 하는 일이다. 도를 따르는 과정을 간단하게 3단계로 생각해보자.

**1. 내면에 존재하는 남에 대한 판단과 편견을 최대한 없애라**

이를 위한 가장 단순하고 자연스러운 방법은 모든 사람들 속에 존재하는 자신을 바라보는 것이다. 자신과 자신이 평가하고 판단하는 상대방 사이에는 도라는 공통점이 있다. 짚으로 만든 개에 불과한 겉모습이 아닌 당신이 만나는 사람들의 내면에 자리한 도를 발견하라. 그러면 그들을 비판하고 함부로 규정하려는 마음은 사라질 것이다.

**2. 당신의 단어 사전에서 '특별하다'는 말을 지워버려라**

한 사람이 특별하다면 우리 모두가 특별하다. 그리고 우리 모두가 특별하다면 더 이상 특별하다는 말은 의미가 없다. 특별하다는 말에는 결국 누군가가 다른 사람에 비해 더 많은 혜택을 누릴 수 있다는 뜻을 내포하고 있기 때문이다.

**3. 치우침 없이 도를 실천하고 내면의 공간과 연결됨으로써 너그러운 마음을 펼쳐라**

내면의 공간 속에서 당신이 가지고 있는 것들이 자신만의 것이 아닌 전체의 일부라는 사실을 인식하게 되면 소유물로부터 자유로워지게 될 것이다. 조건 없이 나누다 보면 도를 실천함으로써 자신의 편견이 사라지고 있음에 전율하게 될 것이다. 도는 바로 당신 내면에 존재하는 진리다. 결코 마르지 않는 도와 연결되어 그 평화와 기쁨 속에 머물러라.

**⚘ 지금, 도를 행하라**

오늘 하루 동안 다른 사람과 나누는 대화나 상황에 편견 없는 마음으로 다가가보자. 그 편견 없는 마음이 당신의 행동과 반응을 자연스럽게 인도할 것이라고 믿어보자. 한 사람, 한 무리의 사람들, 친구들과 가족들 또는 전혀 모르는 사람들에게 이러한 태도를 계속해서 실천해보라. 치우침 없는 태도로 상황이나 사람을 대해야 한다는 사실을 스스로에게 일깨워주는 짧은 주문을 만들어서 조용히 반복하라.

예를 들면 "지금 저를 이끌어주세요."라든가 "하나님, 저를 인도해주세요." 또는 "신이시여, 저 좀 도와주세요." 하는 식으로 말이다. 이런 간단한 주문을 마음속으로 반복해서 외우면 편견이나 선입견이 생기는 것을 막을 수 있다. 그러나 이보다 더 매력적인 것은 치우침 없는 그 순간들 속에 벌어지는 모든 일에, 긴장을 풀고 마음을 완전히 열어놓았을 때의 그 느낌이다.

# 6

결코 사라지지 않는 정신을 신비의 여인이라 부른다.
신비의 여인은 세상의 전부가 된다 할지라도
그 완전한 순결을 잃지 않는다.
그녀가 비록 다양한 모습으로 변한다 해도
진정한 본질은 고스란히 남는다.

신비한 여인에 이르는 문은 창조의 근원.

그녀의 목소리를 들으라.
창조를 통해 메아리치는 그 소리를 들으라.
그녀는 반드시 존재를 드러내고
우리를 우리의 완전함으로 인도한다.
그것은 비록 보이지 않지만 지속되고
결코 끝나지 않는다.

# 창조적인 삶
## *Living Creatively*

6장에서 노자는 끊임없이 새로운 생명을 태어나게 하는 영원한 창조의 힘에 대해 이야기한다. 신비한 여인의 힘은 계속해서 자신을 온전히 드러내고 있다고 말한다. 우리에게 삶을 통해 다양하게 메아리치는 창조의 소리를 깨달으라고 한다. 즉, '창조적인 삶'은 여성적인 원리를 의식하면서 살아가는 삶일 것이다.

이 신비한 여인은 계속해서 새 생명을 낳는다. 그리고《도덕경》은 그 여인에게 이르는 문이 바로 '창조의 근원'이라고 말한다.《도덕경》은 그 무한의 영역에 다가서서 함께 창조하거나, 창조적으로 살아갈 수 있는 능력이 우리에게 있다고 말한다. 결코 마르지 않는 그 에너지는 그것을 의식하건 않건 간에 우리 안에서 작용하는 우리의 유산인 동시에 운명이다. 도를 실천하면서 얻는 깨달음은 우리가 현실 속에서 궁극적으로 이루어야 하는 온전함으로 우리를 이끈다.

노자의 글은 거의 2,500여 년 전에 씌어졌지만, 시대를 초월한 메시지를 통해 21세기에 꼭 맞는 조언을 던진다. 시대에 따라 그 표현은 달라질 수 있겠지만 여성적인 힘은 우리를 완성된 모습으로 이끌 수 있으며, 또 그렇게 할 것이다. 내면 깊이 울려 퍼지는 타고난 창조성을 깨닫는다면 새로운 아이디어를 얻고, 새로운 성취를 이루고, 새로운 프로젝트를 완수하게 될 것이다. 그리고 삶을 이해하는 새로운 방법을 터득하게 될 것이다.

덩 밍다오는 그의 저서 《마음의 눈을 밝혀주는 도 365일》에서 "신성한 여성의 힘은 하늘로 치솟아 거대한 자연 속으로 미끄러지는 새들의 노래와 같다."라고 말한다.

삶에서 이것을 느낄 수 있다. 사건들은 완벽한 세기로 빛나는 리듬에 맞춰 일어날 것이다. 몸으로 그것을 느낄 수도 있다. 그 힘은 신경계를 흥분시키는 가슴 뛰는 크레센도crescendo에 따라 바로 당신의 내면에서 솟아오를 것이다. 또한 영혼을 통해 그것을 느낄 수도 있다. 당신은 새들의 노래처럼 현실의 풍경 속에 울려 퍼질 완벽한 우아함 속으로 접어들게 될 것이다.

이처럼 도가 다가오면 온 힘을 다해 거기에 올라타라. 참견도 하지 말고, 멈추지도 말고, 도에게 갈 곳을 정해주지도 말고 그냥 흐르게 내버려두라. 그리고 그것을 따라가라. 그저 따라가라.

다음은 창조적 삶을 위한 사색의 조각들이다.

## 당신은 부모님이 아니라 위대한 영혼의
## 신성한 어머니인 도에 의해 태어났음을 깨달으라

당신이 가진 에너지와 지속적으로 접촉할 때, 비로소 진정한 지혜와 재능을 이 세상에 펼쳐 보이게 될 것이다. 도에서 처음 시작되었던 그 모습 그대로인 자신의 본질과 함께 어우러져서 창조적인 일을 하게 될 것이다.

도는 무엇을, 어떻게 창조할지에 대해 헷갈리는 법이 없는데, 이것은 우리가 신비의 여인에게서 물려받은 유산이다. 내면의 외침에 귀를 기울여라. 다른 사람들이 당신의 삶을 이끌려고 하는 것에는 신경 쓰지 마라. 당신의 내면 아주 깊은 곳에 있는 그것을 향해 뻗어나갈 수 있도록 스스로를 놓아주라. 끝도 없고 고갈되지도 않는 재능과 능력, 그리고 지혜의 저장소가 당신 내면에 있다. 이것은 의심의 여지가 없다. 당신이 어디에서 시작되었는지가 당신이 누구인지를 말해준다. 당신이 시작된 곳은 바로 이 모든 것을 포함하는 끝없이 창조적인 신성한 어머니, 즉 도의 신비한 여인이다.

내면에서 소명으로 느껴지거나 삶의 기쁨처럼 느껴지는 일이 있다면, 이런 흥분이야말로 가슴속에 숨겨둔 열정을 현실로 만들기 위해 필요한 모든 증거다. 이것이 바로 창조가 일어나는 방식이며 도와 조화를 이루는 힘이다.

### 항상 창조적으로 생각하고 느끼고 행동하라
### 하는 일마다 자신만의 고유성을 추구하라

음악을 작곡하거나, 컴퓨터 프로그램을 설계하거나, 꽃을 장식하거나, 치아를 치료하거나, 아니면 택시를 운전하는 등 무슨 일을 하더라도 자신만의 독창적인 방식으로 하라. 창조적이 된다는 것은 다른 사람들로부터 쏟아지는 비난과 편견에도 흔들리지 않고 내면의 목소리를 믿는 것이다. 또한 재능이 자연스럽게 발휘될 수 있도록, 그것을 가로막고 있는 방해물을 부숴버리는 것이다. 이 장을 다시 읽어보라. 그 중에서도 특히 "그녀는 반드시 존재를 드러내고, 우리를 우리의 완전함으로 인도한다."라는 구절에 주의를 기울여라. 당신의 능력에 대한 불신과 공포를 이제 그만 내려놓아라. 창조적인 힘은 개인의 삶보다 위대한 동시에 삶 자체이기도 하다. 14세기 페르시아의 위대한 수피 sufi 시인 하피즈Hafiz는 다음과 같은 시를 남겼다.

지금 그 자리에 주저앉아라
아무것도 하지 말고
그저 쉬어라

신과의 결별
사랑과의 이별

이 세상에
이보다 고된 일이 없으니

우리는 신성한 어머니와 연결될 때 창조적인 삶을 살게 될 것이다. 이것이 바로 도를 실천하는 길이다.

오늘 하루는 주변에 있는 어린아이들을 주의 깊게 살펴보자. 아직 문화적으로나 사회적으로 길들여지지 않은 어린아이들이 가진 신비한 여성적 성향을 찾아보라. 타고난 기질을 고스란히 간직한 아이들이 보이는가? 그들의 모습에 나타나는 도에게서 받은 재능으로 보이는 것들에 주목하라.

이제는 어린 시절의 자신을 떠올려보자. 세속적인 에고가 자리 잡기 이전, 돈이나 권력이 중요하다고 생각하기 전의 시간으로 돌아가보라. 과거에 당신은 어떤 사람이었으며 현재는 또 어떤 사람인가? 오늘 하루 아이들과 시간을 보내면서 그들이 아무런 방해도 받지 않고 온전히 도와 어울리는 모습을 유심히 관찰하라.

# 7

하늘과 땅은 영원하다.
하늘과 땅이 영원할 수 있는 까닭은
스스로를 위해 살지 않기 때문이다.
이것이 하늘과 땅이 영원할 수 있는 비결이다.

성인도 마찬가지로 자신을 뒤에 세움으로써 결국 앞에 서고
자신을 돌보지 않기에 오히려 보호받는다.

다른 사람이 필요로 하는 것을 채워주면
당신이 필요한 것을 얻을 것이다.
자신을 버림으로써 성취를 이룬다.

# 에고 너머의 삶
*Living Beyond Ego*

7장의 첫 문장은 천지의 근원인 도가 영원하다는 사실을 다시 한번 일깨워준다. 삶의 본질은 영원히 지속되는 것이다. 그 본질은 우리가 세속적인 에고를 내려놓고 도를 중심으로 살 때 비로소 감응한다. 물질적인 부분만을 추구하면 우리는 우리의 무한 본성에 소홀하게 되고 도를 제대로 인식하지 못한다. 제한적인 세계 속에서는 소유와 성취를 위해 애쓰는 것이 당연한 것처럼 보인다.

우리가 문명화된다고 하는 것은 주로 권력과 경제적인 측면에 몰두하여 성공하는 것을 의미한다. 또한 이러한 성공이 행복을 가져다주고 불행을 막아줄 거라고 여긴다. 이런 생각의 중심에는 자신을 다른 사람과 구분되는 독립된 육체 속에 하나의 이름과 문화적·생물학적 정보를 가진 개별적인 존재라고 여기는 자아가 자리하고 있다. 이 장에서는 특히 그러한 관념을 새롭게 정리하고 우리 자신과 주변 사람들을 뛰어넘어 그 이상을 위해 존재하라고 제안한다.

도의 비밀은 재산을 소유한다거나 무언가를 얻으려고 애쓴다고 해서 밝혀지는 것이 아니라고 말한다. 도는 끝없이 베풀지만 아무런 보답도 바라지 않는다. 남을 위하는 자연스러운 성향 때문에 도는 절대로 죽을 수가 없다. 이처럼 베풂과 영원한 생명은 함께 어우러진다.

영원히 지속되는 도의 본질을 이해하는 성인은 에고의 그릇된 인식의 한계를 넘어 도와 깊이 연결된다. 성인은 타인을 앞에 세우고 진심으로 섬기면서 어떤 대가도 바라지 않는다. 대가를 바라는 마음 없이 베풀면 필요한 모든 것들이 모여든다. 성인은 자신을 마지막에 세움으로써 결국은 맨 앞에 서게 되고, 남을 먼저 생각하기에 더 오래 존재하는 것이다. 성인은 자연스러운 나눔을 실천하고, 그 과정에서 필요한 모든 것을 얻는다.

에고는 항상 만족하지 못하고 끝없이 요구한다. 우리에게 더 많은 돈과 권력, 그리고 명예를 추구하라고 명령한다. 에고가 아닌 도 중심의 삶을 산다면 치열하고 무의미한 경쟁에서 벗어나 평화와 만족을 느끼게 될 것이다.

## 다른 사람이 필요로 하는 것을 채워주면
## 당신이 필요한 것을 얻을 것이다

나는 7장이 21세기에 주는 교훈은 이와 같다고 믿는다. 이러한 도의 가르침을 실천하여 에고의 지배로부터 벗어나야 한다. 다른 사람을 너그럽게 대하고 섬긴다면 당신의 행동은 도와 조화를 이루게 될 것이다. 그 힘이 자유롭게 흘러 당신을 충만한 삶으로 이끌 것이다. 하지만 에고의 경우는 다르다. 에고는 자신을 먼저 생각하고 누군가가 당신 몫을 가져가기 전에 먼저 차지하라고 말한다. 에고에 귀를 기울일 때 생기는 가장 큰 문제는 항상 애쓰지만 결코 원하는 곳에 도달할 수 없다는 점이다. 따라서 절대로 목표를 이룬 충족감을 맛보지 못한다.

생각과 행동이 도에 이르면 베풂이라는 사랑의 에너지가 작동한다. 자신에게 이렇게 말하라.

"나는 도가 언제나 보답을 바라지 않고 베푸는, 눈에 보이지 않는 신성한 근원임을 안다. 내 생각과 행동을 통해 도를 실천할 것이다."

그리고 가능한 여러 방법을 동원해서 다른 사람들을 당신 앞에 세워라.

개인의 성공과 실패에 초점이 맞춰지고 있다면 바로 그 순간 불운한 처지의 사람들에게로 관심을 옮겨보라. 혼자만의 세계에서 허우적대는 것보다 만족스럽고 삶에 더욱 밀착되어 있다는 느낌을 받을 것이다. 다른 사람을 섬겨라. 그리고 당신이 베푼 그 모든 것들이 어떻게 다시 당신에게로 돌아오는지 주의 깊게 살펴보라.

하피즈는 이러한 태도를 다음과 같이 노래했다.


모든 이가
곧 신의 목소리다.
어찌 무례할 수 있겠는가?
어찌 그 말에
귀 기울이지 않을 수 있겠는가?

## 쫓아가기를 그만두고 멈춰 서서 바라보라

욕망을 추구할수록 그것은 교묘히 당신 눈을 속이고 달아날 것이다. 삶이 스스로 다가서게 하라. 진정으로 원하는 것이 이루어지고 있음을 보여주는 신호에 주목하라. 도의 관대한 특성으로 인해 당신은 항상 무언가를 받고 있다. 들이마시는 공기나, 마시는 물, 먹는 음식, 내리쬐는 햇빛, 육체를 지탱하는 영양분, 심지어는 당신의 마음을 채우고 있는 생각까지 모든 것이 바로 도가 주는 선물이다.

도에서 모든 것들이 흘러나왔음을 느끼고 당신이 받은 것들에 감사하라. 무의미한 추구를 그만두고 멈춰 서서 바라보라. 끊임없이 더 많은 것을 쫓으려는 마음을 진정시켜라. 스스로를 내려놓고 신에게 맡겨라. 이렇게 내면의 신이 드러나는 삶을 살면 당신은 세속적인 에고로부터 멀어지고 신에게 다가서게 된다.

### ♨ 지금, 도를 행하라

하루 동안, 망루에 올라서서 사방을 살피듯 에고가 무엇을 원하는지 관찰하라. 에고의 요구가 얼마나 강렬한지에 따라 등급을 매기면서 그 힘을 약하게 만들자. 억제하기 힘든 요구에는 높은 등급을 주고 반대로 쉽게 조절하고 극복할 수 있는 요구에는 낮은 등급을 매기자.

동료가 차를 운전하고 당신은 조수석에서 앉아 있는 상황을 예로 들어보자. 당신이 매번 다니던 길과는 다른 길로 동료가 차를 운전한다면 어떤 느낌이 들까? 그럴 때 아무 말도 하지 않고 자신의 마음이 얼마나 불편해지는지 조용히 관찰해보라. 에고가 뭐라고 말하는가?

또한 당신만이 가지고 있는 특별한 지식을 뽐내거나 자랑스러운 성공에 대해 이야기할 수 있는 기회가 생겼을 때 그냥 침묵하기로 하면 얼마나 답답해지는지에 주목하라. 에고가 뭐라고 말하는가?

노자가 이 장을 통해 말하는 것처럼 "자신을 버림으로써 성취를 이룬다."는 것을 기억하라. 짧은 순간만이라도 에고의 요구에서 한 걸음 물러서면 삶은 분명 더욱 풍요로워질 것이다.

# 8

최고의 선은 물과 같아서
억지로 노력하지 않으면서 만물을 기른다.
물은 모든 이가 꺼리는 낮은 곳으로 흐른다.
그러므로 물은 도에 가깝다.

사물의 본성에 따라 살아라.
땅을 가까이하여 살아라.
마음을 헤아릴 때는 마음 깊숙이 들어가라.
사람을 대할 때는 온화하고 친절하게 하라.
말한 바를 지켜라.
공평하게 다스려라.
거동함에 있어서는 때를 잘 살펴라.

본성에 따라 사는 사람은
사물의 이치에 맞서지 않는다.
언제나 해야 할 일의 진실을 알고
현재의 순간과 조화를 이룬다.

# 흐름을 따르는 삶
## *Living in the Flow*

노자의 가르침에서 도와 물은 같은 의미다. 당신이 물이고 물이 곧 당신이다. 어머니의 몸속에서 보낸 인생의 첫 아홉 달을 생각해보라. 그 아홉 달 동안 당신은 양수 속에서 영양분을 공급받으며 살았다. 당신 안으로 흘러들고, 당신의 움직임에 따라 출렁이기도 하는 양수야말로 조건 없는 사랑의 전형이다. 당신 몸의 75퍼센트는 물로 이루어졌으며(뇌의 경우는 85퍼센트) 나머지 부분도 근육의 형태를 가진 물이다.

우리가 당연하게 여기는 이 액체 에너지의 신비롭고 불가사의한 본질에 대해 생각해보자. 물은 움켜쥐려 하면 어느새 교묘히 빠져나가지만 그 안에 가만히 손을 담그면 쉽게 그것을 느낄 수 있다. 물은 고이면 탁해지고 흐르면 맑아진다. 물은 높은 곳을 찾지 않고, 가장 낮은 곳을 찾아 머문다. 물은 강으로, 호수로 흐르고, 바다로 향하는 줄기에 합류한다. 그러고는 다시 비가 되기 위해 하늘로 오른다. 물은 아무것도 꾸미지 않고, 사사로움을 추구하지도 않는다. 물은 동물과 식물을 돌보려는 생각도 없고, 땅을 비옥하게 만들려는 계획이 없다. 우리의 갈증을 달래주거나 우리로 하여금 수영하고, 배를 타고, 스키를 타거나 스쿠버다이빙을 하게 해주려는 마음도 없다. 이는 그저 물 자신의 일을 하고, 생긴 그대로 존재하는 데서 비롯된 이로움일 뿐이다.

도는 물과 당신의 유사점을 분명히 인식하라고 요구한다. 당신이 바로 물이다. 물처럼 살아라. 생명을 불어넣어 당신을 지탱하는 물과 같이 살아라. 만물의 본성에 따라 평온하게 생각하고 행동하라. 당신은 온화하고, 다른 사람으로 하여금 그들이 가고 싶은 곳으로 가게 하며, 그들이 원하는 대로 사는 것을 방해하지 않는다. 영원한 흐름을 믿고, 본성에 솔직해지며, 약속을 지켜야 한다. 또한 모든 이를 공평하게 대해야 한다. 생명을 지탱하는 물이 어떻게 흐르는지를 지켜봄으로써 이러한 모든 교훈을 얻을 수 있다. 물은 꾸밈없이 수수하게 흐르고, 자신의 할 바를 정확하게 알고 현재와 조화를 이루며 있는 그대로 존재하는 데서 그 이로움이 나온다.

노자는 《도덕경》의 8장을 통해 이러한 메시지를 남긴다.

**물처럼 흐를 때 자연의 이치에 따라 소통할 수 있다**
**지식은 교환되고 학문은 모두를 이롭게 하는 방향으로 진보한다**

자신을 다른 사람보다 더 중요하게 여기지 않도록 주의하라. 특히 배우지 못하거나 가난하거나 몸이 아픈 소외된 사람들을 끌어안아라. "모든 이가 꺼리는 낮은 곳"으로 가서 마음을 열어라. 당신이 만나는 모든 사람들 속에서 도를 찾아라. 받아들임, 온화함, 친절함이 당신을 통해 다른 사람에게 흘러가도록 하라. 안달하지 않음으로써 존중받게 될 것이다. 다른 사람의 삶을 조정하지 않는 데 최선을 다한다면 도의 자연스러운 질서와 조화를 이룬 평화를 얻을 것이다. 물처럼 되라. 물은 그저 흐르기만 할 뿐 아무것도 이루려 하지 않지만 그로 인해 수영하고, 낚시하고, 서핑하고, 마시고, 첨벙거리고, 뿌리고, 떠다니는 등 헤아릴 수 없이 많은 이로움을 만들어낸다.

## 생각이 자유롭게 떠다니도록 하라

무언가를 얻기 위해 다투는 삶, 또는 다른 무언가가 되기 위해 애쓰는 삶은 잊어버려라. 우리 몸의 모든 부분을 구성하는 물처럼 살아라. 《물은 답을 알고 있다》에서 에모토 마사루江本勝는 "우리가 곧 물이고, 물은 자유로워지고자 한다."라고 말한다. 그는 물을 존중하고 사랑함으로써 물의 결정화 과정을 바꿀 수 있음에 주목했고, 물이 반응하는 방식을 탐구했다. 사랑, 감사, 그리고 아름다움이라고 새겨진 그릇에 담으면 물은 아름답게 빛나는 결정체가 된다. 그러나 미움, 비난, 악함이라고 새겨진 그릇에 담으면 결정체는 산산이 깨지고, 뒤틀리고, 혼란스럽게 보인다.

에모토 마사루의 작품에 함축된 의미는 놀랍다. 의식은 우리 안에 자리하고 있고 우리 몸의 대부분은 물이 차지하고 있으므로, 생각의 균형이 무너진다면 우리가 살고 있는 세상과 그 너머에 파괴적인 영향을 미칠 수도 있다. 우리를 창조한 영원한 도에게는 "나는 목마른 자에게 쏟아지는 생명의 물이다."라는 말이 어울릴지도 모르겠다.

조용히 물 한 잔을 마셔보자. 한 모금씩 마실 때마다 강물이 동물에게, 비가 식물에게 하듯 삶을 빈성하게 하는 빙식으로 님을 이롭게 하겠다고 다짐하라. 자연스럽게 흐르며 당신을 이롭게 하는 물이 주변에 얼마나 많이 흐르고 있는지 주의 깊게 살펴보라. 삶을 지탱하고, 멈추지 않고 흐르는 물에 감사의 기도를 올려라.

최고의 선은 물과 같아서
억지로 노력하지 않으면서 만물을 기른다.
물은 모든 이가 꺼리는 낮은 곳으로 흐른다.
그러므로 물은 도에 가깝다.

# 있기도 하고 없기도 한 딜레마를 즐겨라

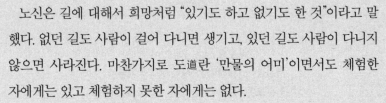

노신은 길에 대해서 희망처럼 "있기도 하고 없기도 한 것"이라고 말했다. 없던 길도 사람이 걸어 다니면 생기고, 있던 길도 사람이 다니지 않으면 사라진다. 마찬가지로 도道란 '만물의 어미'이면서도 체험한 자에게는 있고 체험하지 못한 자에게는 없다.

재미있는 것은 《도덕경》(《노자》라고도 함)이라는 책을 썼다는 노자 역시 있기도 한 인물이고 없기도 한 인물이다. 사마천의 《사기열전》에 "노자는 초나라 고현 여향 곡인리 사람이며, 성은 이李씨이며 이름은 이耳로서 주나라 장서를 관리하는 사관"이라고 기록되어 있다. 그러나 사마천 역시 노자가 한참 뒤의 사람인 주나라 태사 담과 동일인인지 아닌지 분명히 알지 못했다. 사마천의 시대에도 혹자는 노자가 태사 담과 동일인이라고 말하고 혹자는 그렇지 않다고 주장하고 있었던 것이다.

또 어떤 사람은 노자의 성이 이씨가 아니라 노老씨였을 것이라고 주장한다. 사마천이 노老를 이李씨로 착각했을 것이고, 다른 제자백가처럼 사람의 성을 따 썼을 것이기 때문에 노자 역시 노씨였을 것으로 추론하기도 한다.

《도덕경》이라는 책 역시 노자가 쓴 책이기도 하고 아니기도 하다. 사마천의 《사기열전》에 따르면, 노자는 오랫동안 주나라에서 살다 나라가 쇠락하자 그곳을 떠났다고 한다. 그가 함곡관에 이르자 그곳의 관령이었던 윤희라는 사람이 "선생께서 은둔하시려면 저를 위해 좋은 글을 남겨주십시오."라고 부탁하자 《도덕경》 상·하권을 지어 도와 덕의 의미를 5천 자로 남기고 떠났다 한다. 그러나 다른 설이 분분하다. 어떤 사람은 태사 담이 지은 것이라고 하고, 또 다른 사람들은 장자의 제자들이 모은 것이라고도 하고, 여불위의 문객이 편찬한 것이라고도 한다. 그러나 《논어》 역시 공자가 죽은 뒤 제자들에 의해 엮어졌듯이 《도덕경》도 그 바탕은 노자의 가르침이되 제자들이 책으로 엮은 것으로 이해하는 것이 무난한 설로 짐작된다.

노자라는 사람, 《도덕경》이라는 책, 그리고 노자 사상의 핵심인 '도道'는 모두 있기도 하고 없기도 한 것이다. 도는 만물의 근원이며 만물보다 먼저 존재하는 천하의 어미이지만 그 이름을 알 수 없다. 그래서 억지로 이름을 붙여 도라고 불렀다. 억지 이름을 가져다 붙였으니 이름이 있는 것이기도 하고 없는 것이기도 하다. 도는 시공을 초월한 무형의 실재이며, 보이지도 않고, 들리지도 않고, 만질 수도 없지만 언제까지나 존재하며 어디서나 작용하는 자연의 작동 원리다. 자연이라는 실체를 작동시키는 소프트웨어가 바로 도인 것이다. 도는 스스로 존재하기自然 때문에 '자연을 좇는다'라고 표현한다. 노자 사상의 핵심인 '무위자연無爲自然'은 바로 그런 뜻이다.

경영 역시 있기도 하고 없기도 하다. 억지로 밀어붙이면 이룰 것 같지만 억지로 해서 얻는 것은 없다. 자연의 섭리는 간단하다. 땅을 파고

씨를 뿌리고 물을 준다. 이것이 '땀'이다. 그리고 기다린다. 이것이 인내다. 그다음에야 얻는 것이다. 땀을 흘리고 때를 기다리면 얻는다는 것이 자연의 법칙, 바로 도다. 무위는 아무것도 하지 않는 것이 아니다. 자연의 법칙을 따르리는 것이다. 무위경영이란 심을 때에 맞춰 심고 정성을 다해 보살피고 때를 기다리라는 뜻이다. 또 심지 않은 것을 기다리지 말고 익지 않은 것을 따지 말라는 뜻이다. 무위경영이란 씨앗 속에서 그 열매를 보는 것이다. 지금 보이지 않는 미래를 믿는 것이다. 무위경영이란 그 열매를 따서 먹되 씨과일까지 다 먹어치우지 않고 남겨 다음 해에 땅에 심는 것이다. 치열하게 살되, 이야기의 끝을 예기하고 지금을 다 쓰지 않고 나누어 미래를 위해 남겨두는 것이다.

'있기도 하고 없기도 한 것', 이것이 삶의 패러독스이며 딜레마이기도 하다. 우리는 이것을 품을 수 있어야 한다. 삶은 그 자체로 혼동과 딜레마다. 무위경영은 자연 원칙을 따름으로써 자연이 되고, 딜레마를 품으로 인해 다시 딜레마에 빠지는 것이다.

나는 삶의 기쁨과 감탄이 바로 묘하게 감기고 풀리는 것에서 온다고 생각한다. 그래서 삶은 시詩인 것이다. 행간을 건너뛰는 텅 빈 공간들은 논리와 이성으로 채울 수 없다. 그 심연을 지배하는 것은 우연과 운명이다. 읽고 쓰는 것이 시가 아니다. 살아지는 것, 그것이 시다.

# 9

넘치도록 가득 채우는 것 보다
적당할 때 멈추는 것이 좋다.

칼을 너무 날카롭게 벼리면
쉽게 무뎌진다.
금과 옥으로 집을 가득 채우면
불안함이 밀려온다.
교만과 자만이 가득하면
자신을 벼랑에서 구해줄 이 아무도 없다.

일을 다 하였으면 물러나는 것이
바로 하늘의 길이다.

# 겸허한 삶
## *Living Humility*

　도는 끊임없이 무언가를 창조하면서 어느 정도가 충분한지를 정확히 알고 있다. 또한 이 조건 없는 공급이 적당한 때에 멈춘다는 것을 우리는 내면에서 감지하고 있다. 따라서 우리는 도가 얼마나 만들어 내는지에 대해 궁금해할 필요가 없다. 이 창조적인 근원은《도덕경》의 9장에 나타난 겸손의 원리 속에서 아름답게 균형을 이룬다.

　도는 모든 것을 많이 만들어낼 수 있는 능력이 있다. 하지만 이 온화한 겸손은 나무, 꽃, 벌, 하마, 그리고 모든 생명체에게 어느 정도가 충분한지를 안다. 도는 넘치지 않는다. 창조의 무한한 능력을 과시할 필요가 없기에 도는 적당한 때에 정확히 멈춘다. 이번 장은 우리의 마음을 도의 이러한 특성에 가까이 하도록 이끈다.

　넘치는 것이 결국 결핍이라는 사실을 깨닫게 되면 소유, 쾌락, 교만

등의 행위들로 가득 찬 삶은 도가 아닌 에고를 따르는 삶임을 알게 된다. 겸허한 삶은 언제 멈추고, 언제 놓아 보내고, 언제 우리 노력에 대한 열매를 즐겨야 할지를 안다. 따라서 더 높은 지위, 더 많은 재산, 더 강한 권력, 더 많은 권한과 물질을 좇는 것은 이미 잘 갈아놓은 칼을 또다시 숫돌에 가는 것만큼이나 어리석다고 말한다. 계속해서 칼을 가는 것은 날카로운 날을 오히려 무디게 만들 뿐이다

노자는 재산을 모아 축적하는 것을 경계하라고 한다. 이러한 태도는 우리로 하여금 소중한 삶을 낭비하고, 자꾸 더 많은 것을 필요로 하게 만든다. 그리고 노자는 겸허한 삶을 실천하라고 이른다. 부와 명예를 가지려고 한다면, 최소한 그것들을 추구하는 단조롭고 피곤한 길에서 물러나 도를 실천하며 살아야 할 때가 언제인지 알아야 한다. 이것은 더 많은 것을 추구하는 데 중독된 이 세속적인 세상과 반대되는 하늘의 길이다.

광고는 우리가 행복해지기 위해서는 계속 무언가 더 필요하다고 믿게 하고, 그것을 이용해 더 많은 상품과 서비스를 판매하기 위해 만들어졌다. 여기서 한 걸음 더 나아가보자. 아마도 전문가라는 사람들은 경제가 계속적으로 성장하지 않으면 결국 퇴보하게 될 거라고 말할지도 모른다. 그러나 과도한 성장은 암이 그 숙주를 파괴하듯 우리 자신을 파괴할 수 있다. 오늘날 우리는 과잉생산의 결과로 나타나는 교통 정체를 목격한다. 이제는 런던의 한쪽 끝에서 반대편까지 가는 데 자동차 발명 전보다도 더 많은 시간이 걸린다. 우리는 매번 물건을 사러 상점에 갈 때마다 동일한 원리가 작동하는 것을 볼 수 있다. 나는 이것을 '선택 과부하'라고 부른다.

예를 들어, 진통제 하나만 보더라도 요통, 생리통, 두통, 관절통을 위

한 것이 다 다르고, 아침에 먹는 것과 저녁에 먹는 것이 또 다르다. 여기에 더해 캡슐에 든 것, 액체로 된 것, 그리고 가루로 된 것 중에서 하나를 골라야 한다. 이러한 선택의 문제는 화장지, 음료수, 혹은 다른 무엇을 사더라도 똑같이 생긴다.

노자는 다음과 같은 조언을 우리에게 전하려 한다.

## "이 정도면 충분하다."는 마음을 간직하라

이 다짐을 마음속에 간직하라. 비록 당신이 살고 있는 세상은 아무리 많이 가져도 부족하다고 소리칠 테지만 말이다. 노자의 조언을 쉽게 풀어보자면 이런 말이 아닐까? 할 일을 다 하면 한 걸음 물러서라. 겉치레와 무절제한 소비 대신 검소한 생활을 실천하라. 서구 사회, 그 중에서도 미국의 비만 문제는 바로 이 《도덕경》 9장의 단순한 지혜를 이해하지 못한 결과라고 할 수 있다. 배고프면 음식을 먹어라. 그러나 배가 부르면 멈춰라. 계속해서 음식으로 배를 채우는 것은 더 많이 소유하면 더 행복할 것이라는 잘못된 믿음의 덫에 걸린 것이다. 성공을 상징하는 것으로 자신을 과도하게 치장하는 것 역시 이와 같다. "넘치도록 가득 채우는 것은 적당할 때 멈추는 것만 못하다."라고 말하는 도의 지혜를 떠올려보라. 이 정도면 충분하다는 마음은 그냥 충분한 것이 아니라 도의 완전함과 일치하는 것이다.

## 에고의 관심사에 초점을 맞추지 말고
## 하고 있는 일 속에서 즐거움을 찾으라

에고는 당신이 한 일에 대해서 점점 더 많이 보상받기를 원한다. 재산을 축적하고 명예를 얻기 위해 세상에 태어났다는 어리석은 생각은 매 순간 사랑하고 감사하는 마음을 통해 없앨 수 있다. 지금 하고 있는 일이 당신에게 어떤 도움이 될지 생각하지 말고 바로 그 일 안에서 즐거움을 찾으라. 이 물질만능의 세상에 당신을 태어나게 한 무한한 지혜인 도를 믿어라. 어쨌든 도는 당신이 이 세상에 태어날 정확한 시기를 알고 있었다. 도는 "아홉 달의 임신으로 이렇게 예쁜 아기를 만들 수 있다면 나는 그 기간을 5년으로 늘리겠어. 그러면 더 완벽한 아이가 태어나게 될 거야."라고 말하지 않았다. 그렇다. 도는 아홉 달이면 충분하다고 한다. 아홉 달이면 충분하다. 더 이상의 시간은 필요 없다.

더 많은 것을 소유하고 싶은 유혹이 당신을 찾아오면 잠시 하던 일을 멈추고 도를 생각하라. 이 창조의 원리는 할 일을 다 하면 거기서 멈춰야 한다는 것을 충분히 알고 있다.

노자는 이것이 "바로 하늘의 길이다."라고 말한다.

왜 굳이 하늘의 길을 거스르려고 하는가?

## 🐝 지금, 도를 행하라

다음 식사 때는 먹는 양을 조절해보자. 우선 음식을 조금 먹은 후에 아직도 배가 고픈지 스스로에게 물어보라. 만약 배가 고프지 않다면 거기서 멈춰라. 그러고는 잠시 기다려보라. 만약 더 이상 허기가 느껴지지 않는다면 거기서 식사를 끝내라. 이렇게 함으로써 당신은《도덕경》9장의 마지막 문장을 실천하게 될 것이다.

"일을 다 하였으면 물러나는 것이 바로 하늘의 길이다."

넘치도록 가득 채우는 것보다
적당할 때 멈추는 것이 좋다.

# 10

몸과 정신을 하나로 감싸 안고
떨어져나가지 않도록 할 수 있는가?

기운을 부드럽게 하여
갓난아이처럼 될 수 있는가?
하늘의 문을 열고 닫음에 있어
여인과 같을 수 있는가?

자만심 없이
백성을 사랑하고
나라를 다스릴 수 있는가?

생명을 낳고 기르되 가지려 하지 말고
일을 하되 공을 인정받으려 말고
이끌되 조정하고 지배하지 말라.

이러한 힘을 마음에 새긴 사람이
이 땅에 도를 가져온다.
이것이 가장 중요한 덕이다.

# 하나 되는 삶
## *Living Oneness*

노자는 이 땅에 존재하는 삶의 역설적인 성질에 대해 이야기한다. 몸과 정신처럼 겉보기에 상반된 것들을 편안하게 받아들이라고 한다. 우리는 언젠가는 죽게 될 육체를 가지고 있으며 동시에 도의 무한함과 연결되어 있다. 우리는 불완전한 자세로 서서 완전한 세상을 본다. 또한 완전무결하게 보이는 모든 것 안에서 그것의 모순된 진실을 알아볼 수 있다.

굳어 있고, 아픔을 느끼고, 관절통 때문에 움직임이 둔해지는 어른의 몸이 갓 태어난 아이의 그것처럼 나긋나긋하고 부드러워질 수 있을까? 전사처럼 일하면서 여전히 여성의 마음을 유지할 수 있을까? 이 모든 일이 가능하고도 자만하지 않을 수 있을까? 에고가 지배하는 세상에서 자아를 잘 다스리고 도에 맞는 삶을 살 수 있을까?

《도덕경》의 10장은 이중성이라는 환상이 더욱 뚜렷하게 모습을 드러내는 세상에서 '하나로 껴안는' 힘을 삶의 방식으로 따르라고 권한다. 같은 주제로 쓰여진 하피즈의 시를 읽어보자.

그 모습을 드러내도록
유혹하는

저 밝게 빛나는
하나만이

내 심장을 훔칠
아름다움을 갖고 있다.

'둘'이라는 말을 비웃는

완전한 하나만이

너에게 사랑을 알려줄 수 있다.

우리의 근원은 결코 나뉠 수 없다. 그런데도 우리는 완전한 '하나 됨'인 도를 거부하는 세상에 살고 있다. 우리는 서로 반대되는 것들에 대한 믿음을 거두고 그들이 하나로 어우러지는 이치를 깨달음으로써 도를 실천할 수 있다. 이것이 노자가 2,500년 전의 관점으로 우리에게 들려주는 충고에 대한 내 나름의 해석이다.

## 타인의 내면에서 자신을 발견하고
## 이를 통해 하나 됨을 끌어안으라

이질적이거나 다르다고 생각하는 사람들을 비판하지 말고 그들을 자신이라고 생각해보라. 이런 생각은 자만심을 없애고 노자가 말한 덕과 하나로 어우러지게 해줄 것이다. 에고가 지배하는 생각에서 벗어나면 다른 사람들과 공유하고 있는 하나 됨과 모든 것을 끌어안는 도를 느낄 수 있다.

어떤 사람, 혹은 어떤 집단을 비판하고 싶을 때마다 내면의 깨달음을 실천하라. 단절과 우월감이 들도록 만드는 뉴스를 볼 때야말로 이를 실천할 수 있는 절호의 기회다. 뉴스에 등장하는 사람 중 한 명을 자신이라고 생각해보라. 누군가를 미워해야 하는 상황들 속에서 이러한 부정적인 판단들을 멈추도록 노력하라. 그리고 그들의 입장이 되어보라. 갖가지 모습의 생명체가 되어 이렇게 역지사지易地思之를 실천해보자. 나무나 풀이 되어보라. 이러한 관찰을 통해 발견하는 도에 주목하면서 모든 사람, 그리고 모든 창조물 속에 비친 자신을 바라보라. 우리는 하나다.

## 가진 것에서 즐거움을 누리되 집착하지는 마라

재산과 성취를 통해 얻은 신분 따위는 잊어버려라. 단지 행하고 그 흐름 자체를 지켜보면서 당신이 하는 일, 그리고 당신의 삶으로 흘러들어오는 모든 것을 즐겨라. 당신은 아무것도, 아무도 소유할 수 없다. 한 번 모인 것은 반드시 흩어지기 마련이다. 한 번 손에 들어왔던 것은 다시 당신을 떠나 다른 사람의 것이 된다. 그러니 한 걸음 물러서서 이 물질의 세계를 지켜보라. 이렇게 조금 떨어져서 바라보는 것은 소유에 대한 집착을 느슨하게 해주는 동시에 당신을 환희 속으로 몰아넣을 것이다. 이 놓아주는 과정 속에서 당신은 도의 가르침을 실천할 수 있는 자유를 얻게 된다.

### 🦆 지금, 도를 행하라

개별적으로 보이는 것에서 하나 됨을 발견하는 연습을 해보자. 심장을 두드리는 보이지 않는 힘을 느껴보라. 동시에 모든 생명체의 심장을 두드리는 똑같은 힘에 주목하라. 생각할 수 있도록 하는 보이지 않는 힘을 느끼고 살아 있는 모든 존재에게 그 힘이 똑같이 작용하고 있음을 깨달으라.

《도마복음》의 한 구절을 곱씹어보자.

"그의 제자들이 예수께 물었다. '언제 그 왕국이 옵니까?' 예수께서 답하셨다. '그것은 겉으로 드러내놓고 오지는 않을 것이다. 이쪽을 보라거나 저쪽을 보라고 말하지도 않을 것이다.' 오히려 아버지의 왕국은 이미 온 세상에 펼쳐져 있는데, 사람들이 그것을 보지 못할 뿐이다."

오늘, 하나 됨을 품고 생각하는 습관을 가지면 그 왕국을 보는 데 도움이 될 것이다.

생명을 낳고 기르되 가지려 하지 말고
일을 하되 공을 인정받으려 말고
이끌되 조정하고 지배하지 말라.

# 11

하나의 바퀴통에 서른 개의 바퀴살이 모이는데
그 가운데에 빈 구멍이 있으므로
수레의 쓸모가 생겨난다.

흙을 빚어 그릇을 만드는데,
그 가운데에 빈 공간이 있으므로
그릇의 쓸모가 생겨난다.

문과 창을 뚫어 방을 만드는데,
그 비어 있으므로 방의 쓸모가 생겨난다.

있음의 유용함은
없음에 달려 있다.

# 비움으로 사는 삶

*Living from the Void*

《도덕경》11장에서 노자는 종종 무시되는 '텅 빔'의 가치에 대해 이야기한다. 그는 바퀴통의 중심에 비어 있는 구멍, 그릇 내부의 빈 공간, 방의 안쪽 공간 등의 이미지를 통해 이 개념을 설명한다. 그리고 "있음의 유용함은 없음에 달려 있다."는 결론에 도달한다. 달리 말해서 각각의 나뉜 부분들은 그 중심이 있어야 유용해진다. 노자는 우리 존재의 중심에 자리 잡은 보이지 않는 빈 공간의 의미를 되새기며 살라고 한다. 즉, 삶에 대한 우리의 사고방식을 바꾸라는 것이다.

'존재함'에 대해 깊이 생각하면서 '존재하지 않음'이라는 역설적인 개념을 잘 살펴보자. 당신은 마치 거푸집처럼 모양을 유지해주는 피부와 뼈, 장기, 그리고 피의 흐름으로 이루어져 있다. 이런 신체 기관들 속에는 분명히 '나'라는 존재를 '남'과 구분 짓는 본질이 있다. 그러나 육체를 분해해서 각 구성 요소들을 펼쳐놓고 그것을 당신이라고 할 수는 없을 것이다. 모든 신체의 부분들을 하나로 모아놓는다고 해도 그 유용함은 '존재하지 않음', 즉 노자의 표현대로라면 '없음'에 있다.

지금 있는 방의 벽과 천장을 따로 분리해서 그 안에 들어 있는 모든 물건들과 함께 일렬로 늘어놓는 장면을 상상해보라. 그 중심의 빈 공간이 없다면 다른 모든 요소들이 그대로 존재한다고 해도 방은 더 이상 존재하지 않는다. 흙으로 만든 화분은 그 흙이 들어 있는 빈 공간 없이는 화분이라고 할 수 없다. 우리가 살고 있는 집도 외장재가 둘러싸고 있는 내부의 공간이 없다면 집이라고 할 수 없다.

한 작곡가는 음표 사이에 존재하는 침묵이 음표 그 자체보다 더 중요하다는 말을 내게 들려주었다. 그는 음악을 음악일 수 있게 하는 것은 음표와 음표 사이에 있는 빈 공간이라고 말했다. 만약 '비움'이 없다면 음악은 그저 끝없이 이어지는 소음에 불과할 뿐이다.

당신은 이 작은 깨달음을 당신의 일상에서 경험하는 모든 일들에 적용해볼 수 있다. 당신 스스로에게 한번 물어보라. 나무를 나무일 수 있게 해주는 것은 과연 무엇인가? 껍질? 가지? 뿌리? 잎사귀? 그것도 아니라면 열매? 이 모든 것들은 노자가 말한 '있음'에 해당한다. 그리고 이것들만으로는 나무가 될 수 없다. 여기에 더해 나무가 나무일 수 있게 하는 것이 바로 '없음'이다. 이것은 당신의 오감을 교묘히 벗어나는, 느낄 수도 없고 볼 수도 없는 삶의 기운이다. 당신은 나무를 자르고 나누어 그 세포 속까지 끝없이 살펴볼 수는 있겠지만 결코 그것을 찾아내지는 못할 것이다.

이 장의 첫 문장에서 바퀴가 굴러가기 위해 필요한 바퀴통의 구멍은 당신이 삶을 살아가는 데 없어서는 안 되는 '비움'에 비유될 수 있다.

당신은 당신 중심에 비존재의 상태를 간직하고 있다. 그러므로 눈에 보이는 육체뿐만 아니라 당신의 존재가 의지하는 눈에 보이지 않는 본질, 즉 당신의 한 부분인 도에 대해서도 주의를 기울여야 한다.

다음은 오늘날의 세상에서 '비움으로 사는 삶'이 무엇인지에 대해 노자가 당신에게 들려주는 이야기다.

## 눈에 보이지 않는 당신의 중심이야말로 삶에 없어서는 안 될 본질이다

당신의 본질인 이른바 '없음'에 주의를 기울여라. 텅 빈 그 공간은 모든 창조를 책임지는 '눈에 보이지 않음'으로부터 시작된다. 당신 내면의 자아에서 떠오르는 생각들은 바로 순수한 사랑과 어짊이다.

내면의 '존재하지 않는 공간'은 당신에게서 따로 떨어져 있는 부분이 아니다. 그 신비로운 중심을 찾아서 탐험하라. 육체적인 자아에 둘러싸인 공간, 그곳으로부터 당신의 모든 생각과 이해가 흘러나온다. 긍정적이려고 하거나 사랑하는 마음을 가지려고 노력하는 대신, 단순히 당신 존재의 본질에 섬세한 관심을 기울여라.

도의 길은 억지로 애쓰는 것이 아니라 저절로 흐르도록 내버려두는 것이다. 순수한 사랑 같은 내면의 중심이 그 쓰임새를 작동시키도록 놓아두라. 불현듯 떠오르는 생각들이 당신의 육체에 들어왔다가 다시 떠나도록 두라. 마치 들숨과 날숨처럼 자연스럽게 흐르도록 하라. 그리고 눈에 보이지는 않지만 없어서는 안 될 본질의 놀라운 힘을 살피는 데 매일매일 조금씩의 시간을 쓰겠다고 다짐하라.

## 매일 침묵의 힘을 실천하라

이를 실천하는 데는 여러 가지 방법이 있다. 예를 들어 명상은 내면의 빈 공간과 당신을 연결함으로써 환희를 느끼도록 돕는 훌륭한 도구다. 모든 생각이 흘러나오는 내면의 '공간 없는 공간'을 더 많이 찾아라. 깨끗하고 순수하며 사랑과 조화를 이룬 내면의 공간으로 들어가는 길을 찾아라.

성인과 우리들의 차이는 성인들만이 성실하고 순수한 믿음을 갖고 있고 우리는 그렇지 못하다는 점이 아니다. 성인들은 오직 그들의 본질에 따라서 맡은 바를 행한다. 그 가운데 도의 길은 육체적인 존재를 통해 보이지 않게 흐른다. 이것이 명상이나 침묵하는 방법을 배우는 주된 목적으로서 본질이 스스로를 드러내도록 이끌고 당신이 텅 빈 공간 속에서 살아가도록 허락한다.

### ⚓ 지금, 도를 행하라

오늘 하루, 적어도 15분 정도는 당신 안에 자리한 '비움' 속에서 살아보라. 육체나 환경 따위는 무시해라. 이름이나 나이, 그리고 직업과 같은 세속적인 신분과 위치도 잠시 잊어라. 당신이 존재하는 데 있어 절대적으로 중요한 '없음', 그 공간에 머물러라. 없음으로부터 세상을 들여다보라. 그리고 물질적인 존재인 당신의 가치가 전적으로 없음에 달려 있음을 감사하게 여겨라. 오늘은 당신 안의 이 '없음'과 친해져라.

있음의 유용함은
없음에 달려 있다.

# 12

다섯 가지 색은 사람의 눈을 멀게 한다.
다섯 가지 음은 사람의 귀를 멀게 한다.
다섯 가지 맛은 사람의 입맛을 잃게 한다.
말 달리고 사냥하는 것은 사람의 마음을 미치게 만든다.

얻기 힘든 재물을 위해 애쓰는 것은
성장을 가로막을 뿐이다.

성인은 눈으로 세상을 보지만
내면의 눈을 믿는다.
그는 만물이 오고 가도록 내버려둔다.
그는 드러나는 것이 아닌 내면의 것을 취한다.

# 내면의 신념에 따른 삶
## *Living with Inner Conviction*

노자는 우리가 감각적인 즐거움과 경험에 너무 많은 힘을 쓰고 있다는 사실을 일깨워준다. 감각적인 것에만 몰두하면 결국 환상에 불과한 외형 중심의 세상을 만들어내게 된다. 모든 것은 오고 가기 마련이므로 물질이 중심인 세상의 본질은 잠시 동안의 덧없는 상태일 뿐이다. 우리가 사물의 표면에 드러난 색깔에만 집착하면 결국 그 껍데기 너머의 것은 볼 수 없다. 온 신경을 피조물에만 기울일 때, 우리는 창조자에 대해서는 아무것도 알 수가 없다. 이와 같이 모든 창조 행위 너머의 것을 깨닫지 못하면 우리는 스스로의 창조성을 잃는다.

시각, 청각, 후각, 촉각, 미각은 감각의 서로 다른 영역들이다. 만약 감각의 만족을 추구하는 것이 삶의 목표라고 믿는다면 삶은 노자가 "말 달리고 사냥하는 것"이라고 말한 그것으로 인해 황폐해질 것이다.

이렇게 돈과 권력을 추구하는 것은 에너지의 낭비에 불과하다. 그것들은 충족되지 않기 때문이다. 계속 노력함에도 충분히 갖지 못했다는 생각에 당신은 결코 내면의 평화와 만족에 이를 수 없다. 노자는 이런 무모한 추구가 끝내 사람을 미치게 만든다고 말한다.

성인이나 현인처럼 도의 길을 가는 사람은 세상을 바라보되 눈에 보이는 것만으로 판단하지 않는다. 세상에 살면서 그와 동시에 '세상에 존재하지 않음'을 의미한다. 성인은 물질적인 유혹이 아닌 내면의 신념을 통해 세상을 이해한다. 오감을 현혹하는 것들을 멀리하고, 삶을 이어갈 수 있는 최소한의 것만 가지고도 고요히 즐긴다. 더 이상 필요한 것이 없다. 성인은 자신의 무한한 본질을 깨닫고 세상의 겉모습이 덧없는 것임을 잘 알고 있다. 잠시 거쳤다 떠나는 우리의 육신도 이런 세상의 일부일 뿐이다. 성인은 또한 겉모양을 좇는 것이 어리석은 일임을 알기에 부와 명성에 유혹당하지 않는다. 우리의 친구이자 스승인 노자는 이 12장을 통해 다음의 간결한 진실들을 전달한다.

## 눈에 보이는 것 너머를 보라

우리 내면에서는 장미가 좋은 향기와 부드러운 꽃잎을 가진, 한 송이의 꽃 이상의 존재라는 것을 알고 있다. 'nowhere'를 'now here'로 바꾸는 것처럼 꽃을 피우는 놀라운 기적을 일으키는 그 창조적인 힘을 느껴보라. 아주 작은 씨앗에서 아름다운 꽃이라는 걸작을 피워 올리는 창조의 정수를 경험하라. '아무것도 없음', '영혼의 세계'라고밖에 말할 수 없는 공간에서 그 씨앗이 비롯되었다는 것을 명심하라. 꽃의 색과 향기, 그리고 몸체에 생명을 불어넣는 그 영혼을 보라. 초자연적인 시선으로 모든 생명을 바라보라. 당신은 물질적인 성취를 추구하는 쳇바퀴 같은 삶에서 벗어나, 진정한 본질은 이 물질 세상에 있는 것이 아니라는 확신을 갖게 될 것이다.

## 계속 더 많이 축적하라고 부추기는
## 세상의 압박에서 벗어나라

물질적인 성취를 좇기로 선택한 사람들은 그 길 위에서 지치게 놓아두라. 대신 당신은 그 길에서 한 걸음 물러나 마음을 평온히 하는 방법을 배워라. 외부에 관심을 갖는 대신 그것이 안쪽을 향하게 하라. 더 많이 바라고, 축적하고자 하는 외부의 기준을 따르지 말고 경외와 감사의 마음을 내면의 기준으로 삼아라. 아름다운 풍광을 보거나 매혹적인 음악을 듣거나 맛있는 음식을 먹을 때는 감각적인 즐거움 안에 자리한, 꽃을 피우는 것과도 같은 기적을 생각하라. "드러나는 것이 아닌 내면의 것을 취하는" 성인처럼 행하라. 가고 옴의 덧없는 세상에 끌려다니지 말고 모든 일이 순리대로 흐르게 하라.

♨ 지금, 도를 행하라

씨앗 하나를 심고 가꾸어보자. 그 성장 과정을 통해 내면의 섭리를 관찰하자. 새싹 안에 무엇이 들어 있을지 적어두고, 언젠가는 꽃으로 피어날 그 씨앗 안에 있는 것을 경외하는 마음으로 바라보라. 그리고 당신 자신과 당신을 품고 있는 씨앗에게도 그와 똑같은 경외의 마음을 가져라. 이 경험을 통해 도가 작용하고 있는 내면의 본성을 일깨워라.

# 13

칭찬을 들어도, 욕을 들어도 모두 경계하라.
높은 자리는 사람을 상하게 한다.

왜 칭찬을 들어도, 욕을 들어도 모두 경계하라는 것인가?
칭찬을 구하는 것은 격이 떨어지는 것이다.
그것을 얻어도 경계하고, 그것을 잃어도 경계하라.

높은 지위는 왜 사람을 상하게 하는가?
우리가 많은 문제를 겪는 것은
자아가 있기 때문이다.
만약 우리에게 자아가 없다면 무슨 문제가 생기겠는가?

사람의 참 자아는 영원한 것이다.
그럼에도 사람은 육신이 전부인 양 생각하고
곧 죽을 것이라 믿는다.
만약 우리에게 육신이 없다면 어떤 재앙이 일어날 수 있을까?

자신을 만물과 똑같이 보는 사람은
가히 세상을 맡을 수 있다.
자신을 만인과 똑같이 사랑하는 사람은
천하의 스승이 될 수 있다.

# 독립된 마음으로 사는 삶
## *Living with an Independent Mind*

13장의 핵심 메시지는 긍정적이거나 부정적인 타인의 의견들로부터 한 걸음 물러서서 독립적인 자세를 유지하는 것이 중요하다는 것이다. 남들이 우리를 사랑하거나 미워하거나, 우리에 대한 그들의 평가를 우리 자신의 생각보다 중요하게 여긴다면 우리는 몹시 괴로워진다.

남들의 지지와 찬성에 영합하는 것은 도의 방식이 아니다. 사회적인 지위를 추구하게 되면 독립적인 마음을 향해 자연스럽게 흐르던 신성한 에너지는 멈춘다. 당신은 자신만의 독특한 본성을 가지고 있으며 이 본성을 통해 도의 본질을 믿는 법을 배우고 다른 사람의 의견으로부터 자유로워질 수 있다. 근본적인 존재, 즉 독립적인 마음을 강하게 만드는 '타고난 자신의 본성'이 이끄는 대로 살아라. 자존심을 세우기 위해 남들이 선호하는 지위나 고상한 직책을 맹목적으로 추구한다면 그것은 자연스러운 내면의 목소리가 아니라 외부의 신호에 의존하는 삶이다.

도는 어떤 일에 대해 강요하거나 간섭하는 법이 없다. 각자 고유의 방식으로 자연스러운 결과를 만들어내도록 내비려둘 뿐이다. 당신이 하려는 일에 어떤 허락이 필요하다면 그것은 완벽한 조화에 따라 얻게 될 것이다. 또한 어떤 반대에 부딪치게 되더라도 그것 역시 조화의 한 부분이다.

노자는 칭찬을 추구하는 것은 그 결과에 상관없이 경계할 일이라고 지적한다. 만약 칭찬을 받게 되면 칭찬이 주는 외부적 메시지의 노예가 될 것이다. 다른 사람의 의견이 당신 인생을 좌지우지하게 만드는 셈이다. 만약 반대에 부딪힌다면 그들의 생각을 바꾸기 위해 더욱 강하게 시도할 것이고 이 경우에도 역시 자신의 내면이 아니라 외부에 존재하는 힘을 따르게 된다. 두 가지 경우 모두 독립적인 마음이 흐르는 도의 길과는 정반대인, 의존적인 마음을 키우는 결과를 불러온다.

《도덕경》의 13장에서는 지위에 대한 욕망과 에고야말로 세속적인 자아가 불러온 문젯거리들이라고 주장한다. 도의 길은 자신의 영원한 본성을 깨닫고 자아와 육체로부터 한 걸음 걸어 나오는 것이다. 에고가 사라지면 모든 문제도 함께 사라진다. 반대로 에고가 커지면 문제도 덩달아 커지기 마련이다.

《도덕경》은 다소 과장된 목소리로 이렇게 묻는다.

"만약 우리에게 육신이 없다면 어떤 재앙이 일어날 수 있을까?"

스스로에게 이런 질문을 던져본다면, 이 세상을 가득 메운 모든 고통받는 구도자들의 의견에 의존하지 않는, 보이지 않는 영혼, 즉 신의 존재를 발견하게 될 것이다. 도의 정신 속에서는 다른 사람이 당신을 어떻게 생각하는지 신경 쓸 필요가 없다. 이것을 깨닫는다면 외부의 칭찬과 동의를 추구하지 않고, 당신이 타고난 진정한 본성을 따르게 될 것이다.

노자의 메시지에 담긴 다음의 원칙을 실천한다면 당신은 우주의 자연법칙과 조화를 이루고 도의 정신 속에서 독립된 마음으로 살게 될 것이다.

## 당신 내면의 본성을 믿으라

당신이 삶에 대해 품은 모든 열정적인 생각들은 당신이 자신만의 고유한 본성과 조화를 이루고 있다는 증거다. 강한 믿음만 있으면 된다. 다른 사람들의 생각이 당신과 달라서 불안한 마음이 든다면 "칭찬을 구하는 것은 격이 떨어지는 것이다."라는 노자의 말을 떠올려라. 그러면 그가 참 자아로 향하는 길을 알려줄 것이다.

당신은 그저 육체로만 이루어진 존재가 아님을 기억하라. 무엇을 하고 하지 말아야 하는지에 대한 다른 사람의 의견은 자신의 진정한, 그리고 영원한 본질을 고려하지 않은 것이다. 다른 사람들 또한 그들의 육체가 전부는 아니다. 그들의 칭찬과 동의를 구하는 것은 물질적인 것이 전부라는 환상을 더욱 부채질할 뿐이다.

세속적인 자아는 결코 당신의 진정한 모습이 아니다. 진정한 자아를 굳게 믿어라. 독립된 마음으로 내면의 본성을 소중히 여겨야 한다. 당신의 비전을 존중하고, 사랑 가득한 도의 본질과 어우러진 자연스럽고 열정적인 생각을 믿어라.

# 영원한 자아를 따라 살아라

스스로에게 다음과 같이 다짐하라. "나는 이 세상의 수호자이며, 이 세상의 스승이 되기에 적합한 사람이다." 당신은 사랑이 바탕이 된 독립적인 마음을 통해 만물과 연결되어 있음을 알고 있기 때문이다. 영원한 자아를 따라 산다면 당신은 정신적인 스승이자 수호자가 될 것이다. 당신의 세속적인 자아가 찾아 헤매던 동의와 찬성은 더 이상 중요하게 여겨지지 않을 것이다. 그리고 외부의 지지가 있어야만 삶이 유지될 수 있다는 의존적인 마음도 어느덧 사라질 것이다.

## ♨ 지금, 도를 행하라

지금 당장 자신에게 물어보라. 만약 내가 어떤 사람이어야 한다거나 무엇을 해야 한다고 말하는 외부의 압력이 없다면, 나만의 고유한 본성은 무엇일까?

무엇이 되라는 압력에서 벗어나 자신만의 본성과 완벽한 조화를 이룬 가운데 하루를 살아라. 예를 들어, 음악 천재로서 타고난 내면의 본성이 평화, 사랑, 조화 중 하나라면 오늘은 그렇게 행동하라.

칭찬을 들어도, 욕을 들어도 모두 경계하라.
높은 자리는 사람을 상하게 한다.

# 14

보아도 보이지 않는 것을 '이夷'라 하고
들어도 들리지 않는 것을 '희希'라 하고
잡아도 잡히지 않는 것을 '미微'라 한다.
이 세 가지는 나누어 정의할 수 없는데, 본래 하나이기 때문이다.

이 세 가지는 각각 말로 표현하기가 어렵다.
오직 직관에 의해서만 보고, 듣고, 느낄 수 있다.
보이지 않는 것, 들리지 않는 것, 잡히지 않는 것은
하나로서 존재한다.

위라고 해서 더 밝지 않고 아래라고 해서 더 어둡지 않다.
그것은 계속 이어지고, 이름 지을 수 없으며
결국 없음으로 돌아간다.

앞에서 맞이하면 머리가 보이지 않고
뒤에서 따라가면 꼬리가 보이지 않는다.
그것을 알 수는 없지만
자신의 삶 속에서 온전히 그것이 될 수는 있다.

만물이 항상 어떻게 존재해왔는지를 알면
도와 조화를 이룬 삶을 살 수 있다.

# 외형 너머의 삶
## *Living Beyond Form*

시작도, 끝도 없으며 결코 변하지도 않는 '영원'이라는 개념을 떠올려보라. 이것은 볼 수도, 들을 수도, 잡을 수도 없다. 그러나 우리는 이 '영원'이라는 것이 과거에도 지금도 항상 존재해왔다는 사실을 알고 있다. 이 글을 읽고 있는 지금 이 순간, 당신이 가슴 깊이 이해하고 있는 그 영원에 대해 생각해보라. 영원의 본질은 당신과 주변의 모든 것에 스며들어 있지만 움켜쥐려고 하면 언제나 교묘히 빠져나간다.

이 원칙은 모든 존재들을 지배해왔으며 여전히 지배하고 있다. 또한 모든 존재는 결국 이 원칙이 전개된 결과다. 노자는 하나 됨을 경험하기 위해 감각에 의존하지 않는 무형의 가르침을 깨달아야 한다고 말한다. 이 장에서는 눈이 아닌 것으로 보고, 귀가 아닌 것으로 듣고, 만지지 않고 잡으라고 한다. 이러한 세 가지 방식들 역시 깨달음의 일부가 되어야 한다. 형태가 없는 이러한 영역들은 모든 생명을 창조하고 지배하는 도의 세계에서 하나가 된다. 노자는 이 모두를 포함하는 원칙을 온전히 품고 살아가라고 용기를 북돋운다.

어떤 학자들은 14장을 《도덕경》 전체에서 가장 중요한 장으로 꼽는다. 모든 존재의 토대가 되는 하나의 원칙에 무게를 두고 있기 때문이다. 볼 수도, 만질 수도, 헤아릴 수도 없는 에너지를 활용하면 조화를 얻는다. 조화는 '영혼이 있는' 삶을 살기 위해 도달해야 하는 최종 목표와도 같다. 당신은 물질, 소유, 성취로 대변되는 세속적인 자아를 폐기하고, 자신을 포함한 모든 사람들이 시작된 '공간 없는 공간'으로 되돌아간다. 그렇게 함으로써 당신은 도에서 비롯된 신비롭고 마법에 가까운 힘을 다시 얻을 것이다. 보이는 세상을 넘어서는 것이다.

형태 안in-form에 갇혀서 살면 정보in-form-ation를 쌓는 데 집중하게 된다. 《도덕경》의 14장은 정보가 아니라 영감 속에 자신을 빠뜨리라고 말한다. 이전부터 항상 존재해온 창조적 자극과 조화를 이룰 수 있도록 말이다. 그리고 다음과 같이 지혜로운 결론을 내린다.

"만물이 항상 어떻게 존재해왔는지를 알면 도와 조화를 이룬 삶을 살 수 있다."

도 안에서는 서로 충돌하는 것들이 없다. 볼 수도, 들을 수도, 잡을 수도 없는 것들이 뒤섞인 하나 됨만이 존재하기 때문이다. 노자가 밝지도 어둡지도 않다고 말한 것과 같은 충돌 없는 세상을 상상해보라. 항상 존재해온, 이름을 붙일 수 없는 근원은 당신에게 평화와 조화로움을 선사한다. 그러므로 이 무한한 하나 됨을 인식하고 그것을 깨달음 안에 담아두라. 모든 일들에 '왜'라는 질문을 멈출 때 비로소 '도는 그저 도'임을 알게 될 것이다. 그러면 이 껍데기뿐인 세상의 모습에 연연하는 것에서 벗어나 자신의 무한한 본성을 끌어안을 수 있다. 육체의 죽음과 함께 삶이 끝날 것을 두려워하는 것이 아니라 자신의 영원성을 사랑할 수 있다. 이 영원성이 펼쳐진 결과가 바로 당신과 당신의 육체, 그리고 모든 생명인 것이다. 노자가 2,500년 전의 시선으로 14장을 통해 이야기하는 것을 들어보자.

## 절대적인 것에 대한 지혜를 얻기 위해 걷기 명상을 하자

모든 생명에 활기를 불어넣는 그 영원한 원칙을 끊임없이 자각하라. 우연히 만나는 모든 사람들 속에서 신을 느낌으로써 당신은 좀 더 신과 닮아갈 것이고, 그 연결고리를 녹슬지 않게 할 것이다. 당신에게 다시 균형을 가져다주고 에고가 사라진 진정한 본성과 조화를 이루게 할 것이다.

## 눈에 보이는 것 너머를 보라

무엇을 보든 스스로에게 이렇게 물어라. 내 눈을 통해 보는 것의 진정한 본질은 무엇일까? 봄이 오면 불과 몇 주 전만 해도 꽁꽁 얼어붙었던 나뭇가지에서 꽃망울을 피워내는 불가사의한 힘에 대해 생각해보라. 저 모기와 같은 작은 생명의 창조 뒤에, 그리고 모든 생각의 너머에 있는 그 에너지가 무엇인지 스스로에게 질문하라.

보이는 것뿐만 아니라 들리는 것에 대해서도 똑같은 질문을 하라. 그러한 소리들은 조용한 세상에서 나와 다시 그곳으로 돌아간다. 나지막한 소리들에 귀를 기울임으로써 듣는 힘을 키워라.

이 영원한 원칙을 받아들일 때 경외와 감사가 자라날 것이다. 그러나 그보다 더 좋은 것은 자신의 새로운 가능성에 눈을 뜬다는 점이다. 당신의 마음은 덧없는 세상을 따라가던 길에서 벗어나 자유로워질 것이고, 당신은 만물 안에서 영원을 보게 될 것이다. 그렇다. 노자는 도 안에서 당신의 삶이 변화할 거라고 말한다. 여기 페르시아의 시인 루미Rumi가 노자보다 1,500년쯤 후에 시로 풀어놓은 글이 있다.

초원의 모든 나무와 풀들이 춤을 추고 있었다.
평범한 눈으로라면 그저 한 자리에 서 있을 뿐인 것처럼 보였을
그것들이.

나는 당신이 보이지도 않고, 들리지도 않으며, 잡히지도 않는 현재 속에서 "만물이 항상 그래왔던" 그 춤사위를 볼 수 있기를 진심으로 바란다.

### ❧ 지금, 도를 행하라

나무 한 그루, 저 하늘에 빛나는 별, 산, 구름 또는 자연 속의 다른 무언가를 볼 때마다 그 속에서 모습을 드러내지 않고 있는 것들을 기록해보자. 그렇게 존재하게 하는 보이지 않는 원칙을 받아들여라. 그리고 그것을 자신의 육체에도 똑같이 적용해보라. 당신의 폐를 늘어나게 하고, 심장을 뛰게 하고, 손톱을 자라게 하는 바로 그 원칙이다. 오늘 하루, 이 원칙 속에서 10분만 살아보라. 그리고 당신 존재의 근원과 연결된 느낌이 어떤 것인지 기록해보라.

위라고 해서 더 밝지 않고 아래라고 해서 더 어둡지 않다.
그것은 계속 이어지고, 이름 지을 수 없으며
결국 없음으로 돌아간다.

# 15

도를 행한 옛사람은 생각이 깊고 오묘해서
그들의 지혜는 깊이를 알 수가 없다.
깊이를 알 수 없으니
그들을 막연하게만 묘사할 수 있다.

신중하기를 겨울에 강을 건너듯이 하고
조심하기를 위험을 살피는 사람처럼 한다.
통나무처럼 소박하고
동굴처럼 텅 비어 있고
녹아내리는 얼음처럼 유연하고
흙탕물처럼 흐리다.

그러나 흐린 물도
고요하면 맑아지기 마련.
그 고요함에서 생명이 솟아오른다.

도를 행하는 사람은 채우려고 하지 않는다.
채우려고 하지 않기 때문에
숨은 새싹처럼 남아 있을 수 있고
빨리 무르익으려고 서두르지 않는다.

# 서두르지 않는 삶
## *Living an Unhurried Life*

15장은 세상과 깊은 소통을 즐겼던 옛 성인들에 대해 이야기한다. 유연하고 평화로운 삶을 극적으로 표현하기 위해 여러 비유를 사용한다. 언제 깨질지 모르는 겨울의 시냇물을 건너는 모습을 상상해보자. 깨질 듯한 위험에 경계를 게을리하지 않는 모습을 떠올려보자. 이러한 표현을 통해 서두르지 않으면서 동시에 온전히 깨어 있는 삶을 살아간 이들을 그려내고 있다.

《도덕경》의 이 장에 나타난 두 가지 방식이 있다. 첫째는 우리가 주변 환경으로 녹아들어 하나가 되는 것이다. 둘째는 그와 동시에 우리의 고요함으로 주변의 모든 것들이 제자리에서 맑아지도록 마음을 편하게 갖는 것이다. 긴장을 늦추지 말고 깨어 있으라. 그와 동시에 그 안에 고요히 머물러라. 서두르거나 너무 많은 것을 요구하지 말고 당신의 내면세계에 대해 전적으로 책임을 져라. 이 장은 성경의 한 구절을 떠올리게 한다.

"너희는 가만히 있어 내가 하나님 됨을 알지어다."(《시편》 46:10)

당신의 존재와 다른 모든 창조물은 고요함에서 태어났다. 노자가 '통나무'라고 묘사한 창조적이고 간결한 상태에 머물러라. 삶과 더불어 기꺼이 흐르고, 도의 영원한 힘에 순응하는 마음을 가져라. 15장에 언급된 것들을 대하듯 스스로를 바라보라. 신중하되 편안하고 평화롭게, 경계를 늦추지도 서두르지도 않고 자신 있게, 물러서되 물이 맑아지기를 기다리며 가만히 있듯이 말이다.

이 장은 우리에게 결국 자연 속에서 모든 것이 맑아진다는 사실을 일깨워준다. 언젠가 불쑥 솟아올라 운명을 시작하게 될 날을 기다리고 있는 흙 속의 새싹과 같은 자연과 조화를 이루어야 한다. 서두른다고 되는 일이 아니다. 자연의 어떤 것도 이와 다르지 않다. 창조는 스스로의 계획표에 따라 지절로 이루어진다. 당신은 신이 준비한 순서에 따라 태어난 것이다. 필요로 하는 모든 것은 때가 되면 주어질 것이다. 갖고자 하는 욕심을 놓아버리고 도가 완벽히 펼쳐질 것을 믿어라. 깊이 감사하는 마음을 갖고 도와 발맞춰 나아가라.

나는 노자의 마음과 생각에 다가서기 위해 《도덕경》을 공부하고 명상하면서 오늘을 사는 우리에게 노자가 전하는 말이 다음과 같으리라 믿게 되었다.

## 꿈을 좇아가는 그 걸음을 멈추라

그 꿈들이 적절한 순간에, 완전한 순서에 맞춰서 당신을 찾아오게 하라. 미친 듯이 내달리는 당신의 속도를 조금 늦춰라. 동굴처럼 '텅 비어 있음'을 실천하고 통나무처럼 모든 가능성에 스스로를 열어두라. 매일 일정한 시간을 할애하여 고요해지는 연습을 하라. 인생을 통해 당신이 경험하고 싶은 모든 것을 상상하라. 그러고는 놓아두라. 마치 도가 이 땅 위의 모든 만물에게 그러하듯 당신에게도 완벽하게 작용할 것을 믿어라.

서두르거나 무엇을 강요할 필요가 없다. 삶을 관리하려 들지 말고 관찰자인 동시에 수혜자가 되라. 당신은 서두르지 않고 펼쳐지는 도의 방식으로 생활을 지배할 수 있다.

## 삶의 흐름에 올라타라
## 그 흐름을 타고 조용히 흘러내려가라

억지로 애쓰지 말고 도의 지혜를 믿어라. 당신에게 와야 할 것은 강물의 흐름을 거스르지 않을 때 찾아온다. 지금까지 살아오는 내내 욕망을 따라야 한다는 말을 들었을지도 모른다. 이제 당신 내면을 통해 흐르는 영원한 지혜를 믿어야 할 시간이다. 위터 바이너Harold Witter Bynner가 1944년에 번역한 《노자를 따르는 삶의 길The Way of Life According to Lao Tzu》은 15장을 다음과 같이 시적으로 표현하고 있다.

그냥 흘러가게 놓아두지 않는다면
삶이 어떻게 그 방향을 유지할 수 있을까?
흐름을 따라 사는 사람들은 알고 있다.
그들에게는 다른 어떤 힘도 필요하지 않다는 것을.

그들은 지치지도 않고, 슬프지도 않다.
그들에겐 고칠 것도, 치료할 것도 없다.

서두르지 않는 삶을 위한 멋진 조언이 아닌가?

## ⚱ 지금, 도를 행하라

지금 당장 이 책을 내려놓고, 10분 동안 조용히 앉아 신이 예비한 시간표에 따라 당신이 가진 것과 갖게 될 모든 것에 대해 깊이 생각해보라. 평화로운 마음으로, 당신의 삶을 이토록 온전하게 펼치는 그 힘에 감사를 드려라. 그리고 그 밖의 모든 서두르는 마음을 놓아버려라.

도를 행하는 사람은 채우려고 하지 않는다.

# 16

완전히 비워라. 마음을 고요하게 하라.
세상일의 혼잡함 속에서 끝이 어떻게 다시 시작이 되는지 보라.


만물이 무성하게 뻗어나가는 것은
결국 근원으로 돌아가기 위함이다. 그 현재와 미래로.


뿌리로 돌아감은 고요를 찾음이고,
고요를 찾음은 제 명을 사는 것이다.
제 명을 사는 것은 언제나 한결같음이다.
한결같음을 아는 것을 통찰이라 한다.
이 순환을 알지 못하면 영원한 재앙에 이르게 된다.


한결같음을 알면 너그러워지고,
너그러워지면 치우침이 없다.
치우침이 없는 것이야말로 최고의 고귀함이고, 신성함이다.


신성해짐으로써 도와 하나가 될 것이다.
도와 하나가 되는 것은 영원함이다.
이것은 영원히 지속되어 육신이 다하는 날까지 위태롭지 않다.

# 한결같은 삶
*Living with Constancy*

《도덕경》의 16장은 만물의 한결같은 순환을 알아차리는 것이 얼마나 가치 있는지에 대해 이야기한다. 변화를 파괴적이고 불필요한 사건이라고 생각하지 마라. 삶의 수많은 변화들은 도 중심의 생활 속에서 긍정적인 요소로 받아들여진다.

유일하게 변하지 않는 것은 변화뿐이라는 사실을 알면 변화는 자신의 고유한 목적과 의미를 향해 삶이 나아가고 있다는 반가운 징후로 인식하게 된다. 변화를 받아들임으로써 자신의 근원을 경험하게 되고, 치우침 없이 균형 잡힌 관점을 통해 고요함으로 돌아가게 된다. 에고 중심의 생각들을 바꾸고 도와 하나가 되는 환희를 경험하면서 이 과정을 시작하라. 당신의 세계가 어떻게 돌아가는지 예리하게 관찰하라. 모든 살아 있는 만물의 순환과 조화를 이루라.

'죽음-삶-죽음'으로 이어지는 결코 변하지 않는 순환의 고리가 존재한다. 우리도 그 순환의 일부다. 만물은 때가 되면 태어나고 때가 되면 물러간다. 삶은 다양한 형태로 나타난다. 이 자리에 존재하고 어떤 시점이 되면 우리기 죽음이라고 부르는 모습으로 다가온다. 오고 가는 것이 그 순간만의 일로 여겨질 수 있다. 그러나 이것은 사실 근본적인 한결같음이다. 이는 결코 멈추지 않기 때문이다. 이 반복되는 변화의 본성을 끌어안으라. 그러면 번성할 것이다.

때로는 하나의 끝맺음이 슬퍼해야 할 이유처럼 느껴지기도 한다. 이는 인생의 한 단계가 마무리되는 순간이기도 하고, 프로젝트의 완료, 어떤 관계의 정리 혹은 죽음 그 자체일 수도 있다. 그러나 노자는 우리에게 만물이 뻗어나간 이후에는 "근원으로 돌아간다. …그 현재와 미래로 돌아간다."라고 말해준다. 삶이라는 순환은 현재와 미래가 있는 당신의 근원으로 돌아갈 수 있는 기회다. 최후에 도달해야 할 평화와 지혜의 장소는 당신이 시작된, 이름을 붙일 수도 없고 공간도 없는 곳으로의 끊임없는 회귀 속에 있다.

노자는 모든 순환이 시작되고 끝나는 그 근원으로 돌아갈 때 내면의 평화를 느낄 수 있다고 말한다. 이것이 바로 당신 개인의 운명이다. 당신은 태어나고 다시 돌아가는 순환의 너머에 존재하는 한결같은 도를 깨달아, 도 그 자체가 되기 위해 이 세상에 존재하는 것이다. 당신은 이미 많은 육체를 거쳤고 매일 새로운 몸속에 존재한다. 또한 당신은 많은 관계들을 겪어왔다. 영원한 존재인 당신은 수많은 시작과 끝의 과도기를 지나면서도 살아남았다. 당신은 이제 물질적인 피조물로서의 자신과 영원히 지속되는 도의 일부로서의 자신을 이해해야 한다.

모든 존재에 생명을 불어넣는 도는 완전히 공평하다. 도는 좋고 싫음을 따지지 않는다. 당신이 원하건 원하지 않건, 도는 겨울을 불러들인다. 또한 당신의 바람과는 상관없이 사랑하는 사람을 다른 이에게 보내기도 하고 다시 데려오기도 한다. 그리고 모든 생명은 도의 품으로 돌아간다. 거기에는 어떤 예외도, 변명도 없다.

흔들림 없는 이 힘을 깨닫지 못하면 하나의 순환 주기, 그중에서도 한 가지 요소에 집착할 것이고 결국은 노자가 말한 '영원한 재앙'에 이르고 말 것이다. 사랑하던 사람이 당신 곁을 떠나면 마치 세상이 끝난 것처럼 느껴진다. 매진하던 사업에 실패하거나, 학교에서 퇴학당하거나 혹은 고통스러운 질병에 걸리거나 상처를 입었을 때 당신은 깊이 좌절할 것이다. 이러한 감정에 갇히면 이것들 역시 삶의 자연스러운 일부라는 사실을 받아들이지 못하고 당신의 근원으로부터 단절되었다고 느끼게 된다. 당신은 "세상일들의 혼잡함 속에" 빠져 "끝이 다시 시작이 되는" 한결같음을 기억할 수 없다.

현실 속에서 '시작'은 종종 고통스러운 '끝'의 모습으로 위장을 해서 나타나곤 한다. 현재의 실망스러운 일 너머에 존재하는 변하지 않는 것을 알면 "이것 역시 지나갈 것이다."라는 믿음을 갖게 된다. 이는 지금까지 그래 왔고, 앞으로도 그러할 것이다. 당신이 만물을 바라보는 법을 바꾸면 당신이 바라보는 그 만물들이 달라짐을 인지하라.

이것이 《도덕경》의 16장을 통해 노자가 당신에게 들려주고자 하는 이야기다.

**하나의 끝으로 인해 절망하게 될 때,
편견 없이 삶을 관찰하는 시간을 가져라**

모든 사건들 속에 당신의 근원인 도가 작용하고 있음을 기억하라. 그리고 그 근원과 당신의 생각을 하나로 연결하겠다고 마음먹어라. 모든 끝은 순환의 한 부분이다. 당신은 변하지 않는 삶으로 돌아가는 것뿐이다. 이 장을 통해 노자가 가르쳐주는 것처럼 말이다. 새로운 것을 배우거나 행동을 바꾸거나 혹은 어떤 새로운 전략을 구사할 필요도 없다. 그저 '돌아간다'는 말의 의미를 생각하고 결코 변하지 않는 도를 낙으로 삼아라.

그러면 절망이 아닌 평화를 얻을 것이다. 도는 결코 우리를 떠나거나 실망시키는 법이 없다. 그리고 결코 치우치지 않는다. 당신이 감정적인 사이클의 어디에 있든 비난받지 않을 것이다. 아니, 오히려 순환의 모든 단계에서 비난으로부터 벗어나 한결같은 삶을 살게 될 것이다.

### 다음 문구를 당신이 생활하는 공간의<br>잘 보이는 자리에 붙여두라<br>"이것도 역시 지나갈 것이다."

이 문구는 삶에 있어 한결같은 것은 오직 변화뿐이라는 사실을 상기시켜줄 것이다. 당신이 인지하는 모든 것들은 오고 가는 순환 고리 안에 있다. 전부 다 그렇다. 예외란 없다. 이것을 이해하고 당신의 생각이 변화의 한결같음으로 흐르게 하라. 이것이 그 뿌리이며 모든 일의 근원이다. 그것은 완벽하다. 그것은 또한 신성하다. 그것은 당신이 완전히 의지할 수 있는 대상이다. 그것은 봄꽃을 피게 하고, 늙어가게 하고, 다시 태어나게 한다. 그리고 새로운 관계를 맺게 한다. 그것이 바로 도다.

도는 한결같다. 도에게로 돌아가라. 그리고 바로 이 자리에서, 지금 당장 영원한 본질을 경험하라. 몸이라고 부르는 덧없는 껍데기와 그것이 만들어내는 극적인 사건들 속에서 말이다. 이것 역시 지나갈 것이다. 믿어도 된다.

## ♨ 지금, 도를 행하라

끝을 또 다른 시작으로 바라보도록 연습할 수 있는 상황을 찾는 데 하루를 보내라. 목표를 정하라. 그리고 정오까지 목표로 정한 수만큼의 상황을 찾아내라. 잠의 끝이 깨어남의 시작이라는 것을 느끼면서 하루를 시작하라.

어떠한 편견도 갖지 말고, 끝이 새로운 시작의 공간을 마련하는 것을 주의 깊게 살펴보라. 그리고 당신의 기상 시간을 몇 개의 구간으로 쪼개라. 오직 변화만이 분명한 사실임에 마음을 열고 그 한결같음을 살기 시작하라. 당신의 모든 감정이 순환의 주기 속에서 반복되고 있다는 것을 기억하라. 예를 들어 감정에 치우치지 말고 슬픔을 관찰하면서 그 슬픔의 끝이 새로운 시작으로 전환되게 하라. 그러한 당신은 도를 행하고 있는 것이다.

# 자연스러운 마음이 사라지니 예의가 생기고 예의가 사라지니 합리적 사고가 생겼다

사마천의《사기열전》에는 공자가 노자를 찾아가 '예禮'에 대하여 묻는 장면이 나온다. 예란 공자에게 있어 모든 관계의 지배 질서이며 한나라를 다스리는 근본 원리였다. 그러나 공자가 노자에게 들은 것은 "교만과 지나친 욕망, 그리고 위선적 표정과 끝없는 야심을 버리라."는 조언이었다. 그런 것들은 아무 소용이 없다는 것이다. 이 대담 후, 공자는 노자를 "바람과 구름을 타고 놀아 붙잡을 수 없는 용"과 같은 존재로 묘사한다.

둘 사이에 무슨 일이 있었는지 2,500년이 지난 지금 어찌 알겠는가? 그러나 나는 추측해본다. 노자는 공자에게 다음과 같이 말하고 싶었을 것이다.

"대도가 사라지니 인의가 생겨나고, 지혜를 짜내다 보니 인위적 위계가 생긴다. 가족이 화목하지 못하니 효의 윤리를 내세우게 되고 국가가 어둡다 보니 충신의 존재가 두드러진다."

그러니 인위적인 인의와 화목과 효를 주장하며 쓸데없이 애쓰지 말고 흐르는 물에 발 닦고 잠이나 자라고 말했음 직하다.

나에게는 스승이 한 분 계셨다. 모자라지만 정성을 다해 그 곁에 서 있고 싶었다. 스승 앞에 서면 늘 칼라에 빳빳하게 풀 먹인 셔츠를 입고 있는 듯했다. 두렵고 무서웠던 것이 아니라 마음을 바로 하고 정성을 다하는 자세였던 것 같다. 그것은 아주 자연스러운 감정이었다. 우리에게 늘 지극한 정성을 기울여주셨고 부드러운 분이었고 늘 편하게 대해주시는 분이었다. 우리 역시 그 지극한 마음에 닿아 있는 듯했다. 아주 늦은 밤에 술을 마시다 집 앞에서 전화를 드리고 찾아뵙기도 하고, 어려운 맞담배질도 권하셔서 술김에 하기도 했으니 예의에 어긋나기도 했겠지만, 그것이 오히려 어려운 스승에게 가까이 다가가는 진득한 방식이라 여겼다. 늘 선생님께 마음이 끌렸고, 어려운 일 앞에 서면 '선생님이라면 어떻게 하셨을까?'를 생각했었다. 노자 식으로 말하면, 자연스러운 감정이 나를 선생님께로 이끌었다.

그러나 스승과 제자 사이에 이런 지극한 정성이 자연스럽게 생겨나지 않으면 어떻게 할까? 여기에 공자의 고민이 있었던 것 같다. 노자는 "놔둬라. 마음이 없는데, 허식을 차려 무엇하랴?"라며 잊어버리고 자연의 무심을 따르라 한다. 그러나 공자는 탄식한다. "이 일을 어쩌면 좋단 말이냐? 마음이 없더라도 예의라도 차려 공손함을 연습하면 잃어버린 마음을 되찾을 수 있지 않겠는가?" 하고 매달린다. 형식이 내용을 되찾아주기를 바라는 안타까운 마음이 바로 공자의 가르침이다.

"스승에 대하여 진정성이 없다면 예의라도 지켜라."

그러면 그 적절한 거리가 두 사람을 적절한 거리만큼 유지해주고 지탱해줄 것이라고 믿은 것이다.

진정성이 없다면 그 관계는 깊어지지 못한다. 그나마 서로 예의를 지키면 형식이 내용을 이끌어 그 관계를 적절한 거리로 유지하게 만들어준다. 만일 예의도 사라지면, 그 하위 레벨에서 사회를 지탱해주는 것이 무엇일까? 내 생각에 그것이 바로 규칙과 법이다. 법은 합리성에 기초하며 누구에게나 강요됨으로써 질서를 유지하는 기준의 역할을 한다. 합리성은 대중을 위한 질서의 핵심이다. 그것은 냉정하고, 누구에게나 적용되기 때문에 특별한 관계에 있는 사람들은 절대로 쓰고 싶어 하지 않는다. 두 연인 사이에 합리성이 끼어들면 그 관계는 이미 특별한 관계가 아니다. 가족 성원 사이에 법이 끼어들면 그들은 이미 가족이 아니다. 스승과 제자 사이에 합리성이 끼어들면 스승은 그저 보상을 받고 학생을 가르치는 사람에 지나지 않는다. 합리성은 대중을 위해서는 필수적이지만 특별한 관계를 위해서는 독약과 같다. 특별한 관계, 그것은 비이성적이며, 비합리적이며, 서로 끌리는 감정에 의해 유지되고 깊어진다. 머리가 가르치는 대로 하지 마라. 그저 자연이 마음에 심어둔 것을 따르라. 이것이 노자의 가르침이다.

누군가 정성을 다하여 좋은 관계를 만들려고 할 때, 그 진정성에 호응하여 지극한 정성을 다하면 그들은 가까워진다. 서로 다가와 무릎을 맞대고 앉을 수 있는 사이가 된다. 아마 이심전심의 경지일 것이니 '무위의 사이'라 해도 좋을 것이다. 그다음의 관계는 아마 '예의의 관계'일 것이다. 상상하건대, 그들은 같은 방에 앉아 있되 정장을 하고 서로 머리를 조아리며 덕담을 나누는 사이쯤 되지 않을까 한다. 합리적 관계, 그들은 그저 길에서 마주쳐 약간의 목례를 나누고, 서로 적이 아님을 확인하여 안심하고 옷깃을 스쳐 그 곁을 지나가는 관계쯤 될 것이다. 그것도 인연이라면 인연이겠지만 그것이 관계인지 아닌지는 잘 모르겠다.

그 사람이 좋아 마음이 이끌리면 정성을 다하라. 그래야 그 사람을 얻을 수 있다. 만일 정성을 다할 수 없다면 예의를 지켜라. 만나고 싶을 때 만날 수 있을 것이다. 정성을 다하지도 못하고 예의를 지키지도 않으려면 그 사람을 만나 시간을 낭비하지 마라. 그 관계는 결국 아무것도 아닌 '대중의 관계'일 수밖에 없다. 가족의 관계도 연인의 관계도 스승과 제자의 관계도 우정의 관계도 아닌 그저 스쳐 지나간 길거리의 관계, 관계없는 관계일 뿐이다.

# 17

가장 훌륭한 지도자는
사람들이 그가 존재한다는 사실만 겨우 아는 지도자다.
그다음은 사람들이 사랑하고 칭찬하는 지도자다.
그다음은 사람들이 두려워하는 지도자다.
가장 좋지 못한 지도자는 사람들이 경멸하고 무시하는 지도자다.

지도자가 사람들을 믿지 않으면
사람들 또한 지도자를 믿지 않는다.

훌륭한 지도자는 말을 적게 하고
함부로 말하지 않는다.
개인적인 욕심을 부리지 않고 일하며
일의 흔적을 남기지 않는다.
그래서 모든 일이 이루어졌을 때 사람들은
"이 모두를 우리 스스로 해냈다."라고 말한다.

# 현명한 지도자의 삶
*Living as an Enlightened Leader*

이 장은 우리에게 권위를 이전과는 다른 시선으로 바라보라고 한다. 즉, 위대하고 현명한 지도자는 실제로 아무도 이끌지 않는 사람이라는 것이다. 도의 시각에서 볼 때, 현명한 지도자들은 모든 사람들이 각자가 책임을 가진 전체의 일부로 느낄 수 있는 환경을 만들어낸다. 현명한 지도자에 대한 이러한 시각은 다른 사람을 이끄는 방식뿐만 아니라 기업, 정부 혹은 종교 지도자들을 비판하고 존경하는 방식도 바꿀 것이다.

이러한 충고는 사회에서 리더라고 할 수 있는 모든 사람들을 향하고 있다. 또한 리더의 의미를 부모나 교사로 대체하면 이 교훈을 각자의 것으로 받아들일 수 있다. 삶을 살아가는 자신의 방식을 점검하라. 그리고 다른 사람들 또한 깨달을 수 있도록 변화를 만들어내라. 그러기 위해서는 우선 남의 눈에 띄지 않는 곳에 머물러 전개되는 상황을 예리하게 관찰해야 한다. 모든 사람들이 아무런 간섭도 받지 않고 각자 책임 있게 행동할 수 있도록 환경을 만들어내는 방법을 고민하라.

노자는 진정으로 좋은 지도자가 되기를 원한다면 가능한 한 자신을 드러내지 말아야 한다고 충고한다. 최고의 전략은 당신이 그 자리를 피함으로써, 다른 사람들이 당신에게 잘 보여야 한다는 생각을 하지 않고 행동하도록 하는 것이다. 그러기 위해서는 가벼운 제안만 던지고 곧바로 그 자리를 떠나야 할 것이다.

문제를 해결할 능력이 있다고 믿는 사람들에게는 당신의 믿음이 담긴 미소와 몸짓이 제일 잘 통할지도 모른다. 당신이 할 일은, 다른 사람들이 유사한 문제들을 어떻게 해결했는가에 대해 짧은 이야기를 들려주는 것일 수도 있다. 혹은 간단히 기도를 하면서 그들의 충돌을 해결할 수 있는 긍정적인 에너지를 그 자리에 있는 모든 사람에게 나눠 줄 수도 있다.

어떤 결정을 내리건, 모든 사람이 "다른 사람의 간섭이나 도움 없이 우리가 스스로 해냈다. 우리를 감시할 관리자 따위는 필요하지 않아."라고 말할 수 있는 환경을 만들 필요가 있음을 알게 될 것이다. 물론 이런 접근 방식에는 강력한 권위를 가진 존재로 비춰지기를 바라는 자신의 욕망을 억제하는 것도 포함된다.

영감을 불러일으키는 지도자는 다른 사람들로 하여금 책임감을 갖고 올바른 일을 하도록 독려하지만, 그렇다고 해서 자신의 빈틈없는 관리 방법을 내세우고 뽐내는 것을 통해서 그렇게 하지는 않는다. 그들은 모든 사람들이 영감을 받아 각자의 탁월한 능력을 발휘할 수 있도록 여백을 만들어낸다. 일의 성과를 칭찬할 때가 되면 지도자는 눈에 띄지 않는 배경 속으로 사라진다. 모든 사람들이 자신들이 이뤄낸 성취를 스스로의 리더십에서 비롯된 거라고 느끼도록 한다. 도를 따르는 최고의 지도자는 다른 사람들로 하여금 각자 마음속에 품은 자신만의 방식과 가치를 선택하고 추구하도록 놓아둔다. 현명한 지도자들의 방식은 권위주의자들의 그것과 다르다. 그들은 분위기를 끌어올리는 견해를 통해 주변의 에너지를 높인다.

이 장에서는 지도자의 세 가지 다른 유형에 대해서도 이야기하고 있다. 그중 하나는 사랑을 통해 대립을 해결하면서 삶에 차이를 만들어내는 것이다. 사랑의 매개자가 되어 다른 사람들을 칭찬하는 노력을 기울이는 지도자는 도와 조화를 이룬다. 칭찬받은 사람들은 스스로를 사랑하게 되고 경쟁보다는 서로 돕는 방식을 택한다. 여기서의 문제는 동기 부여를 위해 지도자의 칭찬과 애정에 의존하다 보면, 자신의 삶에 대한 통제력을 지도자에게 넘겨주게 된다는 점이다. 그러나 사랑과 공포 중에서 한 가지를 선택해야 한다면 도는 언제나 사랑을 더 우월한 것으로 여긴다.

공포 분위기를 조성하는 것은 분명 리더십에 아무런 도움을 주지 못한다. 만약 그러한 무기를 이용해서 내가 원하는 대로 당신을 조정할 수 있다면, 당신은 내가 위협할 수 있는 힘을 가지고 있는 동안에만 그렇게 행동할 것이다. 내가 자리를 떠나는 순간 당신에게 미치는 나의 영향력도 함께 사라질 것이다. 규율을 강조하는 선생님들의 교육 방식이 아이들에게 얼마나 효과가 있는지를 측정한 연구 결과들이 있다. 그 결과에 따르면 이런 환경에 있는 학생들은 규율에 엄격한 선생님이 교실 안에 있을 때만 잘 행동한다. 그러나 그 선생님이 자리를 떠나면 교실은 순식간에 난장판으로 돌변한다.

이와 반대로 학생들을 칭찬하고 격려하는 것을 중요하게 여기는 선생님들도 있다. 그들이 가르치는 학생들은 선생님이 교실에 있건 없건 거의 차이가 없다. 당신이 아이를 둔 부모라면 이 점을 반드시 기억해두기 바란다. 당신이 주변에 있을 때만 아이들이 제대로 행동하기를 바라는가? 아니면 당신이 있건 없건 지혜롭게 행동하기를 바라는가? 좋은 부모는 자녀들이 부모에게 기대야 할 존재가 아니라 기댈 필요가 없도록 만들어주는 존재라고 믿는다.

리더십에 있어 가장 효과가 적은 방법은 그들이 당신을 경멸하게 만들 만한 술책을 사용하는 것이다. 그들은 당신의 시야에서 벗어나는 순간 당신이 말하고 전달했던 모든 것들을 무시할 것이다. 독재자들은 이것을 아주 어렵게 깨닫는다. 사람들이 들고일어나 자신들이 당했던 것과 똑같은 방식으로 독재자들을 위협할 때가 되어서야 깨닫는 것이다. 부모를 경멸하는 아이들은 자신들이 당했던 불쾌한 행동들을 모방하는 경향이 있다. 혹은 독재적인 어른으로부터 자신들을 완전히 격리시키고 상처를 치유하는 데 몇 년을 보내기도 한다.

현명한 지도자는 자신들이 이끌어야 할 사람들을 믿는다. 이런 사고방식은 상호간에 신뢰를 낳아 지도자가 사람들을 믿고 그 사람들 역시 지도자를 믿는다. 그 결과 사람들은 "우리가 스스로 해냈다."라고 말할 수 있게 된다. 자녀들이 자기 문제에 대해 스스로 결정을 내리고, 스스로 내린 결정을 자랑스러워할 수 있도록, 그리고 결과에 대해 자부심을 느끼도록 키워야 한다. 자신을 현명한 지도자라고 생각하고 세상을 향해 새로운 형태의 리더십을 선보여라. 그러한 방식 안에서 자란 아이들은 노자가 말한 것과 같은 훌륭한 지도자로 성장할 것이다.

다음은 성인 노자가 오늘날의 우리에게 주는 교훈이다.

## 다른 사람을 위한 최선의 방법을 알고 있다는 생각을 버리고 그들 스스로가 최선의 방법을 찾을 수 있음을 믿으라

사람들이 자신들의 의견을 허심탄회하게 나눌 수 있는 분위기를 만들어라. 그러한 당신의 생각을 알려라. 각자 올바른 판단을 내리리라 믿고 있음을 알려라. 그러고는 한 걸음 물러서서, 당신이 그 상황을 이전과는 다른 방식으로 바라보게 될 것임을 생각하라. 당신의 책임 아래 있는 사람들이 스스로 결정을 내렸다면 칭찬하라. 설사 그것이 당신의 생각과 다르다고 해도 말이다. 당신 자신이 정답을 모른다고 생각할 때 가장 훌륭하게 대응할 수 있다.

《도덕경》의 이 구절을 명심하라.

"지도자가 사람들을 믿지 않으면 사람들 또한 지도자를 믿지 않는다."

당신이 관리 감독하는 사람들로부터 신뢰를 얻을 수 있는 가장 확실한 방법은 그들 스스로 가능한 한 많은 결정을 내리게 하는 것이다.

### 다른 사람의 공을 가로채지 않음을 자랑스럽게 생각하라

다른 사람의 업적을 통해 당신이 보상받고 승진하거나 찬사받아야 한다고 생각한다면 당장 그 생각부터 버려라. 찬사는 당신의 리더십 대상에게 돌아가게 하라.

말수를 줄이고 이기적인 마음을 버려라. 당신이 이끄는 모든 사람들이 자유롭게 말하도록 허락하라. 다른 사람의 재주로 당신의 역량을 돋보이게 하려 하지 말고, 그들이 스스로 해낸 일에 대해 전율하게 하

라. 평판이나 명성에 연연하지 않고 그들이 경험하는 행복과 자부심을 함께 느끼게 될 것이다.

여기 14세기에 하피즈가 쓴 시를 한 수 더 옮긴다.


이 모든 시간이
흐른 뒤에도
태양은 대지에게
"내가 너에게 베풀었다."라고
말하지 않는다.

보라.
그런 사랑으로
어떤 일이 벌어졌는지를.
그 사랑이
온 하늘을
밝혔다.


당신이 이끌어야 하는 사람들을 사랑하라. 마치 태양이 우리 별을 사랑하듯이. 그저 베풀고 아무런 보답도 바라지 마라.

### 🧘 지금, 도를 행하라

자녀들이나 감독해야 할 누군가와 함께 있는 상황을 선택하고 깊이 관찰하라. 이전 같으면 즉시 끼어들어 간섭했을 상황에서 아무런 말도 하지 말고 고개를 끄덕이거나, 미소를 짓거나, 표정을 바꾸는 등의 몸 짓으로 표현하라. 능동적으로 관찰하는 당신의 행위가 사람들에게 어떤 영향을 미치는지 주의 깊게 살펴보라.

# 18

대도大道가 있을 때
행동은 그 마음으로부터 나오고
대도가 없을 때
행동은 인仁과 의義로부터 나온다.

만약 인과 의가 필요하거나
지금 덕이 있는 행동을 하고 있다면,
이것은 분명 덕이 없다는 신호다.
따라서 우리는 위선에 직면한다.

가족 관계가 조화롭지 못하면
효도孝道나 자애慈愛가 나서는 것이고
나라가 어지러워지면
충신이 나타나고 애국심이 생기게 된다.

# 규칙이 없는 삶
## *Living Without Rules*

법과 규칙이 존재하지 않은 채 모든 사람들이 평화롭게 조화를 이루는 세상을 떠올려보라. 그곳에는 혼란, 도둑질, 증오, 전쟁 같은 것들이 없다. 사람들은 단순하게 살고 일하고 사랑하며 즐긴다. 다스림을 받을 필요가 없다. 말 그대로 대중을 다스리기 위한 명령이나 규범 같은 것들이 필요 없는 세상. 이것이 바로 노자로 하여금 《도덕경》의 18장을 쓰게 한 일종의 이상주의적인 마음의 흐름이다. 노자는 어질고 올바르기 위해 규칙이 필요한 것은 아니라고 분명하게 말한다.

규제의 밑바탕에 깔린 의도를 새롭게 바라보면 사회, 정치, 그리고 사법제도를 좌지우지하는 조직들도 변화하게 될 것이다. 도가 중심이 되면 국가나 도시, 학교, 종교 혹은 아파트 조합이 정한 규칙이 우리가 존재하고 행동하는 주된 이유가 될 수 없음을 알게 될 것이다. 많은 사람들은 친절이나 정의, 사랑을 지키는 데 법과 규칙만이 효과가 있다고 생각한다. 그럼에도 우리는 가슴에서 우러나오는 삶을 선택할 수 있다. 이러한 미덕들을 법규나 관습이 요구하는 것이 아닌 개인의 의무라고 생각한다면 그렇게 살 수 있다. 이것이 내가 말하는 '규칙이 없는 삶'이다. 당신은 사업, 정부, 가족, 종교의 규제나 법규를 일방적으로 따르는 것이 아니라 그것들과 조화를 이룰 수 있다. 단언하건대 규칙을 앞세우지 않고 마음을 중요하게 여기는 태도를 갖춘다면 당신의 삶은 달라질 것이다.

도 안에서는 무한한 기쁨과 풍요로움, 행복이 만물을 통해서 흐른다. 그 안에서 규칙은 의미를 잃어버린다. 당신은 도의 본질인 선하고 넓은 마음에 따라 행동할 수 있다. 가족들 간에 의무가 아닌 사랑 그 자체가 서로 사랑하는 동기가 되게 하라. 예절이나 행동 양식을 지키지 말라는 것이 아니다. 사랑과 친절이 구성원 개개인을 통해 자연스럽게 흐르게 하기 위해서다. 만약 이를 어기는 일이 생기면 도의 그 에너지는 방해를 받거나 멈출 것이다.

당신의 자녀들 또한 명령이나 법규를 이전과는 다르게 바라볼 수 있다. 조화가 깨졌을 때는 규칙이 도움이 되는 것처럼 보일지도 모른다. 그러나 당신과 가족 구성원 모두가 그 규칙을 벗어나서 사는 법을 배우려 한다는 점을 명심하라. 규범이 존재한다는 것은 우리 삶에 도가 자유롭게 흐르도록 내버려두지 않는다는 증거다. 지배에서 벗어나 모든 것은 각자의 책임이라는 것을 알게 되면 결국 우리가 마음먹기에 따라 삶이 달라짐을 깨닫게 된다.

이러한 생각을 조금 더 확장해보자. 법이 건강한 사회를 만드는지, 애국심이 정말로 가치가 있는지 스스로에게 물어보라. 나라가 혼란이

나 내란에 빠졌을 때, 애국심과 관련된 법령이나 조례가 강제적으로 적용되어야 한다고 생각하는가? 규칙은 집단의 일부로서 개인이 책임 져야 하는 것들을 무시하는 사람들을 처벌하기 위해 만들었다. 그러나 한 국가의 의식이 전 인류의 보편적인 의식을 제한할 수는 없다. 도의 하나 됨은 이 땅 위에 존재하는 어떤 집단보다도 크다.

대도가 외면받았을 때 무슨 일이 벌어지는지 간략하게 살펴보자. 우선 정의의 필요성이 대두된다. 사람들 간의 거짓 때문에 규칙이 요구되고, 질서를 위해 통치자가 필요해진다. 무질서를 바로잡는다는 명목으로 정치 관료 등이 등장한다. 이 장의 첫 부분에서 떠올려보라고 했던 이미지로 돌아가서 노자가 전하려는 교훈을 적용해보자.

## 도를 중심에 둔 마음에서
## 당신의 행동이 우러나오게 하라

당신의 중심에 도가 있으면 더 이상 어떤 규칙도 필요 없을뿐더러 합법이냐 불법이냐의 시비에 휘둘리지 않는다. 당신이 다른 사람의 물건을 훔치지 않는 것은 단지 그 행위가 법에 어긋나기 때문이 아니다. 당신은 행위에 대한 개인적인 책임을 더욱 중요하게 여긴다. 삶은 규칙에 따라 사는 것이 아니다. 당신이 다른 사람의 물건을 훔치지 않는 것은 타인을 존중하기 때문이고 바로 이런 마음이 도와 공명하기 때문이다. 도에는 도둑질이 존재하지 않는다. 만물은 만인에게 속하기 때문이다. 땅이나 재산에 대한 소유권도 없다. 그저 만인과 만물을 기꺼이 사랑하고 존중하는 마음만 있을 뿐이다. 도둑질이나 싸움 등을 금지하는 법은 도와의 연결이 끊어졌기 때문에 생겨난다.

## 선하게 행동하지 말고 선함 그 자체가 되어라

선하게 행동하는 것과 선한 것은 다르다. 도는 당신의 모든 상호작용 속에 진심이 담겨 있어야 한다고 가르친다. 딩신의 심장은 이미 도의 경건함을 느끼고 있다. 그러니 경건한 마음을 가져라. 다른 사람에게 너그러워져라. 다른 사람이 그렇게 행동해야 한다고 요구해서가 아니라 당신 내면의 목소리가 그것을 원하기 때문이다. 다른 사람을 너그럽고 친절하게 대하는 일을 미루지 마라. 자연재해는 어려움에 처한 사람에게 손을 내밀고 싶어 하는 당신의 마음을 자극할지도 모른다. 생각하는 방식을 바꾸면 자연재해조차 당신을 도의 길로 인도하는 사건이 될 수 있다. 이렇게 자연재해는 당신의 애국심을 태어난 땅덩어리에 가두는 것이 아닌 모든 인류를 위한 방향으로 이끌 것이다.

다시 한번 앞서 인용했던 위대한 수피 시인 하피즈의 생각을 들려주고 싶다.

모든 이가
곧 신의 목소리다.
어찌 무례할 수 있겠는가?
어찌 그 말에
귀 기울이지 않을 수 있겠는가?

'모든 이'란 말 그대로 모든 사람이다. 그저 당신이 정한 규칙과 법에 맞는 사람들만을 의미하는 것이 아니다.

무엇 때문에 사람들이 만들어낸 명령에 복종해야 하는지 그 이유를 깊이 생각해보라. 빨간불에는 멈춰 서고, 운전면허를 따고, 안전벨트를 매고, 극장에 가기 위해 표를 사고, 혹은 음주운전을 하지 말아야 한다는 규칙에 깔려 있는 근본적인 이유를 생각하며 시간을 보내라.

하루 동안 당신이 지키는 규칙들과 지키지 않은 규칙들을 나열해보고 당신의 에고가 자신의 목적을 위해 '규칙 파괴'를 즐기는지 살펴보라. 그런 다음 당신에게 가장 중요한 마음의 규칙은 무엇인지 찾아보라.

# 19

성자가 되기를 포기하고
지혜로움을 버려라.
그러면 모든 사람에게 백배는 이로울 것이다.
인과 의를 버려라.
사람들이 저절로 효성과 자애를 되찾을 것이다.
기교와 그로 인한 이익을 끊어버려라.
도적이 사라질 것이다.


이 모두는 그저 껍데기일 뿐
그것만으로는 충분하지 않다.


그러므로
간소함을 보고,
진정한 본성을 깨닫고,
이기심과 욕심을 버리는 것이
더 중요하다.

# 집착하지 않는 삶
## *Living Without Attachment*

《도덕경》의 19장은 마치 노자가 도의 가장 중요한 원칙들을 포기하라고 이르는 것처럼 보인다. 성자가 되는 것, 지혜, 인과 의, 기교, 그리고 그로 인한 이익까지 모두 버리고 나면 모든 것이 잘될 거라고 이 위대한 현자는 말한다. 노자는 우리에게 "이 모두는 껍데기일 뿐"이며 그것들은 가장 높은 도를 따라 사는 데 충분하지 않다고 말한다.

노자가 말한 껍데기 중 첫 번째는 교육과 배움에 대한 당신의 사고방식이다. 노자는 정형화된 종교의 가르침을 따르면 성자가 될 것이라는 믿음을 버리고, 교육기관에서 받은 학위에서 비롯되는 자만심을 버리라고 이른다. 노자는 그보다 자신의 진정한 본성을 발견하고 성장하는 것이 훨씬 더 값진 일이라고 말한다.

사실상 도의 가장 중요한 가르침은 신성한 도의 중심에 다가가는 데 있다. 당신 안에는 무엇을 해야 하고 어떻게 되어야 하는지를 아는 신의 일부가 있다. 노자는 자기 자신을 믿고, 교육기관과 종교 단체를 다시 평가하라고 조언한다. 당신이 그들을 바라보는 방식을 바꾸면 당신의 진정한 본질이 "모든 사람에게 백배는 이로울 것"임을 알게 된다. 노자는 진실이란 그것을 인위적으로 조작하기 전까지만 진실이며, 그 다음부터는 거짓이 된다고 말하는 듯하다. 초기에는 질서를 잡기 위해 시도했던 일이 결국에는 조직의 목적이 되어버리기 때문이다.

노자는 "인仁과 의義를 버려라."라고 요구한다. 그렇게 하는 것이 "모든 사람에게 백배는 이로울 것이다."라고 말한다. 그러면서 껍데기 중 두 번째로서 자연스러운 내면의 고결함 앞에 있는 법률 제도를 지목한다. 자신이 흠잡을 데 없는 신의와 평등의 근원에서 비롯되었다는 것을 알게 되면 옳고 그름을 따지는 제도에 연연할 필요가 없어진다. 노자는 정해진 도덕 체계에 비추어 스스로를 열등한 존재로 바라보지 않는 것이 중요하다는 사실을 일깨운다. 법전이나 법정 혹은 판사로 하여금 당신의 윤리적인 입장을 결정하게 하지 말고, 당신의 본성인 도의 완전함을 중심으로 자신을 바라보라. 옳고 그름을 판단하기 위해 고안된 미궁 같은 제도들은 우리가 타고난 본성인 단순함으로부터 멀어지고 있다는 증거다.

모든 껍데기의 마지막은 사업의 세계에 있다. 노자의 말은 "이익 추구하기를 멈추고, 기교를 버려라. 그리고 기록 남기기를 그만두어라. 그러면 모든 도둑이 함께 사라질 것이다."라고 풀이할 수도 있겠다. 노자는 당신에게 모두를 끌어안는 도의 온전함 속에서 중심을 잡고, 이익과 부를 통해 성공을 얻으려는 생각을 놓아버리라고 충고한다. 도의 가르침 안에서 삶을 바라본다면 많은 돈을 쌓아놓을 필요가 없을 것이다. 그 대신 끝없이 너그러운 마음을 갖고 다른 사람을 섬기는 즐거움을 얻을 것이다. 혹은《도덕경》의 이 장에서 말하는 것처럼 "이기심과 욕심을 버리게" 될 것이다.

교육, 재판, 사업. 이러한 것들이 바로 세 가지 껍데기들이다. 노자는 사람들이 삶의 이러한 영역들을 중요하게 여겨온 이유와 방법에 대해 다시 생각해보라고 한다. 그것들을 바라보는 방식을 바꾸면 간결함과 신성함이라는 더 높은 수준의 원칙을 깨닫게 될 것이다. 이러한 깨달음은 자유롭게 흐르는 도를 통해 모든 조직들을 풍요롭게 할 것이다. 자신의 진정한 본성을 깨닫고 이기심과 욕심을 버리게 될 것이다. 교육과 재판, 사업이라는 세상에 머무르되 거기에 구속되지 말아야 한다. 그러면 도에 중심을 둔 내면의 세계를 보게 된다.

다음은 노자가 나를 통해 당신에게 들려주는 이야기다.

## 교육, 재판, 사업과 당신의 관계를 관찰하라

당신을 여러 조각으로 나누려는 시도를 감지하라. 잘하면 상을 주고 그렇지 않으면 벌을 내리는 제도에 중독되어 있는가? 당신이 따르는 규칙과 행동 규범들은 가슴에서 우러난 것인가? 아니면 그저 '특별함'이라는 딱지를 붙이기 위해 만들어진 것인가? 이러한 제도의 압박들이나 혹은 그것들의 존재에 맞붙어 다투지 마라. 거기에 달라붙은 집착들을 내려놓아라.

당신이 숭고한 것은 자신이 믿고 있는 종교의 신성과 연결되어 있기 때문이지 그 종교 조직이 그렇다고 말했기 때문이 아니다. 당신의 지성은 성적 증명서가 말해주는 것이 아니다. 당신은 번뜩이는 지성 그 자체이며 여기에 외부의 증언 따위는 필요 없다. 당신이 도덕적인 것은 법을 준수하기 때문이 아니다. 당신이 도덕 그 자체다. 왜냐하면 당신은 당신이 시작된 근원, 즉 도와 같은 존재이기 때문이다.

이 껍데기들은 당신의 진정한 본성에 있어서 값싼 내용품이라고 생각하라. 그러면 껍데기들에 집착하지 않고 살게 될 것이다. 당신 안쪽 깊숙한 곳의 문서로 작성될 필요 없는 법칙들을 보게 될 것이다. 당신은 자유롭고 간결하게 살 것이다. 무엇보다 먼저 당신 자신을 믿어라.

## 집착하지 말고 너그러운 마음으로 살아라

그동안 재물을 얼마나 많이 모았는지, 재정 포트폴리오에 무엇을 가지고 있는지를 근거로 자신의 값어치를 매기지 마라. 당신이 가진 것과 하는 일을 돈의 가치로 환산하지 마라. 많이 모아야 한다는 마음을 버리고, 나누는 존재가 되어라. 돈을 많이 버는 것이 성공이라는 믿음을 버리는 것만으로도 삶이 얼마나 즐거워지는지 안다면 놀라운 행복을 맛보게 될 것이다. 이윤을 남기는 데 집중하는 것보다는, 다른 사람과 조화를 이루는 가운데 당신의 에너지를 삶의 목적을 추구하는 쪽으로 옮긴다면 더 많은 돈이 당신에게로 흘러들 것이다. 그리고 아량을 베풀 더 많은 기회를 얻을 것이다.

세상은 온통 사람들이 만들어놓은 해야 할 일과 하지 말아야 할 일들로 넘쳐난다. 그러나 노자는 당신의 가슴이 진정으로 원하는 것이 무엇인지 발견하라고 말한다. 다른 어느 누구도 그것이 무엇인지 당신에게 알려줄 수 없다.

항상 기억하고 되새길 수 있도록 다음과 같은 문구를 붙여두라. "나는 몸가짐이 단정하고, 남에게 도움이 되는 비범한 존재다. 제도적인 기록이나 은행 잔고와는 상관없다." 이것이 살아가는 방식이 될 때까지 반복해서 다짐하라. 당신을 둘러싸고 있는 껍데기에서 벗어나면 즉시 내면의 평화가 찾아올 것이다.

# 20

배우기를 멈추면 모든 근심에서 자유로워질 것이다.
'예'와 '아니오'의 차이는 무엇인가?
'선'과 '악'의 차이는 또 무엇인가?


사람들이 두려워하는 것을 나도 두려워해야 하는가?
풍요로움 속에서 황폐함을 두려워해야 하는가?
천지가 빛으로 가득할 때 어둠을 두려워해야 하는가?


봄이 오면 어떤 이는 공원에 가고 언덕에 오른다.
그러나 나는 홀로 떠돈다. 내가 어디에 있는지도 모른 채.
마치 아직 미소 짓는 법을 배우지 못한 갓난아이처럼.
나는 홀로 갈 곳이 없다.


사람들은 모두 많이 갖고 있고
나만 홀로 무언가를 잃어버린 듯 보인다.
그 순수한 간결함에 있어
내 마음은 참으로 무지한 자의 그것과 같다.
나는 이 세상에서 그저 손님에 지나지 않는다.
다른 사람들이 무언가 해내려고 달려들 때
나는 그저 주어진 것을 받아들인다.
적게 벌어, 적게 쓰니
나만 홀로 어리석어 보인다.

다른 사람들은 명성을 얻기 위해 애쓰고
나는 혼자 남겨지길 택해서 세상의 주목을 피한다.
참으로 나는 어리석어 보인다.
욕심을 버리니 근심도 사라진다.

나는 큰 바다의 파도처럼 떠돌고
목적 없는 바람처럼 불어댄다.

모든 사람이 알맞은 장소에 자리를 잡는데
나만 홀로 고집스레 경계 밖에 머문다.
그러나 내가 뭇사람과 가장 다른 것은
나 홀로 위대한 어머니가 우리를 먹이는 것을 아는 데 있다.

# 애쓰지 않는 삶
## *Living Without Striving*

이 장은 세속적인 것을 위해 애쓰고 노력하는 데서 벗어나 주어진 삶을 경험하라고 한다. 더 많은 것을 얻으려는 욕망의 속도를 늦추고 지금 여기가 아닌 다른 어딘가에 대한 기대로 매 순간을 채우는 노력을 멈추라고 조언한다. 람 다스Ram Das의 책 제목처럼 '지금 여기에 존재하라Be Here Now'의 방식으로 삶을 경험하라고 한다.

몸뿐만 아니라 마음도 지금 여기에 존재해야 한다. 갈망은 버리고 감사의 마음만 간직하라. 옳은 일을 하는 데 있어 의심하는 마음은 내려놓아라. 만약을 걱정하는 마음과 미래를 위한 목표도 모두 놓아두고 대신 이 순간의 힘을 따르라. 여기에 존재하라. 지금 당장 그렇게 하라. 다른 어딘가를 생각하는 것은 당신에게 주어진 소중한 현재의 순간들을 소모하는 일이기 때문이다. 현명한 성인은 언제나 '현재'에 완전히 몰입한다.

위대한 어머니인 도의 방식대로 삶을 받아들이면 지금 바로 이 자리에 존재할 수 있다. 이것은 무릎 꿇고 항복하는 과정이다. 위대한 근원이 이끄는 대로 그저 자신을 내맡기면 된다. 미래에는 더 많이 가져야 하고 지금 여기가 아닌 다른 곳에 존재해야 한다는 생각을 버리고, 현재 모습 그대로의 자신을 온전하고 완전한 존재로 바라보라. 당신은 모든 과정 속에서 언제나 존재하는 무한한 풍요로움과 영원한 빛의 증거가 될 수 있다. 부족함에 대한 걱정을 버리고, 이 위대한 근원이 모든 존재에게 그래 왔듯 앞으로도 필요로 하는 모든 것을 가져다줄 것이라고 믿어라.

노자 스스로가 다른 사람들과 다른 이방인으로 간주함으로써, 이것이 2,500년 전에도 사회적으로 받아들여지던 기준은 아니라는 점을 강조한다. 그 당시에도 욕심과 만족을 위해 애쓰는 것이 삶에 있어 적절한 소임처럼 여겨졌다. 노자는 자신이 어디에 있는지도 모른 채 떠돌고 있음을 시인한다. 그런데 그의 말투가 어쩐지 비꼬는 듯하다. 마치 그는 "시작도 끝도 없는 이 무한한 우주에서 자신이 정말로 어디에 있는지 알고 있는 사람은 아무도 없다. 그러니 왜 그것을 감출 것이며, 미지의 그곳으로부터 당신을 데리고 온 도를 따르지 않을 이유가 무엇인가?"라고 말하는 것만 같다.

노자는 더 많은 것을 추구하지 않음으로써 삶을 단순하게 만들라고 한다. 어쩌면 다른 사람들이 당신을 동기 부여가 되지 않았다고 깎아내리거나 무지하다고 놀릴지도 모른다. 그러나 곧 당신은 이 자리에 항상 손님으로 존재한다는 사실을 이해하고, 거기에서 오는 내면의 평화를 깊이 느끼게 될 것이다. 당신은 어쩌면 무언가를 잃어버린 사람처럼 보일지도 모른다. 그러나 그 무언가라는 것은 그저 환상일 뿐이다. 당신은 더 이상 다른 누군가가 되려는 욕망이나 무언가를 얻으려는 욕심에 갇혀 살지 않을 것이다. 당신은 애쓰는 대신 원래 있던 곳으로 돌아오기를 선택한 것이다.

도발적인 이 장에서 화자는 "나는 그저 주어진 것을 받아들인다."라고 말한다. 또한 애쓰는 마음을 놓아버리는 것에 대해 깊이 고민하고 있는 당신의 생각을 고스란히 흉내 내며 그것이 어리석어 보일 수도 있다고 말한다. 지금 이 자리에 존재한다는 사실을 깨달으라고 한다. 바로 그것이야말로 우리가 행복해지는 데 필요할 것이기 때문이다. 즉, 당신이 애쓰는 것에 대한 생각을 바꾸면 걱정이나 두려움 없는 만족을 얻을 수 있다.

이러한 가르침을 따르면 걱정에서 벗어난 삶을 살 수 있다. 근심이나 두려움이 없는 삶을 한번 상상해보라. 만물을 주관하는 힘이 그 모두를 바로 당신을 위해 조정할 것이라는 사실을 알고, 만물의 근원과 당신 자신이 단단히 연결되어 있음을 느끼는 삶 말이다. 노자는 집요한 걱정과 두려움으로부터 마음을 자유롭게 풀어주라고 한다. 도는 언제나 이 세상과 만물을 보살핀다. 지금까지 계속 그래 왔고, 앞으로도 또한 그럴 것이다.

당신을 들여다보라. 당신은 필요한 모든 것을 제공하는 도의 완전함에도 불구하고 애쓰고 노력하라고 끊임없이 자신을 재촉한다. 명예를 좇고 쾌락이나 목적을 추구하도록 몰아붙인다. 노자는 정확하게 이와 반대로 행동하라고 이른다. 치열하고 무의미한 경쟁에서 벗어나 걱정하고 싸우는 대신 도와 조화를 이루어 마음을 평화롭게 하라. 이 장의 마지막 줄은 "위대한 어머니가 우리를 먹이는 것"을 알고 우리가 삶을 바라보는 방식을 바꾸도록 가르친다.

20장을 통해 노자는 당신에게 다음과 같이 제안한다.

## 지금 여기에 존재하지 않는 것에 대한 생각을 놓아버려라

그저 당신이 살고 있는 우주의 완전함 속으로 녹아들도록 자신을 내버려두라. 행복해지기 위해 다른 무엇도 필요하지 않다. 모든 것이 바로 지금, 바로 이 자리에서 당신에게 제공된다. 이 순간 속에 존재하라. 그리고 더 많은 것을 얻거나 다른 누군가가 되려고 애쓰는 마음에서 스스로를 자유롭게 하라. 이것이 도의 평화를 느끼는 훈련이다.

스스로에게 다짐하라.

"삶은 정말로 완전하다. 신의 따스한 사랑은 모든 곳에 미치고 어느 누구도 그냥 지나치지 않는다. 바로 이 힘이 나를 인도해줄 것을 믿는다. 여기에 내 에고가 끼어들도록 내버려두지 않을 것이다."

이처럼 걱정도 두려움도 없는 마음가짐을 가질 때 얼마나 자유로워지는지 한없이 느껴보라.

## 매일 마음을 내려놓고 신에게 맡기는 시간을 가져라

"마음을 내려놓고 신에게 맡겨라."라고 말하면서 실제로 그 차이를 느낄 수 있을 때까지 반복하라. 놓아버리는 것은 아주 뚜렷하고 분명한, 신체적이고 정신적인 경험이다. 이는 애쓰는 것과는 전혀 다르다. 당신의 이런저런 요구 사항들을 내려놓아라. 당신의 인생에서 무언가가 빠졌기 때문에 행복할 수 없다는 생각도 함께 내려놓아라. 갖고 있지 않은 것을 갖겠다고 억지를 부리는 것은 바보 같은 짓이다. 필요하다고 생각하는 그것 없이도 잘 살 수 있다는 사실을 깨닫는 것이 바로 우리가 바라는 변화다.

그러고 나면 당신은 바로 지금, 바로 이 자리에서 평화롭고 행복하고 마음 편하기 위해 필요한 모든 것들을 이미 가지고 있음을 알아챌 것이다. 긴장을 풀고 이 깨달음 속으로 빠져들어라. 그리고 계속 반복해서 '나는 마음을 내려놓고 신에게 맡긴다. 나는 모든 것을 주는 위대한 어머니의 젖을 먹는 영광스러운 아이다.'라고 되새겨라.

## 🥄 지금, 도를 행하라

미래를 위해 애쓰느라 현재의 순간에 존재하지 못하는 상황을 주의 깊게 관찰하라. 그 일을 하고 나서야 진정으로 원하는 것을 할 시간을 갖게 될 거라는 생각 때문에, 당신이 지금 얼마나 많이 애쓰고 있는지 깨닫지 못할 수도 있다. 이것은 대부분의 사람들이 의식하지 못하는 가운데 자유로운 삶을 영원히 연기하는 치명적인 방법 중 하나다. 그것은 알아차리기가 대단히 어려우며 당신의 자유 시간이 가족 구성원이나 긴급한 업무로 인해 침해받을 때 가장 흔하게 나타난다.

여기 한 가지 예가 있다. 당신은 유쾌하고 즐거운 휴일을 갖기 위해 한 주의 시간을 온통 일에 쏟아부었다. 그런데 당신의 배우자가 상의도 없이 전에 한 번도 만난 적이 없는 친구의 친구를 초대했다는 사실을 알게 되었다.

이 상황 속에는 '애쓰지 않는 삶'을 연습할 수 있는 두 가지 기회가 들어 있다. 물론 첫 번째는 미래의 이익을 위해 애쓰고 있는 자기 자신을 다스리고, 지금 하고 있는 일이 무엇인지 인식하며 현재에 집중하는 것이다. 두 번째는 위의 상황을 그저 따라가는 것이다. 이 훈련은 비록 힘들지만 대단히 유익하다. 주어진 상황을 받아들임으로써 도를 행하라. 즉, 이 상황이 애씀에 길들여진 당신의 에고로서는 받아들이기 힘들겠지만 사실은 위대한 어머니가 당신에게 주는, 생명을 유지하는 데 필요한 영양분이라는 사실을 기꺼이 받아들여라.

# 21

위대한 덕은 오직 도를 따르는 것이다.

도는 이해하기 어려우며 만질 수도 없다.
형체가 없고 만질 수 없음에도
형상을 이루어낸다.
어둡고 흐릿하지만
정신이고 본질이며
만물의 살아 있는 숨결이다.

세월이 흘러도 만물의 처음을 일깨우기 위해
그 이름은 유지되었다.
내가 어떻게 만물의 시원을 알 수 있을까?
나는 내 내면을 들여다보고 내 안에 무엇이 있는지를 본다.

# 오묘한 모순의 삶
*Living the Elusive Paradox*

노자는 최초의 전제인 '신비로운 삶'으로 우리를 다시 데려간다. 이 개념의 정의와 가치로 돌아가서 더욱 분명하고 정확하게 이를 확인한 다. 그는 뭐라 말할 수도 없고 오감으로 경험할 수도 없는 도의 오묘한 본질을 아는 데서 그칠 것이 아니라, 우리 자신이 오묘한 모순의 본보 기임을 인식함으로써 깨달음을 얻으라고 말한다.

이 중요한 장의 마지막 줄을 다시 읽어보라.

"내가 어떻게 만물의 시원을 알 수 있을까? 나는 내 내면을 들여다 보고 내 안에 무엇이 있는지를 본다."

이제 당신 존재의 시작으로 거슬러 올라가보라. 당신은 어떻게 여기 에 있을까? 인간 세포질의 미립자에서 비롯되었다는 의미가 아니다. 그보다 더 이전으로 가보라.

양자물리학은 입자가 보이지도 않고 형태도 없는 에너지장으로부터 나온다고 가르친다. 따라서 당신을 포함한 모든 창조물은 형태가 없는 에너지에서 형상으로, 정신에서 육체로, 이름 없는 도에서 이름을 가진 객체로 움직여가는 일련의 운동 작용이다. 창조의 과정은 그 이름 없음을 이해하는 것과 더불어 《도덕경》의 전반에서 다루어진다. 당신은 이 오묘한 모순을 깊이 생각하고 받아들이고, 경험하도록 초대받은 것이다. 자신의 본질을 시험해보고, 만물을 창조한 바로 그 힘이 당신의 모든 생각과 행동에 생명을 불어넣고 있다는 사실을 인식함으로써 그것을 깨달을 수 있다.

집게손가락을 움직이겠다는 간단한 결정을 내려라. 발가락을 꼼지락거려보라. 그런 다음 팔을 들어 올려라. 그리고 마지막으로 이런 동작들을 할 수 있게 해주는 근본적인 힘이 무엇인지 자신에게 질문을 던져보라. 무엇이 당신으로 하여금 색과 모양을 볼 수 있게 해주는가? 도대체 눈동자 뒤의 어떤 힘이 하늘은 푸르다거나 나무는 키가 크다는 것을 인식하도록 신호를 보내는가? 귓속 어딘가에서 진동을 포착해 소리로 인식하게 만드는 형태 없는 에너지는 무엇인가?

그 모든 것은 형태도 없고 이름도 없다. 그것은 모호하다. 그것은 구름이 낀 것처럼 잘 드러나지 않는다. 이런 방식으로 당신이 세상을 바라보면 자신의 그러한 면을 이해하기 시작한다. 노자는 이를 "만물의 살아 있는 숨결"이라고 묘사한다. 이것은 더 이상 신비로 남아 있을 필요가 없다. 당신은 내면에 그와 같은 영원한 도를 품고 있으며 이는 하루에도 지속적으로 작용한다. 그것은 당신 안에 있다. 당신이 바로 도라고 할 수 있다.

다양하게 적용될 수 있는 이번 장은 당신에게 돈, 성취, 횡재, 명예

등을 추구하는 마음을 내려놓고 그 대신 당신의 관심을 만물의 시작, 즉 도의 오묘하고 만질 수 없는 에너지로 이동시키라고 한다. 가장 큰 덕은 당신의 내면에서, 이 이름도 없고 형태도 없는 힘을 찾는 것이다. 당신의 모든 생각과 행동 속에서 작용하고 있는 에너지를 알고, 그 안을 들여다봄으로써 그 힘을 이해하라.

이것이 당신이 태어나기 2,500년 전에 노자가 당신에게 전하고자 했던 것이다.

## 모든 생명을 지탱하는, 만질 수도 없고 정체를 알 수도 없는 그 힘에 대한 갈증을 느껴라

만물의 근원인 도와 규칙적으로 소통하라. 도에서 길을 구하고 그 신성함에 대해 명상하라. 보이지 않는 도를 공경할수록 자신이 도와 연결되었음을 더 많이 느낄 것이다. 도와 연결되면 에고가 세상을 바라보는 방식인 걱정, 스트레스, 불안 등에서 벗어날 것이다. 주변의 다른 사람들이 부나 명예, 권력을 추구하는 데 몰두하는 동안 당신은 자신을 포함한 '만물의 살아 있는 숨결'에 대해 감사의 마음을 가짐으로써 따뜻한 미소를 짓게 될 것이다. 모든 것을 알고 모든 것을 나누어주는 도와 신성한 협력의 관계에 있음을 알게 됨으로써 당신은 더욱 안전함을 느낄 것이다.

하루에 한 번, 혹은 가능하다면 여러 번 큰 소리로 외쳐보기 바란다. "모든 것에 대해 감사합니다."라고 말이다. 이를 자신의 공손한 의식으로 삼아라. 사실, 이 글을 쓰기 바로 전에 나도 이렇게 말했다.

"나의 손끝을 타고 이런 글이 나오도록 허락해주셔서 감사합니다.

이 글을 포함한 모든 것의 근원이, 오묘하고 만질 수도 없는 도라는 사실을 알고 있습니다."

## 이 장의 마지막 두 줄을 외워서
## 필요할 때 나지막이 암송하라

이 두 줄의 문장을 반복해서 암송하라.

"내가 어떻게 만물의 시원을 알 수 있을까? 나는 내 내면을 들여다보고 그 안에 무엇이 있는지를 본다."

그렇게 하면 도는 항상 당신 내면에 있는 진실에서 비롯된다는 사실을 깨달을 것이다. 당신이 가진 비전의 정당함을 다른 누군가에게 전하려고 애쓰지 마라. 그들 또한 준비가 되면 그들을 위한 스승을 만날 것이다. 다음은 노자가 죽고 수백 년이 지난 후에 페르시아의 서정 시인 하피즈가 도의 오묘한 본질에 대해 내린 결론이다.

만약 글로써
진실이 밝혀질 수 있다고 생각한다면,

만약 입이라는 좁은 틈새로
태양과 바다가 지나갈 수 있다고 생각한다면,

오, 누군가 웃기 시작할 것이다.
누군가는 크게 웃기 시작할 것이다.
지금!

오늘, 당신의 매 순간을 허락하는 힘을 자각하라. 5분간의 명상을 통해 당신의 생각 사이에 존재하는 '틈' 속에 머물러라. 그리고 당신이 말하고, 듣고, 만지고, 움직일 수 있게 하는, 인식하기 어렵지만 동시에 어디에나 존재하는 보이지 않는 근원에 주목하라.

# 22

유연하면 부러지지 않고
구부러지면 다시 펴진다.
비우면 채워지고
낡으면 다시 새로워진다.
적으면 얻게 되고
많으면 미혹된다.


그런 까닭에 성인은 하나 됨을 끌어안는다.
스스로를 드러내지 않기에 사람들은 그의 빛을 볼 수 있고,
스스로 옳다고 하지 않기에 사람들은 그의 말을 믿는다.
스스로 누구인지 모르기에 사람들이 그 안에서 자신들을 보고,
마음속에 품은 목적이 없기에 하는 일마다 이루어진다.


옛사람이 유연하면 깨지지 않는다고 말한 것은 참으로 옳다.
진실로 온전함을 이루면 모든 것이 자신에게로 귀결된다.

# 유연한 삶
*Living with Flexibility*

몇 년 동안 바닷가에 살면서 물가에서 자라는 야자나무의 아름다움과 장대함을 보았다. 그 나무들 중에는 10미터가 넘는 것들도 종종 있다. 이 키 큰 나무들은 시속 300킬로미터가 넘는 허리케인급 바람의 압력도 능히 견뎌낸다. 폭풍이 지나가는 길목에 있던 다른 수많은 나무들은 뿌리째 뽑혀나가는 데 비해 이 당당한 야자나무들은 굳건히 남아 폐허가 된 땅에서 자랑스럽게 흔들거린다. 이 야자나무가 뽑히거나 꺾이지 않고 살아남은 비밀은 무엇일까? 그것은 바로 유연성이다. 이 나무들은 바람이 불면 거의 땅에 닿을 듯이 구부러지는데, 이것이야말로 나무들이 부러지지 않고 살아남을 수 있는 능력이다.

22장에서 노자는 이러한 유연성을 지니라고 이른다. 야자나무처럼 유연하게 삶의 폭풍을 견딜 수 있도록 돕는 도의 하나 됨을 느껴라. 파괴적인 에너지가 찾아오면 구부러져서 부러짐을 막아라. 저항하지 말고 그것이 흐르게 함으로써 폭풍을 이겨낼 만한 때를 찾아라. 싸우는 대신 힘을 뺀 채 직면한 모든 것과 어울려 함께 가면 당신은 '도의 시간'으로 들어서게 된다.

이 장에서는 온전함에 대한 또 하나의 유익함을 담고 있는데, 그것은 온전함이 모든 것을 당신에게로 끌어당긴다는 점이다. 만약 당신이 부, 지식, 건강, 사랑, 그리고 도를 상징하는 다른 모든 것들을 원한다면 그것들을 잘 받아들여야만 한다. 노자는 가득 채우기 위해 먼저 비워져야 한다고 가르친다. 집착이 가득 찬 당신의 자아 속으로는 아무것도 들어갈 수 없다. 따라서 신념, 소유, 에고가 이끄는 생각들로 가득 차 있는 것이 아닌, 모든 가능성에 대해 열린 상태로 남아 있어야 한다. 이것이 도와의 어우러짐이다. 그래야만 어떠한 관점이나 방법에 얽매이지 않고 모든 것에 생명을 불어넣는다. 유연한 사람은 모든 가능성에 대해 열려 있다. 또한 그 무엇도 증명하려고 할 필요가 없다. 모두 도의 책임하에 있으므로.

도에 대한 깨달음은 곧 유연함이다. 당신이 경직된 사고를 벗어던지면 신뢰의 분위기가 만들어진다. "확실하게는 모릅니다. 그러나 기꺼이 듣겠습니다."라고 말할 수 있는 자세가 되면, 다른 사람들이 행동과 마음을 당신과 함께할 것이다. 당신의 유연함은 그들로 하여금 자신들의 관점이 환영받고 있다고 여기게 한다. 모든 가능성에 대해 마음을 열기 때문에 당신을 만나는 사람들은 자신들의 생각이 가치 있으며 충돌할 필요가 없다고 여긴다.

도의 본질과 연결될수록 이 원칙이 영원히, 그리고 매 순간마다 적용됨을 알아차릴 수 있다. 도는 어떤 목적도, 욕망도, 비난도 품지 않는다. 그저 어디든지 흐른다. 도는 창조의 에너지이기 때문이다. 도와 조화를 이루는 방법은 어떠한 목적에서 벗어나 성과에 대한 걱정 없이 당신이 하고 있는 모든 일에 몰두하는 것이다. 매 순간 만물에게 활기를 불어넣는 창조의 근원을 따라 흐르는 것이다. 이렇게 산다면 실패는 불가능하다. 자기 자신을 찾고 근원의 지혜를 완전히 믿는데, 어떻게 실패할 수가 있겠는가? 당신의 삶에서 실패가 사라지면 노자가 "하는 일마다 이루어진다."라고 말한 의미를 이해하게 될 것이다.

다음은 노자가 《도덕경》의 22장을 쓰며 준비한 메시지다.

## 삶의 폭풍을 바라보는 방식을 바꿔라

당신을 지배하는 에고에서 벗어나기 위해 노력하라. 타인의 관심에 대한 욕구를 놓아버리고 사람들이 어떻게 당신에게 자연스레 빠져드는지 보라. "당신이 정말 옳은 것 같습니다. 저에게 새로운 관점을 알게 해준 것에 감사드립니다."와 같은 말로 논쟁에서 이기려는 마음과 자신이 옳아야 한다는 강박을 내려놓아라. 이러한 말은 사람들로 하여금 그들의 경직된 마음을 풀 수 있게 해준다. 왜냐하면 당신은 스스로가 옳다거나 다른 사람이 틀렸다는 것을 애써서 증명할 필요가 없기 때문이다.

생각을 바꾸면 삶이 달라진다. 그러니 기꺼이 "모릅니다." 혹은 "내가 왜 그랬는지 확실히 모르겠습니다."라고 말하라. 노자가 이르는 것처럼 거만한 태도와 경직된 사고를 버리면 다른 사람들은 당신의 유연한 본질 속에서 그들 스스로를 알아보고 당신을 신뢰하게 될 것이다.

## 스스로를 크고 당당한 야자나무라고 상상해보라

목표나 목적이 없는 사람이 되라. 그 대신 자연의 힘에 순응할 수 있 도록 난난히 잘 서 있으라. 마치 허리케인 같은 바람 속에서 허리를 구부린 나무처럼 처음부터 그 힘을 느끼도록 자신을 내버려둠으로써 무슨 일이 닥치든 기꺼이 받아들여라. 비판하는 이가 있거든 기꺼이 들어라. 강력한 힘이 당신을 어떤 방향으로 이끌더라도 싸우지 말고 머리를 숙여라. 부러지는 대신 몸을 구부려라. 그리고 경직된 규칙의 틀에서 벗어나라. 그렇게 함으로써 당신은 부러지지 않고 보호받을 것이다. 바람이 부는 것과 같은 어려운 상황을 머릿속으로 떠올리며 다음과 같이 다짐하라.

"내 안에는 경직된 마음이 없다. 나는 어떤 바람이 불어도 스스로를 굽혀 부러지지 않고 살아남을 것이다. 그 바람의 힘을 이용해서 더 강해지고 앞으로 나아질 것이다."

이 단순한 가르침은 매우 유쾌한 것이어서 당신은 왜 이제야 깨달았나 의아해할 수도 있다. 도의 시간 속에서 '폭풍'을 인정하고 받아들여라. 당신의 육체가 이를 온전히 느끼도록 내버려두라. 비판하지 말고, 마치 바람 속에 자신을 굽힌 나무처럼 그냥 지켜보라. 경직된 마음이 되살아나면 그것에도 역시 주의를 기울여라. 에고의 공간에서 도를 연습하듯, 바람이 그냥 불도록 내버려두라. 당신이 가진 경직성의 뿌리를 깨달아 삶의 폭풍들 속에서 더 큰 유연함을 갖고자 시도하라. 도의 에너지를 향해 마음을 터놓을 수 있는 기회로서 폭풍을 받아들일 때, 그 폭풍은 당신의 진정한 본질인 사랑을 더 많이 드러내도록 하는 계기가 될 수도 있다.

오늘은 당신과 반대되는 의견을 가진 사람의 목소리에 귀를 기울여 보라. 정치, 환경, 종교, 마약, 전쟁, 무기징역 등 다양한 주제 중 어떤 것일 수도 있다. 당신의 입장을 강요하지 말고 대신 이렇게 말해보라. "나는 한 번도 그런 관점에서 생각해본 적이 없습니다. 제게 당신의 생각을 들려주셔서 감사합니다."라고. 반대되는 입장을 경청함으로써 당신은 에고의 태도를 버리고 도의 유연함을 맞이하게 될 것이다.

# 23

말을 별로 하지 않는 것이 자연이다.
매서운 바람도 아침 내내 불지 않는다.
억수 같은 비도 하루 종일 내리지 않는다.
누가 이를 행하는가?
바로 하늘과 땅이다.

매서운 바람, 억수 같은 비는 과장되고 강요되어 있다.
이것이 바로 오래 지속되지 못하는 까닭이다.
하늘과 땅도 오래 지속할 수가 없는데
사람이 하는 일은 오죽하겠는가?

도를 따르는 사람은 도와 하나가 되고
덕을 따르는 사람은 덕과 하나가 된다.
도와 덕에서 멀어진 사람은 실패와 하나가 된다.

만약 도에 순응하면 그 힘이 당신을 통해 흐르고
당신의 행동은 자연의 그것이 될 것이다.
당신의 길이 곧 하늘의 길이다.

도에게 자신을 열라.
그리고 자신의 자연스러운 반응을 믿어라.
그러면 모든 것이 제자리를 찾을 것이다.

# 자연스러운 삶
## *Living Naturally*

모여 있는 모든 것은 결국 흩어진다. 땅 위의 모든 것은 일시적인 것이며 끊임없이 변화한다. 이 땅에 살고 있는 한, 당신도 항상 변화하고 또 흩어지는 원리의 일부분이다. 《도덕경》의 23장은 자연의 길을 관찰하고 그들과 조화롭게 사는 삶을 택하라고 요구한다.

자연 안에서는 결코 고집부리거나 주장하거나 혹은 강요할 필요가 없다. 폭풍은 계속되지 않는다. 바람은 거세게 몰아치지만 때가 되면 이내 잦아든다. 만물은 영원 안에서 창조되지만 태어나는 순간 벌써 자신이 태어난 곳으로 되돌아가는 여정에 들어선다. 노자는 이 단순한 원칙에 따라 살면 자연과 조화를 이룰 것이라고 말한다. 어떤 사람이나 상황에 무언가를 강요하고픈 욕구를 내려놓아라.

그리고 순환하는 자연의 일부가 되는 쪽을 택하라. 심지어 하늘도 강압적인 행위를 지속할 수 없다. 모든 행위는 일시적인 모습을 지녔으며 다시 고요한 상태로 되돌아간다. "모든 것은 가라앉기 마련이다." 라고 할 수 있다.

이 장에서 노자는 다툼이나 긴장의 한복판에 있다면 잠시 멈춰서 고요와 평화가 다가오고 있음을 떠올리라고 이른다. 당신에게는 언제나 선택의 여지가 있음을 강조한다. 모든 상황에서 당신은 과장되고 강요된 에너지를 관찰하는 쪽을 선택할 수 있다. 그 에너지는 상황을 통제하려고 하거나 삶에서 일어나는 사건들에 저주를 퍼부을지도 모른다. 그렇지만 이런 과장되고 강요된 에너지는 우리를 혼란과 공포의 한가운데에서도 도에 마음을 열 수 있도록 이끄는 장치일 수 있다. 이것이 도를 따르는 방법이다. 자연이 거세게 몰아치다가 어떻게 다시 고요해지는지 기억하라. 도의 선함을 따르면 당신이 바로 그 선이 될 것이고, 선함에서 멀어지면 실패한 사람이 될 것이다.

당신은 시간과 공간 속에서 생성과 소멸을 반복하는 순환 법칙의 일부다. 만물은 그 근원으로 되돌아갈 것이다. 이 자연스러운 선함과 함께하기를 바라는가, 아니면 불안과 실패 속에서 주어진 순간들을 낭비하길 원하는가? 이 질문에 대한 대답은 당신의 에고 속에 있지 않다. 에고는 밀어붙여서 일을 성취하거나 높은 위치에 오르려는 당신의 능력을 굳게 믿기 때문이다. 노자는 도가 억지가 아닌 자연스러움으로 만물을 책임진다는 점을 지적한다. 몹시 파괴적으로 보이는 것이 다른 순간에는 완전한 자애로움일 수 있다. 우주의 자연스러움에 순응하면 만물을 창조하는 힘이 당신을 통해 흐른다. 에고가 이끄는 계획은 뒤로 미루고 당신을 창조한 힘과 함께하라. 그 힘이 당신의 삶을 이끌도록 하라.

노자가 《도덕경》의 이 장에서 2,500년이나 숙성된 시선으로 나를 통해 당신에게 전하고자 하는 말이 있다.

## 자연의 방식을 적극적으로 관찰함으로써 삶을 변화시켜라

천둥과 번개를 동반한 폭풍, 무시무시한 바람을 파괴적이고 불편한 사건으로 보지 말고 곧 지나갈 일시적인 현상으로 받아들여라. 강압적이고 불쾌한 상황이 닥치면 자연의 순환 고리를 찾아내라. 그러고는 이렇게 다짐하라.

"이것은 일시적인 방해일 뿐이다. 나는 내가 모든 것을 통제해야 한다는 생각에서 벗어날 것이다."

그런 후 이 순간의 상황에 마음을 열고 그 안에서 당신이 어떻게 느끼는지 관찰하라. 이것이 자연의 방식임을 기억하라. 도에 자신을 온전히 맡기고 자연의 방식에 마음을 집중하라.

## 모든 상황들에 자연스럽게 대응하는 자신의 힘을 믿음으로써 삶을 변화시켜라

여기에는 즉각 대응하지 않고 차분하게 자신을 관찰하는 것이 포함된다. 자신의 생각을 알리고 싶다는 생각이 들거든 그것을 통해 얻고자 하는 것이 무엇인지 귀를 기울여라. 당신의 육체는 평화로워지는 법과 삶의 폭풍이 멈출 때까지 기다리는 법을 알고 있다. 육체의 그러한 신호가 환영받고 있음을 알게 해주어야 한다. 마음을 진정시키고 그 힘을 향해 자신을 열어 창조적인 도와 조화를 이루게 하라.

T. S. 엘리엇T. S. Eliot은 그의 시 〈성회 수요일〉을 통해 자연의 순환을 되살려낸다.

시간은 언제나 시간이고
공간은 언제나 공간일 뿐이며
현실은 언제나 한순간만
그리고 오직 한 곳에서만 현실임을 알기에
나는 만물을 있는 그대로 기뻐한다…

바로 이거다. 도의 고요함 속에서 기뻐하라.

### 🪷 지금, 도를 행하라

자연이 유기적으로 순환하는 수없이 많은 사례들을 주의 깊게 살펴며 하루를 보내라. 삶을 대함에 있어 더 자연스러울 수 있는 방법을 세 가지 이상 찾아라.

태양 아래에서 노곤하게 몸을 웅크리고 있는 모습이 당신이 바라는 것인지도 모른다. 또는 서두름 없이 서서히 어둠을 거둬내는 새벽일 수도 있다. 어쩌면 당신은 들고 나는 파도를 아무런 판단도 하지 않은 채 편안하게 바라보는 것을 좋아할 수도 있겠다. 무엇이 되었든 당신만의 상징적인 이미지를 찾아라. 그리고 그와 닮은 것들을 도 안에서 찾아내어 당신의 내면으로 불러들여 활짝 피어나게 하라.

매서운 바람도 아침 내내 불지 않는다.
억수 같은 비도 하루 종일 내리지 않는다.

# 24

발끝으로 서는 사람은
단단히 서 있을 수 없고
큰 걸음으로 걷는 사람은
멀리 갈 수 없다.

괴시하는 사람은 밝게 빛나지 않고
자랑하는 사람은 아무것도 이루지 못하며
옳다고 주장하는 사람은 존경받지 못하고
뽐내는 사람은 오래가지 못한다.

이런 모든 행동들은 밉살스럽고 불쾌하다.
그것들은 불필요한 찌꺼기다.
그것들은 마치 배 속의 통증과 같고
몸속의 종양과 같다.

도의 길을 갈 때는 이런 것들을
버리고, 뽑아내고, 내던져야 한다.

# 넘치지 않는 삶
## *Living Without Excess*

　노자는 도를 추구함에 있어 개인의 중요성을 지나치게 강조하면 안 된다고 충고한다. 결국 모든 성취는 만물을 창조하는 근원인 도에서 비롯된다. 보고 만지고 소유하는 모든 것들이 도가 주는 선물이다. 그러므로 에고를 배제하고 도의 창조성에 대해 너그러운 마음을 갖고 감사의 태도를 지녀야 한다. 그렇게 할 때 당신은 끝없이 내어주는 도와 닮아가고, 그 길을 가게 된다.

　《도덕경》의 24장은 이처럼 끝없이 내어주는 상태로 돌아가라고 재촉한다.

　도의 자연스러운 흐름이 어떻게 작용하는지에 주목하라. 도는 음식, 공기, 물, 햇빛, 땅, 그리고 아름다움까지 모든 것을 아무 제한 없이 주지만 우리에게 그 보답을 요구하지 않는다. 도는 항상 모두의 이익을 위해 창조한다. 그러면서 교만하게 뽐내거나 보답을 바라지 않는다.

이 점을 밝히기 위해 앞서 인용했던 하피즈의 시를 여기에 다시 한 번 옮긴다.

이 모든 시간이
흐른 뒤에도
태양은 대지에게
"내가 너에게 베풀었다."라고
말하지 않는다.

보라.
그런 사랑으로
어떤 일이 벌어졌는지를.
그 사랑이
온 하늘을
밝혔다.

태양은 활동하는 도를 상징한다. 태양은 아무것도 요구하지 않고 지구를 비추며 그 따뜻함과 빛과 생명의 에너지를 모두에게 나눠준다. 만약 태양이 그 노력의 대가로 관심이나 칭찬을 요구했다면 어땠을까? 태양이 감사나 대가를 받았을 때만 빛난다면 어떻게 될까?

머지않아 세상의 일부분은 태양의 장엄함으로부터 차단될 것이고, 결국 '태양신'을 진정시킨다는 명목으로 전쟁이 벌어져서 지구 전체가 어둠으로 덮일 것이다. 자랑하며 스스로 옳다고 하는 성향을 노자가

"밉살스럽고", "몸속의 종양과 같다."라고 말한 까닭을 어렵지 않게 알 수 있다.

받는 사람보다는 주는 사람이 됨으로써 도의 길을 가라. 보답을 바라지 말고 다른 사람들에게 베풀어라. 자랑하거나 칭찬받고 싶은 욕망을 쓸데없는 것들로 간주하라. 당신이 예술적인 재능을 가지고 있다고 해서 누구보다 특별하고 중요한 존재라고 생각하는 것은 에고의 길을 걷는 것이다. 도의 길을 걷는다는 것은 당신이 작품을 창조할 수 있게 해주는 손에 감사를 표하는 것이다.

노자는 이처럼 자신의 노력과 성취에 대해 인정받고자 하는 에고의 욕망에서 벗어나서 도의 길을 걷는 법에 대해 이야기한다.

## 의식적으로 감사의 마음을 갖고
## 당신의 삶을 변화시켜라

현재 당신의 상태, 즉 이루거나 받은 모든 것들에 대해 감사하는 마음을 중요하게 여기면 당신의 삶은 변화할 것이다. 깨어 있는 동안, 그리고 잠들 때와 일어날 때 "감사합니다."라고 조용히 반복해보라. 그 대상이 누구라도 상관없다. 하나님, 알라, 신, 크리슈나, 부처 혹은 자기 자신이어도 좋다. 왜냐하면 이 모든 이름들은 전해져 내려오는 위대한 지혜를 상징하기 때문이다.

햇빛, 비, 그리고 당신의 육체에 감사하라. 뇌, 심장, 간, 심지어는 발톱에 대해서까지 감사하는 날을 가져라! 이렇게 감사하는 연습을 하면 당신이 에고에 갇히게 되더라도 다시 정신을 차리고 만물의 진정한 근원에 집중할 수 있다. 이 조용한 연습을 매일 실천하라. 당신이 잠자는 침대, 이불, 베개, 그리고 방에게 감사하라. 아침이 되면 눈앞에 놓인 것들에 "감사합니다."라고 말하라. 그러고 나서 이 땅의 다른 누군가에게 다정한 무언가를 하면서 하루를 시작하라.

## 자랑하거나 옳다고 주장하고 싶은 마음을 돌아보면서 삶을 변화시켜라

다른 사람에게 당신의 경력이나 성취에 대해서 자랑하기 전에 먼저 그 충동을 감지하라. 그리고 "이런 것들을 버리고, 뽑아내고, 내던져야 한다."라고 말한 노자의 충고를 생각하라.

도의 길에서 자기 자신을 칭찬하는 것은 건강하고 순수한 것이다. 그러나 자기가 옳음을 주장하는 것은 정말 쓸데없는 일이다. 자기 자신의 성공을 자랑하고 다른 사람의 실패를 비웃는 버릇이 고개를 들면 당신은 《도덕경》 24장을 기억해냄으로써 도의 길로 되돌아올 수 있다. 그러면 잘난 체하는 말들과 거들먹거리는 행동이 보잘것없는 것으로 보일 것이다. 본래의 겸손함으로 돌아가 모든 사람 속에 들어 있는 위대함을 발견하는 순간, 당신의 삶에서 자만심은 사라진다. 이것이 바로 도의 방식이다.

### ♨ 지금, 도를 행하라

내일 아침, 누군가에게 다정한 마음을 표현하는 무언가를 하라. 누군가에게 당신의 사랑과 감사를 담은 이메일을 보내라. 요양 시설에서 외로워하실 조부모님에게 전화를 걸어라. 혼자 떨어져 있는 사랑하는 사람에게, 혹은 필요하다면 잘 모르는 낯선 이에게라도 꽃을 보내라.
타인에 대한 당신의 감사가, 에고가 아닌 도의 길을 얼마나 풍성하게
하는지 보라.

# 서양이 동양을 찾는 이유

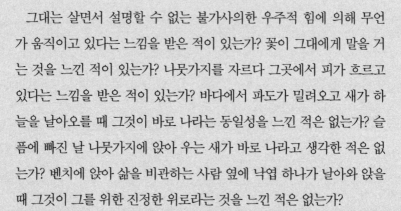

그대는 살면서 설명할 수 없는 불가사의한 우주적 힘에 의해 무언가 움직이고 있다는 느낌을 받은 적이 있는가? 꽃이 그대에게 말을 거는 것을 느낀 적이 있는가? 나뭇가지를 자르다 그곳에서 피가 흐르고 있다는 느낌을 받은 적이 있는가? 바다에서 파도가 밀려오고 새가 하늘을 날아오를 때 그것이 바로 나라는 동일성을 느낀 적은 없는가? 슬픔에 빠진 날 나뭇가지에 앉아 우는 새가 바로 나라고 생각한 적은 없는가? 벤치에 앉아 삶을 비관하는 사람 옆에 낙엽 하나가 날아와 앉을 때 그것이 그를 위한 진정한 위로라는 것을 느낀 적은 없는가?

서양의 철학적 전통은 이원론이다. 오랫동안 정신과 육체, 물질과 영혼은 분리되어 있다고 믿어왔다는 뜻이다. 이원론적인 패러다임은 나를 다른 사람과 분리된 존재로 인식하게 하며 자연 역시 나와 분리되어 있다고 인식한다. 그러나 노자의 도교나 불교의 사상은 모든 것이 하나 속에 혼융된 일원론적 기반 위에 서 있다. 일원론적인 동양의 사상은 '물질이 살아 있다고 생각하고 느끼는 것'이다. 소나무를 껴안으면 소나무의 힘이 내 속으로 들어와 지친 내 몸에 활력을 준다고 믿는다. 바위에도 신의 섭리와 신성이 깃들어 있는 것이다. 이런 물활론적인 전통이 서양에 없었던 것은 아니다.

기원전 6세기, 초기 그리스 철학이 이오니아의 밀레토스 학파의 현인들에 의해 주도될 때 그들은 자연이라고 불리는 '피지스physis', 즉 사물의 본질에 대한 구조를 밝히는 것이 목적이었다. 물리학을 가리키는 physics는 여기서 유래했다. 밀레토스 학파의 세계관은 노자의 세계관과 다르지 않다. 탈레스는 모든 물질은 신성으로 충만하다고 말했고, '만물의 근원은 물'이라고 했다. 노자 역시 물의 미덕에 대해 이렇게 말한다. "강과 바다가 수많은 골짜기를 거느리는 왕이 된 것은 능히 수많은 골짜기의 아래가 되기 때문이니, 그 이유로 능히 수많은 골짜기의 왕이 될 수 있는 것이다."(66장) 물이 왜 만물의 근원이며 왕인가에 대한 이유다.

그런가 하면 역시 이 시대 대표적인 현인 에페수스의 헤라클레이토스는 우주는 부단히 변화하고 영원히 생성하는 것이라고 믿었다. 이런 부단한 활동과 변화를 상징하는 것은 불이었다. 세상의 모든 변화는 대립자들의 역학적 투쟁과 주기적 상호작용에 의해 일어난다고 주장했고, 그 대립자의 쌍을 하나의 통일체로 인식했다. 대립의 힘을 내포하면서 동시에 초월하는 통일체를 로고스logos라고 불렀다. 이것은 우주적 변화를 음과 양이라는 대립적이면서 보완적인 힘들에 의해 끊임없이 생성되는 것으로 인식한 동양 사상과 맥을 같이한다. 거의 동시대에 동서양의 지역적 격리에도 불구하고 아무 지적 교류 없이 서로 같은 생각을 하고 있었다는 것 역시 우주적 공명이 아니었을까?

그러나 그 후 서양 사상은 마음과 물질, 육체와 영혼이라는 이원론에 이르게 되었다. 물질을 다루는 서양의 과학 사상은 아리스토텔레스에 의해 체계화되었지만 그는 물질 세계란 인간의 영혼과 정신 세계에 비해 훨씬 저급한 것이라고 믿었다. 물질보다 훨씬 가치 있는 영혼과 정신을 다루는 지적 전통은 기독교의 지지 아래 2,000년 이상 서구 철학의 근저를 이루었다. 시양의 과학이 본격화된 깃은 '물질은 죽은 것으로, 인간과는 완전히 분리된 것'이라는 인식에 도달한 데카르트의 철학 위에서 이루어졌다. 유명한 명제 "나는 생각한다. 고로 존재한다."는 자신을 영육의 전체적 유기체가 아니라 육체 속에 내재하는 고립된 자아로 인식한 선언이었던 것이다. 이러한 사상은 마음으로 하여금 육체에서 떨어져 나와 그 육체를 제어하고 통제해야 하는 헛된 과업에 시달리게 했다. 내부는 외부와 분리되었고, 다시 내부는 의식의 세계와 무의식의 세계 속에서 갈등과 분열을 계속하게 되었다.

인간의 내적 분열은 '외부 세계'를 자신과 분리되고 격리된 것으로 보는 관점을 정착시켰다. 자연은 이해집단들에 의해 착취되었다. 조각난 관점은 다른 국가, 인종, 종교로 분열되었고 결국 우리를 자연과 인류와 동포로부터 소외시켰다. 자연을 부당하게 분배하는 과정에서 경제적 무질서가 야기됐고, 오염된 환경 속에서 생명은 육체적·정신적으로 병들어갔다. 데카르트의 분할과 뉴턴의 기계론적 세계관은 혜택인 동시에 유해한 것이었다. 고전 물리학과 기술의 발전에는 지극히 성공적이었으나 인류의 문명에는 치명적 부작용을 초래한 것이다.

21세기에 이르러 우리는 초기 그리스 철학과 동양의 사상 속에 천명된 일원론적 이데아로 다시 이끌리고 있다. 우리는 고립된 개별적 존재가 아니라 궁극적 실재인 우주와 공명하고 연결된 존재라는 인식에 공감한다. 우주란 영원히 움직이며 살아 있고, 정신적인 동시에 물질적인 불가분의 실재인 것이다. 그러므로 신성에 대해서 불교와 노자의 사상은 이 세계를 위에서부터 지배하는 별개의 통치자로 설정하지 않는다. 그 대신 모든 사물을 그 내부에서 통제하는 하나의 원리가 있다고 이해한다. 그것이 바로 노자의 경우 '도'인 것이다. 그리고 그것은 자연을 닮았다. 〈브리하드아란야카 우파니샤드Bṛhadāraṇyaka Upanishad〉에 이런 구절이 있다.

이 세상 모든 것들 속에 깃들어 있으나
이 세상 모든 것들과는 다르고
......
그 속에서 모든 것을 다스리는
그는 네 영혼,
안에 있는 불멸의 통치자

유기적이고 생태적인 동양의 일원론은 분열된 기계론적 세계관 속에서 마음의 평화를 얻지 못하는 서구인들, 특히 젊은 층들에 의해 새로운 대안이 되고 있다. 요가나 명상이 나이 든 사람들보다는 오히려 젊은이들로부터 각광을 받는 이유이기도 하다.

서양의 문명은 불균형 상태에 있다. 그들은 협동보다는 경쟁을 선택했고 보전보다는 확장을 택해왔다. 직관적 깨달음보다는 합리적 지식을 추구했고, 융합보다는 자기주장에 몰두했다. 이런 일방적인 발전은 생태적으로, 사회적으로, 그리고 도덕적으로 치명적인 위기에 다다르게 되었다. 서양이 그들 문명의 위기에 대한 대안으로 동양을 연모하여 접근하는 것을 노자 식으로 표현하면 "양이 지극하면 음을 위해 물러난다."라고 표현할 수 있을 것이다.

# 25

하늘과 땅이 생기기 전에
형태가 없으면서 완전한 무언가가 있었다.
그것은 소리도 없고, 형체도 없다.
홀로 서 있으며, 변하지 않는다.
헤아릴 수 없이 무한하고 영원히 존재하니
천하의 어머니라 할 수 있다.
더 나은 이름을 알지 못하여
나는 그저 도道라 부른다.

이를 굳이 표현하자면 거대함이라고 하겠다.
거대하면 끝이 없고
끝이 없으면 영원히 흘러가며
영원히 흘러가면 변함없이 돌아온다.

그런 고로 도는 거대하고
하늘도 거대하고, 땅도 거대하고, 사람도 거대하다.

사람을 알기 위해 땅을 알고
땅을 알기 위해 하늘을 알며
하늘을 알기 위해 도를 알고
도를 알기 위해 자기 안의 그 거대함을 안다.

# 위대한 삶
*Living from Greatness*

수세기에 걸쳐 《도덕경》을 연구해온 학자들 중 많은 이들이 이 25장을 《도덕경》의 가장 중요한 장 중 하나로 생각한다. 내가 읽은 모든 번역 작품들은 이 장의 특징을 설명하기 위해서 '거대하다great'라는 표현을 사용하고 있다.

이 장은 천지가 시작되기 전에 이미 "형태가 없으면서 완전한 무언가"가 존재했었다는 이야기를 전한다. 그리고 이 형태 없는 완전함이 "천하의 어머니"라며 이야기를 이어간다. 비록 이름을 붙일 수는 없지만, 우리는 이를 '도道'라고 부른다. 그리고 이것은 앞서 말한 '거대하다'는 말과 같은 의미다. 다시 말해서 도 안에는 거대하지 않은 것이 아무것도 없다. 그 안에는 미약하고, 시시하고, 약하고, 중요하지 않은 것 혹은 보통의 것도 존재하지 않는다.

이 이야기는 읽는 이로 하여금 모든 만물의 내면에 존재하는, 겉모습에 영향을 받지 않은 순수하고 영원한 에너지를 깨닫게 하려고 한다. 그리고 결론은 이 형태가 없는 완전함을 알기 위해서는 "자기 안의 그 거대함을 알아야 한다."라는 것이나. 당신이 바로 이 놀라운 무용담의 주인공이다.

도에서 생명을 얻은 당신에게 이 이야기가 전하는 중요한 메시지는 살아가는 방식을 바꾸고, 삶이 변해가는 것을 바라보라는 것이다. 노자의 놀라운 지혜는 역사상 많은 사람들에게 공감을 불러일으켜 왔다. 그의 견해와 상반된 사상과 관념들을 점검해보는 것으로 당신은 살아가는 방식을 바꾸는 첫걸음을 내디딜 수 있다. 릴리안 스미스Lillian Smith는 1954년에 출판된 그녀의 책《여정The Journey》에서 이를 다음과 같이 묘사했다.

사람이 그 삶의 하루하루를 느끼는 데 필요한 것은 자기 자신보다 큰 무언가, 자기 자신보다 더 활기찬 무언가, 자기 자신보다 더 오래된 무언가, 그리고 아직 태어나지 않은 무언가, 즉 시간이 지나도 계속해서 이어질 무언가와 교감하는 것이다.

이 영속적인 '무언가'는 당신의 거대함, 그리고 당신이 무한함과 완전하게 연결되어 있다는 사실을 확인시켜준다. 거기에서 우리는 거대함 그 자체인 더 높은 단계의 상대와 영원히 조화를 이룬 느낌을 갖게 된다.

노자는 이 땅과 땅 위의 사람들, 그리고 하늘을 깊이 살피고 거대함을 깨달으라고 이른다. 그다음 자신을 바라보고 자신 역시 그들 모두의 일부임을 깨닫는다. 자신 안에 숨겨진 거대함을 발견함으로써 창조의 거대한 신비와 친구가 되는 것이다. 하늘과 땅, 그리고 그 안의 모든 사람들과 공유하고 있는 거대함을 알아채라. '거대함이라는 유산'을 가지고 당신은 도를 의식적으로 이용할 수 있게 된다. 거대함을 마음에 품고 있다면 당신에게서는 오직 거대함만이 나올 것이다. 그러나 내면에 열등함을 가지고 있다면 그러한 믿음에 걸맞은 사건들만 벌어질 것이다.

교실에서는 당신의 거대함을 발견할 수 없다. 도제살이, 스승, 가족들의 위로, 친구들 혹은 사랑하는 사람들을 통해서도 당신의 거대함을 발견하지는 못할 것이다. 그것은 당신 내면에 있다. 당신의 내면에 항상 흐르고 있는 거대함을 자각하는 것은 매우 중요하다. 감사의 명상 속에서 그 거대함과 만나라. 그 반대의 관점들에 흔들리지 마라.

특히 당신 내면에 떠오르는 비판적인 생각들에 귀를 기울여라. 그런 생각들이 떠오르면 그 생각들이 원하는 것을 말하도록 내버려두라. 그렇게 하면 그 생각들이 진실로 원하는 것은 만족임을 알게 될 것이다. 그 생각들이 떠올랐다고 해서 해를 입지 않을 거라고 믿을 수 있도록 시간을 주라. 그러면 그 생각은 기꺼이 내면의 거대함 속으로 녹아들 것이다. 이 수준에 도달하면 당신은 자기비판이라는 방해를 받지 않고 도의 힘이 흐르는 한층 더 거대한 전체에 참여하게 된다. 이 거대함에 다가감으로써 살아가는 방식을 변화시켜라. 그러면 정말로 당신의 삶이 달라질 것이다. 다음은 노자가 2,500년 전에 이 글을 쓰며 당신에게 했을 조언들이다.

## 자신의 거대함을 믿으라

지금 당신이 갖고 있는 육체가 당신의 전부는 아니다. 육체는 일시적인 것이며, 당신은 자신이 태어난 미지의 장소로 돌아가고 있다. 당신은 순수한 거대함이다. 모든 생명을 창조한 바로 그 거대함과 정확히 일치하는 것이다. 이 생각을 마음속 깊이 간직하라. 그러면 창조의 힘을 당신에게로 끌어당기게 될 것이다. 적절한 사람들이 나타날 것이고, 당신이 바라던 일들이 일어날 것이다. 재정적인 문제도 해결될 것이다. 거대함은 더 큰 거대함을 스스로에게로 끌어당기기 때문이다. 마치 당신이 현실을 불평하면 그러한 생각들이 꼬리를 물고 요동치는 것처럼 말이다. 세상의 물음에 다음과 같은 대답이 자동으로 튀어나올 수 있도록 계속해서 다짐하라.

"나는 거대함에서 비롯되었고, 거대함을 끌어당긴다. 내가 바로 거대함이다."

## 당신이 거대한 존재임을
## 부정하는 생각들을 찾아라

자신이 보잘것없다고 믿는 말에 빠져서 허우적대고 있는 자신을 구해내라. 조용하게, 그리고 따뜻한 목소리로 그런 믿음을 통해 무엇을 원하는지 자신에게 물어보라. 그 믿음은 어떠한 실망이나 고통으로부터 당신을 보호하려는 것처럼 보일지도 모른다. 그러나 계속 관심을 기울이다 보면 결국에는 그 생각 안에서 거대하다고 느끼고 싶은 욕구를 발견할 것이다. 그렇게 놓아두라! 당신은 실망과 고통을 견뎌낼 만큼 충분히 훌륭하다. 자신이 탁월하지 않다는 믿음 뒤에 숨어서 스스로를 보호하려고 애쓰는 것은 지나친 반응이다.

이런 그릇된 신념들을 찾아라. 그리고 그들에게 (그리고 당신에게) 진정으로 원하는 모습으로 변모할 기회를 주라. 되고 싶고, 갖고 싶은 것이 무엇이든 간에 '그런 일은 나에게 일어나지 않을 거야.'가 아닌, '조만간 그렇게 될 거야!'라고 생각하는 내면의 변화를 이루어내라. 그러고 나서는 당신이 소망하는 것이 정말로 이루어질 것임을 믿을 수 있는 아주 작은 증거라도 찾아내는 과정을 시작하라.

다음의 격언을 마음에 새기는 것이 아주 중요하다.

"원하든 원하지 않든 간에 우리는 생각하는 대로 된다."

거대함을 가진 자신이 얼마나 운이 좋은지 생각해보라. 이제 당신은 궁극적인 모순의 삶을 살 수 있다. 당신은 거대한 사람일 수도 있고 동시에 보잘것없는 사람일 수도 있다.

### ♨ 지금, 도를 행하라

다음의 문구를 자신에게 적용해보라.

"나는 거대함에서 태어났다. 나는 나를 낳은 그 근원처럼 거대해져야 한다. 나는 결코 나의 거대함과 다른 사람의 거대함에 대한 믿음을 포기하지 않을 것이다."

이 문장을 잘 볼 수 있도록 눈에 띄는 곳에 붙이고 매일 읽어라. 이 문장이 당신의 거대함에 대한 진실을 일깨워줄 것이다. 오늘, 당신 내면의 거대함에 초점을 맞추고 10분간 명상해보라.

# 26

무거움은 가벼움의 뿌리이고
고요함은 조급함의 주인이다.


이를 깨달아
성인은 모든 행동을 함에 있어
침착하고 집중한다.
화려한 생활 속에 있을지라도
흔들리거나 동요하지 않는다.


어찌 나라의 군주가
어리석고 경솔할 수 있겠는가?
자신을 바람에 흔들리게 내버려두면
그 근본을 잃게 되고
침착하지 못하면 자기 통제력을 잃는다.

# 평온한 삶
*Living Calmly*

이 장은 주변에서 일어나는 어떤 일을 보더라도 침착함을 잃지 말라고 권한다. 또한 진정한 성인은 고요한 상태에 머무르는 능력이 언제나 우리 내면에 있음을 아는 사람이라고 말한다. 이런 관점에서 보면, 우리가 느끼는 것에 대한 책임을 다른 사람에게 떠넘길 필요가 없다. 비록 세상에 비난과 모함이 가득할지언정 우리의 감정과 행동은 우리 자신의 몫이며, 주변의 환경이 우리의 마음 상태를 결정하는 것은 아니다. 마음을 정하는 힘은 오직 자신에게 달려 있다. 혼란의 한복판에서 있다 할지라도 평화로운 내면을 유지하면 삶은 달라진다.

이 장에서는 그러한 삶을 우리가 선택할 수 있다는 사실을 넌지시 가르쳐주고 있다. 혼란스러운 상태에 머물고 싶은가? 아니면 고요한 내면의 풍광을 갖고 싶은가? 이것은 당신에게 달려 있다! 이러한 통찰로 무장한 성인은 어떤 외부의 사건에도 마음이 동요하지 않는다. 평온하지 못하다고 원망을 늘어놓는 것으로는 당신이 원하는 존재의 상태에 도달하지 못한다. 자기 통제력은 지금 느끼고 있는 것이 무엇인지 알아차리고 그 느낌에 대해 책임질 때에야 피어난다.

당신은 《도덕경》의 이 아름다운 글에 깊이 빠져들고 싶을 것이다. 다른 사람이나 환경이 당신을 지배하고 있다는 느낌에서 벗어나 자유롭게 살고 싶을 것이다. 지금 의기소침해 있는가? 짜증이 나는가? 실망하고 있는가? 기분이 들떠 있는가? 사랑에 취해 있는가? 현재 당신이 어떤 상태이든 간에 변화하는 경제 상황이나 복잡하게 얽혀 있는 사건들이 그 원인이라고 생각한다면, 그리고 이러한 외부 요인들을 이유로 당신의 내적인 마음 상태를 설명하고 있다면, 당신은 이미 당신 근원과의 연결고리를 잃어버린 것이다. 왜냐하면 스스로 자신을 변하기 쉬운 환경의 바람 속에 '흔들리게 내버려두었기' 때문이다.

조급한 삶에 대한 처방은 바로 고요함을 택하는 것이다. 도의 고요함은 만물의 세상에서 벌어지는 온갖 소란을 마음에 두지 않는다. 도가 되라. "고요함은 조급함의 주인이다." 당신은 매 순간 선택권을 가지고 있다. 노자의 메시지가 여기 있다.

**당신을 둘러싼 환경이 어떻든
내면으로부터 고요하게 반응하겠노라고 다짐하라**

어떤 종류의 조급함 속에 있더라도(논쟁, 교통 체증, 재정적인 위기 혹은 그 무엇이라도) 자신의 고요한 중심을 찾겠다고 결심하라. 무슨 일이 벌어지건 크게 심호흡을 하고 비판하는 마음을 없애면 결코 어리석은 결정을 내리거나 경솔해지지 않는다. 사람을 미치게 만드는 상황에 직면했을 때조차도 당신은 고요함을 택할 수 있다. 그렇게 하겠다고 마음먹는 순간 당신은 "조급함의 주인인 고요함"이 될 것이다. 과거에 혼란과 분노를 선택했었다면 더욱 그럴 것이다. 이런 일은 불가능하다고 생각했던 시절이 내게도 있었다. 그러나 이제 나는 가장 골치 아픈 상황 속에서도 내가 선택할 것은 도의 방식인 고요함임을 알고 있다.

## 자신의 근원을 잃지 마라

집이나 직장에 위와 같은 문구나 그림을 놓아둠으로써 당신의 동의 없이는 누구도 당신의 근원을 훼손할 수 없다는 사실을 스스로에게 상기시켜라. 종종 이렇게 다짐하라. "나는 무슨 일이 벌어지더라도 침착하게 중심을 잡을 수 있다." 앞으로 조급한 상황이 벌어지면 이 새로운 존재의 방식을 실천하겠다고 맹세하라. 이 과정을 머릿속으로 그려보라. 그러면 노자가 말한 자기 통제력을 갖게 될 것이다. 더욱 중요한 것은 당신의 궁극적 소명인 도와 조화를 이룰 거라는 점이다.

### ♨ 지금, 도를 행하라

조용한 공간에 앉아서 당신과 오랫동안 대립해온 사람이 눈앞에 앉아 있는 모습을 상상해보라. 이제 큰 소리로 그 사람에게 말하라. "당신을 용서합니다. 사랑과 빛으로 당신을 감싸겠습니다. 그리고 나 자신에게도 그렇게 하겠습니다." 이렇게 하면 고요함의 느낌이 되살아나 26장의 메시지가 당신을 위해 작용할 것이다.

# 27

진리를 아는 사람은
길을 갈 때 흔적을 남기지 않고
말을 할 때 상처를 주지 않으며
줄 때 계산하지 않는다.
문을 닫으면 열쇠로 잠그지 않아도
열리지 않고
매듭을 묶으면 노끈이 아니어도
풀리지 않는다.

지혜를 갖고 모든 존재를 치우침 없이 도와주라.
어느 하나 포기하지 마라.
기회를 그냥 흘려보내지 마라.
이를 일러 빛을 따름이라고 한다.

선한 사람은 선하지 않은 사람의 스승이며
선하지 않은 사람은 선한 사람의 과업이다.
스승을 존경하지 않고
학생을 보살피지 않으면
반드시 혼란스런 상황이 생길 것이다.
이것이 바로 위대한 신비다.

# 내면의 빛을 따르는 삶

*Living by Your Inner Light*

돈이나 값비싼 물건들이 방 안 탁자에 놓여 있는 모습을 떠올려보라. 당신은 방문을 마주 보고 서 있다. 이제 탁자에 가득 쌓여 있는 진귀한 장신구, 돈, 그리고 중요한 문서들이 더없이 안전하다고 상상하라. 보험도 필요 없다. 안전 보안장치도 필요 없다. 그럼에도 아무도 당신의 보물을 훔칠 수 없다. 이러한 상황을 완전히 믿는다는 것이 가능할까? 나는 충분히 가능하다고 생각한다. 《도덕경》의 27장이 이런 내 생각에 힘을 실어준다. 노자는 "문을 닫으면 열쇠로 잠그지 않아도 열리지 않는다."라고 말한다.

진리를 아는 사람은 내면의 빛을 따라 산다. 이 내면의 빛은 훔치는 행위가 진실 된 방법이 아니라는 사실 그 위에서 빛난다. 그러므로 어떤 것도 잠글 필요가 없다. 도의 완전함인 내면의 빛을 따라 사는 사람들 사이에서 재산은 안전하다. 도움이 필요하거나 방향을 묻고 싶을 때면 언제나 이 근원에게 조언을 구해야 한다.

노자는 계산하거나 보답을 바라지 말고 그냥 주라고 말한다. 바로 이것이 도의 본성이며, 당신이 곧 도이기 때문이다. 당신이 이 빛에 따라 살 때, 주는 것과 받는 것은 하나가 된다. 당신을 이끄는 내면의 빛을 믿어라. 그것이 당신의 숙명이다. 당신은 부모나 국가, 또는 어떠한 문화로부터 받은 것보다도 더 많은 것을 도로부터 물려받았다.

좀 더 자연스럽게 사는 것이 중요하다. 삶에서 일어나는 작고 사소한 일들까지 모두 완벽하게 처리하려 애쓸 필요가 없다. 당신은 철저한 계획을 세우지 않고도 여행을 떠날 수 있다. 내면의 빛은 그 어떤 여행 안내서보다도 믿을 만하다. 이 빛은 당신과 당신이 만나는 모든 사람들에게 가장 이로운 방향을 알려줄 것이다. 도에 대한 믿음이 쌓이면 이전과는 다른 방식으로 삶을 바라보게 될 것이다. 당신은 새롭게 알게 된 것들의 탁월함과 명쾌함에 경탄할 것이다. 공포, 걱정, 스트레스, 조급함은 일렁이는 도의 빛 속에서 잠깐 모습을 드러내는 당신의 단편적인 모습들이 될 것이다. 그 빛은 당신의 길을 비추고 모든 사람을 당신의 일부처럼 사랑할 수 있도록 도와준다.

노자는 "지혜를 갖고 어느 하나 포기하지 말고 모든 존재를 치우침 없이 도와주라."라고 말한다. 남을 돕는 데 있어 다른 사람의 규칙 따위는 필요하지 않다. 아낌없이 주는 것은 매우 자연스러운 반응이다. 당신은 도라는 내면의 빛을 따르기 때문이다. 주는 것과 당신은 하나다. 받는 것과 당신도 둘이 아니다. 이런 결합 속에서 당신은 모든 사람과 하나다.

이 장에서 가장 의미 있는 구절은 "선한 사람은 선하지 않은 사람의

스승이며, 선하지 않은 사람은 선한 사람의 과업"이라는 부분이다. 이
것은 삶을 이해하고 스트레스와 화를 없애는 대단히 중요한 깨달음이
다. 당신이 스스로를 선한 사람으로 인식한다면, 지구 반대편의 범죄
자나 적들까지 포함해서 선하지 않다고 불리는 사람들은 모두 당신의
과업이다. 당신은 자기 자신과 다른 사람들에게 교훈을 주기 위해 존
재하고, 그 일이 우리 우주 전체의 에너지를 높인다. 만물 속에서 내면
의 빛을 발견하는 힘을 길러라. 도가 되라.

　내가 읽어본 모든 《도덕경》 번역서들은 결국 하나 되는 우리, 서로를
위해 존재하는 우리를 이야기한다. 여기에 바로 그 기막힌 비밀이 있
다. 기회를 그냥 흘려보내지 마라. 어느 하나도 포기하지 마라. 스승을
존경하고 학생을 보살펴라. 우리들에게 도의 이러한 실천은 너무도 드
물게 행해지고 있다. 그럼에도 우리가 진정으로 도의 밝음 속으로 들
어가고자 한다면 도는 반드시 우리의 내면으로 스며들 것이다.

　노자가 말하는 것처럼 열쇠, 구속, 지도, 계획 같은 것들을 잊음으로
써 진리를 아는 사람이 되라. 길을 가되 흔적을 남기지 말고, 모든 사
람의 근본은 선하다는 것을 믿어라. 그리고 온 천지를 뒤덮은 어둠에
욕을 퍼붓기보다는 내면의 빛을 가지고 손을 뻗어 도의 유산을 깨닫지
못한 사람들에게서 그 빛이 빛나게 하라.

　노자는 다음과 같이 새로운 방식들을 실천하라고 말하고 있다.


## 자신을 믿으라


　당신과 도 사이의 변함없는 관계에 뿌리를 둔 내면의 행동 수칙을
만들어라. 당신을 창조한 도의 지혜를 믿는다는 것은 곧 자기 자신을

믿는다는 것이다. 그 무엇도 내면에 자리한 정직함에서 당신을 멀어지게 할 수 없다. 이러한 원칙에 따라 살아라. 만약 가게 점원이 돈을 잘못 계산하여 거스름돈을 많이 돌려받았을 경우, 그처럼 속임수를 쓸 손쉬운 기회가 생겼다면 1원 한 푼까지도 정직하겠다고 결심하라. 최소한의 계획만 가지고도 여행을 떠날 수 있다는 믿음을 가져라. 다른 사람이 마련한 획일적인 계획에 의존하지 말고, 당신을 이끌어줄 도의 에너지를 믿도록 스스로를 허락하라.

## 자신 혹은 다른 사람들을 비판하지 마라

사람들의 행동이나 겉모습을 비판하지 마라. 대신 다음의 문장에 따라 생각을 바꿔보라.

"나는 나 자신의 학생이며, 이것을 기회로 하여 비판하기보다는 교훈을 얻는 법을 배울 것이다. 나 자신과 다른 사람을 비난하는 대신에 도를 실천함으로써 서로에게 교훈이 될 것이다."

온 세상 사람들이 우리 모두가 하나라는 단순한 진실을 알게 된다면 전쟁, 다툼, 혼란, 그리고 심지어는 질병까지도 사라질 것이다.

어떻게 자기 자신과 다른 모든 사람들을 스승이면서 동시에 학생으로 존중하지 않을 수 있을까? 도움 줄 수 있는 기회가 세상에 가득하다는 것을 이해하고, 한 번에 하나의 생각과 하나의 행동을 이어간다면 당신은 내면의 빛에 따라 살아가게 될 것이다.

수피 시인 하피즈는 그의 시 〈더 이상 떠남은 없다No More Leaving〉에서 이렇게 말한다.

당신과 신의 관계는
이렇게 될 것이다.
다음번에
숲속이나 혼잡한 도시의 거리에서
당신이 그를 만났을 때
거기에 더 이상
떠남은
없을 것이다.

신은 당신의 주머니 속으로
들어올 것이고
당신은 그저
스스로를 추슬러
가던 길을 갈 것이다.

### ♨ 지금, 도를 행하라

선하지 않다고 낙인찍힌 사람을 한 명 찾아라. 그리고 그 기회를 당신이 해야 할 일을 하는 기회로 활용하라. 손을 내밀고 애정이 깃든 메시지를 보냄으로써 그 사람의 스승이 되라. 어쩌면 당신은 책을 건네거나 이메일 혹은 편지를 쓰고 전화를 걸 수도 있을 것이다. 오늘 선한 사람으로서 한 가지 일을 행하라. 그것이 감방에 갇힌, 얼굴조차 모르는 사람을 위한 것일지라도 말이다. 그 사람이 바로 지금, 이 순간 당신에게 주어진 과업이다.

# 28

남성의 힘을 알고
여성의 배려를 간직하라.
세상의 계곡이 되라.
그리하면 변함없는 덕에 어긋나지 않을 것이고
다시 어린아이와 같아질 것이다.

흰 것을 알고, 검은 것을 간직하라.
세상의 본보기가 되라.
세상의 본보기가 되는 것은
덕의 길을 벗어나지 않고 계속 나아가는 것이며
무한함으로 다시 돌아가는 것이다.

영광을 알고 겸손함을 간직하는 사람은
영원한 힘과 조화를 이뤄 행동한다.
세상의 골짜기가 되는 것은
덕이 가득한 삶을 사는 것이다.

형태 없는 것에 형태를 주면 본래의 성질을 잃어버린다.
본래의 성질을 잃지 않으면 그 무엇도 다스릴 수 있다.
진정 최고의 통치자는 가장 적게 다스린다.

# 덕이 있는 삶
*Living Virtuously*

　이 장에서 덕은 자연이나 도와 같은 의미다. 자연과 하나가 됨으로써 성인은 도와 조화를 이루고 덕이 있는 사람이 된다. 노자는 도를 지향하면서 다른 사람을 다스리는 방식에 대해 이야기한다. 여기서 말하는 다른 사람이란 가족, 직장 동료, 동업자 혹은 친구일 수도 있다. 그리고 만약 당신이 행정에 관여하는 사람이라면 그 다스림의 대상은 정부의 모든 통치 과정일 수도 있다. 사실 《도덕경》의 많은 부분은 도의 원칙과 잘 어우러진 조직을 만드는 방법을 알려주는 데 있다. 내 계획은 '지도자'라고 불리며 힘 있는 자리에 오르게 될, 혹은 이미 그런 자리에 있는 사람들의 변화를 이끌어내는 방식으로 이 가르침을 세상에 널리 전하는 것이다.

　모든 사람은 평온함, 조화, 평화로움으로 커다란 변화를 이끌어낼 만한 능력을 가지고 있다. 노자는 이것을 우리가 가진 '본래의 성질'이라 말한다. 이러한 성질들은 최소한의 통제만을 필요로 한다. 그러므로 도와 같은 우리의 본성은 그대로 놓아둘 때 가장 잘 다스릴 수 있다. 딕이 있는 삶은 도로 하여금 당신을 인도하도록 하는 것이다. 이를 위한 노자의 조언은 다음의 특별한 네 가지 이미지 속에 담겨 있다.

### 세상의 계곡이 되라

삶의 강물이 당신을 통해 흐르게 하라. 하늘 아래의 계곡처럼 모든 것을 받아들이고 허락하는 비옥한 자비의 공간이 되라. 계곡을 가장 낮은 자리, 혹은 모든 것이 그 위로 흐르는 것을 볼 수 있는 위치라고 생각할 수도 있다. 이 겸손함의 공간 속에서 도의 변하지 않는 덕은 결코 사라지지 않을 것이다. 이는 근본적인 겸손함을 바탕으로 사는 것이다. 그러므로 할 수 있다면 어린아이의 눈높이로 몸을 낮춰라. 아래에서 위를 올려다보며 본래의 성질들이 어떻게 더 잘 보이는지 확인하라. 당신의 길을 가로막는 원인들을 모두 끌어안고 보듬을 수 있는 세상의 계곡이 되라.

### 세상의 본보기가 되라

아무런 조각도 하지 않은 나무의 완전함처럼 문명에 의해 훼손되지 않은 자연을 보라. 사람에 의해 손상되지 않은 세상의 본보기는 도가 그린 밑그림이다. 억지로 바꾸거나 바뀌지 않으려고 버티지 말고 삶의 배를 저어 부드럽게 흘러가라. 당신이 시작된 그곳으로 당신을 데려갈 도의 완전함을 믿어라. 노자는 결국 마음을 내려놓고 도에 맡기라고 말한다. 당신이 만들어낸 에고를 무너뜨려라. 그리고 세상을 바라보는 방식을 바꿈으로써 자신을 그 세상 안에 존재하게 하라.

## 영원한 힘과 조화를 이뤄 행동하라

결코 사라지지도 않고, 끝나지도 않으며 만물의 출발과 도착 너머에 존재하는 세상의 골짜기라는 관념에 대해 잠시 동안 곰곰이 생각해보라. 이런 종류의 힘은 창조하고 물러나고 형태를 이루었다가는 다시 사라진다. 덕이 넘치는 삶을 끊임없이 뿜어내는 간헐천과도 같은 그 힘은 언제나 그 자리에 존재한다.

에고에 따라 살기를 멈추고, 당신의 골짜기 안으로 흐르는 도를 의식할 때 영원한 힘과 조화를 이루게 된다. 자만심과 다른 사람들 위에 군림하려는 욕구가 아닌, 무한한 본질과 조화를 이룬 선과 덕으로부터 뿜어져 나오는 자신의 모습을 마음속에 그려보라. 영원한 힘과 조화를 이룬 존재로 자신의 이미지를 바꿔라. 그러면 당신이 깨달으려고 하는 덕 있는 삶의 모습이 보일 것이다.

## 본래의 성질을 잃지 마라

나는 이 부분에 매혹되었다. 본래의 성질이란 당신이 존재하기 전부터 당신이었던 것들이다. 예수가 "아버지여 창세전에 내가 아버지와 함께 가졌던 영화로써 지금도 아버지와 함께 나를 영화롭게 하옵소서."(《요한복음》 17:5)라고 말한 것이 바로 이것을 의미한다. 할 수 있다면 '창세전'이 무엇을 의미하는지 떠올려보라. 노자가 말하는 본래의 성질이란 당신이 미립자가 되었다가 다시 인간이 되기 전부터 당신의 본질을 특징지었던 사랑, 친절, 아름다움이다. 달리 말해 덕 있는 삶을 산다는 것은 법을 지키거나 좋은 시민이 되는 것, 어떤 사람이 되어야 한다는 외부의 규정을 그대로 이행하는 것과는 아무런 관련이 없다.

눈부신 통찰로 가득한 이번 장은 당신에게 덕 있는 삶을 사는 법을 이야기한다. 당신과 반대되는 것들이 당신을 통해 흐르게 하고, 겸손해짐으로써 세상의 계곡이 되라. 에고를 다른 사람에게 강요하는 대신 조화를 이루어 세상의 본보기가 되라. 영원한 힘과 조화를 이루고, 당신 내면의 무한한 바다로부터 너그러움과 덕을 줄줄이 쏟아냄으로써 이 세상의 골짜기가 되라. 도의 본질을 깊이 이해하고 이에 따라 자신을 개선함으로써 본래의 성질을 간직하라. 도의 본질은 당신이 태어나기도 전에 생겨났으며 그것이 바로 당신 본래의 성질이다.

노자가 이 28장을 통해 당신에게 전하고자 하는 이야기를 들어보자.

## 그동안 믿어야 한다고 배웠던 것들과
## 정확히 반대되는 것들을 즐겨라

당신이 다른 사람들보다 우월하다고 생각하려 하지 말고 계곡과 같은 자아상을 택하라. 흔들림 없고 창의성이 넘치며 포용적인 입장에 서서 기꺼이 듣고 받아들여라. 충고를 하고 싶다면 먼저 열심히 들어라. 에고로 둘러싸인 거만한 사람이 되지 말고 겸손한 대지의 골짜기가 되라.

28장의 마지막 줄을 보면 노자는 이 부분에 대해 명쾌하다.

"진정 최고의 통치자는 가장 적게 다스린다."

이것은 결코 스스로에 대한 소신을 낮추라는 조언이 아니다. 노자는 오히려 자신이 그 한 부분인 존재의 근원과 단단하게 연결되어 있다고 생각하라고 말한다.

# 모든 부정적인 것들을 사랑으로 대신하라

레바논의 영적 시인 칼릴 지브란은 다음과 같이 말했다.

"만약 당신이 애정 없이 마지못해 일한다면 일터를 벗어나 사원 앞에 앉아서, 환희로 가득 차 일하고 있는 사람들로부터 배워야 한다."

당신 본래의 성질을 지키는 과정에 착수하라. 특히 자신의 참되고 덕 있는 자아를 잊어버리기 쉬운 곳에서부터 시작하라.

### ♨ 지금, 도를 행하라

적어도 하루에 한 번쯤은 어린아이가 되라. 매번 스트레스를 받는 상황을 선택하라. 그리고 몸소 세상의 계곡이 되라. 일터에서도 일하지 말고 그냥 놀아라. 진지한 분위기를 고집하지 말고 웃어라. 잠깐 동안 혹은 그보다 조금 오래 경외감 속에 머물러라.

예를 들어 거미줄을 하나 찾아서 당신 앞에 펼쳐진 기적을 가만히 응시하라. 저녁밥으로 자신보다 큰 날벌레를 잡기 위해 자신보다 훨씬 커다란 그물을 완벽하게 만들어내는 이 작고 연약한 피조물을 말이다. 놀랍지 않은가?

# 29

세상을 휘어잡고 보다 나아지게 할 수 있다고 생각하는가?
나는 그것이 이루어질 거라고 믿지 않는다.

하늘 아래 만물은 신성한 그릇이어서 억지로 조정할 수가 없다.
억지로 조정하려고 하면 망칠 것이고
억지로 잡으려고 하면 잃을 것이다.

삶이 자연스럽게 펼쳐지도록 내버려두라.
그것 역시 완전한 그릇임을 깨달아라.
마치 들숨과 날숨처럼
앞설 때가 있는가 하면 뒤따르는 때도 있고
움직일 때가 있는가 하면 물러서서 쉴 때도 있다.
기운이 넘치는 때가 있는가 하면
지쳐 쓰러질 때도 있고
안전할 때가 있는가 하면
위험에 빠질 때도 있다.

성인에게
모든 삶은 완전함으로 향하는 움직임이다.
그래서 성인은
지나친 것과 사치스러운 것, 그리고 극단적인 것을 피한다.

# 자연법칙에 따르는 삶
## *Living by Natural Law*

이 장은 에고의 영향을 받지 않는 자연법칙에 대해 이야기한다. 그리고 이 안에 담긴 메시지는 모든 게 당신 책임이 아니라는 것이다. 과거에도 그랬고, 앞으로도 결코 당신 책임은 아닐 것이다.

따라서 이 장은 당신에게 자신을 포함한 어떤 사물이나 사람을 지배하려는 모든 생각을 놓아버리라고 이른다. 이것은 대부분의 우리들이 따르기 어려운 가르침이다. 노자가 말한 것도 같은 이치다.

"나는 그것이 이루어질 거라고 믿지 않는다."

유명한 과학적 지성 중의 한 명인 알베르트 아인슈타인은 이 자연법칙에 대해 이렇게 말했다.

과학자가 갖는 종교적인 느낌은 자연법칙과 조화를 이룬 데서 비롯되는 강렬한 흥분과 감탄이다. 이런 종교적인 느낌과 비교했을 때 인류의 모든 체계적인 사고와 행동은 전혀 중요한 것이 아니다. 이 느낌이야말로 한 사람의 삶과 업적을 이끄는 원칙이다.

내가 당신에게《도덕경》29장의 지혜를 실천하기를 권하는 것이 바로 이 느낌이다. 세상의 신성한 완전함에 대해 강렬한 흥분과 감탄을 가지면 당신은 어떤 사물이나 사람을 지배하고자 하는 욕망에서 벗어날 수 있다. 그렇게 하면 아인슈타인이 말한 것처럼 "자연법칙과 조화를 이룬" 삶을 살게 된다.

노자는 "하늘 아래 만물은 신성한 그릇"이며 당신이 무엇을 채울 필요가 없다는 사실을 일깨워준다. 당신 또한 만물의 일부다. 따라서 자신의 삶에 대한 비전뿐 아니라 삶 자체, 그리고 그 안에서 일어났던 모든 일을 바라보는 방식을 바꿀 필요가 있다. 당신이 동의하거나 동의하지 않거나, 혹은 좋아하거나 좋아하지 않거나 그 모든 것은 에고의 영역 밖에 존재한다.

계절이 차례로 바뀌고, 달이 차고 기우는 듯 보이고, 고래가 대양을 가로지르고, 사람이 만든 지도나 항법 장치의 도움 없이도 새들이 이동하는 것과 똑같은 자연법칙에 따라 모든 일들이 펼쳐진다. 삶을 이런 방식으로 바라보면 그것들이 유기적으로 이루어진다는 사실을 깨달을 것이다.

도는 당신을 조정하는 어떤 지배적인 힘이 아니라 하나의 자연법칙이다.《도의 철학The Tao of Philosophy》에서 앨런 와츠Alan Watts는 노자의 말을 떠올리게 한다.

"위대한 도는 모든 곳으로 흐른다. 왼쪽으로도 흐르고 오른쪽으로도 흐른다. 도는 만물을 사랑하고 기르지만 그 위에 군림하지 않는다."

도는 신이 알려주는 원리이자 원칙이지, 만물의 주인이나 정복자가 아니다. 권력에 굶주리고 에고에 휘둘리는 통제의 괴물이 아니다! 우월하다고 느끼는 것은 사람이 만들어낸 감정이다. 도는 당신이나 다른 누구에게 일방적으로 강요하는 제왕의 노릇을 하지 않으며, 모든 창조물이 완벽한 시기에 자신을 드러내도록 놓아둔다. 그리고 그렇게 자신을 드러낸 모든 것들은 신성하다. 그들은 에고가 끼어들지 않은 순수한 도의 일부이기 때문이다.

나는 당신이 이 장을 다시 읽고, 삶에 존재하는 모든 것들의 성스러운 본질에 대해 깊이 생각할 시간을 갖길 바란다. 당신이 원하거나 기대했던 풍요로움, 건강, 행복을 앗아가버린 과거의 경험들도 여기에 포함시켜라. 그 모든 것에는 알맞은 때가 있다는 조언을 깊이 생각하라. 마치 날숨을 위해서 들숨을 삼켜야 하듯이 당신은 '뒤처지는 경험'을 통해 앞설 수 있다. 배반당하고 버림받고 학대당했다고 생각하고, 두렵고 걱정스럽고 불완전하다고 느끼는 그 모든 시간들도 당신으로 하여금 보살핌과 보호, 사랑을 받으며 편안하고 온전하다고 느끼게 만드는 것과 똑같은 자연법칙에 따라 일어난다. 오늘의 경험을 포함한 모든 일은 때에 맞춰 다가온다.

삶의 매 순간이 신성한 도 안에서 흐른다는 사실을 인식하라. 그렇게 함으로써 기운이 없거나 기운이 넘치는, 불안하거나 편안한, 사랑받지 못하거나 반대로 사랑을 받고 있다는 서로 상반된 감정에 대해서 비판(아마도 분노)을 쏟아내기보다는 감사하게 될 것이다. 그 모두는 자연법칙의 일부분이다.

당신이 가지고 있는 에고 중심의 마음은 삶의 어떤 측면을 없애서 자신을 고통으로부터 보호하려고 한다. 그러나 당신 내면의 지혜로움은 도의 완전함과 조화를 이루기를 소망한다. 어떻게 그렇게 할 수 있을까? 노자는 당신에게 지나친 것과 사치스러운 것, 그리고 극단적인 것을 피하고 모든 것이 완전하게 펼쳐질 섯임을 깨달으라고 이른다. 비록 그것이 불완전하다는 생각이 들더라도 말이다. 그러한 생각들조차 그들만의 때가 있다. 자연스러운 흐름 속에서 그런 생각들은 때가 되면 다시 새로운 생각들에게 자리를 내줄 것이다.

이 장을 통해 2,500년의 숙성된 관점으로 노자가 당신에게 들려주는 다음의 이야기를 들어보자.

## 통제하려는 마음을 버려라

당신이 살고 있는 세상과 그 안의 모든 사람들이 타고난 대로 내버려둘 수 있는, 무릎을 꿇고 항복하는 과정을 시작하라. 여기서 항복이라는 것은 정신적인 과정이다. 비난이나 좌절의 순간에 처했을 때 잠시 멈추고 그 자리에서 자신과 대화를 나눌 수 있는 짧은 시간을 갖는 것도 여기에 포함된다. 그냥 한 걸음 물러서서 주인공보다는 관객이 되도록 자신을 독려하라.

자신이 상대방을 비난하고 있다는 느낌이 들 때를 대비하여 마음속 안식처를 마련해두면 더 수월하게 관객의 입장에 설 수 있다. 비판이나 통제를 가하지 말고 당신이 경험하고 있는 것이 계속 진행되도록 내버려둠으로써 신성한 자연의 질서를 불러들여라.

이런 방법을 통해 당신은 중심으로 다가서게 된다. 통제하고 싶은 욕구가 솟구치면 그러한 상황은 당신의 삶을 통해 도가 자유롭게 흐르도록 하라는 신호로 여겨라. 에고의 마음은 만물이 온전히 펼쳐지도록 하는 것이 도임을 처음에는 크게 비웃을지도 모른다. 에고가 삶을 통제할 수 있다는 믿음이 한낱 환상일 뿐이라는 사실을 알아차리는 것은 전적으로 당신에게 달려 있다.

## 모든 일에는 때가 있음을 받아들여라

한창 힘든 일을 겪고 있을 때 노자가 일러준 문장들을 되풀이하라. 너무 오랫동안 하나의 입장을 고수하느라 지쳤다고 느껴지면 나는 요가를 하며 스스로에게 말한다. '지쳐서 녹초가 될 때도 있고, 반대로 활기가 넘치는 때도 있는 법이야.' 그러면 '이러한 것들을 피곤하게 느끼지 말아야 해.'라는 생각이 들며 너무 많이 요구하는 에고로부터 금세 자유로워진다.

삶의 어떤 순간에서도 이와 같이 할 수 있다. 고통, 상실, 공포, 분노, 심지어 증오의 경험들조차도 이들이 완전하게 피어나는 자연법칙의 일부라는 사실을 떠올리면 금세 희미해진다. 그리고 머지않아 안락함, 평화, 그리고 사랑의 시간이 찾아온다.

범죄, AIDS, 기아, 전쟁과 같은 일들을 접했을 때 사용할 수 있는 개인적인 선언문을 만들어서 《도덕경》의 이 장을 실천하라. 예를 들어, "그래! 이런 상황도 있지. 하지만 나는 극단적인 노여움과 분노에 빠져 있지 않겠어."라고 해보자. 그러나 이러한 환경들에 대해서 무언가 대처하곤 욕망도 함께 존재한다. 이런 감정도 역시 자연법칙의 일부분이다. 나는 상황을 바로잡으려는 내면의 욕망에 따라 행동하는 쪽을 택한다. 나는 내면의 평화로움을 유지하고 극단을 피함으로써 도가 사랑과 친절을 통해 드러나는 것처럼 애정이 깃든 방법으로 세상에 영향을 끼칠 것이다.

당신과 도 사이를 지속적으로 연결해주는 것은 당신 주변에서 겉으로 볼 수 있는 것들이 아니다. 이 흐름이 어떻게 작용하는지 이해할 때 당신과 도는 이어진다. 랠프 월도 에머슨Ralph Waldo Emerson은 이를 "작은 티끌들에 의해, 사소한 일들에 의해, 주정뱅이들에 의해 세상은 돌아간다. 중요한 것은 나침반의 자침이 아니라 그것을 당기는 자성이다."라는 말 속에 담았다.

## 🥄 지금, 도를 행하라

엄격한 통제를 가하던 상황을 찾아내라. 통제의 고삐를 늦추고, 간섭하려는 마음을 버려라. 그렇게 함으로써 통제의 권한을 움켜쥐기보다는 조용히 지켜보는 데 익숙해질 것임을, 그리고 모든 일에는 때가 있음을 스스로에게 일깨워주라.

나오미 롱 마젯Naomi Long Madgett의 다음 시를 눈에 띄는 곳에 붙여두어라. 이 시가 자연스럽게 살고자 하는 당신의 소망을 이루어줄 것이다.

내가 만약 당신이라면 나무를 구슬리지 않을 것이다.
그렇게 조심스레 키우는 것은 오히려 해가 된다.
끊임없는 파헤침을 멈추고 땅을 쉬게 하라.
물을 주기 전에 마르기를 기다려라.
잎사귀는 스스로 제 길을 찾는다.

212

잎사귀에게 스스로 햇살을 찾도록 기회를 주라.

성장을 막는 것은
지나친 자극, 지나친 친절.
우리는 사랑하는 것들을
홀로 내버려두는 법을 배워야 한다.

# 30

군주를 보좌하는 이는
무력을 써서 군림하지 않도록 해야 한다.
무기는 흔히 사용하는 자를 향해 휘둘러지기도 한다.


군대가 머문 곳에는
가시덤불만이 자라고
큰 전쟁이 있은 후에는
땅이 저주받아 흉년이 들며
흙은 그 모성을 잃어버린다.


목적을 이룬 후에는
성공을 자랑하지 말고
능력을 뽐내지 말며
교만하게 굴지 말아야 한다.
전쟁을 막을 수 없었던 것을 뉘우쳐야 한다.


힘으로 다른 사람들을 정복하는 일은 생각하지도 마라.
힘으로 얻은 것은 머지않아 쇠퇴한다.
그것은 도가 아니다.
도가 아닌 것은
금세 끝나버린다.

# 폭력 없는 삶

*Living Without Force*

《도덕경》의 30장에 담긴 지혜를 제대로 따른다면 아마 당신은 대립과 충돌로부터 자유로워질 것이다. 상상해보라! 지구상의 모든 인구가 《도덕경》의 이 가르침을 이해하고 실천한다면, 역사가 기록되기 시작한 이래로 수많은 전쟁들이 벌여놓은 파괴와 전쟁의 긴장으로부터 우리 모두 벗어나게 될 것이다. 29장에서 이른 대로 모든 일에는 때가 있다. 지금 이 순간이 폭력 없는 삶을 위한 그때가 될 수 있지 않을까?

이 장에서 내가 얻은 교훈은 이렇다. 강압은 그에 대한 반대 세력을 만들고, 이런 상호작용은 전면적인 전쟁으로 치달을 때까지 계속된다. 일단 전쟁이 시작되면 굶주림과 대규모의 학살이 이어진다. 전쟁으로 황폐해진 땅은 작물을 길러낼 수 없다. 개인의 삶 역시 전쟁이 시작되면 사랑과 친절, 그리고 기쁨은 사라지게 된다. 이는 결과적으로 당신과 당신 주변의 모든 사람들에게서 신성한 모성을 빼앗아간다. 노자는 당신에게 분쟁을 해결하기 위해 힘을 사용하지 말고 다른 대안을 찾으라고 한다. 만약 다른 대안을 찾을 수 없다면, 승리나 정복과 관련된 것은 모두 단념하라고 밀한다.

폭력에는 증오와 편협함의 무기를 가진 물리적이거나 정신적인 학대가 포함된다. 그러한 폭력에는 언제나 그에 대항하는 세력이 생길 것이고, 그렇다면 당신이 취해온 행동들이 '도가 아니었음'을 의미한다. 결국 당신은 지고 말 것이다. 마틴 루서 킹이 적을 친구로 바꾸는 유일한 방법은 사랑이라는 것을 깨달았음을 기억하자.

폭력을 사용하면 결국에는 분노와 복수가 그에 대응하는 수단이 된다. 전쟁 지역을 생각해보라. 적이라고 이름 붙여진 수많은 사람들을 죽이면 그들의 아들딸들은 원수를 증오하며 자랄 것이고, 그 가운데서 살아남은 사람들은 자신들에게 고통을 안겨준 자들의 후손들에게 그 원한을 갚기 위해 무기를 들 것이다. 폭력을 사용하면 이렇게 모든 세대를 끊임없는 전쟁으로 내몰게 된다. 노자는 말한다.

"무기는 흔히 사용하는 자를 향해 휘둘러지기도 한다."

도와 조화를 이룬 생각은 삶에서 일어나는 모든 충돌에 적용된다. 폭력의 힘을 빌게 되면 배우자, 자녀, 동업자, 이웃과의 분쟁이 더욱 과격해질 것이다. 그러나 위대한 도의 방식은 협력이지 다툼이 아니다.

만물을 창조하는 근원은 항상 나누어줄 뿐 아무런 보상도 바라지 않는다. 그 근원은 타고난 사랑을 나누는 데서 비롯된다. 또한 모든 것이 만물의 일부이며 하나의 기원을 공유하고 있기 때문에 서로 협력해야 함을 알고 있다. 폭력을 사용하도록 몰아가는 상황은 도와 당신이 연결되어 있다는 판단을 잃어버린 것이다. 자신들의 관점을 관철시키기 위해 무기의 힘을 사용하는 집단(공동체 혹은 나라)도 도와 조화를 이루고 있지 않다. 그들은 이 땅과 사람들의 가슴을 '가시덤불'만 남은 황량한 곳으로 만들 것이다. 당신이 도를 실천하겠다고 하는 것은 정신적으로든 육체적으로든 이 장의 가르침에 거스르는 그 무엇에도 관여하지 않겠다는 의미이기도 하다.

이 장의 가르침을 한마디로 요약하자면, 힘으로 성취한 그 어떤 것에 대해서 자랑하거나 교만하게 행동하지 말라는 조언이다. 힘으로 이룩한 것은 그것이 무엇이든 간에 결국 당신의 승리를 패배로 바꿔버릴 대항 세력을 만들어낸다. 당신 자신과 사랑하는 사람들을 보호하기 위해 폭력을 사용할 수밖에 없었다고 생각한다면, 당장 자랑과 교만을 거두고 물러나라. 증오가 머물렀던 자리에 조화로운 사랑을 되살리기 위해 노력하겠다고 맹세하라. 그리고 당신이 폭력을 사용해서 벌어진 손해를 보상할 수 있는 일이라면 무엇이든 하라. 이것이 바로 도다. 이것을 또한 무위無爲라고도 하는데, 행동을 할 때 가장 저항이 적은 방법을 선택하고, 그렇게 함으로써 더욱 강함을 발휘하는 것을 의미한다.

《도덕경》의 30장에 담긴 노자의 가르침으로부터 당신이 배우고 실천할 수 있는 것들을 살펴보자.

## 모든 상황 속에서 언어적, 물리적 폭력을 없애라

당신이 충돌하고 있는 관계들을 점검해보라. 말다툼을 풀어가는 데 있어 거친 표현을 자제하고 절대로 다툼이 격해지지 않도록 하겠다고 마음을 모아라. 폭력적인 생각이 떠오르는 순간 곧바로 경청하는 자세로 옮겨감으로써 그런 생각들을 멈춰라. 혀를 깨물어라! 스스로를 억제하라! 잠시 동안 어떤 반응도 자제하라.

이러한 방법들은 당신이 도와 조화를 이루도록 돕는다. 기억하라. 폭력적인 모든 행동이 반대 세력을 만들어낼 것이다. 폭력적인 파괴를 자행하려고 한다면 손에 들린 무기가 거꾸로 당신을 향하게 될 것이다.

## 어떤 식으로든 폭력적인 행위에
## 가담하지 마라

어떤 형태의 폭력도 멀리하라. 여기에는 지구촌 곳곳에서의 폭력을 보여주는 TV, 라디오, 신문 기사를 접하는 것도 포함된다. 혹시 적대적인 행동들에 대한 내용을 듣거나 읽는 것에 대해 스스로 정당화시키고 있는지 생각해보라. 다른 사람들을 복종시킨다는 명목으로 어디에서든 폭력이 사용되고 있다는 사실을 알게 되면, 규칙적으로 되풀이되는 이런 뉴스가 결과적으로 당신을 폭력에 가담하게 만든다는 것을 깨달을 것이다. 수동적인 관찰자의 입장에서조차 이런 불순한 기운이 당신의 삶으로 들어오는 것을 거부하면 도와 조화를 유지할 수 있을 것이다.

많은 사람들이 어떤 형태의 폭력도 용납하지 않는다면 이 땅에서 폭력을 몰아내는 데 한 걸음 더 가까워질 것이다. 아무리 작은 것이라고 해도 모든 폭력은 대항 세력을 만들어낸다는 사실을 기억하라. 16세기 시인인 고난의 성자 요한이 들려주는 조언에 귀 기울여보자.

잠시 동안 온 세상이 침묵할 것이다.

당신이 기도한다면

그리고 사랑한다면
정말로 사랑한다면

우리의 총은
고개를 숙일 것이다.

## ♨ 지금, 도를 행하라

세상을 바라보는 방식을 바꾸는 것과 보조를 맞춰서, 폭력이나 폭행에 대한 영상이나 음성을 내보내는 텔레비전과 라디오 채널은 돌려버려라. 그리고 이러한 방침을 구타, 살인, 추격 장면들을 포함한 영화나 게임 등에도 적용하라.

# 31

무기는 폭력의 도구여서
바른 사람들은 모두 싫어한다.
그러므로 도를 따르는 사람들은 이것을 사용하지 않는다.
무기는 사악함을 섬긴다.
그것은 현명한 규칙을 거부한 사람들의 도구다.
최후의 수단으로만 무기를 사용하라.
바른 사람은 평화로움과 고요함을 소중히 여기고,
승리하더라도 그것을 미화하지 않는다.

승리를 미화하는 사람은
살인을 즐기는 사람이고
살인을 즐기는 사람은
결코 세상에서 자신의 뜻을 이룰 수 없다.

높은 본성이 나서는 것은 좋은 징조이고
낮은 본성이 나서는 것은 나쁜 징조다.

많은 사람이 죽으면
우리는 애도하고 슬퍼한다.
모든 승리는 장례식과 같다.
그러므로 전쟁에서 이기면 장례의 예를 올려야 한다.

# 무기 없는 삶
## *Living Without Weapons*

《도덕경》의 31장에서는 폭력을 사용하는 것은 사악함을 섬기는 것이라고 분명하게 밝힌다. 사람을 죽이기 위해 만들어진 무기는 삶에 불필요한 도구이며, 도의 원칙에 따라 살기로 했다면 이를 피해야 한다고 말한다. 무기를 설계, 제작, 판매, 배포, 사용하는 모든 행위가 그러하다. 도가 생에 대한 것이라면 무기는 죽음에 대한 것이다. 도는 창조의 힘이지만 무기는 파괴의 힘이다. 그러나 현대의 인류는 무기가 주로 활과 화살, 창, 손도끼 같은 소박한 것들이었던 시절에 기록된 《도덕경》의 이 심원한 가르침에서 조금의 깨달음도 얻지 못했다.

관찰자의 눈과 신성한 지혜를 가진 노자는 살인이 벌어지는 현장에서는 어떠한 승리도 존재하지 않는다는 사실을 알고 있었다. 모든 사람은 그들이 사는 곳이나 신념 따위에 상관없이 그들을 낳아준 영혼의 관계로 서로 연결되어 있기 때문이다. 우리 모두는 도에서 태어나고, 도를 통해 살며, 도에게로 되돌아간다. 우리가 서로를 파괴하는 것은 도가 우리에게 말 걸고 우리 몸을 통해 자유롭게 흐를 수 있는 기회를 파괴하는 것이다. 에고의 세계에서는 축하해야 할 승리처럼 보이는 순간들이 결국은 장례식이며 애도를 위한 시간이다. 노자는 우리에게 전투에서 승리하고자 하는 것은 살인하려는 에고의 의지에 동조하는 것이라고 일깨운다. 도는 오직 창조하고 돌보고 사랑하는 의지만을 품고 있다. 우리의 가장 질 높은 본성은 도의 가르침을 통해 드러나는 반면 가장 질 낮은 본성은 살인에 참여함으로써 표출된다.

인류 역사의 기록을 거슬러 올라가보면 언제나 전쟁과 얽혀 있다. 그리고 우리는 무기의 수준을 통해 문명이 얼마나 발달했는지 가늠한다. 무기는 가까이 있는 사람과 싸우기 위해 사용되던 창으로부터 조금 멀리 떨어진 상대를 죽이기 위한 활과 화살, 더 멀리 떨어져서도 사용할 수 있는 총과 폭발물, 그리고 다시 공중에서 떨어뜨려 수많은 사람들을 한꺼번에 죽일 수 있는 폭탄으로 발전해왔다. 그리고 이제 한 번의 핵 폭풍으로 수백만의 사람과 생명체들을 괴멸시킬 수 있는 대규모 학살, 대량 살상 무기를 만들어내는 수준에 이르렀다.

이 위험천만한 상태는 우리가 《도덕경》의 기본적인 사상, 그중에서도 특히 "무기는 사악함을 섬긴다. 그것은 현명한 규칙을 거부한 사람들의 도구다."라는 지혜의 가르침을 무시해온 데서 비롯된 것이다.

나는 노자가 물리적인 무기뿐만 아니라 그만큼의 파괴적인 행위들에 대해서도 이야기하고 있다고 믿는다. 여기에는 인류의 높은 본성과는 거리가 먼 폭력적인 언어와 몸짓, 위협 등이 포함된다. 만약 당신이 세상을 바라보는 방식을 바꾸려 한다면 당신이 사용하는 언어와 행동에 대해서도 주의를 기울여야 한다. 당신은 삶이 어떤 모습으로 다가오더라도 이를 소중하게 여기는 사람인가? 당신은 대안이 존재하는 한 타인을 향해 어떤 종류의 무기도 집어 들지 않는 사람인가? 그것이 물리적인 것이든 아니든 간에 말이다. 만약 다른 사람을 다치게 할 수밖에 없는 상황이라면 상대방에게 연민의 마음을 느낄 수 있는가? 살인을 위해 만들어진 무기는 도의 그 순수한 정수와 어우러지지 못한다. 우리는 생명을 주는 도의 에너지와 평화롭게 조화를 이루도록 모든 노력을 기울여야 한다.

현대사회에서 총기류가 대량 확산되는 것은 인류의 고귀한 본성에 크게 어긋나는 일이다. 무기를 주장하지 말고 도의 의식을 받아들여야 한다. 그러한 에너지로 인해 살인은 생각조차 할 수 없는 고귀한 상태가 되도록 노력하라. 우리는 무기의 필요성에 대한 생각부터 바꿔야 한다. 《도덕경》이 전하는 가르침에 귀를 기울임으로써 그렇게 할 수 있다. 31장의 가르침을 개개인의 소명으로 삼으면 우리가 살고 있는 세상에서 생명이 사라지는 것을 막을 수 있다. 노자가 2,500년에 걸친 지혜로 당신에게 들려주는 이야기를 들어보자.

## 물리적이거나 언어적인 무기를 사용하는 것은 바람직하지 못하다고 생각하라

자신을 보호하려는 욕구가 생기면 그것은 존재의 근원이 주는 가르침을 무시하고 있다는 증거임을 자각하라. 당신이 사용하는 언어와 어휘에 주의를 기울이고 그 속에 담긴 증오를 없애버림으로써 어떤 형태로든 폭력적인 무기를 사용하지 않도록 하라. 무기를 소지하고 사용할 수 있는 권리를 옹호하지 말고 그런 무기들에서 비롯된 모든 죽음과 상처는 도의 지혜에서 어긋났음을 알려주는 신호라고 생각하라. 무기를 허용하지 않는 사람들이 세상에 늘어날 때 우리는 세상이 좀 더 나은 방향으로 나아가는 것을 볼 수 있을 것이다. 더 이상 무기에 대한 억지 이론으로 이 땅의 문명화 수준을 평가하지 않을 것이며, 우리가 서로를 얼마나 많이 사랑하고 보살피는가 하는 도의 척도가 그 기준이 될 것이다. 그리고 결국 공손하고 예의 바른 마음과 태도가 문명화의 뿌리라는 것이 입증될 것이다.

## 죽음이나 폭력을 기리는 모든 형태를 그만두라

죽음의 이미지를 보여주는 뉴스 프로그램, 오락의 한 형태로 죽음을 묘사하는 영화나 TV 프로그램 등에서 자신을 멀리하라. 자녀들과 다른 아이들에게 생명을 신성하게 여기도록 가르쳐라. 아이들이 흔히 적이라고 불리는 사람들, 테러리스트 혹은 폭도들의 죽음을 기뻐하지 않도록 가르쳐라. 모든 죽음은 그것이 전장에서건 도시의 한복판에서건 우리의 살인 의지가 모아졌다는 증거다. 증오와 분노를 드러내지 마라. 무기로 성취한 모든 승리는 애도해야 할 장례식이라는 사실을 깨닫고 다른 사람들도 그것을 깨닫게 하라.

신학자 성 토마스 아퀴나스Saint Thomas Aquinas의 글에 그러한 깨달음이 있다.

밤하늘의 수많은 별들은
영겁의 시간 동안 어찌 그리 조화롭게 존재하는가?

우리는 누군가를 향해
마음속으로 전쟁을 선포하지 않고는
한시도 못 견디는데.

승리하는 이 없는 곳에서 전쟁을 벌이고
그로 인해 사상자는 늘어만 가지.

우리의 마음은 이 땅을 비옥하게 일구고,
우리는 서로의 앞에 펼쳐진 대지일지니.

어떻게 해야 함께 어우러져 살 수 있을까?
우리는 알아야 한다.

우리 모두가 같은 하나님을
열렬히 사랑한다는 것을.

## ♨ 지금, 도를 행하라

오늘 당신이 듣거나 읽은 적이 있는, 무기에 살해당한 모든 피해자들을 위해서 기도하라.

# 32

영원한 도는 이름을 붙일 수 없다.
단순하고 소소하지만
이를 다스릴 자 세상에 없다.

왕과 제후가 도를 실천한다면
만물은 자연스럽게 그에 복종할 것이다.
천지가 달콤한 이슬을 내려 기뻐할 것이다.
사람들은 명령이 없어도 스스로의 선함으로
조화를 이루어 살 것이다.

전체를 나누면 각각의 이름이 생긴다.
이름이 생겼으면 멈출 때를 알아야 한다.
멈출 때를 알면 위험을 피할 수 있다.

강과 시내는 바다에서 태어났고
모든 만물은 도에서 태어났다.
마치 모든 물이 흘러 바다로 돌아가는 것처럼
만물은 흘러 도로 돌아간다.

# 도의 완전한 선함을 따르는 삶

*Living the Perfect Goodness of the Tao*

노자는 자신의 근원을 깨달을 때의 황홀경에 대해 이야기한다. 활짝 열린 마음이나 환희라고 표현할 수 있는 그 느낌은 모든 생명을 책임 지는 도의 '단순하고 소소한' 에너지 흐름이다. 여기에 당신이 애써야 할 일은 아무것도 없다.

노자는 평범한 사람들은 물론이고 강력한 힘을 가진 왕이나 통치자 라도 이 힘을 다스리거나 부릴 수 있는 사람은 없다고 말하면서 이 장 을 시작한다. 우리가 이 힘을 활용할 수 있다면 자연과 그 안의 만물들 은 축배를 들 것이다. 모두가 평화와 조화 속에 살게 될 것이기 때문이 다. 우리가 완전한 도의 선함을 생활 방식으로 삼고 이를 호흡할 때 전 쟁, 기근, 다툼, 그리고 인간이 만들어낸 다른 모든 부정적인 창조물들 은 사라질 것이다. 《도덕경》의 32번째 장이 말하고자 하는 것은 이 물질의 세상에서 끊임없이 변화하고 창조하는 영원한 도와 어떻게 조화를 이루며 살 것인가 하는 점이다.

이루어지길 바라는 소망이 있다면 떠올려보라. 그리고 우연히 마주치는 모든 것에 대한 감사의 마음을 가져라. 당신 존재의 흐름에 올라타서 그 흐름의 동반자가 됨으로써 감사한 마음을 표현하라. 그 흐름을 타는 유쾌한 기분을 즐기면 당신은 삶을 원하는 방향으로 조정해 나갈 수 있다. 그러나 흐름에 거스르기로 마음먹는다면 결국 좌초되고 말 것이다. 이는 삶의 모든 방면에 적용되는 진실이다. 더 세게 밀어붙일수록 더 많은 저항에 부딪치는 법이다.

당신의 열정에 불을 지르는 것이 무엇인지 알아내라. 지금 하고 있는 일에서 새로운 변화의 조짐이 보이거나 직업과 사는 장소를 바꾸라는 신호들이 나타나면 주의를 기울여라! 움직이기를 거부하고 틀에 박힌 일상을 반복하면서 변화에 대한 두려움을 정당화하여 자신을 좌초시키지 마라. 삶을 휘감는 도의 기운을 인식하고, 자신의 소명과 다투기를 멈추어라.

어느 여름날 내가 살고 있는 마우이에서 서핑보드를 타는 어린 아들을 지켜본 적이 있다. 아이는 파도에 올라타 속도를 높이면서 그 스릴 만점의 물살을 즐기고 있었다. 물살이 움직이는 시간을 늘리거나 흐름의 방향을 바꾸려고 하지 않았다. 파도를 통제하려고도 하지 않았다. 이 책을 쓰는 동안, 나는 이것을 내 삶에 대한 하나의 상징으로 이용했다. 생각과 아이디어들이 내 안으로 들어와 다시 종이로 흘러내리도록 내버려두었고, 모든 결정을 내릴 때마다 도라는 거대한 파도에 나 자신을 내맡겼다. 그 결과 나는 평화로워졌다. 도의 완전한 선함이 나를 인도할 것임을 믿었기 때문이다.

우리는 모두 노자가 말한 강이나 시내와 같다. 우리는 존재의 근원인 도에서 태어났으며 다시 도로 돌아간다. 도로 돌아가는 여정은 피할 수 없으며 또한 멈출 수도 없다. 강물이 바다를 만나 다시 하나가 되기 위해 흐르는 것과 마찬가지로 육체도 변해간다는 사실을 인정하고 변화의 과정 속에 있는 자신의 몸을 관찰하라.

노자는 자신을 몰아대는 일을 언제 그만두어야 할지 알아야 한다고 강조한다. 하나 됨 속으로 뛰어들어 '위험'이라고 표현한 것들을 피하라고 조언한다. 모든 일마다 도를 따라 흘러라. 중요한 자리에 서려는 욕심을 버려라. 초과 근무를 해야 한다고 우기는 것은 바로 당신의 에고다. 도에게 강요할 수는 없다. 믿음과 신뢰를 가지고 그 속으로 녹아들어 도가 당신을 이끌게 하라.

이 기분 좋은 도의 물살을 타고 가며 앨런 와츠가 그의 책《도: 물이 흐르는 방식 Tao: The Watercourse Way》에 적어놓은 글을 살펴보자.


귀로 하여금 듣고 싶은 것을 듣게 하고, 눈으로 하여금 보고 싶은 것을 보게 하라. 마음은 생각하고 싶은 것을 생각하게 두고, 가슴은 제 박자에 맞춰 숨 쉬게 하라. 말도 필요 없고 생각도 필요치 않은 이 상태에서 어떤 특별한 결과를 기대하지 마라. 과거나 미래는 어디에 있을 것이며, 목적이라는 관념은 또 어디에 있을 것인가?


지금 당장 멈추고 보라. 그리고 들으라. 도의 완전한 선함 속으로 들어가라. 일, 관계, 경력, 당신의 모든 것 속에서 그렇게 하라. 멈춰라. 그리고 열정에 귀를 기울여라. 에고의 어떤 주장에도 아랑곳하지 말고 끊임없이 이어지는 창조의 물결이 당신을 그곳으로 데려가게 하라.

32장을 실천하는 것에 대해 노자가 나를 통해 당신에게 말하고자
하는 바가 여기에 있다.

## 삶의 흐름에 집중하라

책임질 필요가 없다는 사실을 당신 자신에게 일깨우라. 사실 당신
이 책임을 지는 것 자체가 불가능하다. 노자가 '도'라고 부른 이름 없
는 힘은 모든 것을 움직인다. 그러므로 당신이 계속해서 이에 맞서 논
쟁을 벌이는 것은 계속해서 불평만 가져올 뿐이다. 매일 마음을 내려
놓고 지금 어디로 향하고 있는지 바라보는 연습을 하라. 누가, 언제 나
타나는지에 주목하라. 당신을 새로운 방향으로 나아가게 하는 것처럼
보이는 낯선 우연의 일치를 발견하라. 당신이 통제하는 범위를 벗어나
자연스럽게 발생하는 상황을 놓치지 말고 따라가라.

## 새롭고 즐거운 느낌을 발견하라

고삐를 늦추는 방향으로 움직여간다면, 도가 당신을 통해 흐르는 유
쾌한 기분을 예민하게 알아차릴 수 있을 것이다. 에고가 아니라 당신
의 근원이 이끄는 방향으로 자신을 흐르게 내버려두고 어떤 열정들이
피어오르는지 바라보라. 이러한 즐거운 느낌들은 노자가 말한 "스스로
의 선함"과 조화를 이루기 시작했다는 증거인 셈이다. 내면에서 열렬
히 타오르는 감수성이야말로 모든 것이 완벽하므로 그 힘을 믿으라고
일깨우는 신호인 것이다.

오늘 하루 중에 시간을 정하라. 대략 정오부터 오후 4시 사이면 좋다. 그리고 그 시간에 당신의 삶에서 벌어지는 사건들을 통제하려는 마음을 자유롭게 풀어주라. 산책을 하면서 자신을 격려하라. 발걸음이 닿는 곳으로 가라. 눈에 띄는 모든 것을 유심히 관찰하라. 당신의 숨결, 귀로 스며드는 소리와 바람, 구름의 모양, 습도와 온도, 그 외 모든 것에 마음을 기울여라. 자신을 그 속에 담그고 황홀함에 빠져들어라. 그저 흐름에 모든 것을 내맡겼을 때의 기분을 느껴보라.

이제 자유가 당신을 이끌게 하겠노라고 다짐하라. 교통 정체, 당신 주변의 사람들, 주식 시장, 날씨, 물살의 흐름… 이 모든 것들은 그들만의 보조에 맞추어 각자의 방식으로 펼쳐진다. 당신도 이와 마찬가지로 영원하며 완전한 도와 조화를 이루어나갈 수 있다. 지금 바로 그렇게 하라.

# 말할 수 있는 것은 이미 그 실체가 아니다

알프레드 코지프스키Alfred Korzybski는 "지도는 영토가 아니다."라는 힘찬 주장을 한다. 이것은 서양의 어의학이 노자의 동양 사상과 만나는 접점에서 이루어진 인식이다. '그래, 지도는 영토 그 자체는 아니지.' 이런 마음이 든 사람은 노자가 "도가도 비상도 명가명 비상명道可道 非常道, 名可名 非常名"이라고 한 말을 쉽게 이해할 수 있다. 도를 설명하면 이미 도가 아니고 이름 지어 부르게 되면 그것이 참다운 실재를 나타낼 수 없다. 지도는 실재 영토의 어떤 특성만을 나타내준다. 마찬가지로 말로 설명된 도는 이미 진정한 도 아닌 것이다. 우리가 사용하는 언어는 부정확성과 모호함을 가지고 있다. 부정확하고 모호한 것으로 실재를 표현하기는 어려운 것이다. 도교의 현자인 장자는 이것을 다음과 같이 멋지게 표현한다.

고기를 잡으려고 망을 치지만
고기를 잡고 나면 망을 잊는다.
토끼를 잡으려고 덫을 놓지만

토끼를 잡고 나면 덫을 잊는다.

뜻을 전하려고 말을 하지만

뜻이 통한 다음에는 말을 잊는다.


선종의 고수들도 다음과 같은 이야기를 통해 언어의 모자람을 경고한다. 한 사내가 절벽 틈에 자란 소나무 가지 하나를 입으로 물고 천 길 낭떠러지로 떨어지려는 몸을 지탱하고 있는데, 위에서 사람 하나가 물어온다.

"여보시오, 선禪이 무엇이오?"

입을 벌려 깨달은 바를 외치고 싶지만 입을 벌리는 순간 몸은 천 길 벼랑으로 떨어질 것이다. 속에 가득 찬 것을 입으로 꺼낼 수 없다. 선禪이란 무엇인가? 말할 수 없는 것이다. 오직 스스로 깨달을 뿐이다.

서양인들은 종종 합리적이고 과학적인 지식과 추론에 대한 편애를 가지고 있다. 따라서 직관적이고 감성적인 지식에 대해서는 평가절하하곤 했다. 노자는 지식에 대하여 다음과 같이 말한다.

"알아도 모른 척하는 것이 가장 좋다. 모르면서 아는 척하는 것이 병이다."(知不知 上, 不知知 病,《도덕경》71장)

아는 것이 병인 것이다. 이 노자의 사상에 딱 걸린 것이 바로 서양의 거의 동시대 인물 소크라테스다. 그는 "나는 아무것도 모른다는 것을 안다."라고 말한다. 모른다는 사실조차 '알아야 하는' 지식 중독증에 걸린 것이다. 그러나 다시 노자는 말한다.


학문을 닦으면 지식이나 욕구가 점점 더 늘어나고,

도를 닦으면 지식이나 욕망이 점점 더 줄어든다.

지식은 추론하고 정량하고 분류하고 분석한다. 과학적 지식이 곧 객관적이라는 이상을 가지고 있다. 그러나 과학에 대한 이런 고전적 견해는 과학 그 자체에 의해 깨지고 말았다. 베르너 하이젠베르크의 양자역학은 불확정성의 원리를 주장한다.

과학적 추상화의 극치는 수학이다. 수학은 압축된 언어다. 그래서 피타고라스는 "만물은 수"라고 말한다. 수야말로 자연을 기술하는 언어라는 뜻이다. 그러나 개념 체계를 더 엄밀하고 정확하게 규정할수록 우리는 점점 더 실재에서 멀어진다. 이것이 아이러니다.

다시 지도와 영토와의 관계를 보자. 일상의 언어는 그 부정확성 때문에 직관적 융통성에 의해 보완된다. 지도가 비록 정밀하다 하더라도 구부러지고 층이 진 지형은 융통성을 가진 해석이 필요하기 때문이다. 엄격하면 이 융통성이 사라지고, 결국 실재와 점점 멀어진다. 모호하고 불분명하지만 직관적으로 이해될 수 있는 개념들을 다시 사용하여 언어적 해석을 가할 때 우리는 실재에 더욱 접근하게 된다. 수학적 모형은 엄밀하고 일관성이 있지만 기호들은 우리의 경험에 곧바로 와 닿지 않는다. 그러나 언어는 부정확하지만 직관적으로 이해될 수 있는 개념을 사용하여 표현 너머의 실재에 접근할 수 있다.

예를 들어, 시인들이 종종 가장 모호한 말로 핵심에 이르는 것을 보라. 이것이 동양의 불교와 도교가 실재에 접근해가는 방식이다. 모호하기 짝이 없으나 핵심에 다가가 있다. 이 아이러니와 패러독스는 인생을 기가 막힌 놀라움과 기쁨으로 가득 채워준다. 아무 연관 없던 것들이 불현듯 연결되고, 지루한 일상에 놀라운 감탄이 삶의 구석구석으로 밀려든다. 깨달음은 아무것도 아닌 것들 속에 존재하고 그것은 내면의 등불이 되어 환하게 밝힌다.

# 33

다른 사람을 아는 것은 지식이고
나를 아는 것은 지혜다.

힘으로 다른 사람을 다스리고
진정한 강함으로 자신을 다스린다.

충분히 가졌음을 깨달은 사람이 진정한 부자다.

제자리를 잃지 않은 사람은 오래 산다.
도에 자신을 내맡긴 사람은 영원히 산다.

# 자신을 다스리는 삶
*Living Self-Mastery*

현대사회에서 지식인이라고 하면 일반적으로 모든 종류의 주제, 특히 학문적인 주제에 대해 지적인 의견을 나눌 수 있는 여러 학위를 가진 사람을 떠올리게 된다. 높은 수준의 교육을 받은 사람들은 학문적인 지식을 쌓는 데서 그치는 것이 아니라 종종 다른 사람들을 이해하고 그들을 돕기 위해 손을 내밀기도 한다. 그들은 마치 다른 사람들의 속마음을 정확하게 '읽는' 능력을 가지고 있는 것처럼 보인다. 이런 사람들의 권력과 지위는 그들이 감독하는 사람들의 수에 비례해서 높아지는 경향이 있다. 대학의 총장이나 기업의 CEO, 또는 군대의 지휘관들이 그 예다.

《도덕경》의 33장에서 노자는 지식과 권력이라는 두 관념에 대한 생각을 바꾸라고 요구한다. 이 세상, 그리고 그 안에 자리 잡은 당신의 공간을 새로운 시선으로 바라보고, 이를 통해 당신이 품고 있는 주체성을 가늠해보도록 한다. 도가 중심이 되는 삶은 다른 사람들의 생각과 행동을 읽는 것이 아니라 자기 자신을 이해하는 것이며, 지식을 쌓고 높은 지위를 추구하는 데서 벗어나 모든 상황 속에서 자신을 이해하고 스스로의 주인이 되는 것이다. 그리고 도의 지혜에 따라 사는 내면의 강함이 다른 사람 위에 군림하려는 권력의 자리를 대신하는 것이다.

생각을 바꾸면 세상도 극적으로 즐겁게 변한다. 사람들의 행동이나 태도에 반응하는 자신의 감정에 대한 책임이 자신에게 있음을 깨닫는다면, 다른 사람의 행동은 당신에게 어떤 영향도 미칠 수 없을 것이다. 안달하지 말고 '저 사람의 행동이 왜 나를 화나게 하는 것일까?'라고 생각해보면, 그 상황은 자신을 탐험하는 초대장으로 받아들일 수 있다. 내면으로의 탐험은 자신에 대해 관대한 마음을 갖고 내적인 반응들을 살핌으로써 그 반응들이 자연스럽게 흐르도록 내버려두는 것이다. 생각의 흐름을 찾아서 따라가다 보면 다른 사람들의 행동은 그 즉시 영향력을 잃어버린다. 그리고 자신의 내면을 통해 영원히 흐르는 도와 온전하게 조화를 이룬 세상을 보게 될 것이다.

어떤 상황에서도, 그것이 설사 가족, 직장 또는 사회에 대한 것일지라도 (혹은 저녁 뉴스에 나온 잔혹한 사건을 본 것이라 할지라도) 당신에게 힘을 행사하는 '그들'은 더 이상 존재하지 않는다는 사실을 알게 될 것이다. 자기 존재에 대한 통제권을 어떤 사람이나 환경에 넘겨주지 않음으로써 당신은 폭력적인 힘이 아니라 진정한 강함을 갖게 된다. 당신은 진정으로 자기 자신을 다스리는 경험을 할 것이다. 내면을 다스리는 이 새로운 상태는 당신이 도와 조화를 이루어 살기로 결정했기 때문에 얻은 것이다. 행복하기 위해서는 다른 사람이 인정해주거나 무엇을 소유해야 하는 것이 아니다. 오히려 어떤 소유물도 필요하지 않다. 당신은 스스로를 무한한 본질에 항상 연결되어 있는 도의 신성한 일부분으로 이해하면 된다.

노자는 현명함과 강함을 자신의 내면에서 찾아내는 능력과 영원한 삶이 하나라고 여긴다. 다른 사람 위에 군림하는 힘이나 학문적 지식을 통해서는 그저 조금 오래 살 수 있지만, 스스로에 대해 책임을 지면 불멸의 지혜와 영원한 삶으로 가는 열쇠를 얻는다는 사실을 일깨워준다.

위대한 성인이 당신으로 하여금 깨달아서 세상에 적용하기를 바라는 교훈이 여기에 있다.

### 다른 사람을 비난하지 말고 자신을 이해하는 데 집중하라

다른 사람들의 행동으로 인해 걱정이 되거나, 고통스럽거나, 화가 날 때도 고민의 원인으로 지목한 그들에게서 관심을 거둬라. 정신의 에너지를 이동시켜라. 자신의 감정에 대한 원인으로서 다른 사람을 비난하지 말고 도가 자유롭게 흐르게 하라. 그리고 당신 자신도 나무라지 마라! 그냥 도가 펼쳐지도록 하라. 당신의 동의 없이는 그 누구도 당신을 불편하게 만들 수 없다고, 어느 누구에게도 그런 권한을 주지 않을 거라고 자신에게 말하라. 감정들을 자유롭게 경험하되 그것들을 '틀렸다'고 폄하하거나 몰아내려고 하지 마라. 이제 도 속으로 흘러들어가라! 이런 간단한 훈련을 통해 당신은 어떤 불편한 순간에서도 자신을 다스릴 수 있는 단계로 들어서게 된다.

다른 사람에 대한 비난뿐만 아니라 그들을 이해하고자 하는 욕망까지도 피하는 것이 중요하다. 그 대신 자기 자신을 이해하는 데 집중하라. 어떤 사물이나 사람에 대한 자신의 반응에 스스로 책임을 짐으로써 당신은 도와 조화를 이루게 될 것이다. 다른 사람이 당신에게 영향을 미치려고 할 때 그것을 받아들이는 방식을 바꾼다면, 무한한 가능성의 새로운 세상을 보게 될 것이다.

## 사람들이 그들의 삶 속에서
## 도를 발견할 수 있도록 소망하라

폭력적인 본성을 이용해 다른 사람을 지배하려고 하는 모든 욕망을 없애라. 에고는 다른 사람들이 삶을 꾸려갈 능력이 없으며 폭력적인 힘에 의해 통제받기를 원한다고 속삭인다. 그런 방식을 포기함으로써 내면의 진정한 강함을 보여주어라. 다른 사람들에게 충고하려는 마음이 들 때마다 스스로를 나삽아라. 다른 사람들이 방해받지 않고 스스로 깨우칠 수 있도록 내버려두는 기회로 활용하라. 당신이 다른 사람들에게 얼마나 자주 언어폭력을 사용하는지 주의 깊게 살펴보라. 그저 조용히 사랑의 에너지를 보내도록 하라. 요즘 세상에는 흔치 않은 방식이지만, 이런 식으로 자신을 다스리는 법을 연습하라. 당신은 도를 따를 만큼 충분히 강하다.

당신의 판단이 강해지면, 도의 흐름은 약해진다. 다른 사람들이 각자 자신들의 삶을 살아가기를 진심으로 소망할 때 이 세상이 어떻게 변하는지 지켜보라. 그들은 결국 도의 위대함을 깨닫게 될 것이다. 무엇을 하고 어떻게 살라고 말해주어야만 할 것 같던 사람들도 도의 지혜와 강함 속에서 당신과 다를 바가 없다.

오늘 당신에게 고민거리를 안겨주던 누군가와 함께 도가 펼쳐지는 경험을 해보라. 친인척, 이혼한 배우자, 당신을 괴롭히는 동료 또는 가족 중의 누군가와 의식적으로 대화를 시작하라. 도가 자유롭게 흐르게 하라. 당신이 어느 부분에서, 무엇을, 어떻게 느끼는지에 주의를 기울여라. 몸 안에서 일어나는 감흥들을 충분히, 여유 있게 느껴보라. 이 순간 당신은 자신을 다스리는 단계로 들어선 것이다.

《도덕경》의 이 장에 대해 《기적 수업 A Course in Miracles》은 이렇게 말한다.

"비전과 행복을 위해, 그리고 고통에서 벗어나기 위해 당신이 해야 할 것은 이것뿐이다… 이렇게 하면 된다. 미루지 말고 당장 진심으로 말하라… 내가 보는 모든 것은 내게서 비롯되었다. 내가 느끼는 모든 감정도 내가 선택한 것이다…."

# 34

대도는 막힘이 없어서
왼쪽 오른쪽 어디로든 흐른다.
모든 존재가 도에 의지해 살지만
도는 그들을 소유하지 않는다.

공을 이루되
자신을 주장하지 않고
만물을 감싸 보살피되
주인 노릇을 하지 않는다.

만물이 제 집처럼 모여들지만
그들 위에 군림하지 않는다.
그런 까닭에 '위대하다'고 하는 것이다.

성인은 이를 따라서
위대함을 내세우지 않기에
위대함을 이룰 수 있다.

# 위대한 도를 따르는 삶

*Living the Great Way*

노자는 우리에게 위대함에 대한 인식을 돌아보라고 말한다. 우리는 한 사람의 위대함을 그의 평생 동안 쌓아온 명성과 재산으로 평가하는 경향이 있다. 또는 다른 사람을 지배하고 통제하는 권력이 그 기준이 되기도 한다. 그래서 큰 규모의 군대를 거느린 지휘관이나 국가 지도자들을 위대하다고 말한다. 또한 보편적으로는 자신이 속한 지역이나 세계를 더 나은 곳으로 만듦으로써 인류가 나아가는 방향에 긍정적인 영향을 미친 사람들을 말하기도 한다. 이렇게 위대함은 일반 군중들과는 구별되는 특출한 개인들에게 국한되는 것으로 인식되고 있다.

《도덕경》의 34장은 위대함에 대해 전혀 다른 방식으로 이야기한다. 그 특성은 바로 도다. 도는 매우 포괄적이어서 모든 식물과 동물, 그리고 사람들이 그 안에서 태어나고 살아간다. 그렇지만 어떤 사람이나 사물도 지배하려 하지 않는다. 어떤 종류의 인정도 바라지 않는다. 베푼 모든 것에 대해 감사를 받거나 그로 인해 명성을 얻는 것에 관심이 없다. 그러한 평판에 대한 무관심이 진정한 위대함을 만든다.

이런 식으로 위대함에 대한 생각을 바꾸면 세상을 새롭게 보게 될 것이다. 더 이상 겉으로 드러난 모습과 재산을 가지고 평가하지 않을 것이고, 다른 사람들을 지배하고 통제하기 위해 얼마나 많은 힘이 필요한지에도 신경 쓰지 않을 것이다. 당신의 새로운 사고방식은 당신이 만나는 사람들이 각자 자신 안에서 도를 경험할 수 있도록 도움을 줄 것이다. 도의 관점에서 자신뿐만 아니라 다른 사람 내면에 자리한 위대함에 주목하게 될 것이다. 그러면서 아무런 보상도 바라지 않는 그 위대함을 느낄 수 있을 것이다.

위대함에 대한 시선을 바꾸면 다른 세상을 보게 된다. 이전에는 까다롭다거나 합리적이지 못하다고 생각했던 사람들조차도 얼마나 소중한 존재인지 느끼게 된다. 우주를 활기 있게 하는 그 신성함이 당신과 나, 그리고 세상 사람들의 내면에서 살아 움직이고 있음을 느끼기 시작한다. 위대함은 사람이 태어날 때부터 물려받은 유산임을 믿게 된다. 도는 모든 곳에 존재한다. 그러므로 모든 사물들과 사람들에게서 이 위대함의 특성을 볼 수 있다.

여기 34장의 지혜를 일상에 적용하기 위한 제안들이 있다.


## 다른 사람이 해야 할 것과 하지 말아야 할 것을 당신이 결정하지 마라


스스로 결정할 수 있는 사람들에게 무엇을 강요하는 생각이나 행동을 삼가라. 당신 주변의 누구도 당신의 소유물이 아니라는 점을 명심하라. 시인 칼릴 지브란은 이렇게 말했다.

당신의 아이는 당신의 아이가 아니다.
그들은 그 자체를 갈망하는 생명의 아들이며 딸이다.
그들은 당신을 통해 왔지만 당신으로부터 온 것이 아니다.

이는 틀림없는 진실이다. 모든 관계 속에서 지배하려고 하는 마음을 외면하라. 설명하기에 앞서 들어라. 비판적인 생각이 떠오르거나 자기중심적인 생각이 당신을 사로잡거든 주의를 기울여라. 소유하려는 사고방식 대신 마음을 내려놓고 허락하는 태도를 취한다면 당신과 사람들 사이에서 도가 펼쳐지는 것을 보게 될 것이다. 그 순간부터 당신은 다른 사람들이 자신의 기대에 못 미친다는 생각으로 인해 생기는 좌절과 고통으로부터 해방된다.

## 위대함에 대한 새로운 정의를 발견하라

위대함에 대해 외형적 혹은 관습적 기준이 아닌 새로운 정의를 내려라. 많이 베풀고도 자랑하지 않으며, 다른 사람의 재능을 길러주고도 보상이나 명성을 거절하는 사람들에 주목하라. 당신이 가지고 있는 위대함의 목록에 그들을 포함시켜라. 그리고 이러한 태도를 실천하라. 도가 어떻게 모든 것을 주고 자랑하지 않으며, 아무것도 요구하지도 소유하지도 않는 모습으로 한결같이 흐르는지 유심히 살펴라. 그것의 위대함이 느껴지는가? 당신의 생활 속에서도 이를 실천하는 사람들을 만나볼 수 있다. 그들을 찾아내라. 그들을 인정하라. 그리고 그와 동시에 묵묵히 그들을 따라 해보라. 위대한 성인은 결코 그들이 위대함을 지녔다고 말하지 않는다는 사실을 명심하라. 그렇게 위대함에 대한 정의를 바꾸면 이 위대함이라는 것이 곳곳에서, 특히 당신 자신에게서 솟아오르는 것을 느끼게 될 것이다.

## ♨ 지금, 도를 행하라

이 장에서 말하는 위대함에 어울리는 사람을 찾아내는 데 하루를 보내기로 하자. 그들의 위대함이 도의 펼쳐짐으로 느껴진다는 것을 조용히 전달하라. 그러고 나서 그들의 나이, 성별, 직책, 품행, 옷 입는 방식, 키, 몸무게, 피부색, 종교 또는 정치적인 신념 등에 따른 판단을 버릴 때 그들과의 상호작용이 어떻게 달라지는지 주의 깊게 관찰하라.

모든 존재가 도에 의지해 살지만
도는 그들을 소유하지 않는다.

# 35

도를 따르면
세상 사람들이 모두 모여든다.
사람들이 모여들고 아무런 해를 입지 않는다.
그 안에서 평화와 안정, 행복을 발견한다.

좋은 음악과 맛있는 식사는 즐거움을 주지만
잠시 걸음을 멈추게 할 뿐이다.
이 세상의 것들은 도와 비교하면
얼마나 밋밋하고 지루한가!

도는 보려고 해도 보이지 않고
들으려 해도 들리지 않으며
써도 다함이 없다.

# 세속적인 기쁨 너머의 삶
*Living Beyond Worldly Pleasures*

잠시 다음 질문들에 답해보라. 기쁨이란 단어를 생각했을 때, 어떤 것들이 떠오르는가? 즐거운 것과 그렇지 않은 것을 어떻게 구별할 수 있는가?

일반적으로 기쁨이라고 하면 감각적인 것으로서 외부의 세계에서 얻을 수 있는 무언가를 나타낸다. 호화로운 식사, 좋아하는 음악이나 운동 속에서 기쁨을 경험할 것이며, 이들은 분명 당신에게 기운을 불어넣는 요소들이다. 그러나 이런 식의 기쁨에 인생의 초점을 맞추려고 한다면 문제가 될 수 있다. 세속적인 기쁨만 추구하다 보면 당신의 몸은 너무나도 쉽게 불안정해지고 결국 타락의 길로 떨어진다. 비만, 거식증과 같은 섭식 장애, 마약이나 알코올, 성형 중독을 포함한 모든 종류의 중독 현상은 이러한 결과의 일부일 뿐이다.

기쁨과 즐거움으로 정의된 모든 것들은 대부분 일시적이다. 일시적이기 때문에 더 많이 필요해지고, 결국에는 그것들이 당신을 장악한다. 세속적인 기쁨과 즐거움이 평화, 안정, 그리고 행복을 가져다줄 거라고 믿는 착각의 감옥에 빠진다. 그러나 진실은 절대로 그렇지 않다. 세속적인 기쁨은 당신을 유혹해서 그것에 의존하도록 만들고 끊임없이 그것을 원하도록 몰아붙인다. 결코 채워질 수 없는 갈망이다. 디저트를 끝내자마자 그 기쁨은 사라지기 때문에 기쁨을 느끼기 위해 또다른 훌륭한 음식을 찾는다. 음악을 듣던 사람은 계속 음악을 들어야 한다. 음악이 멈추는 순간, 즐거움도 함께 사라지기 때문이다.

노자가 "밋밋하고 지루하다."라고 표현한 세속적인 기쁨의 황량함을 도의 황홀경과 비교해보라. 균형 잡힌 도의 관점을 가졌다고 상상해보라. 그리고 이 기쁨이라는 관념을 바라보는 방식을 바꾸어보라. 도와 조화를 이루면 모든 사람들이 당신에게로 모여들 것이고, 평화와 안정과 행복을 발견하게 될 것이다. 사람들이 당신에게서 이러한 세 가지 보물을 발견하는 것은 바로 당신이 그런 향기를 풍기기 때문이다. 당신은 도에 힘을 쏟아야 한다. 당신이 바로 도다. 그러므로 이를 대가 없이 나눠줘야 한다.

당신은 지금 사물을 바라보는 방식을 바꾸고 있는 중이다. 이제 기쁨에 대한 관념은 오감이 느끼는 세속적인 영역 너머로 옮겨간다. 당신은 음식을 먹으며 그 흡수와 배설 속에서 순환의 완전함과 맛있는 음식을 만들어낸 놀라운 힘에 대해 경외감을 느낀다. 변화하는 세상의 뒤편에 있는 결코 변하지 않는 것이 새로운 기쁨의 원천이 되고, 이는 당황스러움과 놀라움으로 표현된다.

당신은 그 근원을 찾을 수도, 들을 수도, 볼 수도, 만질 수도 없지만 그럼에도 그 근원은 항상 존재하며 결코 고갈되지 않음을 알고 있다. 도는 빈 공간을 가득 채우고, 당신에게 커다란 환희를 안겨주는 보이지 않는 에너지다. 그것을 통해 느끼는 행복은 영원하며, 당신은 육체의 한계를 뛰어넘는 그토록 갈망하던 즐거움을 누린다. 도를 통해 얻는 만족은 그 어떤 감각적인 기쁨을 넘어선다.

당신은 더 이상 세속적인 기쁨을 추구하려고 애쓰지 않기 때문에 중독에 빠지는 일이 없다. 그것은 마치 점점 빨리 달리다 보면 날 수 있을 거라고 생각하지만, 결국 날기에 충분한 속도에는 결코 도달할 수 없음을 깨닫는 것과 같다. 자연이 어떻게 흐르는지 보라. 자연은 더 많이 원하지 않고, 더 많이 소비하지 않으며, 완전한 균형을 유지하기 위해 필요 이상으로 요구하지 않는다는 사실을 분명히 깨닫게 될 것이다. 잠깐 스쳐가는 감각적인 기쁨은 이제 더 이상 자아 일체 의식self-identification(다른 사람이나 사물을 자신과 하나로 생각하는 마음)의 중심이 아니다. 당신은 고요한 가운데 안정과 행복을 느낄 것이다. 당신의 세계관 속으로 무한한 도가 스며들었기 때문이다.

마약만 있으면 언제나 평화롭고, 안정되고, 행복할 수 있다고 믿는 약물 중독자를 떠올려보라. 그것은 불가능한 일이다. 약물이 가져다주는 기쁨은 오래 지속될 수 없으며, 이내 평화, 안정, 행복과는 정반대의 상황을 불러온다. 중독자는 날기 위해 더 빨리 달리려고 애쓰지만 결국 그 과정에서 자신의 인생을 가볍게 여기고 스스로를 망치게 된다. 그것이 바로 물질적인 한계를 뛰어넘으려는 갈망을 충족시키기 위해 말초적인 기쁨을 추구하는 사람들의 운명이다.

깊은 의미를 품고 있는 이번 장을 통해 노자가 전하고자 하는 이야기가 여기 있다.

## 언제나 당신 주변에 존재하는 영원한 환희에 주목하라
## 비록 당장은 그것을 느낄 수 없다 하더라도

자신이 물질적인 존재라는 생각을 버려라. 그리고 세속적인 기쁨들은 물질적인 한계를 초월하기 위한 하나의 시도일 뿐이라는 사실을 인식하라. 물론 물질적인 한계를 초월하기 위해서는 도와 당신 사이의 자연스러운 관계를 이용해야만 한다. 감각적인 즐거움과 도에서 얻는 환희를 같은 것으로 여기지 마라. 감각을 타고 흐르는 모든 경험을 즐겨라. 멋진 저녁 만찬을 사랑하고, 좋아하는 음악에 흠뻑 빠져들어라. 그리고 성적인 에너지가 건네는 흥분에 감사하라. 그러나 이 모든 것이 세상과 어울리려는 당신의 감각적인 자아에서 비롯된다는 사실에 주목하라. 이 물질적인 세상을 초월할 수 있는 당신의 '도적 자아'를 찾아라. 그리고 그 즐거움을 탐험하라.

진짜 즐거움이 무엇인지 점검하라. 비록 처음에는 도가 주는 즐거움들이 당신의 오감을 자극하지 못하겠지만, 결국은 세속적인 기쁨을 만끽하려는 데서 오는 허기를 채워줄 것이다. 스쳐가는 부질없는 공상 따위를 좇고 있다면 지금 바로 이 자리에서 그 가치를 따져보기 시작하라. 욕망을 충족시키기 위해 그것을 가지려고 애쓰는 짓은 그만두어라.

### 당신의 일상에 감사하라

언제나 당신과 함께하는 영원한 도의 존재에 매일 감사하라. 감사하는 마음으로 보면 세상이 달라 보이기 시작할 것이다. 세속적인 기쁨이 사라질 때 나타나던 불안정한 느낌의 빈자리에 도에 대해 감사하는 마음이 들어차게 된다. 때때로 나타나던 쾌락에 대한 욕구는 사라지고, 물질적인 세상의 한계와 억압에서 벗어나 도와 조화를 이룬 당신의 모습을 깨닫고 감사와 만족이 그 자리를 대신하게 된다. 의식적으로 도에 대해 감사하는 마음을 가지면 더 많은 사람과 경험을 끌어당기게 될 것이며, 필멸과 불멸에 대한 당신의 깨달음은 균형을 이룰 것이다. 한없는 도의 사랑과 풍요로움을 향해 당신 자신을 활짝 열어라. 그러면 그와 똑같은 사랑과 풍요로움이 당신에게 다가올 것이다. 세속적인 기쁨만을 탐하던 당신이 도를 이해하는 순간, 당신의 세상은 변한다.

### ⚓ 지금, 도를 행하라

하루쯤 단식해보라. 배고픔이 느껴지거든 항상 당신과 함께하는 불멸의 힘에 대해 감사하는 마음으로 전환하라. 그런 다음 배고픔을 모르는 도적인 자아로 마음을 옮겨라. 몸을 타고 흐르는 그 에너지를 찾아내는 데 집중함으로써 도적인 자아의 또 다른 본성을 즐겨라. 그것은 아마도 만족스럽고, 쾌활하고, 더없이 즐거운 모습을 드러낼 것이다. 이 느낌과 세속적인 기쁨이 어떻게 다른지에 주목하라.

# 36

줄이고 싶다면
확장하도록 해야 하고
약하게 만들고 싶다면
먼저 강해지게 해야 하고
망하게 하고 싶다면
번성하도록 두어야 하고
물러가게 하고 싶다면
접근하도록 허락해야 한다.

이 가르침을
미묘한 밝음의 지혜라고 한다.
부드러움은 강함을 이기고
모호함은 명백함을 넘어선다.

물고기는 깊은 물을 나가면 안 되고
나라의 무기는 사람들에게 보여주어서는 안 된다.

# 드러나지 않는 삶

*Living in Obscurity*

우리가 성장하면서 배운 것들은 대부분 "나를 주목해주시오!"라는 말로 표현할 수 있다. 특히 착한 어린이가 되어야 어른들로부터는 물론 친구들 사이에서도 인정을 받을 거라고 배웠다. 당신은 줄곧 1등이 되라, 성적 우수자가 되라, 챔피언이 되라, 학교 대표가 되라, 좋은 학교에 진학하라, 각종 상을 휩쓸어라 등의 말들을 들어왔다. 그런 가르침들은 모두 다른 사람들의 위에 서는 것에 대해서 말하고, 다른 사람들과 비교했을 때 어떠했는가를 기준으로 우리를 평가한다.

만물의 큰 체계 안에서 우리의 위치를 생각하면 "미묘한 밝음의 지혜"가 생겨날 것이다. 그리고 경쟁이 없는 고요한 강함으로 한발 물러서게 될 것이다. 노자는 서두르지 말고 완전히 새로운 기준에 따라 자신의 관점을 세우라고 요구한다. 그렇게 함으로써 주변 사람들보다 얼마나 가졌는지로 힘을 가늠하는 이들을 뛰어넘는, 온화하고 진중한 자신의 영혼을 발견하게 될 것이다.

이번 장은 물질세계를 둘로 나누는 성질에 대해 이야기하는 것으로 시작한다. 먼저 삶에 대해 예리한 관찰자가 되라고 독려한다. 한심하다는 느낌을 이해하려면 먼저 대단하다고 여기는 느낌부터 알아야 한다. 마찬가지로 약하다는 느낌은 강하다는 느낌으로부터 나온다. 위터 바이너의 《도덕경》 번역서인 《노자를 따르는 삶의 길》은 우리에게 다음과 같이 말한다.

> 크게 실망한 사람은
> 한때 기대에 부풀었던 적이 있고
> 맨몸이라서 불안한 사람은
> 무기를 들고 다녔던 적이 있으며
> 불우하다고 생각하는 사람은
> 특권을 가졌던 적이 있다.

무기력하고 스트레스를 받고 두려움에 떠는 삶의 함정에서 벗어나라. 자신이 그런 사고 안에 갇혀 있다는 생각에서 벗어나라. 지금 약하다고 느낀다면 최소한 한 번은 강하다고 느낀 적이 있다는 것이다. 마찬가지로 스트레스를 받고 있다면 스트레스를 받지 않는 것이 어떤 느낌인지도 알고 있다. 비교하고 상황에 끼워 맞추려는 욕망에서 벗어나게 되면 당신은 노자가 "미묘한 밝음"이라고 말한 길을 택하는 것이다. 즉, 다른 사람들의 눈에 그럴듯하게 보이려는 욕심을 놓아버리는 것이다.

노자는 물고기를 비유로 들며 이 아름다운 장을 마무리한다. 물고기가 깊은 물을 벗어나려고 하면 얼마 가지 않아 그물에 걸린다. 여기에 36장이 주는 위대한 교훈이 있다. 차분히 기다려라. 그러면 눈에 띄고자 하는 사람들을 넘어서게 될 것이다. 미묘한 밝음에 대한 소망이 다른 사람보다 강하게 보이고 싶은 욕망을 앞서게 될 것이다. 상장과 트로피 사이에서 홀로 쓸쓸하게 남겨지는 일은 없을 것이다.

25세기 전에 노자가 이 불후의 책을 기록하면서 전하고자 한 가르침이 여기 있다.

### 서로 반대되는 것들을 깨달아
### 하나 됨을 이해하려고 노력하라

마음속으로 하나 됨의 상태에 머물기 위해 모든 노력을 기울여라. 예를 들어, 피곤함이 느껴지면 충분히 휴식을 취했을 때의 느낌이 어떤지를 떠올려라. 두 가지를 동시에 알 수 있도록 반대되는 느낌도 함께 가져라. 무기력하고, 질투가 솟아오르고, 사랑받지 못한다는 느낌이 든다면 지금 그 감정과 정반대의 것들이 이미 경험 안에 존재한다. 그 반대의 감정을 찾아내서 마음속으로 하나가 되라. 이렇게 하면 자신의 내면에서 평화를 느낄 수 있는 균형 감각을 찾을 수 있다. 이것이 하나 됨이다. 당신은 극단적인 상황마저 즐기게 되고 정신을 가다듬으며 도를 닮아가게 된다. 도는 그 무엇도 나누고 쪼개는 법이 없다. 어떻게 하나 됨이 따로따로 나뉘어 흩어질 수 있단 말인가? 나뉠 수 있다면 하나 됨은 더 이상 존재하지 않는다.

# 자신을 내리고 남을 세우라

자신을 남과 비교하면서 '조직'의 틀 안에 머물려고 하는 당신의 성향을 감시하라. 조직은 비교를 통해 성공과 행복을 판단하게 하여 사람들의 행동을 구속하려고 만든 것이다. 《도덕경》은 당신에게 미묘한 밝음을 찾으라고 말한다. 다른 사람들의 관심을 끌려고 하지 마라. 인정받으려고 애쓰지도 마라. 대신 내버려두라. 내버려두라. 그냥 내버려두라.

다른 사람이 번창하게 하라. 그들의 힘과 인기가 빛나게 하라. 노자가 말한 것처럼 느긋하게 다른 사람들의 권리를 허락하라. 그러면서 깊은 물속에서 인내하며 머무르는 물고기의 가르침을 기억하라.

### 🔱 지금, 도를 행하라

하루 동안 자신에게 앞으로 나서지 않고 배경에 머무르는 과제를 주라. 다른 사람과 비교하고 사람들로부터 주목받으려고 하는 성향을 억제하라. 다른 사람에게 관심을 기울이기로 다짐하는 것이 그러한 성향을 다스리는 데 도움이 될 것이다. '나'의 자리에 '너'를 채우면 된다. "나는 이런 종류의 일을 오랫동안 해왔어. 그러니까 네가 뭘 해야 하는지 알려줄게."라고 나서는 대신에 "새로 시작한 일인데도 아주 잘하고 있네."라고 말하라. 도의 언어 속에 부드럽고 온화하게 머물러라. 그러면 당신은 잘해낼 것이다.

부드러움은 강함을 이기고,
모호함은 명백함을 넘어선다.

# 37

도는 아무것도 하지 않지만
이루지 못하는 것이 없다.

다스리는 자가 이를 지키면
세상은 각자의 박자에 따라
저절로 변한다.

삶이 단순하면
겉치레가 사라지고
우리의 순수한 본성이 빛난다.

욕심이 없으면 고요하고
세상은 저절로 바르게 된다.
침묵이 있어야만
내면에서 우주의 중심을 발견한다.

# 단순한 삶
## *Living in Simplicity*

혀를 깨물어서라도 그 입을 다물라. 이것이 이 장의 핵심일 것이다. 첫 두 줄의 모순이 나의 호기심을 엄청나게 자극한다. "도는 아무것도 하지 않지만, 이루지 못하는 것이 없다." 이 장이 우리에게 건네는 메시지를 떠올려보자. 아무것도 하지 않는데 모든 것이 이루어진다. 이것은 당신과 내가 그동안 배워온 모든 것을 완전히 부정한다. 우리의 문화 속에서 아무것도 하지 않는다는 것은 게으르고, 실패한, 그리고 대개는 가치 없이 여겨지는 개인을 의미한다. 그러나 아무것도 하지 않으며 단순하게 사는 삶에 대해 다시 생각해보자.

전쟁, 테러 행위, 기아, 증오, 범죄, 질병 등을 포함해서 매스미디어를 통해 보고되는 모든 사건 사고들 중 얼마나 많은 수가 창조의 자연스러움을 거스른 결과인가? 우리의 본성과 이 지구는 얼마나 빛날 수 있을까? 정부가 개인의 삶에 관여하지 않는다면 이 지구는 어떻게 될까? 아무도 서로를 적이라고 생각하지 않는다면? 다른 사람들을 통제하거나 간섭하고 정복하려 하지 않는 세상이 존재할 수 있을까? 바다, 산, 천연 자원, 공기, 나무, 동물들이 존중받고, 어떤 방해도 받지 않으며 번성할 수 있다면? 만약 이처럼 단순한 세상이 있다면 도가 작용하는 것과 정확히 똑같은 모습으로 돌아갈 것이다. 아무것도 하지 않지만 그럼에도 이루지 못하는 것이 없는 도처럼 말이다.

이 장에서 말하는, 세상을 바꾸는 강력한 힘의 의미가 무엇인지 다시 생각해보라. 자연의 리듬을 거스른다면 결국 도의 이치에 맞지 않는 장애물들을 만들어내게 된다. 도의 흐름에 따르는 지도자를 마음속에 떠올려보라. 그들은 적대적인 방식으로 행동하지 않기 위해 혀를 깨물어서라도 입을 다문다. 이 땅의 어떤 존재에게라도 해를 끼치는 행위는 하지 않는다. 어쩌면 이것은 이상理想일지도 모른다. 그러나 당신이 현자賢者처럼 사고하고 도에 중심을 둔다면 불가능한 일만은 아니다.

《도덕경》의 37장은 자기 자신을 바라보는 방식을 바꾸는 데 도움을 줄 수도 있다. 예를 들어 당신이 보스 기질을 가진 사람과 성공을 동일하게 생각한다고 해보자. 이 경우 당신은 그 사람이 다른 사람들에게 무엇을 지시하는 것은 그럴 만한 능력이 있기 때문이라고 생각한다. 그런데 이 관점은 "아무것도 하지 않지만", "이루지 못하는 것이 없는" 도와 전혀 조화를 이루지 못하는 것이다. 당신이 자신의 능력과 성공을 바라보는 방식을 바꾸면 욕망을 버리고 고요한 만족감을 느끼기 시작할 것이다. 우주의 중심인 자신의 진정한 본성이 빛나도록 허락하면서 사물을 바라보는 방식이 전적으로 바뀌었다는 것을 느끼게 될 것이다.

나는 이 단순함에 대한 교훈을 아이들과의 관계에서 사용해왔다. 한 발 앞서서 그들에게 내 방식을 강요하면 언제나 저항심을 불러오고 만다. 그러나 하고 싶은 말을 꾹 참고 침묵 속으로 한 걸음 물러서면 그들 스스로가 문제를 해결할 뿐만 아니라 고요한 에너지가 실망의 자리를 대신한다.

나는 아이들 스스로 방법을 알고 있다는 사실을 배웠다. 아이들 역시 내면에 우주의 중심을 품고 있다. 또한 "아무것도 하지 않지만 이루지 못하는 것이 없는" 도에 중심을 두고 있다. 아이들은 순수한 본성을 가지고 있으며 그 본성에 귀를 기울이고 있다. 내 아이들에 대해서만이 아니라 우연히 만나는 모든 사람에 대해 이런 믿음을 갖게 되면서 나는 더욱 평화로워졌다. 그 결과 사람들은 나의 간섭으로 인한 문제들을 겪지 않고 각자에 맞게 더 많이 성취하는 것으로 보인다.

성공과 능력에 대한 모든 관념을 바꿔라. 성공은 극단적인 성취와 더 큰 목표를 추구한다고 해서 얻어지는 것이 아니다. 쓸데없이 참견하지 않을 때 세상이 훨씬 더 잘 돌아간다는 사실을 깨닫고 그 안에서 살아가라. 모두가 스스로를 중심에 둠으로써 자신들이 가진 힘에 다가서는 것을 볼 수 있을 것이다.

이 장을 당신의 일상으로 만들기 위해 노자가 제안하는 방법에 귀 기울여보라.


## 타고난 재능을 계발하라


다른 사람들의 평가를 자신에게 강요하지 마라. 그보다는 당신의 순수한 본성이 빛나도록 하라. 아무것도 할 필요가 없다는 사실을 자신에게 일러주라. 다른 누구보다 뛰어날 필요가 없다. 승리할 필요도 없다. 1등이나 27등 같은 특정한 등수가 되어야 하는 것도 아니다. 스스로에게 그저 타고난 그대로 존재할 권리를 허락하라. 하나뿐인 당신의 존재를 간섭하는 일은 그만두라. 다른 사람들에게 능력 있고, 부유하며, 성공한 것으로 보이기 위해 당신이 지고 있는 짐을 내려놓아라. 그 자리에 도를 향해 다가서는 내면의 다짐을 채워라.

"나는 도에 집중한다. 나는 나 자신과 세상을 올바르게 다잡는다. 모든 것이 잘되리라는 것을 알고, 침묵 속으로 한 걸음 물러선다."

## 침묵함으로써 다른 사람들의 기질을 보라

주변 사람들의 삶에 끼어들고 싶은 바로 그 순간, 한 번 더 생각하고 입을 다물어라. 다른 사람들, 그중에서도 특히 가족들에게 인생을 어떻게 살아야 한다고 가르치려는 성향이 당신에게 있음을 알아차려라. 다른 사람의 일에 참견하기 전에 잠시라도 머뭇거린다면, 당신은 이미 주변 사람들로 하여금 그들의 내면에서 우주의 중심을 찾도록 돕는 길에 접어든 것이다. 끼어들기 전에 잠시 멈추는 훈련을 통해서 간섭하지 않고 내버려둘 때 사람들이 각자 자신의 능력을 훨씬 잘 발휘한다는 것을 알게 될 것이다.

♨ 지금, 도를 행하라

37장의 처음 두 줄, "도는 아무것도 하지 않지만, 이루지 못하는 것이 없다."라는 말을 외울 때까지 벽에 붙여두고 계속 반복해서 읽어라. 그러고 나서 그 진정한 의미를 생각하며 30분 정도 산책에 나서라. 공기, 하늘, 구름, 풀, 바람, 꽃… 당신이 보는 자연의 모든 것은 그것을 이루기 위해 애쓰지 않는다. 모든 것이 당신이 외운 그 진리대로 이루어졌다.

《도덕경》의 이 부분에 완벽하게 어울리는 루미의 시 〈조금씩 나를 먹어라〉가 떠오른다.


조금씩 나를 먹어라.
단숨에 삼키지 말고.
모든 것을 바로잡을 수 있는 손님을
얼마나 자주 맞이하고 있는가?


전지전능한 손님으로 하여금 만물을 바로잡게 하라. 그리고 당신은 그저 자연스럽게 살아라.

# 38

덕이 있는 사람은 자신의 덕을 의식하지 않아
참된 덕이 있다.
어리석은 사람은 덕이 있고자 애쓰기에 참된 덕이 없다.

성인은 아무것도 하지 않지만 이루지 못하는 것이 없다.
범인은 항상 무언가를 하지만 해야 할 일이 더 많다.

가장 높은 덕德은 의식하지 않고 행동하고
가장 높은 인仁은 조건 없이 베풀고
가장 높은 의義는 편견 없이 바라본다.

도가 사라지면 덕이 나타나고
덕이 사라지면 인이 나타나고
인이 사라지면 의가 나타나고
의가 사라지면 예가 나타난다.
예는 진정한 신념의 껍질에 불과하며 혼란의 시작이다.

위대한 성인은 타고난 본성을 따르고
삶의 얄팍한 일에 빠지지 않는다.
이를 두고 이렇게 말한다.
성인은 쭉정이가 아닌 열매에 머문다.
성인은 종잇장이 아닌 반석에 머문다.
성인은 거짓이 아닌 진실에 머문다.

# 타고난 본성을 따르는 삶
## *Living Within Your Own Nature*

모순으로 보이는 이 장에 숨은 메시지가 여기 있다. 덕德은 우리의 본성이다. 왜냐하면 우리가 태어난 도道가 곧 덕德이기 때문이다. 그러나 덕을 얻으려고 애쓸수록 우리의 중요한 본성이 정상적으로 작용하지 않게 된다. 덕德이나 인仁을 가지려고 애쓰는 가운데 우리는 자신이 가진 도의 본성과 멀어진다.

이 글을 쓰기 전 며칠 동안 곰곰이 생각했던 문장이 하나 있다.

"도가 사라지면 덕이 나타난다."

이 문장은《도덕경》이 말하고 있는 내용과 너무나 대조적이기 때문에 나는 당황했다. 결국 노자의 초상 앞에서 한참 동안 명상을 하고서야 이 문장이 뜻하는 바가 무엇인지 알 수 있었다. 명상 중에 분명한 소리가 들려왔다.

"자연은 덕이 있지만 덕이 있다는 사실조차 모른다."

그 소리를 듣고 나서야 노자가 나로 하여금 38장에 대해 무엇을 전해주길 바라는지 이해하게 되었다.

우리의 타고난 본성인 도를 따라 살아라. 도는 하나 됨이다. 시로 반대되는 극성을 가지고 있지 않다. 그럼에도 우리가 덕德이 있다고 깨닫는 바로 그 순간, 우리는 '덕이 있음'과 '덕이 없음'이라는 정반대의 극성과 대면하게 된다. 이는 우리와 도의 관계를 방해한다. 그때 우리는 새로운 무언가를 끌어들인다. 만약 덕을 얻지 못한다면 인을 갖추고자 노력할 것이다. 그러나 인 역시 우리가 따르고자 애쓰는 옳고 그름의 기준이 아니고 무엇이겠는가? 노자가 나에게 말하려는 것처럼 도는 하나 됨이다. 도는 우리가 지켜야 하는 규범들을 가지고 있지 않다. 바꿔 말하면 도는 그저 존재할 뿐이다. 그래서 도는 아무것도 하지 않지만 이루지 못하는 것이 없다. 인은 없다. 그저 어디에도 매여 있지 않은 도만이 존재할 뿐이다. 그것은 정당함도 공평함도 아니다. 그것은 순수한 본성이다. 우리는 자신의 본성에 솔직해야 한다.

인仁과 의義가 사라지면 예禮의 관념이 수면 위로 떠오르고, 당신은 수세기 동안 편 가르기를 해온 규칙이나 관습에 따라 살려고 노력하게 된다. 그러나 나는 노자가 "도는 무한하며 아무도 몰아내지 않는다."라고 말하는 것을 들을 수 있었다. 규칙과 관습은 당신을 도와 분리시킨다. 그것을 지키려고 애쓸수록 더욱 멀어지게 된다. 그래서 자신을 분열과 혼돈 속으로 몰아넣는 법규들에 더욱 의존하게 된다. 다시 말하지만 도는 고유의, 진정한, 중요한 본성이다. 도에는 예, 인, 덕이 없다. 도를 관찰하고 그 본성과 어울려 살아라. 자신의 에고에 신경 쓰지 말고 행동하라. 도가 그러하듯 조건 없이 베풀라. 덕, 인, 의를 위해 애쓰지 마라. 그저 노자가 말하는 것처럼 모든 사람들에게 편견 없이 주라.

이 38장의 가르침에 따라 사는 것은 당신이 배워온 것들과 정반대일 수도 있다. 이런 것은 때때로 나에게도 도전으로 다가온다. 많은 학자들은 노자가 구체적인 규칙이나 행동 규범을 중시했던 공자에 반대해서 이 장(그리고 다음 장도)을 기록했다고 말하기도 한다. 명상을 하면서 그의 가르침을 통해 내가 얻은 깨달음은 "타고난 자신만의 본성을 믿어라."라는 메시지였다. 서로 대립되는 모든 양극성을 내려놓고, 하나 됨인 도 안에서 살아라. 선과 악, 옳고 그름, 적절함과 부적절함, 합법과 불법 등의 이분법을 내려놓는 것은 어려운 일일 수도 있다.

한 가지만 기억하라. 그런 것들이 표면으로 떠오르면 도는 사라진다는 사실을. 여기 노자가 나를 통해 당신에게 전하는 조언이 있다.

## 인위적인 원칙들을 거부하고 타고난 본성을 따라 살아라

이러한 원칙들을 내림차순으로 살펴보면 덕, 인, 의, 예, 규칙이나 규범의 순이다. 인위적인 덕은 '악하지' 않게 살려는 시도다. 사람들은 덕이라는 기준에 당신을 끼워 맞추려고 한다. 이제 이렇게 다짐하라.

"나는 도에서 태어났고, 신의 한 조각이다. 이것을 측정하는 장치 따위는 필요하지 않다. 덕과 신성은 하나다. 나는 현재의 나를 믿으며 도의 관점에 맞게 행동할 것이다. 나는 이 진리와 함께 머물러 옳지 않은 것을 멀리한다."

또한 도가 인이나 의에 관여하지 않는다는 사실을 직시하라. 인이나 의는 하나 됨이라는 관점에서 볼 때는 존재할 수 없는, 인위적으로 만들어진 장치들임을 깨달으라. 당신이 어떻게 생각하든 상관없이 당신은 그 하나 됨에서 태어났으며, 되돌아갈 것이다. 그러므로 대접받기를 원하는 마음을 버리고 관대하게 마음을 열어라.

## 시대에 뒤떨어진 혈통과 문화 중심의 관습을 버려라

항상 그래 왔으니까 따라야 한다고 여기는, 특히 그중에서도 가족 내에서 행해져 온 의식이나 관습들은 잊어버려라. 그리고 조용히 다짐하라.

"나는 영원한 도를 믿으며 자유롭게 살 것이다. 나는 나보다 앞서 살아간 사람들을 좇을 필요가 없다. 더 이상 의미도 없이 분열과 증오를 만들어내는 오래된 의식과 관습을 버릴 것이다."

법규를 준수해야만 덕에 이르는 것이 아님을 명심하라. 덕은 당신의 순수한 본성과 공명한다는 사실을 기억하라. 당신에게는 무엇이 적절하고, 선하며, 무엇이 도덕적이고, 윤리적이고, 합법적인지를 말해주는 어떤 법전도 필요하지 않다. 다른 사람이 만들어낸 법에 미혹되기보다 자신의 높은 본성이 이끄는 사랑을 실천하도록 자신을 믿어라.

16세기 시인이며 고난의 성자인 요한이 쓴 글은 이러한 자세를 아름답게 묘사하고 있다.

어느 날, 나는 슬펐고 그래서 산책을 나섰다.
나는 들판에 주저앉았다.

토끼 한 마리가 내 처지를 눈치채고는
가까이 다가왔다.

때로는 누군가를 돕는 데 이 정도면 족하다.

말하지는 않아도
이해심으로 가득하고
사랑이 넘치는 피조물들과
그저 조금 가까이에 있는 것.

그들은 단지
아름다운 이해의 눈빛으로
바라볼 뿐이다.

### ⚱ 지금, 도를 행하라

개, 나비, 나방, 거미, 개미, 물고기, 고양이, 사슴 혹은 신이 만든 다른 피조물 중 관심을 끄는 하나를 골라 유심히 관찰하며 하루를 보내라. 당신 내면의 본성을 믿는 법에 대해 많은 것을 배우게 될 것이다. 그들은 시에서 이야기하듯 이해심으로 가득하다.

# 39

예로부터 하나에서 비롯된 것들이 있다.
하늘은 하나여서 맑고
땅은 하나여서 단단하며
영혼은 하나여서 가득하고
만물은 하나여서 온전하며 나라는 하나여서 바르게 된다.
이 모두는 온전함의 덕 안에 있다.

사람이 도의 일에 끼어들면
하늘이 락해지고 땅은 황폐해지며
균형은 무너지고 만물은 소멸한다.
그러므로 귀함은 겸손함에 뿌리를 두고
높음은 낮음을 근본으로 한다.
이것이 바로 높은 사람들이 스스로를
외롭고, 부족하며, 보잘것없다고 하는 까닭이다.

전체와 조화를 이루지 않는다면 마차의 각 부분들은 소용이 없고
우주와 어울리지 않으면 사람은 아무것도 이루지 못한다.
우주와 조화를 이루어
자신의 역할을 하는 것이 진정한 겸손함이다.
지나친 영광은 영광이 아니다.
옥처럼 빛나는 것은 현명하지 못하니
돌처럼 소박한 소리를 내라.

# 온전한 삶
*Living Wholeness*

우리는 온전함이라고 하면 어떤 완벽한 것을 떠올린다. 하지만 노자는 그 개념을 달리 보고 있는 듯하다. 노자는 온전함이 겸손함에 뿌리를 두고 있다고 말한다. 겸손함이 우리의 온전함을 불러낼 때 우리는 전체의 일부로서 살아가게 된다.

온전함을 가지면 전체의 다른 부분들과 협동하고 순응하여 온 우주와 조화롭게 존재한다. 전체의 어느 한 부분을 방해하고 간섭한다는 것은 생각할 수도 없다. 왜냐하면 자신이 그 전체와 하나이기 때문이다. 다른 사람이나 세상과의 관계에서 자신을 우월한 위치에 두는 순간, 도의 흐름을 가로막는 것이다. 나는 당신이 이 39장을 통해 온전함에 대한 자신의 생각을 점검해보았으면 한다. 이 렌즈를 통해 바라보면 틀림없이 세상이 다르게 보일 것이다.

노자는 우주가 온전하다고 주장한다. 즉, 우주는 하나 됨의 상태에 있는 것이다. 어떤 부분도 이 상태에서 떨어져 나갈 필요가 없다. 하늘, 땅, 영혼, 그리고 만물이 모두 전체의 일부다. 그것이 그들의 미덕이다. 하늘과 나무는 잘 어우러져 있는데 사람들의 에고는 독립되어 있고, 개성이 넘치며, 우월하다고 억지를 부린다. 이러한 에고의 관점을 바꾼다면 당신의 삶은 달라지게 될 것이다.

당신이 마음을 열고 하나 됨의 신호들을 찾을 때 비로소 모든 것이 서로 연결되어 있음을 느끼기 시작할 것이다. 예를 들어, 당신의 몸은 그 자체로 우주다. 그것은 하나의 개체이지만 서로 연결된 수없이 많은 개별적 개체들을 포함하고 있다. 전체이기를 거부하는 하나의 개체는 모든 개체를 고통스럽게 만들고 결국에는 소멸하게 한다. 인간들이 하늘을 오염시키고 땅을 고갈시키며, 전체의 균형을 교란함으로써 도를 방해하는 것처럼 말이다. 인접해 있는 세포와 협조하기를 거부하는 암세포는 결국 다른 세포들을 급하게 먹어 치울 것이고, 결국 전체를 파괴할 것이다. 그 암세포는 전체와 아무런 관계도 맺고 있지 않기 때문이다. 암세포는 생명을 의지하고 있는 숙주를 죽임으로써 스스로를 파멸로 몰아간다. 이처럼 생명의 터전인 도를 파괴한다면 결국 자신을 망치게 될 것이다.

겉보기에 독립적으로 보이는 각 부분도 전체 속에서 조화롭게 기능하지 않으면 잠재적인 위협이 되며 쓸모없어진다. 이 장에서 말하는 마차에 대한 진실은 고스란히 당신에게도 적용된다. 당신의 삶은 도와 관계를 맺는데, 노자는 이 관계를 겸손이 만들어낸 결속이라고 특징짓는다. 달리 표현하자면, 온전함과 겸손함은 둘이 아니라 하나인 것이다. 당신과 삶의 관계를 다시 정립해서 전체와 어우러지는 당신의 역할을 하라. 이 장에서 노자가 들려주고자 한 것이 무엇이었는지 내가 깨달은 바를 적는다.

## 당신과 지구의 관계를 조화시켜라

온전함의 정신을 품고 살아라. 당신이 도의 일부임을 깨달아라. 도와 조화를 이루지 않고는 위대한 삶을 살 수 없다는 사실을 자각하라. 이는 하나 됨의 일부로서 자연의 흐름에 맞게 살며 모든 면에서 자연을 존중하는 것을 의미한다. 시간을 내서 쓰레기를 줍고 재활용하라. 공기를 덜 오염시키는 차를 몰아라. 아니, 되도록이면 평화로운 마음으로 많이 걸어라. 온전함이라는 것은 모든 것을 나눠주고, 온화하며, 앞서 나서지 않는 도와 균형을 유지하는 것이다. 겸손함 속에서, 당신은 당신의 근원이 연출하는 위대한 드라마의 한 역할을 자각하게 된다. 그리고 노자가 "우주와 어울리지 않으면 사람은 아무것도 이루지 못한다."라고 말한 의미를 깨닫게 될 것이다.

## 자신이 독립된 존재라고 생각하지 말고
## 마주치는 모든 것들 속에서 자신을 보라

온전한 삶을 살게 되면 에고가 원하는 독립성에서 벗어나 삶의 모든 부분과 연결되어 있음을 느끼기 시작할 것이다. 주의 깊게 관찰하라. 만나는 모든 사람들 속에서 자신을 발견하라. 이 지구상의 모든 생명체 속에서, 숲과 바다, 그리고 하늘의 모든 존재들 속에서 자신을 보라. 그렇게 할수록 당신은 경쟁하기보다는 서로 돕기를 원할 것이다. 또한

'그들'이라는 개념을 거부하고 싶어질 것이다. 이 존재의 방식을 실천하라. 행복이 당신을 지나쳐갔다고 느꼈었지만, 사실은 행복 또한 하나 됨의 일부라는 것을 알아차려라.

이 같은 생각을 루미는 어떻게 표현했는지 한번 보라.

나와 함께 이 땅의 논리에 맞서
모든 생명을 섬긴다면
우리가 사랑하는 이들이
우리의 신성한 영토를 벗어나
당신에게로 들어갈 것이다.
그러면 우리는, 우리는
진정으로 행복할 것이다.

## ♨ 지금, 도를 행하라

오늘 잠시 짬을 내서 산책을 하라. 30분 동안 만나는 모든 대상을 온전함이라는 관점에서 바라보라. 예전 같으면 너무 늙었거나, 너무 어리거나, 너무 뚱뚱하거나 가난하다고 판단해버렸을 그들 속에서 당신 자신을 보라. 그들을 바라보며 그 한 명 한 명과 당신이 영혼을 공유하고 있다는 사실을 스스로에게 일깨우라. 그렇게 하면 당신의 중심이 에고에서 도로 옮겨갈 것이고 온전함을 느낄 것이다.

옥처럼 빛나는 것은 현명하지 못하니
돌처럼 소박한 소리를 내라.

# 40

되돌아감이 도의 움직임이고
약함은 도의 방식이다.
만물은 있음에서 태어나고
있음은 없음에서 태어난다.

# 되돌아감과 약함의 삶
## Living by Returning and Yielding

나는 《도덕경》의 81장 중에서 가장 짧은 이 장에 가장 위대한 가르침 하나가 들어 있다고 생각한다. 이 네 줄에 담긴 지혜를 터득한다면 당신은 어떤 성인 이상으로 행복하고 만족스러우며 도에 중심을 둔 삶을 살 수 있을 것이다.

첫 문장의 '되돌아감'이라는 말은 존재의 기본적인 원리를 이해하라는 것이다. 노자는 육체를 떠나지 말고 살아 있는 동안 죽으라고 한다. 당신이 이 세상에 모습을 드러낸 만물 중 하나라는 사실을 이해하면 그렇게 할 수 있다. 이것은 수세기가 지난 후 현대 양자물리학이 증명해냈다. 입자들은 가장 작은 소립자 수준의 입자들이 모여서 만들어지는 것이 아니다. 미세한 조각들이 입자 가속기 안에서 충돌하면 거기에는 입자가 없는 파동 에너지만이 남는다. 따라서 당신이 근원적인 정신에서 만들어졌다는 것은 의심할 여지가 없다.

양자물리학의 개념이 존재하지 않던 기원전 6세기의 노자는 이미 정신이 생명을 낳는다는 근본적인 진실을 가르치고 있었다. 따라서 도의 한 부분으로서 사신의 운명을 살아내기 위해서는 에고를 버리고 징신으로 돌아가야 한다. 그러지 않는다면 육신이 죽어야만 비로소 되돌아가는 여행을 경험하게 될 것이다.

노자의 《도덕경》 이후 6세기쯤 지난 후에 《신약 성경》의 많은 부분을 기록했던 한 사람 역시 우리의 근원이 어디에서 비롯되었는지에 대해 이야기했다. 그는 예수 그리스도의 사도인 성 바울이다. 에베소의 사람들에게 보낸 편지에서 그는 "당신은 하나님의 형상대로 창조되었습니다. 그러므로 그를 기쁘게 하고 진정으로 고결해져야 합니다."(《에베소서》 4 : 24)라고 썼다. 이는 사랑이 가득하고 따뜻하며 전혀 배타적이지 않은, 우리가 태어난 그곳으로 돌아오라는 초대다.

노자와 성 바울은 어떻게 해야 우리가 태어난 그곳으로 돌아갈 수 있다고 말한 것일까? 그들은 에고를 버리고 몸과 마음을 맡긴 채 겸손해짐으로써 그렇게 할 수 있다고 말한다. 성 바울은 코린트 사람들에게 보낸 편지에서 예수의 말을 직접 인용한다.

"너는 이미 내 은총을 충분히 받았다. 내 권능은 약함 안에서 완전히 드러난다."

성 바울은 다시 말을 이었다.

"그래서 나는 그리스도의 권능이 내게 머무를 수 있도록 더없이 기쁜 마음으로 나의 약점을 자랑하려고 합니다. 나는 그리스도를 위해 약해지는 것이 만족스러우며, 모욕과 빈곤과 박해와 곤궁을 달게 받습니다. 내가 약할 때 오히려 나는 강해지기 때문입니다."(《고린도후서》

12 : 9~10)

사실상 수세기에 걸쳐 전해진 종교적인 문서들에 따르면, 약함이야말로 더 나은 존재로 향하는 열쇠이며 진정한 도의 방식임을 알 수 있다.

삶의 모든 면에 대해 생각하는 방식을 바꾸면 세상은 전혀 다르게 보이기 시작한다. 모든 사람들과 사물들이 생의 왕복 티켓을 가지고 있는 것처럼 보인다. 당신은 그들 모두가 정신에서 태어났으며 다시 돌아가리라는 것도 알고 있다. 모든 것은 모이면 흩어지기 마련이고, 그것을 다른 사람이 이해하느냐는 중요하지 않다. 이 땅에 태어나면서 죽음도 함께 선고받았다는 인식이 자유롭고 유쾌한 관점이라는 것을 알게 된다. 당신은 자신에게 주어진 매일, 매 순간을 무無의 관점에서 최선을 다해 살아가는 쪽을 선택할 것이다.

당신은 세상에 태어나기 전에 품었던 애정이 가득한 그 상태를 유지함으로써 살아 있는 동안 되돌아가는 '티켓'으로 사용하게 된다. 돌아가는 여행을 하면서 에고의 신분증을 잃어버리게 될 뿐만 아니라 우주의 힘과도 같은 당신 근원의 힘을 회복하는 선물까지 받게 된다. 당신은 걱정과 근심이 없는 존재의 하나 됨 속으로 녹아들고, 당신이 지금 바라보는 세상은 더할 나위 없이 완전하고 무한하다. 거기에는 더 이상 걱정도, 근심도, 재산에 따른 신분의 구별도 없다. 당신은 자유인이다. 당신은 처음부터 끝까지 시종일관 정신적인 존재다.

40장의 짧지만 깊은 가르침 속에서 노자가 당신에게 말하고자 했던 것이 여기 있다.

되돌아감과 약함을 중시하면서
당신이 나아가는 방향을 살펴보라

삶의 모든 면에서 당신이 내딛는 걸음을 살펴보라. 당신의 경력, 인간관계, 건강 문제 등에 있어 어느 방향으로 향하고 있는지 생각하라. 자신에게 질문을 던져라.

"나는 진정 어디로 향하고 있는가? 나는 내가 시작된 곳에서 멀어지고 있는가? 아니면 그곳으로 되돌아가고 있는가?"

이렇게 함으로써 당신은 도에서 멀어지기보다는 그리로 되돌아감에 대해 한층 솔직한 자세를 가질 수 있다. 운동을 하고 더 영양이 풍부한 음식을 먹겠다는 결심은 그저 웰빙의 수준만 유지하게 해줄 뿐이다. 에고의 작용을 멈추고 다른 사람에게 관심을 기울이려는 결의야말로 되돌아가려는 움직임이다. 욕심을 부리지 않고 관대해지려는 결단도 되돌아가려는 움직임이다. 이러한 행위들은 당신이 지금 향하고 있는 방향, 그러니까 당신의 근원적인 정신에서 멀어지는지 혹은 그리로 돌아가는지를 먼저 생각하는 데서 나온다.

## 항복하라!

이것이 약함의 전부다. 당신의 보잘것없는 에고는 아무것도 하지 못하는 반면에 도는 당신을 포함한 모든 것을 창조한다는 사실을 인식하라. 나는 지금 좋아하는 공간에 앉아 이렇게 글을 쓰고 있지만 종이 위에 신비롭게 펼쳐지는 단어의 주인이 내가 아니라는 사실을 알고 있다. 나는 항복했다. 나는 신이 모든 책을 쓰고, 모든 음악을 작곡하고, 모든 건물을 짓는다는 것을 알고 있다. 나는 이 모든 것을 창조하는 힘을 향해 고개를 숙인다.

모든 만물이 '있음'의 세상에서 비롯된 것처럼 보이지만 좀 더 생각해보면 존재함 그 자체는 '없음'에서 태어났다. 내가 무릎 꿇어 향한 것은 이 실재하지 않는 영성靈性의 빛나는 상태이며 이는 곧 도다. 당신도 이와 같이 하기를 권한다. 그러고 나서 모든 것이 어떻게 완전하게 어울려 흘러가는지 평화롭게 지켜보라.

### ♨ 지금, 도를 행하라

교통 표지판에서 종종 볼 수 있는 양보 표시 그림을 잘 보이는 곳에 붙여두라. 이 그림을 도로 돌아가라는 신호로 활용하라. 최소한 하루에 한 번은 다툼을 멈추고, 그 자리에서 양보하고 받아들여라. 에고에 사로잡힌 채 자기의 업적에 대해 떠들고 있다면 당장 멈추고 상대에게 귀를 기울여라. 매일 더 많이 양보할수록 도의 평화와 조화로움 속으로 더 많이 돌아가게 된다.

# 우리는 왜 먼 길로 가는 것이
# 되돌아오는 것임을 알지 못할까?

근래의 미국은 나를 흥미롭게 한다. 터질 듯한 성장의 정점에서 어두운 비탈길로 마구 굴러떨어지는 듯 보인다. 그러자 부시로 대변되는 보수의 시대에서 미국인들은 미국의 얼굴마저 바꿀 만큼 도전적으로 전환했다. Change, 그들이 듣고 싶은 것은 이 한마디의 단어다.

그간 미국인들의 노동 시간은 세계 최고 수준이었다. 2003년 ILO의 자료에 따르면 18개 산업국가 가운데 일본을 제외하면 미국이 최고의 노동 시간을 자랑한다. 노동 시간의 길이는 산업사회의 기본적 생산력이었다. 산업사회의 논리는 '노동 시간 = 노동 산출량'이라는 등식을 충족시켰다. 그러나 노동의 내용이 혁신과 창조적 콘텐츠로 상당 부분 이동한 지금에는 이 등식의 유효성이 의심되고 있다.

미국인들의 평균 수명은 중위권 나라에 불과하지만 국민 1인당 건강관리 비용은 세계 1위다. 과로와 스트레스에 시달리고 있다는 뜻이다. 장시간 근무는 업무의 집중도를 떨어뜨린다. 한편 평생을 회사에 바친 부모의 세대가 해고되는 것을 지켜본 젊은 세대들은 충성이 보상받지 못한다는 것을 알게 되었다. 그들은 일과 직장에 삶의 다른 부분까지 바치려고 하지 않는다.

　반면 유럽의 기업들은 미국 기업에 비해 엄청난 휴가와 질 좋은 근로조건을 갖추고 있지만 경쟁력을 잃지 않고 있다. 상용 비행기 분야에서 에어버스는 미국의 보잉사보다 매출 실적이 높다. 그러나 그들은 한 달간의 여름휴가를 즐긴다. 여가와 가족을 무엇보다 중요하게 생각하는 나라, 여름휴가가 어느 곳보다 긴 나라에 본사를 두고 있는 노키아는 가장 성공적인 기업 중 하나다. 경영학의 구루guru 중 한 사람인 제프리 페퍼Jeffrey Pfeffer는 "휴가가 긺에도 불구하고 유럽 기업이 성공한 것이 아니라, 바로 그렇기 때문에 성공했는지도 모른다."라는 의문을 제기한다. 근무 시간이 짧을수록 사람들은 효율성을 최대한 높이려고 한다. 그들에게 지루하고 쓸모없는 회의란 없다. 그들은 '어떻게'보다는 '무엇을'에 집중하여 더 현명한 판단에 이를 수 있다. 혁신과 창의성이 필요한 분야에서는 생각하는 힘이 훨씬 더 중요하다. 그리고 생각하는 힘은 이완과 휴식을 필요로 한다.

　동쪽으로 계속 가면 결국 서쪽에 이르게 된다. 부를 증가시키기 위해 돈에 지나치게 매달리면 삶은 결국 가난해진다. 생활수준을 높이려고 발버둥 치면 삶의 질은 더욱 떨어지는 것과 같다. 오래전 현자들은 이 단순한 진리를 아주 간단한 자연현상으로부터 깨달았을 것이다. 아마 날마다 조금씩 변해 한 달이 되면 떠났던 곳으로 되돌아오는 달을 보고 그렇게 생각했을 것이다. 아침에 해가 떠서 저녁에 지고 다시 밤 사이에 어둠 속에서 해가 떠오르는 것을 보고 그렇게 느꼈을 것이다. 계절이 바뀌는 것을 보고 또 그렇게 확신하게 되었을 것이다. 보이는 모든 것, 날마다 만나는 일상이 그렇게 늘 유전하고 변화하는 것이니 그것이 곧 우주의 원리라 믿었을 것이다. 그리고 문득 삶의 원리 역시 그럴 것이라고 믿게 되었을 것이다. 노자의 생각이 바로 그것이다. 그는 이렇게 말한다.

"돌아옴이 곧 도의 움직임이다. 멀리 간다는 것은 곧 돌아옴이다."(反者 道之動 遠曰反,《도덕경》40장과 25장)

이윽고 다시 그는 천천히 호흡을 고르고 이렇게 경고한다.

"지혜로운 자는 과도와 낭비와 탐닉을 피한다."(聖人去甚 去奢 去泰,《도덕경》29장)

그리하여 우주의 원리는 간단한 것이다. 양이 절정에 달하면 음을 위해 물러나고, 음이 절정에 달하면 양을 위해 물러난다. 그것은 오고야 말 것이다. 그러니 어렵고 어두울 때 용기를 가져라. 쉬지 마라. 밝아질 것이다. 그러니 성공했을 때 조심하고 겸손해라. 이것이 세상을 사는 옳은 처세다. 장자에 이르러 이렇게 정리된다.

"삶은 음과 양이 고루 섞인 조화이니라."

작은 일이지만 살다 꼬이는 일이 생기면 나는 그것이 무엇을 경고하는지 묻곤 한다. 그러면 그 일은 내게 썩 나쁜 일만은 아니라는 것을 알게 된다. 그 일은 내게 무엇인가 말하려고 했을 것이고 나는 그 메시지를 받아들인다. 그러면 내가 미처 알지 못했거나 잊고 있었던 중요한 사실을 깨우치게 된다. 내가 써가는 것 같지만 종종 글이 스스로 자신의 길로 나아가는 듯 보이는 것처럼, 삶도 우리를 넘어 스스로 흘러가는 듯이 보일 때가 있다. 삶의 강물 위에 내가 떠서 흐르는 것 같을 때, 그때는 잠시 쉬고 배를 탄 듯 그 삶이 어디로 흐르는지 관조하고 즐길 일이다. 즐기다 보면 내가 통제할 수 있는 여울에 다다를 것이다.

그때 더 갈 것인지 내릴 것인지 결정하면 된다. 여행은 내가 의도하지만 그 여행 중에 어떤 일, 어떤 사람이 기다릴지는 알 수 없다. 그리하여 의도하지 않은 모험으로 가득한 삶이라는 여정은 살 만할 뿐 아니라 오히려 흥미진진한 것이다.

날씨가 흐리면 빗속을 걷게 될 것이라 생각하라. 햇빛이 쨍하면 지금 바닷가로 달려가라. 지루하면 자고, 그래도 권태로우면 지도를 펴놓고 눈을 감은 뒤 손가락으로 지도 위를 쿡 찍어라. 그리고 배낭을 지고 그곳으로 가라. 권태로움은 아무것도 계획하지 않았기 때문이다. 지나치게 행복하면 옆에 있는 다른 사람을 돕고, 삶이 시시하면 책을 읽어라. 그래도 시시하면 술을 마시고, 그래도 시시하면 글을 써라. 그림을 그리든지. 음악을 들어도 좋다. 그래도 시시하면? 기다려라.

그래도 아무 일도 생기지 않는다면? 그렇다면 진짜 내가 누구에게도 말하지 않았던 비법 하나를 말해줄 수밖에 없다.

"재미있는 일을 만나려면, 잃을 때도 있어야 한다."

머리를 믿지 마라.

# 41

뛰어난 사람은 도를 들으면
성실하게 실천하고
어중간한 사람은 도를 들으면
일부만 간직하고 일부는 잊어버리고
못난 사람은 도를 들으면
조롱하며 비웃는다.
비웃음거리가 되지 않으면 그것은 도라고 할 수 없다.

그러므로 이에 대해 다음과 같은 말이 전해진다.
밝음으로 향하는 길은 어두운 듯하고
앞으로 나아가는 길은 물러서는 듯하며
평탄한 길은 울퉁불퉁한 듯하다.
진정한 힘은 약한 듯하고
진정한 순수함은 탁한 듯하며
진정한 밝음은 분명하지 않은 듯하다.
위대한 예술은 정교하지 않은 듯하고
위대한 사랑은 무심한 듯하며
위대한 지혜는 철없는 듯하다.

도는 숨겨져 있고 이름도 없지만
도만이 온갖 것을 기르고 완성한다.

# 보이는 모습 너머의 삶

*Living beyond Appearances*

생각을 바꿈으로써 당신은 도와 조화를 이루게 된다. 그리고 지금까지 '현실'이라고 불러온 것이 겉으로 드러난 껍데기일 뿐이라는 사실을 알게 된다. 처음에는 에고 중심의 습관이 하나 됨을 대하는 새로운 방식을 가로막을 것이다. 익숙해 있던 것이 여전히 내면에서 생생히 울려 퍼지고, 도 중심의 세상은 분명한 모습을 드러내지 않을 수도 있다. 그러나 당신은 그 너머의 진실을 확인하고 도를 직접 경험하게 될 것이다. 그동안 갖고 있던 한계를 넘어서는 것이다.

자신의 반응을 조심스럽게 살피면서 이 41장의 첫 단락을 다시 읽어 보라. 도의 지혜를 이해하고 실천함에 있어 자신이 뛰어난지, 어중간한지, 아니면 못났는지 물어보라. 나는 스스로를 뛰어나다고 말할 수 있다. 이 주제를 갖고 여러 해 동안 공부하고 글을 써왔기 때문이다.

그리고 공부를 할수록 나는 더 성실하게 실천해왔다. 그 결과, 일상 속에서 도의 원칙들을 적용하며 적절히 조화를 이룰 수 있게 되었다. 자신의 생각을 주시하다 보면 이 고대의 가르침을 얻어 실천하고자 하는 욕구를 발견할 것이다. 그리하여 당신은 어중간하거나 못났던 사람에서 뛰어난 사람으로 변화할 수 있다.

매일 도를 실천하는 사람이 뛰어난 사람이지, 이 모순적인 개념들을 머리로만 이해하는 것은 중요하지 않다. 노자는 못난 사람들의 조롱이 없다면 도는 존재할 수도 없다는 점을 지적한다. 모순적인 발상이란 바로 그런 것이다!

마이클 라토라Michael LaTorra는 그의 책《전사는 삶과 어우러진다: 현대의 도A Warrior Blends with Life: A Modern Tao》에서 이 41장에 대해 다음과 말한다.

도는 어리석음을 알고 있는 지혜로운 사람들에게만 매력적이다. 자신이 똑똑하다고 믿는 어리석은 자들이 조롱을 해도 현명한 사람들이 도를 따르는 것을 가로막지 못한다. 도를 따르는 사람들은 복잡해지거나 비범하거나 두드러지지 않는다. 오히려 단순하고 평범하고 어리숙해진다.

도를 따르기로 결심하면 자신의 내면과 주변에서 겪는 경험만이 보이던 이전과는 세상이 다르게 다가올 것이다. 당신은 껍데기를 뚫고 기쁨이 가득한 도의 세상으로 들어가게 될 것이다. 겉으로 보이는 것들을 무시하고 진실 안에 머무르겠다고 마음먹는 것이 중요하다. 다른 사람들은 당신을 놀려댈 테지만 바로 그 조롱과 비웃음이 없다면 도가 아니라는 모순을 기억하라.

암울한 시간도 있겠지만 결국에는 새로운 비전이 내면세계를 밝게 비출 것이다. 때때로 뒷걸음질치고 있는 것처럼 느껴질 때는 "도는 숨겨져 있고 이름도 없다."라는 마지막 구절을 떠올려라. 곧 열릴 문 앞에서 그 문을 두드리고 있거나, 삼키기만 하면 되는 알약처럼 쉽사리 얻을 수 있는 것이라면, 그것은 도가 아니다. 삶이 힘들다고 느껴질 때는 잠시 멈춰 서라. 그리고 평화로운 상태에서 조금 떨어져 있을 뿐이라는 사실을 깨달아라. 노자가 평탄한 길은 울퉁불퉁한 듯하고, 진정한 힘은 약한 듯하다고 말한 의미를 알게 될 것이다. 강하다고 느끼기 위해 안달복달하거나 다른 사람을 억누를 필요가 없다.

도를 따르는 사람은 세상을 전혀 다르게 바라본다. 내면의 평화가 곧 힘이라는 사실을 알고 있다. 애쓰지 않을수록 더 쉽게 이룬다. 당신이 마음을 느긋하게 갖고 도에 따라 저절로 움직이도록 내버려둘 때 일이 이루어진다. 이는 목표를 갖고 다른 사람들이 세워놓은 기준에 맞춰야만 이루어지는 것이 아니다. 도에게 맡겨라. 그렇게 함으로써 얻는 순수함과 맑음을 보라. 사람이나 사물의 겉모습은 변할 수 있지만, 본질적인 선함은 변하지 않는다는 사실을 알게 될 것이다. 그것은 숨겨져 있고 이름도 없으니 찾아서 꼬리표를 붙이는 데 집착하지 마라.

그러다 보면 도가 여전히 분명치 않더라도 도와 조화를 이루고자 노력하는 뛰어난 사람이 될 수 있다. 사랑받지 못한다고 느낄 때도 이를 적용해보라. 무심하게 보이는 무언가를 보면서 그 안에 사랑이 있다고 생각하라. 도는 그 성실함을 증명하는 일 따위에는 관심이 없다. 무심한 듯 보이지만 언제나 그 자리, 그리고 모든 곳에 존재한다. 당신이 에고의 그늘에서 벗어나서 그것을 초월한다면 진정으로 마음이 설레는, 빛나는 세상을 보게 될 것이다.

에고는 우리가 사는 이 별이 차갑고 냉정한 곳이라고 여기도록 세뇌시켰다. 그러나 에고를 초월한 도는 당신과 연결되어 있는 모두에게 순수한 사랑의 빛을 비춘다. 도가 당신의 삶으로 스머들어와 마법을 펼치도록 하라. 가만히 앉아 이 책을 읽는 이들에게 어떻게 하면 도움이 될까 하고 물어보니 노자가 다음과 같이 말하는 듯하다.

## 성실하라

이 글을 읽는 당신은 최소한 못난 사람이 아니다. 만약 당신이 "일부는 간직하고 일부는 잃어버리는" 어중간한 사람이라면 뛰어난 사람이 되기 위해 헌신하라. 여기에 담긴 통찰 중에 몇 가지를 매일 실천하면 된다. 이를 실천하는 데 끊임없는 노력을 기울여라. 분석하고 따지는 버릇은 옆으로 치워두어라. 당신은 끈기를 가지고 실천하는 사람이 될 수 있다. 하루에 한 장씩 읽고 다짐하는 작은 일이 도를 따르는 삶의 여정 위에 서게 한다. 노자는 온 힘을 다해 실천함으로써 그 길을 따라가라고 담담한 목소리로 말한다.

겉으로 드러나 보이는 모습이 당신의 전부가 아니라는 사실을 일깨워주는 월트 휘트먼Walt Whitman의 시가 여기 있다.


오, 난 당신의 고귀함과 영예로움을 노래할 수 있어요.

자신이 누구인지도 모르고, 내내 선잠에 빠졌던 당신,

당신의 눈꺼풀은 닫힌 것과 같았지요.

……

당신이 누구이든, 어떤 위험 앞에 있든 당신만의 소리를 내요!
세상의 온갖 볼거리도 당신에 비하면 그저 평범하지요.
광대한 초원과 끝없는 강줄기처럼
당신은 크고 길어요.
……

## 도의 진실은 언어로 증명할 수 없다

무언가를 진실로 받아들이려면 물적 증거가 필요하다는 생각을 버려라. 도는 영원히 숨겨져 있고, 이름을 붙일 수도 없다. 그러니 그저 하나의 진실로 받아들여라. 물질적인 형태 속에서는 찾지 못할 것이다. 그것은 경계도 없고, 이름을 붙이려는 순간 사라져버릴 것이다.(첫 번째 장을 보라.)

과학자들이 직접 보지 않고도 모든 입자가 형태 없는 에너지나 정신의 파동에서 비롯된다는 사실을 받아들인 것처럼, 당신도 도를 믿기에 앞서 그것을 보고 만지려는 욕심을 버릴 수 있다. 세상을 바라보는 방식을 바꿈으로써 어둠, 어려움, 결점, 무관심, 죽음 그 너머의 영역을 보게 될 것이다.

시인 라이너 마리아 릴케Rainer Maria Rilke가 본 것처럼 말이다.

이름으로 에워싸인 세상 너머에는
이름이 없다. 우리의 진정한 원형原型과 안식처.

오늘 어린아이와 함께 한 시간을 보내라. 얼마나 많은 지혜가 어린 아이의 행동과 생각 속에 드러나는지 유심히 살펴보라. 의미 없어 보이는 말을 되풀이하고, 화내거나 웃으면서 사소한 모든 것들에 매료되는 아이의 모습을 관찰하라. 유치하게 보이는 그 충동 너머의 지혜에 대해 느낀 점을 간단히 적어보라. 그리고 가능한 한 자주 어린아이의 마음으로 돌아가겠다고 다짐하라.

만물은 있음에서 태어나고
있음은 없음에서 태어난다.

# 42

도는 하나를 낳고
하나는 둘을 낳고
둘은 셋을 낳고
셋은 만물을 낳는다.
만물은 음陰을 등에 업고 양陽을 품는다.
이러한 기들이 어우러져 조화를 이룬다.

사람들은 부모가 없거나 먹을 것이 없거나
재산이 없는 것을 싫어한다.
하지만 왕과 군주들은 바로 그것으로 자신들을 칭했다.
잃음으로 얻기도 하고
얻음으로 잃기도 한다.

사람들이 가르치는 것을 나 또한 가르친다.
난폭한 자는 제 명에 죽지 못한다.
이것이 내 근본적인 가르침이다.

# 조화로 어우러지는 삶

*Living by Melting into Harmony*

노자는 앞선 41개의 장을 통해 이야기해온 내용을 여기서 다시 되풀이한다. 도는 우리가 하나 됨 혹은 온전함이라고 생각하는 무형의 존재일 뿐만 아니라 모든 생명과 물질을 낳는 보이지 않는 힘이다. 만물은 서로 반대되는 음과 양 또는 여성성과 남성성을 동시에 품고 있다. 이 장은 이처럼 겉으로 보기에 서로 반대되는 기운들을 융합하면 조화를 이루게 된다는 견해에 무게를 더한다.

노자는 우리가 고통스럽다고 생각하는 것들로 부모를 잃는 것, 먹을 것이 없는 것, 재산이 없는 것을 꼽았다. 그러면서 도의 관점에서 조화를 이루기 위해서는 잃음으로써 얻는 것도 필요하다고 말한다. 집, 부모, 재산, 자존심까지 모두 잃으면 필요한 전부를 얻게 된다는 뜻일까? 도대체 무슨 의미일까? 어떻게 이런 일이 가능하다는 것일까?

도에서 태어났고, 도로부터 생명을 부여받은 무한한 자아는 필요한 것이 아무것도 없다. 세속적인 자아만이 부모와 재산과 자존심을 필요로 한다. 노자는 하나 됨 안에서 이 차이를 알아차리라고 이른다. 그리고 삶의 물질적인 조선들을 중요하게 여기는 마음을 덜어냄으로써 자신이 가진 도의 본성을 이해할 수 있다고 가르친다. 하나 됨 안에서 세속적인 욕망이 커지면 거기에 비례해서 도의 감성은 자리를 잃어버린다. 마찬가지로 살아가는 방식에 따라 세속적인 자아는 죽음을 맞을 수도 있다고 강조한다. 살아 있는 동안 죽는다는 것은 언젠가는 죽게 될 운명을 타고난 자아를 위한 근본적인 가르침이다. 도의 진정한 조화 속으로 녹아들기 위해서는 이렇게 균형 잡힌 사고가 필요하다.

내가 이 42장에 대해 연구하고, 글을 쓰고, 명상하는 동안 마지막 몇 줄이 계속해서 마음을 붙잡았다. 여러 번역본을 연구하고 노자의 초상을 바라보며 무수히 많은 교감을 나누고 나서, 많은 번역본이 이 장의 어느 한 부분을 강조하고 있음을 발견했다.

대략 다음과 같다. "나는 이를 가르침의 아버지로 삼는다." "이를 내 가르침의 근본으로 생각하라." "이것이 내 가르침의 정수다." "이를 말하는 사람은 누구든지 간에 나의 소중한 스승이다." 그리고 내가 이 책에 담은 "이것이 내 근본적인 가르침이다." 등이다. 나는 어떤 식으로든 폭력적으로 생각하고 행동하는 것은 그와 똑같은 방식으로 죽기를 선택하는 것이라는 결론에 도달했다. 물론 당신은 이 극적인 가르침의 의미에 대해 자신만의 결론을 이끌어내게 될 것이다.

이 가르침을 통해 나는 그가 그 반대의 상황도 진실이라는 점을 강조하고자 했으리라 믿게 되었다. 즉, 도를 품고 폭력과 증오를 멀리하는 사람은 자연의 이치에 따라 살고 또 죽게 될 것이며, 이는 도의 완전함과 조화를 이루는 것이다. 자신의 근원과 조화를 이루는 데 방해되는 것들을 이전과는 다르게 인식하기를 바란다. '죽음'이라고 불리는 그 순간 영혼이 육체를 떠나면 결국 모든 생명이 태어난 그곳으로 다시 돌아가는 것이다. 조화를 이루려면 삶 속에서 어떤 형태의 폭력과도 연결되지 않아야 한다.《도덕경》의 이 근본적인 가르침을 받아들이도록 노자가 나를 통해 제안하는 것들이 여기 있다.

### 폭력은 삶과 죽음의 조화로움을 파괴한다는 사실을 기억하라

폭력과 관련된 모든 관계를 끊고 조화롭게 살겠다고 다짐하라. 폭력을 조장하는 것이라면 어떤 형태의 오락거리도 멀리하라. 예를 들어 증오를 일으키거나 살아 있는 생명을 죽이도록 부추기는 표현들을 삼가라. 다툼을 평화롭게 해결하기 위한 방법을 찾고 폭력에 반대하는 단체의 활동에 참여하라. 야만적인 폭력을 지지하는 것은 똑같이 야만적인 최후를 예약하는 것과 같다는《도덕경》의 근본 원칙을 기억하라. 겉으로 드러나는 행위뿐만 아니라 정신적인 활동도 마찬가지다. 복수와 증오 대신, 관대하고 용서하는 마음을 추구하라. 폭력 없이 조화 속으로 녹아든 한 폭의 그림을 바라보듯 삶을 대하라.

### 덜어냄으로써 얻고 더함으로써 잃는다
### 당신의 집착을 점검하라

물건, 지위, 문화는 물론이고 다른 사람에 대한 애착조차도 당신이 위대한 도 안에서 자유로워지는 것을 가로막는다. 더 많이 가질수록 더 많이 지켜보고, 걱정하고, 보호하고, 다듬고, 구분한다. 그리고 그것들과 자신을 동일시한다. 달리 말하자면, 얻기 위해 애쓰느라 조화를 잃어버리는 것이다. 재산을 대가 없이 나눠주고, 가지고 있는 물건과 곁에 있는 사람에 대한 욕심을 놓는 연습을 하라. 당신이 소유하고 있다고 여기는 사람이나 사물들과 연결된 끈을 상상하고 그 끈들을 끊어라. 소유자가 아닌 관찰자의 입장에 서라. 이것이 바로 당신이 도와 조화롭게 어우러지는 방법이다.

시인 하피즈는 말한다.

이제 모두를 신처럼 바라보라.
그러나 이를 비밀로 하라.

### 🪷 지금, 도를 행하라

살아오면서 당신을 부당하게 대했던 한 사람을 떠올려보라. 당신을 저버리고 힘들게 했던 사람, 무언가를 빼앗아갔거나 사기를 쳤던 사람, 모욕을 퍼부었거나 안 좋은 소문을 퍼트렸던 사람들 중에 한 명을 골라라. 복수에 대한 생각들을 저 멀리 치워버리는 데 하루를 보내라. 대신 그 사람에 대한 용서와 사랑을 느껴보라. 과격하고 난폭한 생각들이 사라졌을 때 몸 안에서 느껴지는 차이에 주의를 기울여라. 이것이 바로 도의 근본적인 가르침이다.

잃음으로 얻기도 하고
얻음으로 잃기도 한다.

# 43

가장 부드러운 것이
가장 단단한 것을 이긴다.
형태 없는 것은 공간이 없는 곳으로도 들어간다.
그러기에 나는 무위無爲의 유익함을 안다.

말없는 가르침
움직임 없는 행함
세상에 그것을 아는 이가 거의 없구나.
그것이 성인의 길이다.
이 세상은 아낌없이 주는데
이를 얻은 이는 참으로 드물다.

# 부드러운 삶
## *Living Softly*

《도덕경》은 자연에 대한 비유들로 가득하다. 그러한 가르침들은 우리로 하여금 자연과 하나가 되었던 성인들처럼 되도록 도우려는 듯하다. 43장의 첫 부분은 나에게 물의 방식, 즉 틈이 없어 보이는 곳에도 스며들어가는 그 부드러움의 능력을 생각하게 한다. 물은 도교의 상징으로 자주 인용된다. 예를 들어 앨런 와츠가 그의 작품《도: 물이 흐르는 방식》의 제목으로 사용한 것처럼 말이다. 부드럽게 사는 것은 물 흐르듯이 사는 것이다.

노자는 단단함에 대한 생각을 바꾸라고 요구한다. 우리에게 단단함의 개념은 강함과 같다. 우리는 단단한 근육이 더 강하다고 여기기 때문에 운동을 하는지도 모른다. 손에서 쉽게 부스러지는 화산재보다 다이아몬드가 더 가치 있다고 생각하는가? 그렇다면 당신은 어려운 임무를 수행해야 더 나은 사람이 된다는 생각에 동의할 것이다. 자연을 상징하는 물을 보라. 지구의 표면과 우리 신체의 75퍼센트 이상은 물로 이루어져 있다. 가장 낮은 곳을 향해 흐르는 물의 방식을 보라. 확 움켜쥐어서는 이를 느낄 수가 없다. 마음을 고요히 가라앉히고 그 안에 손을 담가보라.

물이 어떻게 단단한 돌과 바위를 뚫을 수 있는지 생각해보라. 부드러운 물은 단단함을 넘어선다. 화강암으로 이루어진 산의 계곡은 수 세기에 걸쳐 고요하고 묵묵하게 흐르는 물에 의해 만들어졌다. 공간이 없어 보이는 곳에도 흘러들어갈 수 있는 능력이 있다고 생각해보라. 말없이 스스로를 온전히 놓아둔 채로 낮은 곳, 조용하고 눈에 잘 띄지 않는 곳, 다른 모든 것들이 당신에게로 오기를 희망하는 그곳으로 천천히 흐르는 상상을 해보라. 이것이 바로 물이 흐르는 방법이다.

물처럼 힘들이지 않고 자연스럽게 흐를 수 있는 무위無爲는 여러 모로 유익하다. 나는 수영하러 바다에 들어갈 때면 이를 떠올린다. 그리고 물의 흐름을 거스르지 않고 물과 어우러지기 위해 먼저 물이 어느 방향으로 흐르고 있는지 확인한다. 바다의 자연스러움을 따라 수영하는 동안 나는 내 본능을 믿는다. 팔과 다리에게 모든 것을 맡긴 채로 수영을 한다. 나는 이것을 간섭하지 않는 행함이라고 생각한다. 어떻게 움직여야 한다고 머리가 몸에게 지시하는 것이 아니라 몸이 알아서 물을 가르고 나아가도록 내버려두는 것이다. '단단함'과 '부드러움'에 대한 생각을 바꾸면 아무것도 할 필요가 없어지고 그저 물 속에 있기만 하면 된다. 나는 수영을 내가 애써 하는 것은 거의 없는 부드럽고 고요한 체험으로 만들기로 했다. 그러자 나의 수영 세계는 달라졌다. 쉽고 즐거워졌으며, 애쓸 필요가 없어졌다. 나는 노자가 이 장에서 말한 것처럼 "무위가 얼마나 유익한지"를 배웠다. 이것은 행하지 않고 이루는 것이다.

세상의 모든 것들에 이 방식을 적용해보라. 일이 단순해지고, 성취도는 높아질 것이다. 그리고 남보다 앞서야 한다는 압박감도 사라질 것이다. 무술에서 다른 사람의 힘을 거꾸로 이용하는 것처럼 평화로운 조화의 지혜를 자연스럽게 받아들이게 될 것이다. 당신의 부드러움이 다른 사람의 단단함을 넘어설 것이다.

이 원칙은 위대한 챔피언들을 보면 명백하게 드러난다. 훌륭한 골프 선수들은 스윙할 때 억지로 힘을 쓰지 않는다. 뛰어난 구기 종목 선수들은 달리고, 뛰고, 던지고, 잡고, 슛을 할 때 지켜보는 모든 사람을 놀라게 하는 부드러움을 가지고 있다. 그들은 억지로 힘을 쓰지 않으며 자신들이 어떻게 그리하는지 말로 표현하지도 못한다. 뛰어난 예술가들은 힘들이지 않고 부드럽게 춤추고, 힘들이지 않은 채 고요하게 그리며, 적절한 단어가 찾아오게 내버려둠으로써 쉽게 쓴다. 이들은 노자가 전한 성인의 방식을 실천하는 드문 사람들이다. 이들은 "세상이 아낌없이 주는 것을" 얻는다. 세상은 당신에게도 똑같이 주려고 한다.

노자가 들려주는 조언을 계속 읊조려보니, 이 43장에 담긴 물의 흐름과 같은 정신을 사람들이 실천할 수 있도록 하라고 나를 재촉하는 듯하다.

## 부드러운 무위의 방식을 삶에 도입하라

무위의 방식 혹은 애쓰지 않는 행함을 실천하라. 밀어붙이라는 내면의 요구를 내려놓음으로써 오히려 애쓸 때보다 더 잘하게 됨을 깨달을 것이다. 일할 때는 마음가짐과 태도를 부드럽게 함으로써 성취에 대한 압박을 견뎌내라. 더 많은 고객과 기회가 당신에게 올 것이다. 왜냐하면 당신이 도의 완전한 흐름에 자신을 맡기기 때문이다. 마치 큰 회색 왜가리가 먹이를 찾기 위해 썰물이 빠져나가기를 기다리는 것처럼 말이다. 세상을 바라보는 방식을 바꾸면 삶이 어떻게 달라지는지에 주목하라.

삶의 다른 영역에서도 애쓰지 않고 행하기를 실천하라. 예를 들어 마라톤 선수들은 몇 킬로미터를 남겨두고 몸이 극도로 피로해지면 긴장을 풀고 팔과 다리와 몸통에 몸을 내맡긴 채 억지로 밀어붙이지 말아야 한다는 사실을 안다. 그들은 몸에 대한 간섭과 지시를 멈출 때 불가사의하게도 결승선을 통과하게 된다고 이야기한다. 부드러움은 언제나 제자리가 있다. 그것이 바로 물이 흐르는 방법, 즉 도의 방식이기 때문이다.

## 욕망들이 상상 속에서 자유롭게 흐르도록 하라

잠겨 있는 그 문 밖에 서 있는 것처럼, 가질 수 없지만 늘 갖고 싶었던 것을 떠올려보라. 당신이 갈망해온, 그러나 아무리 노력해도 결코 가질 수 없었던 재산, 건강, 행운, 사업적인 성공 또는 좋은 인간관계에 대해서 스스로에게 뭐라고 말해왔는지 점검해보라. 이제 막힌 벽을 넘어 마치 물처럼 흘러들어가는 당신의 모습을 상상해보라. 마음속으로 부드럽게, 온화하게, 조용히 그렇게 해보라. 그렇게 물이 흐르는 것과 같은 도의 방식에 익숙해지는 시간을 가지라는 것이다.

부드러움을 인생이라는 그림의 한 부분으로 받아들이면 단단하고 어려운 길도 부드러워질 것이다. 당신이 가진 욕망의 모든 영역에서 이 같은 애쓰지 않음을 연습하라. 랠프 월도 에머슨은 "그것은 영감을 얻는 조건이다. 본성과 결혼하라. 쾌락을 위해 그녀를 이용하지 마라." 라고 말했다. 당신에게 이러한 결혼을 진지하게 고려해보라고 권하고 싶다.

### ♨ 지금, 도를 행하라

침묵의 날을 가져라. 어느 누구에게도 큰 소리로 말하지 마라. 자신이나 다른 사람에게 아무것도 요구하지 않는 부드러운 상태에 머무를 수 있는지 관찰하라. 평온한 마음으로, 허먼 멜빌Herman Melville이 "신의 유일한 음성은 침묵"이라고 말한 의미를 깊이 생각해보라.

# 44

내 몸과 명성, 무엇이 더 귀한가?
내 몸과 재산, 무엇이 더 중요한가?
얻는 것과 잃는 것, 무엇이 더 문제인가?


사랑은 희생의 열매이고
풍요로움은 후한 마음의 결실이다.


만족할 줄 아는 사람은 욕되지 않고
그칠 때를 아는 사람은 위태롭지 않다.
그러기에 오래갈 수 있다.

# 멈춰야 할 때를 아는 삶
*Living by Knowing When to Stop*

44장은 삶의 우선순위의 기준을 바꾸면 많은 결실을 얻게 된다고 이야기한다. 나는 이 장에 "이 정도면 됐어!"라는 이름을 붙여주었다. 삶에서 가장 중요하다고 여기는 것들에 대한 생각을 전환하면 세상이 새롭게 보일 것이다. 노자는 자신의 내면을 깊이 들여다보고 무엇이 진정으로 소중한지 점검해보라고 요구한다.

지금까지 노자는 육체적인 죽음을 맞이하기 전에 자신의 근원으로 되돌아가는 것은 삶의 중요한 사명이라고 조언했다. 이것은 근원으로 돌아가는 여행을 위해서 반드시 죽어야만 하는 것은 아니라는 뜻이기도 하다. 이 순간 속에 살면서 우리의 근원인 도와 연결되어 있음을 느끼는 것은 가능할 뿐만 아니라 매우 중요하다.

멈춰야 할 때를 아는 것은 본질적인 자아로 가는 여정의 일부다. 그곳에 명예나 재산에 대한 욕망은 존재하지 않는다. 어떠한 사물이나 인정받고자 하는 욕망이 도와 당신 사이의 관계를 방해하는 것은 아니다. 정말 방해가 되는 것은 명예나 재산에 대한 당신의 집착이다. 성공이나 소유에 부여한 가치와 의미를 바꿔라. 그것들은 도와 당신 사이의 유대감을 약하게 만들 뿐이다. 더 많은 것을 원하고, 힘을 쓰지만 결국 이루지 못하는 혹은 만족을 찾아 끝없이 애쓰는 불합리한 순환의 덫을 경계하라. 이 장은 당신에게 멈추어야 할 때를 알아야 한다고 간절하게 조언한다.

더 많이 얻기 위해 생애를 소비하는 사람들은 주변에서 쉽게 볼 수 있다. 그들은 재산, 명예, 친구, 여행, 음식 등 말 그대로 모든 것을 좇는다. 당신도 이 같은 인생관을 가지고 산다면 불만족과 좌절로 가득한 삶을 예약한 것이나 다름없다. 왜냐하면 그 추구 자체가 당신을 감옥에 가둘 것이기 때문이다. 그것이 노자가 잃는 것보다 얻는 것이 더 큰 병이라고 말한 이유다. 삶에 있어 무엇이 정말 소중한지를 따져보면, 사랑과 충만한 감정은 언제나 가질 수 있는 두 가지 원칙임을 깨닫게 될 것이다. 당신이 세상을 바라보는 방식을 바꾸었기 때문에 당신은 온전히 사랑받고 있으며 모든 면에서 풍요롭다고 느낄 것이다.

노자가 또다시 모순으로 보이는 말을 건네고 있다. 그는 사물을 바라보는 방식을 달리하면 그 바라보던 대상이 변화한다는 점을 이야기한다. 그는 온 천지에서 사랑과 풍요로움을 발견한다. 그렇지만 그것들을 좇아서는 결코 잡을 수 없다는 것을 안다. 그것들은 언제나 손으로 잡을 수 있는 범위 밖에 있기 때문이다. 그는 도를 바라본다. 그리고 도가 그 생명을 주는 본질을 모두와 나누고자 한다는 것을 이해한다. 아무런 보답도 바라지 않고, 인정받고 싶은 욕심도 없이 자신을 아낌없이 내어줄 때 더 큰 만족을 경험하게 된다. 맹목적인 추구를 멈추면 풍요로움과 사랑의 결실은 바로 당신 앞에 있다.

44장에 담긴 매력적인 지혜는 사물이나 존재의 방식에 대한 집착을 놓아버리라는 것이다. 다시 말해 언제 멈추어야 할지를 알라는 것이다. 맹목적으로 추구하는 것이 건강을 위협한다면, 멈춰라! 그 무조건적인 추종이 당신의 관계를 상하게 한다면, 그만 멈춰라! 그 끝없는 사냥이 당신을 지치게 한다면, 그로 인해 삶을 즐길 수 없다면, 이제 그만 멈춰라! 언제 그만두고 단념해야 할지를 안다면 어떤 위험도 당신을 해치지 못할 것이다. 그리고 당신은 도와 연결된 길고 만족스러운 생활을 즐길 수 있을 것이다.

다음은 노자가 나로 하여금 당신에게 전해주기를 바라는 실천 방법들이다.

## 당신과 도의 관계에 우선순위를 부여하라

이를 가장 중요한 첫 번째 의무로 삼아서 삶의 우선순위를 조정하라. 가장 근본적인 관계는 바로 자기 자신과의 관계다. 가족, 사업, 국가, 문화 혹은 민족과의 관계가 아니다.

스스로에게 다짐하라.

"내 삶에서 첫 번째 우선순위는 내 존재의 근원과 나 사이의 관계다."

무엇보다도 이것이 우선이다. 그러면 자동적으로 다른 것들도 더 많이 바라지 않게 될 것이다. 지상낙원에 살며 애쓰지 않고도 도를 따르게 될 것이다.

## 멈춰야 할 때를 알아차리는 연습을 하라

너무 많이 요구하고, 맹목적으로 추구하고, 말하고, 걷고, 일하고, 자고, 놀고, 쇼핑하고, 불평하고, 애쓰는 중에 언제 멈춰야 할지를 알아차릴 수 있도록 깨어 있으라. 멈추는 연습을 통해 그 순간에 무엇이 가장 중요한지 우선순위를 매길 수 있을 것이다.

사업이 잘되고 있는가? 너무 급하게 커나가는 것을 멈추게 하라. 배가 부른가? 지금 당장 먹는 것을 멈추어라. 은행 잔고가 충분한가? 그렇다면 그중에 일부는 기부하라. 소득공제를 받거나, 베풂의 대가로 좋은 평판을 얻는 일 같은 건 잊어버려라. 바라고 원하고 소유하는 데 매달릴수록 당신은 도와의 관계를 잃어버리게 된다. 그러나 멈추어야 할 때를 알면, 평생 애만 쓰고도 성취하지 못하는 어려움과 이별하게 된다.

### ☙ 지금, 도를 행하라

일상 중에서 멈춰야 할 때를 정함으로써 집착을 놓아버리는 연습을 해보라. 예를 들어 쇼핑 장소에서 당신이 충분하다고 생각하는 시간보다 10분 일찍 그곳을 떠나거나 목록에 적지 않은 것은 사지 않겠다는 등의 계획을 세워라. 직장에서라면 커피 한 잔, 메신저 대화를 한 번 더 참아보라. 무의미한 논쟁이라면 아무런 말도 하지 말고 참아보라. 이들은 모두 존재나 행동에 대한 집착의 실례들이다.

당신은 또한 무언가를 놓아버림으로써 집착을 벗어날 수도 있다. 나는 최근 내 아들이 했던 일 때문에 아들과 나, 둘 다 놀란 적이 있다. 나는 아들이 새로 산 티셔츠를 칭찬하고 있었다. 그러자 아들이 말했다.

"아빠에게 드릴게요. 마음에 드는 티셔츠이긴 하지만 아빠가 정말 좋아하시는 것 같네요. 아빠가 입으시는 게 좋겠어요."

그것은 간단하고 자연스러운 '집착의 내려놓음'이었다. 우리 둘은 모두 '후한 마음의 열매'인 풍요로움을 흠뻑 누렸다.

# 45

진정으로 완벽한 것은 모자란 듯하지만
그 쓰임에 다함이 없다.
진정으로 가득 찬 것은 빈 듯하지만
그 쓰임에 끝이 없다.

완전히 곧은 것은 굽은 듯하고
빼어난 솜씨는 어리석은 듯하고
훌륭한 웅변은 어눌한 듯하고
진정한 진실은 거짓인 듯하고
위대한 논쟁은 침묵인 듯하다.

움직이면 추위가 물러가고
가만히 있으면 더위가 물러간다.
고요함과 평온함이 세상을 올바르게 만든다.

# 표면적인 것 너머의 삶
*Living Beyond Superficialities*

새로운 눈으로 세상을 보라. 당신은 겉으로 보이는 것들을 통해 모든 것들을 평가하도록 배워왔을 것이다. 그러나 노자는 이제 더 이상에고가 지배하는 문화를 통해 바라보기를 멈추라고 요구한다. 그 대신모든 것의 내면에 존재하는 고요하고 평온한, 그 보이지 않는 공간에주목하라고 이른다. 겉으로 드러난 모습을 넘어서면 기존에는 불완전하고, 텅 빈 듯하고, 서투르며, 심지어 어리석어 보였던 것들이 완전하고, 충만하고, 능숙하며, 총명하다는 사실을 깨닫게 된다.

기존의 사고방식은 이 세상이 온통 불완전한 것투성이라고 말한다.우리 주위의 사람들은 좀 더 특별해야 하고, 정치인들은 우리가 지지하는 가치와 보조를 같이 해야 한다. 날씨는 정확하고 믿을 수 있어야한다. 대중은 더 평화적이야 한다. 젊은이들은 더 열심히 공부해야 하고, 노인들은 더 관대해져야 한다. 이러한 논리들은 모두 그동안 우리가 받아들여 온 가치관에 뿌리를 두고 있다. 분별 있고 옳은 것처럼 보일 수도 있지만, 사실 이러한 견해들은 단순히 겉으로 드러난 표면만을 살핀 결과다. 노자는 "잠시 멈춰서 다르게 보라. 불완전하게 보이는 것에는 완전함이 들어 있고, 비었거나 틀린 것처럼 보이는 것은 그것을 떠받치는 깊고 정신적인 진실을 품고 있다."라고 말하는 듯하다.

여기에 있는 모순은 분명하다. 이 세상의 굶주림은 도라는 완전함의 한 요소로서 존재하며, 그 굶주림으로 고통받는 사람들을 돕고자 하는 마음 역시 완전함의 일부다. 노자는 눈에 보이는 것들에 불완전하고 어리석다는 딱지를 함부로 붙이지 말고 내면의 고요함과 평온함을 발견하라고 당부하고 있는 것이다. 겉모습만 가지고 판단하지 않는다면 모순적이게도 당신은 변화의 도구가 된다.

이 장의 첫 부분에 대해 깊이 생각해보라. 모자란 듯한 것은 쓰임에 다함이 없고, 빈 듯한 것은 쓰임에 끝이 없다. 채우지 않아도 아이스티가 계속 흘러나오는 주전자를 떠올려보라. 당신은 "말도 안 되는 소리!"라고 하겠지만 이것이 바로 도가 하는 일이다. 도는 결코 마르지 않는다. 과거에도 그랬고 앞으로도 그럴 것이다. 도는 고갈될 수가 없다. 노자는 당신에게 다함이 없고 언제나 가득한 도처럼 되라고 말한다. 편협해지지 말고 고요하며 평온해지라고 한다. 이 세상과 그 안의 모든 생명들을 존재하게 하는 보이지 않는 힘과 조화를 이루면서 동시에 그 모든 것들이 펼쳐지게 하라. 내면의 고요하고 평화로운 공간으로부터 느껴지는 그것으로 하여금 참된 운명의 방향으로 이끌게 하라.

최근에 나는 친구이자 동료이며 성실한 조언자이기도 한 람 다스Ram Dass의 강연에 참석한 적이 있었다. 그는 1997년에 뇌졸중으로 쓰러져서 말하는 능력에 손상을 입었다. 이 글을 쓰고 있는 지금까지도 그는 깨어 있는 시간의 대부분을 휠체어에 앉아서 보낸다. 그의 강연은 거의 45분 동안이나 계속되었다. 강연이 끝나자 열렬한 기립 박수를 받았으며, 나는 그의 강연에 참석하여 객석에 앉아 있었다는 사실만으로도 정말 행복하고 감사했다.

세상에는 겉으로 드러난 것만을 보며 살아온 사람들도 있다. 그들에게는 그 강연이 느리고 썩 불편하게 느껴졌을지도 모르겠다. 당황스러웠을 수도 있고 심지어는 지적 능력을 시험하는 것처럼 보였을 수도 있다. 나의 사랑하는 친구가 무대 위에 서 있었던 시간의 대부분은 침묵으로 채워졌고, 그것은 이전에 늘 그가 들려주었던 달변의 연설과 비교하면 분명 서툴게 보였다. 그러나 나는 이 글을 쓰면서 경험을 바라보는 방식을 바꾸었기 때문에 그 경험이 극적으로 다르게 다가왔다고 말할 수밖에 없다.

람 다스가 말한 단어는 많지 않았지만 그의 메시지는 솔직하고 간결하면서 단도직입적이었다. 다른 사람들은 이해할 수 없었을지도 모르는 것이 나에게는 탁월함으로 다가왔다. 서툴게 보일 수도 있는 것이 모든 면에서 분명하고 완벽했다. 청중을 향한 애정이 감미로운 긴 침묵 사이로 흘렀고, 나는 귀를 기울였다. 강연이 진행되는 내내 객석에 앉아 있던 모든 청중과 나는 고요하고 평온했다. 노자가 이 45장을 마무리하는 것처럼 그의 강연이 우리의 세상을 올바르게 만들었다.

이 아침에 아름다운 노인이 소 등에 올라앉은 그림을 바라보고 있노라니 노자의 존재가 가깝게 느껴진다. 그림 속의 노자는 얄팍함의 세계 너머에서 온 이 위대한 지혜를 실천하는 방법을 당신에게 알려주라고 재촉하는 것처럼 보인다.

## 비록 당신의 에고가 이해하지 못하더라도
## 불완전한 것들을 완전하다고 생각하고 바라보라

무의식중에 사람, 장소, 환경들에 대해 완벽하지 못하다고 딱지를 붙이고 있는 당신 자신을 알아채라. 결함 속에 감춰진 완전함을 보라. 나는 아이들이 자랄 때 특정한 나이가 되면 그들의 도발적인 행동이 눈에 띄게 드러나는 것을 자주 발견했다.

예를 들어 몸에 좋은 음식들을 안 먹겠다고 버티는 아이들을 나는 그냥 지켜보았다. 더 높은 곳에 이르기 위해 이 단계를 거쳐야 한다는 것을 알았기에 그렇게 할 수 있었다. 채소를 먹지 않겠다고 완강히 버티는 것은 그 아이들이 어리석거나 생각이 꼬여서가 아니다. 그것은 그 시기의 아이들에게 있어 아주 정상적이고 또 필요한 것이다. 당신도 이와 같이 느긋한 고요함을 자신의 세계에 적용할 수 있다. 우리는 도와 더욱 일치되는 방향으로 서서히 진화하는 것이다.

역사적으로 손꼽히는 신비주의 사상가 에크하르트Eckhart는 수세기 전에 이를 시에 담았다.

모든 사물, 모든 생명, 모든 남자와 여자, 아이들은
영혼을 가지고 있다.


신이 보듯 보고, 신이 이해하듯 이해하고
신이 느끼듯 느끼고, 신이 존재하듯
존재하는 것.
이것이 모두의 운명이다.

## 스스로에게 완전함을 허락하라
## 겉으로 드러난 당신의 모든 불완전함에게도

무엇보다도 먼저 스스로를 신의 피조물이라고 인식하라. 이것은 당신이 어떻게 보이는지 혹은 어떤 실수나 실패를 저질렀는지와는 아무런 관계가 없다. 비록 이러한 표면적인 문제들이 평생을 살아가는 동안 계속해서 반복된다고 해도 말이다. 자아의 근원인 영원한 도는 흠이 없고, 곧으며, 완전하고, 진실하다. 불완전하다고 생각했던 것들이 모습을 드러냈을 때, 그것들을 싫어하고 비판하느라 스스로를 괴롭히지 말고 결점투성이라고 여겼던 도이자 완전한 자신의 자아에게 도움을 청하라. 스스로 애정을 갖고 감싸 안으면 사랑받지 못해서 상처받은 겉모습과 감정은 평온하게 가라앉을 것이다.

13세기의 신비주의 시인 루미는 이를 짧은 글 속에 온전히 담았다.

당신이 바로 진실이다.
머리부터 발끝까지.
이제 무엇을 더 알고 싶은가?

### ⚘ 지금, 도를 행하라

당신이 불완전하고, 꼬여 있고, 어리석다고 꼬리표를 붙여놓은 것들 중 열 가지를 뽑아 목록을 만들어라. 그러고 나서 한 번에 하나씩, 그 항목과 연결된 당신 몸속의 감각을 끌어내보라. 애정을 가지고 포용하는 마음으로 머릿속에 떠오르는 느낌을 관찰하고 붙잡아라. 편안하게 느껴질 때까지 계속하라.

도가 지금 이 자리에 존재하도록 두라. 도는 편협한 판단을 하지 않으며 모두에게 공평하다는 사실을 기억하라. 햇볕을 쬐며 몸을 따뜻하게 하는 데서 멈출 수도 있고 새카맣게 태울 수도 있다. 도는 그저 존재할 뿐 상관하지 않는다.

고요함과 평온함이 세상을 올바르게 만든다.

# 46

세상이 도를 따르면
전장에 있던 말이 땅을 갈기 위해 돌아오고
세상이 도를 따르지 않으면
전쟁터로 끌려간 말이 전선에서 새끼를 낳는다.

도를 잃는 것보다 큰 잃음이 없고
지나친 욕심보다 더한 재앙이 없으며
만족을 모르는 것보다 더한 비극이 없다.
가장 큰 허물은 언제나 더 많이 원하는 것이다.

만족만으로 충분하다.
만족 안에서 진정으로
영원한 환희를 찾을 수 있다.

# 평화로운 삶
## *Living Peacefully*

자신의 성취를 그동안 얼마나 많이 모았는지에 기준을 두고 있다면, 이제 커다란 변화를 맞이할 준비를 하라. 《도덕경》의 46장은 성공을 위해 더욱 평화로우면서 더 큰 만족을 얻을 수 있는 방법을 찾으라고 유혹한다. 더 많이 얻고자 하는 마음을 없애면 그로 인해 그동안 알고 있던 세상이 전혀 다르게 보일 것이다. 그리고 내면의 평화를 얻는 것이 성취의 진정한 척도가 된다는 사실을 알게 될 것이다.

46장은 우리가 살고 있는 이 별이 도와 관계를 잃어버리면 어떤 일이 벌어질지를 살피는 것으로 시작한다. 국가들은 더 많은 영토를 정복하려고 한다. 그래서 넓은 땅, 강력한 힘, 다른 국가에 대한 지배를 추구하면서 끊임없이 전쟁을 준비해야 한다. 노자는 말을 상징적으로 사용하여 이야기한다. 도와 조화를 이루면 말들이 땅을 기름지게 하고, 도에서 멀어지면 이 아름다운 동물들은 전쟁터로 끌려간다.

내 친구이기도 한 스티븐 미첼은 자신의《도덕경》번역본에서 이 메시지를 현대적인 표현으로 풀어낸다.

한 나라가 도와 조화를 이루면
공장들은 화물차와 견인차를 만든다.
한 나라가 도를 거스르면
미사일 탄두가 도시 외곽에 쌓인다.

이 세상이 지금 도와 관계를 잃어버렸다는 것은 너무나 분명하다. 우리는 땅을 기름지게 하는 여러 자원들을 희생시켜 가면서 우리가 가진 에너지의 너무 많은 부분을 군마軍馬를 키우는 데 쏟아붓는다. 세상은 이미 대량 살상 무기로 가득하건만, 이 별을 순식간에 파괴할 만큼 위협적인 무기를 만들기 위한 법률을 끝도 없이 만들어낸다. "만족을 모르는 것보다 더한 비극이 없다."라는 노자의 말은 도처에서 구체적인 현실로 나타나고 있다. 그러나 걱정과 근심의 화염이 우리의 신성한 자아를 집어삼킬 것처럼 보일지라도 당신은 노자의 조언에 따라 실천하는 과정을 시작할 수 있다.

평화롭게 산다는 것의 참된 의미를 이해할 때 더 많은 것을 바라는 욕망은 사라지고 만족감이 그 자리를 대신할 것이다. 당신의 삶을 변화시키면 당신의 세상은 저절로 평온해지기 시작할 것이다. 그런 다음 당신의 가족, 이웃, 직장 동료, 궁극적으로는 자신이 속해 있는 나라와 이 별 전체의 삶들을 어루만져라. 더 많이 요구하는 자신이 느껴지거든 간단히 성 프란치스코의 〈평화의 기도〉를 떠올리는 것으로 시작하

라. 나지막하게 말하라.

"주여, 나를 평화의 도구로 써주소서. 미움이 있는 곳에 사랑을."

그 평화의 도구로서 당신은 주변 사람들에게 평온함을 전하게 될 것이고, 새롭고 특별한 성공의 불빛을 느낄 것이며, 어쩌면 생애 처음 만족감을 얻을 것이다. 다른 사람들이 어떻게 방황하든, 세상이 무엇을 하라고 정하든 간에 당신은 도를 잃어버리지 않음으로써 조화롭게 살아갈 것이다. 당신과 도의 조화는 변화를 가져오고, 노자가 "더한 비극이 없다."라고 말한 불만족의 벼랑으로부터 세상이 조금씩 멀어지게 할 것이다.

하피즈는 그러한 성공의 모습을 그의 시 속에 아름답게 담았다.

하피즈가 다음과 같이 말하면 이상하다고 생각할 건가요.
"나는
모든 교회와
이슬람의 성전과
불교의 사찰들,
그리고 다른 모든 성소를
사랑한다.
그것이 거기에 존재하기에.
사람들은 하나의 신을
서로 다른 이름으로 부를 뿐이다."

노자에게로 돌아가보자. 오늘의 우리 삶에 적용할 만한 46장의 강한 메시지가 여기 있다.

## 매일 감사하고 만족하라

매일 아침, 당신의 발이 땅을 딛고 일어설 때마다 "만족스러운 삶을 살 수 있는 기회를 주셔서 감사합니다."라고 말하라. 당신을 통해 자유롭게 흐르는 도의 신비로운 힘을 불러들이고 하루 동안 당신의 반응을 살펴보라. 이러한 방법으로 감사와 만족을 간절히 원할 때 당신의 근원과 조화를 이루게 된다.

## 본성을 따르라

점점 더 강한 폭력을 만들어내는 세상 속에서 평화의 도구가 되기로 결심하라. 땅을 갈고, 배고픈 사람을 먹이고, 불완전하고 불행한 사람들에게 용기를 주는 말馬이 되어라. 마치 당신과 도가 하나인 것처럼 살아라. 본성대로 살아라.

많은 사람들이 이렇게 할 수 있다면 결정적 다수에 도달하게 될 것이고, 결국은 위대한 도가 에고의 요구들을 넘어서게 될 것이다. 야구 용어를 빌려 표현하자면, 우리의 본성이 언제나 끝내기 한 방을 날려 줄 것을 진심으로 믿는다.

### ⚓ 지금, 도를 행하라

적이라고 생각하는 한 사람 혹은 한 무리의 사람들에게 평화로운 에너지를 보내는 시간을 가져라. 경쟁 관계에 있는 사람, 소원해진 가족, 종교가 다른 사람, 정부나 정당에 대해 다른 의견을 가지고 있는 사람도 포함시켜라. 가능하다면 무언가를 그들에게 보내라. 꽃이나 책, 아니면 편지도 좋다. 도에 몸과 마음을 맡기는 의식적인 노력을 오늘, 지금 당장 시작하라. 그리고 분열되지 않은 진정한 성공을 이해하라.

# 47

문을 나서지 않고도
세상을 알고
창을 통해 내다보지 않고도
하늘의 방식을 본다.

멀리 나갈수록
아는 것은 줄어든다.

그러므로 성인은 나가지 않고도 알고
보지 않고도 꿰뚫고
애쓰지 않고도 성취한다.

# 존재함으로 사는 삶
## *Living by Being*

노력하고 힘을 써야만 성공한다는 믿음을 버려라. 47장에서 노자는 이러한 믿음이 우리가 완성을 이루고 조화를 경험하는 것을 방해한다고 말한다. 애쓰지 않고 그저 존재함으로써 사는 삶은 우리가 기존에 가지고 있던 것과는 다른 관점이다. 노자가 말하는 것처럼 창문을 내다보지 않음으로써 더 많이 깨닫고 이룰 수 있다.

그것이 어떻게 가능할까? 이 수수께끼를 풀기 위해 하나의 예를 들어보자. 신이 만든 가장 위대한 피조물 중 하나인 당신의 심장에 주의를 기울여보자. 동맥, 혈관, 근육, 그리고 피로 이루어진, 언제나 고동치는 그 신비한 덩어리를 당신은 항상 가슴에 품고 다닌다. 심장은 펌프질을 계속한다. 심지어 당신이 잠을 잘 때도 멈추지 않는다. 당신이 주의를 기울이지 않아도 심장은 마치 거대한 바다처럼 완전하게 작동한다. 그 박동은 마치 파도를 떠올리게 한다.

심장은 스스로에게 생명을 전하는 참으로 놀라운 존재다. 이것이 곧 당신이다. 당신의 가슴속에 들어 있는 심장은 '존재함으로 사는 삶'의 교훈을 이해하고 적용할 수 있는 하나의 모델이다. 심장은 앞으로 나서지도 않고, 흉곽 너머를 내다보지도 않고, 애쓰지도 않음으로써 성취한다. 그리고 생명을 유지한다. 바로 지금 이 글을 읽고 있는 순간에도 당신을 살아 있게 한다. 당신은 그것을 미처 느끼지도 못한다.

본성에 따라 해야 할 바를 정확히 알고 있는 심장처럼 당신의 온전한 자아에 대해 생각하기를 바란다. 즉, 당신은 세상을 알기 위해 어디에도 갈 필요가 없다. 당신이 이미 그 세상이기 때문이다. 심장을 통제하려고 시도하는 순간 그런 노력이 아무런 쓸모가 없음을 깨닫게 된다. 아무리 애쓰고 노력한다고 해도 달라지는 것은 없다. 당신의 심장은 아무것도 하지 않지만 이루지 못하는 것이 없는 도 안에서 작동하기 때문이다.

마이클 라토라는 그의 저서 《전사는 삶과 어우러진다: 현대의 도》에서 이 점에 대해 말하고 있다.

존재의 근원은 심장에 있으며, 특히 심장 박동의 메커니즘이 그 핵심임을 지혜로운 자들은 항상 깨달아왔다. 바로 이곳으로부터 본질적인 존재의 광채가 소용돌이쳐 올라 머리를 밝게 비춘다. 이 메커니즘은 모든 기술의 저 너머에 있고, 당신은 이미 그것을 품고 있다. 그리고 표면적인 느낌이 아니라 내면의 깊은 곳에서 우러나오는 감정을 통해 즉시 거기에 접속할 수 있다. 진정 현명한 행위는 결국 아무것도 하지 않는 것이다.

당신은 이제 노자가 묘사한 모순적인 상태가 자신에게뿐만 아니라 도처에서, 수십억 사람들의 심장 속에서 실제로 벌어지고 있음을 알게 되었다. 한 걸음 더 나아가 이것이 모든 나무, 꽃, 덤불, 심지어는 광물 등 존재하는 모든 피조물에 대해서 진실임을 알 수 있다. 그리고 이 지구는 셀 수 없을 정도로 많은 천체를 포함하고 있는 우주 속에 단 하나의 행성이다.

21세기는 흔히 '정보화 시대'라고 불린다. 우리는 인류 역사상 어느 때보다도 많은 자료를 조그마한 컴퓨터 칩 안에 담을 수 있는 시대에 살고 있다. 우리는 또한 조금만 노력하면 더 많은 사실과 여러 정보를 얻을 수 있다는 것을 안다. 어쩌면 당신이 이 모든 것을 가능하게 한 컴퓨터 천재들 중 한 명인지도 모른다. 여기서 핵심은 지식과 지혜, 그리고 정보 사이의 관계다.

내 말의 의미를 설명하기 위해 '정보화 시대'라는 말에 담긴 '정보 information'라는 단어를 분해해보자. 당신이 육체와 물질세계라는 '형태 속에 in-form' 머물면 정보 information를 얻는다. 그러나 형태 form를 넘어서면 영감을 얻는다. 그러므로 정보가 항상 지식은 아니며, 지식이 항상 지혜도 아니다. 지혜는 당신이 깨어나는 순간, 당신과 당신의 심장을 연결한다. 이것이 도의 작용이다. 노자는 더 많은 사실을 알기 위해 애쓰는 것과 그 자체로 완전한 세상에 존재하는 것의 차이를 인식하라고 이른다. 이러한 지혜의 관점을 가지고 살면 세상은 전혀 다르게 보인다.

당신은 인류라는 심장 속에서 뛰는 하나의 박동이다. 당신은 당신의 창밖을 내다볼 필요도, 앞으로 나설 필요도 없다. 당신이 해야 할 일은 심장과 마찬가지로 그저 존재하는 것이다. 이 개념은 2,500년 전에도,

지금도 여전히 어려울지 모른다. 그러나 반드시 깨달아야 한다. 도의 아름다움이 사라진, 정보에 미친 세상 속에서 당신은 그저 존재함으로써 도의 지혜가 자유로이 흐르게 하는 심장의 박동이다.

노자는 나를 통해서 당신에게 이 새로운 깨달음과 효과를 시험해보라고 재촉한다.

## 당신의 심장을 신뢰하라

심장 박동에 귀를 기울이면, 아무것도 하지 않지만 이루지 못하는 것이 없는 모순적인 도를 분명하게 인식할 수 있다. 가장 깊은 느낌은 당신에게 말을 걸어오는 '심장의 소리'를 그대로 드러내는 것이다. 이 내면의 깊은 곳을 움직이기 위해 당신이 할 수 있는 일은 아무것도 없다. 그저 당신의 심장이 말하게 내버려두라. 그 고요하게 계속되는 박동에 주목하고 감사하라. 그 박동에 에너지를 주는 것이 무엇이든, 당신 가슴속에 있는 그 힘이 바로 도가 작용함을 알려주는 신호임을 깨달으라.

## 언제나 당신과 함께하는 깨달음의 느낌을 믿으라

내면의 깨달음은 당신이 앞으로 나서는 것과는 무관하게 존재한다. 깨달음은 당신이 눈을 감고 가만히 앉아 있을 때에도 그 자리에 있다. 당신에게 방 안에 틀어박힌 귀신이 되어야 한다고 말하는 것은 아니다. 오히려 당신은 지구가 태양을 돌게 하는 그 힘이 당신을 이끌도록 허락하고, 그 힘이 당신을 완벽하게 인도할 거라고 믿어야 한다. 모든 일이 이치에 맞게 돌아갈 때 경탄의 눈길로 바라보는 관찰자가 되어서 당신의 타고난 창조성을 경험하라. 마치 흐르는 물이 썩지 않는 것처럼 당신은 간섭할 필요도 없이 당신의 내면에서 완전해지려고 노력하는 자연스러운 힘에 의해 움직일 것이다. 명상을 통해 당신은 이런 깨달음에 다다를 수 있다.

## ♨ 지금, 도를 행하라

심장 사진을 한 장 구하라. 그것을 당신의 가슴속에서 작용하는 도를 일깨워주는 상징으로 삼으며 깊이 생각하는 시간을 가져라. 도에 이끌려 내면에서 쏟아지는 창조적인 무언가를 하도록 자신을 내버려두라. 그림 그리기, 시 쓰기, 공원 산책하기, 개인적인 프로젝트를 시작하기, 그것도 아니면 다른 무엇이라도 좋다. 어떤 식으로든 그냥 스스로를 놓아주라. 이제부터는 이 도의 마법을 당신 삶의 모든 면에 더 자주 불러들여라.

# 48

학문은 하루하루 쌓아가는 것이고
도는 하루하루 덜어내는 것이다.
덜고 또 덜어내면 무위에 이르고
무위에 이르면 이루지 못하는 것이 없다.


진정으로 세상을 다스리는 것은
각자의 길을 가도록 내버려둘 때 이루어진다.
간섭해서는 세상을 다스릴 수 없다.

# 덜어내는 삶

*Living by Decreasing*

우리는 "더 많이 가질수록 인간으로서 가치가 있다."라고 외치는 듯한 세상에 살고 있다. 48장에서는 이런 식의 관념을 이전과 다르게 바라보라고 한다. 우리는 재산을 모으는 것으로 자신을 증명하려는 마음을 버리고, 삶의 기준으로 삼던 생각들을 바꿀 수 있다. 덜어내는 삶은 세상을 다른 불빛 아래서 바라보는 것이다. 그 속에서 우리는 더 깊은 완전함을 경험하게 될 것이다.

정규 교육을 통해 우리는 자신에게 부과된 모든 것을 더 채워야 한다고 배웠다. 수학 공식들, 문법들, 고대사와 현대사의 수많은 지식들, 인체, 천체, 종교, 화학, 그리고 그 밖의 정보들을 끝없이 계속해서 쌓아야만 했다. 배움의 여정보다는 성적 증명서, 졸업장, 학위에 집중했다. 노자는 이 유물들을 다시 점검하라고 제안한다. 그러고 나면 지금까지 맹목적으로 추구해온 것들과 정반대로 보이는 무언가를 성공의 근거로 삼을 수 있기 때문이다.

도는 학벌을 나타내는 외부적인 표시와 상징들에서 벗어나라고 이른다. 학문이 정보와 지식의 축적에 대한 것이라면 노는 지혜에 대한 것이다. 도는 정보와 지식을 내려놓고 자신의 근원과 조화를 이루는 삶을 이야기한다. 도를 경험하고 그 경험에 생기를 불어넣고 그 원칙에 따라 살기 위해서는 물질에 의지하는 마음을 덜어내는 연습을 해야 한다.

이 장에서 이미 언급했듯이 자신의 삶에 추가한 모든 것들은 결국 자신을 가두는 하나의 요소가 된다. 도둑들로부터 물건을 지켜야 하고 자연재해로부터 그것을 보호해야만 한다. 거기서 끝이 아니다. 그것을 이리저리 옮기는 것은 물론이고 닦고, 칠하고, 청소하고, 보관하고 또 정리까지 해야 한다. 노자가 보여준 개념들, 특히 그중에서도 사물에 대한 집착으로부터 자유로워지고 이미 가지고 있는 것들을 줄임으로써 세상을 진정으로 다스릴 수 있다는 관점에는 무한한 지혜가 깃들어 있다.

이 관점에 대해 진지하게 생각하고, 축적에 대한 개념을 바꾸면, 진정 우리는 아무것도 소유할 수 없음을 이해하게 될 것이다. 아메리카 원주민들은 한때 땅을 소유한다는 용어를 갖고 있지 않았다. 오늘날 현대인들에게 땅 한 조각을 사는 것은 끝도 없이 이어지는 법적 공작의 연속이다. 소유권, 유치권, 저당권, 변호사 비용, 거기에 각종 세금 등이 포함된다. 우리는 임시로 차지할 뿐인 땅을 구매하고 소유하기 위해 이런 거대한 장애물을 만들어냈다. 노자는 우리에게 이 땅의 소유자가 아니라 손님이 되라고 이른다. 환경에 영향을 주지 않음으로써 자연계에 간섭하는 것을 멈춰라. 즉, 당신이 태어났고 결국은 다시 돌아갈 운명인 '아무것도 없음'과 조화를 이루어 살아라.

노자는 영원함 속의 '소괄호' 같은 우리의 일생을 덜어냄의 특성을 가진 도와 조화를 이룰 기회로 생각해야 하며, 이러한 조언들을 실천함으로써 그리 할 수 있다고 말한다.

## 빼기 혹은 '일상의 줄임' 속에 담긴 가치를 보라

무언가를 사고 싶다는 욕구를 덜어내기 시작하라. 광고는 그들이 선전하고 있는 모든 것이 행복과 직결된다고 설득한다. 무엇을 사는 대신 그동안 쌓아온 소유물들 중 다시 살려낼 수 있는 것들이 있는지 보라. 그동안 모아온 세속적인 물건들에 대한 집착을 내려놓으면 틀림없이 욕망이 잦아들고 상쾌한 자유를 느끼게 될 것이다. 우리는 빈손으로 여기에 왔으며 아무것도 가지고 돌아갈 수 없다. 그러므로 삶 속으로 들어오는 모든 것들을 흠뻑 즐겨라. 평화롭고 행복하게 사는 것은 스스로의 삶에 얼마나 많은 것들을 추가하느냐와는 전혀 상관이 없다. 그러한 깨달음 속에서 더 큰 기쁨을 만끽하라. 덜어내는 삶이 곧 도의 길이다.

## 소유를 통해 만족을 얻지 말고 자연에서 기쁨을 느껴라

끊임없이 모이고 흩어지기를 반복하는 우주 속에서 소유라는 것이 얼마나 어리석은지 깨달아라. 본질은 형태가 없기에 결코 변하지 않는다고 노자는 말한다. 사물들이 자연스럽게 펼쳐지도록 내버려둘수록 당신은 도와 더 조화롭게 살고 있는 것이다. 꽃과 구름, 석양과 폭풍, 별, 산, 그리고 우연히 마주치는 모든 사람들과 함께 즐겨라. 세상과 함께하라. 그것과 열애를 하며 그 속에 살되 소유하려 들지는 마라. 이것이 평화의 길이다. 이것이 바로 도의 길이다.

500년이 넘게 인도인들의 존경을 받고 있는 카비르Kabir는 그의 유명한 글에 이 48장의 지혜를 다음과 같이 담았다.

물속에 살면서도 목이 마른 물고기는
전문가의 진지한 상담이 필요하다.

### ♨ 지금, 도를 행하라

지금 가지고 있는 물건 중 다섯 가지를 재활용 코너와 같은 순환의 고리에 집어넣어, 다른 사람이 사용할 수 있도록 떠나보내라. 그다음 특별히 당신에게 의미가 있는 무언가를 골라 다른 누군가에게 주라. 이때 그 무언가는 당신이 정말로 좋아하는 것이어야 한다. 물건에 대한 애착이 클수록 그것을 떠나보낼 때 더 큰 기쁨을 느낄 것이기 때문이다. 이것은 매일 덜어내는 삶을 살아가는 데 좋은 연습이 될 것이다.

학문은 하루하루 쌓아가는 것이고
도는 하루하루 덜어내는 것이다.

# 물, 마음대로 해도
# 한 번도 물이 아닌 적이 없다

물은 정해진 바가 없다. 담는 그릇에 따라 모양을 바꾼다. 한 번도 그 것을 거부한 적이 없다. 그럼에도 물이 아닌 적은 한 번도 없다. 어느 그릇에 담겨 있든 그 그릇과 하나가 되지만 결코 물이 아닌 적이 없다. 그래서 자유롭다.

물은 사방팔방으로 가지 못하는 곳이 없다. 어디든 흘러갈 수 있고 어디든 스며들 수 있다. 가고 싶은 곳으로 마음껏 갈 수 있으니 자유롭 다. 그러나 늘 아래로 흐르는 원칙을 저버리지 않는다. 간혹 억지로 물 을 퍼올리지만 그 억지가 사라지면 물은 다시 스스로 아래로 흐른다. 물은 스스로 그러하다. 그래서 바로 '자연自然'이다.

그래서 노자의 도를 가장 잘 상징하는 것이 물이다. 물은 미리 정해 진 바가 없으니 모호하고 뚜렷하지 않다. 그러나 그보다 분명한 존재 는 없다. 물은 어디로든 흘러 자유롭지만 늘 아래로 향한다. 도道 역시 그러하다. 규정하면 더 이상 도가 아니지만 한 번도 존재하지 않은 적 이 없다. 물고기가 물속에 살 듯 우리도 도 속에 산다. 그래서 나는 도 가 무엇인지 더 이상 묻지 않으려 한다. 그저 물고기에게 물 같은 것으로 알면 그보다 명확한 이해는 없을 것이다.

공자가 물이 된 것은 그가 인생을 마칠 때쯤이었던 것 같다. '종심소욕 불유구從心所欲 不踰矩'란 '마음대로 해도 법도에 어긋남이 없다.'는 뜻이니 그가 일흔 살에 이르러 다다른 경지인 듯하다. 그릇에 담겨 그 모양으로 한 몸이 되지만 그 모양과 관계없이 자신일 수 있는 물이야말로 마음 가는 대로 해도 거리낄 것이 없는 자유로운 경지의 상징이다. 노자는 이미 늙어 공자보다 먼저 그 경지에 이른 것 같다. 세상을 등지고 함곡관을 떠나며 윤희에게《도덕경》을 남길 때 그는 이미 물이었던 모양이다. 열심히 구하여 때가 되면 서로 같은 것을 깨닫게 되는가 보다. 공자는《논어》의 〈술이〉 편에서 스스로를 "날 때부터 알았던 사람이 아니라, 옛것을 좋아하여 부지런히 그것을 구한 사람"으로 평했다. 성실함이 우리를 구할 것이다.

나는 종종 마음을 따르는 삶을 동경한다. 종심從心의 삶. 부디 진정 바라건대 마음대로 해도 법도에서 벗어나지 않는 자유를 꿈꾼다. 그러나 마음대로 하면 늘 탈이 나고 만다. 청년기를 지났지만 여전히 색의 유혹에서 벗어나지 못한다. 여전히 젊음의 충동을 안고 살고 있기 때문이다. 지금은 장년기이니 한참 혈기가 강성할 때다. 늘 싸우지 못해 안달이다. 투쟁적이다. 그리고 노년기를 앞에 두고 있으니 앞으로 방만한 혈기는 사라지겠지만 노회한 노욕의 욕심으로부터 시달릴 것이다. 작은 일에 화를 내고 자식과 제자들이 배은망덕하다고 투덜거리며 서운해하고 불평 속에서 지내게 될지도 모른다. 그러나 부지런히 구하다 보면 언젠가 마음의 평화를 찾게 될 것이다. 공자는 열심히 구하는 삶의 자세를 가진 사람을 군자라고 불렀다. 군자라는 말은 사실 고리타분하고 칙칙해서 싫다.

그러나 진정한 자유, 마음을 따르지만 도에 어긋나지 않는 그 자유가 얼마나 그리운지 모른다. 나이가 들어 조금 더 자유로워질 수 있기를. 자유의 크기, 그보다 중요한 성숙의 기준은 없다. 아무리 생각해도 그렇다. 나도 사라 물이 되고 싶구나.

# 49

성인은 고정된 마음을 갖지 않아
다른 사람의 마음을 잘 알아차린다.

착한 사람에게는 착하게 대하고
착하지 않은 사람에게도 역시 착하게 대한다.
존재의 본성이 착하기 때문이다.

어진 사람에게는 어질게 대하고
어질지 못한 사람에게도 역시 어질게 대한다.
존재의 본성이 어질기 때문이다.

신의가 있는 사람에게는 신의로 대하고
신의가 없는 사람에게도 역시 신의로 대한다.
성인은 하늘 아래 모든 것과 조화를 이루어 산다.
모든 것을 자기 자신처럼 생각하고
모든 이를 자기 아이처럼 사랑한다.

모든 사람들이 눈과 귀를 그에게로 돌리고,
그는 마치 어린아이와 같다.

# 비난하지 않는 삶
## Living Beyond Judgment

    온화함으로 가득한 이 장을 통해 노자는 우리에게 이 별에 살고 있는 모든 사람들을 바라보는 방식을 바꾸라고 말한다. 비난하지 않는 삶을 통해 함께 조화롭게 존재할 가능성을 발견한 노자는, 그 평화로운 세상을 탐험하도록 우리를 이끈다. 다른 사람들을 비난하지 말고 그들을 인정하라고 한다. 우리 모두가 다른 사람에 대한 편견을 버리고 "하늘 아래 모든 것과 조화를 이루어" 사는 세상을 떠올려보라.

    자기 자신에게 비난을 쏟아내는 순간을 직시함으로써, 비난에 대한 자신의 관점을 바꿀 수 있다. 비난하는 대신 그냥 바라보라. 그러면 당신은 자신이 하는 일이나 감정에 대해 꼬투리 잡는 것보다 묵묵히 바라보는 것을 더 좋아한다는 걸 알게 될 것이다. 자신의 행동에 대해 '옳다' 혹은 '그르다'라고 말하는 것은 경쟁, 처벌, 반감을 동기 유발의 기제로 사용하여 다른 사람들과 대립하게 만들 뿐이다. 이런 경우에는 사랑, 포용, 친절을 믿지 못하고 증오, 분노, 협박을 필요로 한다.

자기 비난에서 벗어나면 노자가 말한 "고정된 마음"을 필요로 하지도, 원하지도 않을 것이다. 다른 사람들과 대립하게 했던 충성이나 헌신은 사라지기 시작할 것이다. 신분을 나타내는 꼬리표의 그 수많은 범주와 구분은 당신이 그것들의 가치를 바라보는 방식을 바꾸는 순간 불필요하고 대수롭지 않은 것이 된다. 태어난 나라, 종교, 문화, 심지어는 가족들에 의해 그렇게 길들여져 왔음에도 불구하고 이제 비난하지 않는 삶을 더 선호하게 되는 것이다. 당신은 아무도 가로막지 않고 분열이나 충성의 개념도 없는 도와의 조화 속에 존재한다. 도의 하나 됨이 사람들을 배척하는 당신 마음을 돌려놓을 것이다.

이것은 전쟁이나 충돌을 막는 기본적인 해결 방법이다. 비난을 멈추고 다른 사람들 속에 존재하는 나를 바라보기 시작하면 그들을 마치 친자식처럼 사랑할 수밖에 없다. 그다음에는 도의 하나 됨이 우리 모두를 빛나게 한다. 우리 신이 우리나라만 보살피는 것이 아니라, 이슬람교의 알라 신이 우리를 구하고 힌두교의 크리슈나 신이 당신과 믿음을 같이하는 사람들을 축복한다. 신은 온 인류에게 은총을 베풀 것이다. 우리가 존경하는 스승들이 그들의 삶을 통해 보여주었던 것처럼, 당신도 선함과 어짊으로 모두를 대하기 위해 할 수 있는 바를 다하라.

당신의 세계관이 변하면 당신의 그 선함이 만나는 모든 사람에게 퍼져나갈 것이다. 학대받는 사람들에게 편협하지 않은 연민을 느낄 것이다. 그들의 사고방식이 당신과 주변 사람들을 불편하게 한다 해도 말이다. 어짊에 대해서만 어짊으로 대하는 것이 아니라 부당한 대우를 받았을 때조차도 어짊으로 대할 수 있다. 이 장에서 노자가 일깨워주는 것처럼 "(우리) 존재의 본성이 어질기" 때문이다. 다른 사람에게 줄 수 있는 것은 당신의 진짜 모습뿐이며, 당신의 본성은 비판적이지 않다. 당신은 모든 사람 속에서 자신을 본다. 그들도, 당신 자신도 비난할 필요가 없다.

생각을 바꾸고 비난하지 않는 삶을 살아라. 이런 관점에서 잠시 흔들렸다고 해서 자신을 '그르다'고 비판하거나, 잘하고 있다고 해서 '대단하다'고 판단하지 마라. 당신은 우리 모두가 그런 것처럼 무한한 '개방성'과 유한한 '한계'가 함께 뒤섞인 존재임을 명심하라. 때때로 비난하는 자신을 비난하지 않고 바라볼 필요도 있다.

이것이 노자가 49장을 통해 당신에게 전해주려는 바일 것이다.

## 자신을 바라보는 방식을 바꿔라

자신에게 확고한 관점이 있음을 자랑스럽게 생각한다면, 그것이 보통 편견으로 나타나곤 한다. 확고한 관점을 버리고 자신을 유연하게 바라보라. 열린 마음을 갖는 것이 더 높은 덕이다. 기존에 배워온 것과 배치될지라도, 모든 면에서 선함과 어짊을 펼치는 자신을 자랑스럽게 생각하라.

비난하는 사람이 아닌 지켜보는 사람으로 스스로를 인식하라. 주변 환경과 상관없이 하나의 관점에 매달리는 것은 삼가라. 모든 사람, 그 중에서도 특히 자신과 의견을 달리하는 사람들과 조화롭게 지내라. 다른 사람들을 비난하지 않고 어질게 대하면서, 마찬가지로 자기 자신에게도 반드시 그렇게 해야 함을 잊지 마라.

# 다른 사람을 바라보는 방식을 바꿔라

이 장의 여러 번역본 중 하나는 "나는 자신이 한 말을 지키는 사람을 믿는다. 그리고 거짓말하는 사람도 믿는다. 만약 내가 충분히 진실하다면 다른 사람들의 심장 박동을 내 것보다 먼저 느낄 것이다."라고 말한다. 당신이 그것을 '비난하기'라고 하든, 아니면 '등급 매기기'라고 하든 간에 다른 사람에 대해 악하고, 게으르고, 불성실하고, 어리석고, 못생겼다는 생각이 떠오르는 순간을 포착하라. 그러고는 나지막하게 다짐하라.

"나는 이 사람에게서 나를 본다. 그리고 비난이 아닌 선함의 자리에 머물 것이다."

산스크리트어로 '나마스테'라는 말은 "우리 모두가 하나인 당신 안의 그 공간을 공경합니다." 정도로 해석할 수 있는데, 이런 경우에 도움이 될 것이다. 그러므로 만나는 사람에게 소리 없이 혹은 소리를 내서 "나마스테!"라고 말하기 시작하라. 그 말이 모든 사람을 당신의 아이들처럼 사랑하도록 일깨울 수 있게 말이다.

## ♨ 지금, 도를 행하라

비난이 터져 나올 만한 상황 속에서 어짊을 실천하며 하루를 보내겠다고 다짐하라. 길거리의 거지나 몹시 싫어하는 친척 혹은 폭풍처럼 비판적인 견해들을 쏟아내는 정치인 등에 대해 당신이 어떻게 생각하고 말하는지에 주목하라. 그것을 세상을 향한 당신의 비평과 비난을 덜어내고 호의와 선함을 더할 수 있는 좋은 기회로 삼으라.

성인은 고정된 마음을 갖지 않아
다른 사람의 마음을 잘 알아차린다.

# 50

태어남과 죽음 사이에서
삶을 따르는 사람이 열 중에 셋이요
죽음을 따르는 사람이 열 중에 셋이다.
그리고 태어나서 죽음으로 그저 흘러가는
사람이 또한 열 중에 셋이다.

왜 그러한가?
지나치게 삶에 매달리고
흘러가는 세상사에 집착하기 때문이다.

그러나 열 중에 하나가 있어
삶을 잘 다스린다.
호랑이와 코뿔소가 그를 피하고
전쟁터의 무기도 그를 상하게 하지 못한다.
코뿔소는 그 뿔을 박을 곳이 없고
호랑이는 그 발톱으로 할퀼 곳이 없으며
적군은 그 무기로 찌를 곳이 없다.

왜 그러한가?
그가 죽음이 이를 수 없는 곳에 살기 때문이다.

본질을 이해하라.
그러면 끝남이 없는 끝을 보게 될 것이다.

# 불멸의 존재로 사는 삶

*Living as an Immortal*

노자는 당신의 운명을 바라보는 방식을 바꾸라고 한다. 죽음이라는 것은 머리를 싸매고 고심하거나 두려워할 필요가 없는 무의미하고 사소한 일이라고 가르친다. 이 장에서 말하는 것처럼 "죽음이 이를 수 없는 곳"이 존재한다. 생각을 바꾸면 삶이 바뀐다고 하지 않았던가! 사실상 죽음에 대한 공포는 모든 사람들의 걱정과 근심 목록의 맨 꼭대기에 자리하고 있다. 그렇기 때문에 '죽음이 이를 수 없는 곳'이야말로 우리가 궁극적으로 가야 할 곳이다.

자신을 결국에는 죽어 사라질 물질적인 존재로만 생각한다면 이 장에서 "삶을 따르는 사람", "죽음을 따르는 사람" 또는 "태어나서 죽음으로 그저 흘러가는 사람"이라고 말한 9할 중 한 사람이다. 노자는 죽음이라는 생각으로부터 마음속 공간과 삶을 지켜낼 수 있는 그 나머지

1할에 속하겠다고 마음먹으라고 속삭인다. 단지 죽음을 바라보는 방식을 바꿈으로써 당신은 그렇게 될 것이다. 먼저 자기 자신이 육신을 잠시 거쳐 가는 영혼의 존재임을 받아들인다면 무한이라는 능동적 측면에서의 삶을 경험하게 될 것이다.

당신은 삶을 위협하는 사건들로부터 벗어나 우아하고 능숙하게 움직여나갈 것이다. 눈 덮인 산과 혼연일체가 된 대담한 스키 선수처럼 그냥 삶과 뒹굴도록 내버려두는 도와 당신과의 관계, 그리고 자기 자신에 대한 새로운 깨달음을 얻을 것이다. 당신은 소문, 관료적인 번잡한 절차, 무관심, 자연재해, 범죄자, 계속해서 희생당하는 어떤 사람들을 비난하지 않고 오롯이 바라보게 될 것이다.

당신은 도에 중심을 둔 자신의 무한한 본질을 깨달아 더 이상 고통받지 않을 것이며, 또한 다른 사람들이 갇혀 옴짝달싹 못 하는 상황을 가볍게 다루게 될 것이다. 자신의 무한한 본질을 이해하고 그 깨달음이 이끄는 대로 하루하루를 살아 죽음에 대한 공포가 차지할 자리는 없을 것이다. 어떤 위험이나 죽음이 당신을 덮치려고 해도 그 낚싯바늘을 드리울 자리조차 찾지 못할 것이다.

본질적이고 정신적인 자신의 존재를 이해함으로써 죽음에 대한 공포에서 벗어나 세상을 즐길 수 있을 것이다. 도의 흐름을 통해 당신의 불멸성을 이해하게 되면서 세속적인 관념과 형식적인 종교에 의지할 필요도 없어질 것이다. 그리고 우리가 몸이라고 부르는 낡고 지친 겉옷을 벗을 때가 오면 노자가 말한 것처럼 끝남이 없는 끝을 보게 될 것이다.

《도덕경》이 주는 이 가르침을 천천히 곱씹어보라. 그리고 당신의 본질은 절대 참으로 죽거나 상할 수 없다는 사실을 이해하라. 삶에 대해 이런 시각을 가지면 당신 내면의 전쟁터를 무사히 통과할 수 있을 것이다.

두려움과 공포는 결코 당신을 위협하거나 상하게 할 수 있는 무기가 아니다. 코뿔소의 뿔이나 호랑이의 발톱조차도 당신에게 상처를 입힐 수 없다. 그들이 들이받고 할퀼 만한 단단함이 없기 때문이다. 당신은 죽음이 꿰뚫을 수 없는 곳에 머문다. 더 이상 만물을 움켜쥐려고 하지도 않고, 요람에서 무덤에 이르는 그 짧은 여정을 하나뿐인 삶이라고 생각하지도 않을 것이다. 당신은 자신의 진정한 본질을 살아가는 무한한 도다.

25세기 전에 살았던 노자에게서 여전히 넘치는 생명력이 전해진다. 마치 다음에 이어지는 지혜의 조각들을 마음에 새기라고 말하고 있는 것만 같다.

## 긍정의 주문을 만들라

스스로에게 말하라. "나 자신을 포함해서 어느 누구도 죽지 않는다." 당신은 절대로 상처를 입거나 파괴되지 않는다고 단언하라. 왜냐하면 당신의 육신이 당신의 전부가 아니기 때문이다. 이러한 진실과 연결된다면 이전에는 당신에게 위험하게 다가왔던 요소들을 자동으로 비켜나가게 될 것이다.

예를 들면, 인도의 성인, 무크타난다Muktananda가 죽어가고 있을 때 그의 열광적인 추종자들은 그를 둘러싸고 애원했다. "제발, 우리 곁을 떠나지 마세요." 그러자 무크타난다는 "어리석은 소리 하지 마라. 내가 어디를 가겠느냐?"라고 대답했다. 이 위대한 성인은 자신의 진정한 본질을 이해하고 자신이 "끝남이 없는 끝"을 맞이하고 있음을 알고 있었다.

## 살아 있는 동안 죽어라

당신의 물질적인 외피, 즉 몸의 죽음에 대해 깊이 생각해보라. 그 자리에 생명을 잃은 채로 누워 있는 장면을 마음속으로 떠올려보라. 그리고 이 주검과 분리된 목격자로서의 당신을 관찰하라. 이제 당신의 육신에 주목하라. 영혼이 빠져나온 당신의 몸은 자리에서 일어나 일상으로 돌아간다. 그리고 당신은 그 몸에서 빠져나왔으니 이제 당신을 상하게 할 수 있는 것은 아무것도 없다. 당신은 다른 사람들을 볼 수 있지만 그들의 눈에는 보이지 않는 영적 존재다. 당신을 식별할 수 있게 해주던 세속적인 껍데기의 죽음을 경험했다는 사실을 품고 이 현실 속에 머물러라. 이 새로운 깨달음 속에서 당신은 뚫리지 않을 만큼 강하고 자유롭다. 레오나르도 다빈치는 《도덕경》의 이 장에 담긴 메시지를 이렇게 표현했다.

"나는 지금껏 사는 방법을 배워왔다고 생각했지만 실은 어떻게 죽어야 하는가에 대해서 배워왔다."

살아 있는 동안 죽어라. 아직 살아 있는 동안에.

### ♨ 지금, 도를 행하라

이번 연습은 어떤 위험에도 상하지 않는 자신의 이미지를 그려보는 심상 훈련이다. 위험하다고 생각하는 이미지를 떠올려라. 아니면 삶에 대한 위협이라고 생각하는 것들을 그려보라. 호랑이가 당신에게 뛰어들지만 비켜나가고, 칼에 휘둘리지만 베이지 않고, 폭탄이 터지지만 상처 입지 않는 등등의 이미지를 만들어라. 무슨 일이 일어나더라도 상처를 입지 않는 자신의 이미지를 만들고 간직하라. '자신의 영원성을 목격하는' 심상을 이용해 잠자고 있는 수호신처럼 당신을 지켜주는 그 힘을 불러내라.

# 51

도는 모든 살아 있는 존재를 근원과 이어준다.
도는 의식하지 않는 가운데
완전하고 자유롭게 생겨난다.
구체적인 모양새를 갖추고
주변 환경이 이를 완성하도록 놓아둔다.

그러므로 만물은 도를 존중하고
그것의 덕을 귀하게 여긴다.
도를 숭배하고 덕을 공경하도록
요구한 적이 없지만
만물은 항상 자연스레 그리한다.

도는 만물을 낳는다.
덕은 만물을 기르고 자라게 하고
양육하고 안식처가 되어주고 보호한다.
도는 낳으나 소유하지 않고
주지만 돌려받기를 기대하지 않으며
기르나 지배하지 않는다.
이를 일러 숨은 덕이라고 한다.

# 숨은 덕에 의한 삶
### Living by Hidden Virtue

《도덕경》의 51장은 우리를 보호하고, 기르고, 안식처가 되어주면서도 지배하려 하지 않는 내면을 발견하라고 한다. 숨은 덕에 의해 산다는 것은 만물의 장대한 계획 속에서 자신의 역할을 새롭게 바라본다는 의미가 있다. 그 시작은 생명 탄생의 신비로움을 설명하는 방식이 될 것이다.

만약 당신에게 자신의 출생에 대해 묘사하라고 한다면 분명 생물학적인 부모의 결합으로 태어났다고 말할 것이다. 그러나 이것이 자기 존재에 대한 유일한 설명이라면, 이는 숨은 덕의 자연스러움과 신비로움을 고려하지 않은 것이다. 새로운 방식 안에서 당신의 잉태와 탄생은 확장되고 다시 정의된다. 당신의 관점이 달라짐으로 인해 세상도 변하게 된다.

숨은 덕에 따라 살면 삶의 모든 것을 받아들 수 있다. 왜냐하면 자신의 삶은 자신의 선택과 책임에 기인한다는 걸 알았기 때문이다. 반면에 숨은 덕에 따라 살지 않으면 태어날 때 가족과 문화 안에서 이미 자신의 삶이 결정된다고 확신한다. 삶이 정해져 있으므로 일상은 생물학적으로 연결된 사람들의 요구에 맞춰지게 되고, 가족 내의 성별이나 서열에 의한 압력에서 벗어나려는 욕망과 동시에 그들을 실망시킬지도 모른다는 끈질긴 자기비판을 경험하게 된다. 결과적으로는 자신을 노예나 아첨꾼의 역할 속에 가두게 되는 것이다.

노자는 우리에게 시야를 넓혀 자신을 도의 창조물로 바라보라고 요청한다. 당신이라는 작고 여린 묘목이 다른 무언가가 아닌 눈에 보이지 않는 근원에서 태어났다는 사실을 떠올려보라. 당신에게 생명을 불어넣은 '도'라 불리는 이 근원은 우리가 해야 할 일, 귀 기울여야 할 사람, 살아야 할 곳, 숭배하는 방법 등에 대한 일정한 원칙 따위는 갖고 있지 않다.

위대한 어머니인 근원은 당신이 삶의 여정 속에서 내리는 결정에 대해 아무런 참견도 하지 않는다. 그 근원은 당신이라는 묘목이 무엇을 선택하든지 간에 그 안에서 스스로를 완성할 수 있을 만큼 완전하고 자유롭다는 것을 알고 있다. 도라는 이름의 어머니는 아무런 기대도 품지 않는다. 아무런 욕심도, 당신이 치러야 할 전투나 전쟁도, 본받아 행동해야 할 역사도 없다.

당신에게 생명을 불어넣은 이 숨은 존재를 한자로는 '덕德'이라 한다. 나는 이 덕을 '덕행' 혹은 '덕성'이라고 부른다. 조너선 스타Jonathan Star의 번역본은 덕을 다음과 같이 풀어냈다.

도가 만물을 낳지만
덕이 만물을 기른다.
덕이야말로
그들을 기르고 자라게 하는
준비하고 완성하는
격려하고 보호하는
신비로운 힘이다.


덕은 당신과 만물의 내면에 깊숙이 자리한다. 이것은 육체라는 껍데기를 죽지 않도록 보장하는 힘이나 기운이 아니다. 그보다는 창조적이고 근원적인 힘과 완벽하게 조화를 이루어 육체를 짊어진 채로 세상을 살아가게 해주는 하나의 지표다. 궁극적인 근원이 당신을 보호하고 완성시킨다는 사실을 기억하라. 이것은 이 현상의 세계(지각이나 감각으로 경험할 수 있는 세계)에서 당신의 안전을 보장해주는 것과는 다르다. 헬렌 켈러가 "안전이라는 것은 대개의 경우 미신이다. 현실적으로 그런 것은 존재하지 않는다."라고 말한 것이 바로 이런 의미다.

51장은 삶의 관점을 덕을 받아들이는 방향으로 바꾸어 믿고 맡기는 방법을 배우는 것에 대해 이야기하고 있다. 그것은 모든 만물과 같은 부모들 둔 가족의 일원으로서 자신을 바라보는 것이다. 그리고 완전한 자유를 느끼는 것이다. 낳지만 소유하지 않고, 소유물이 되지 않는 것이다. 그러므로 돌려받기를 바라지 않으면서 주고, 다른 사람들의 기대에 희생당하지 마라.

내 앞에 놓인 노자의 초상을 들여다보고 있노라니 마치 우리가 하나인 것처럼 느껴진다. 노자가 우리에게 던지는 제안을 살펴보자.

## 안전하게 보호받고 있음을 느끼도록 연습하라

자기 내면과 자신을 낳은 근원의 덕을 믿고 하루하루를 살아라. 보살핌, 보호받고 있다는 안전한 느낌은 당신의 소유물에서 나오는 것이 아니다. 모든 존재 안에 있는 덕의 기운과 당신이 항상 연결되어 있음을 이해할 때 비로소 그런 느낌을 갖게 된다. 이 숨은 힘이 당신의 존재를 책임지고 돌본다.

당신은 도에게서 생명을 얻었다. 그리고 당신의 모든 호흡과 행동은, 삶 그 자체인 내면의 덕에게 경의를 표한다. 그 힘은 이 글을 쓰는 내 손 안에 담겨 있고, 이 글을 읽고 있는 당신의 눈동자 속에 존재한다. 그 힘을 믿어라. 그 숨은 힘 안에서 안전함과 편안함을 느껴라. 이것이 완전함을 느끼는 데 필요한 전부다.

## 도는 낳지만 소유하지 않는다는 것을 기억하라

도처럼 살아라. 소유하기보다는 돌보는 사람이 되어라. 그 누구도 통제하려고 하지 마라. 지배하거나 조종하려 들지 말고 그저 성장하게 도와주어라.

당신이 만약 다른 사람을 이끌어야 할 위치에 있다면 다른 사람들이 자신들의 숨은 덕을 가능한 한 많이 발휘하게 하라. 당신이 보호받고 있음을 느끼고 싶고 생명을 불어넣은 보이지 않는 힘을 믿으려는 것처럼 당신이 마주치는 모든 사람도 그러하다. 예외란 없다.

위터 바이너의 번역본은 51장을 다음과 같이 풀어낸다.

만물은 그들이 의지하는 존재와
그 온당함에 보답한다.
소유자가 아닌 부모가 되고
주인이 아닌 돌보는 사람이 되라.
복종이 아닌 베풂에 관여하라.
이와 같이 하라.
그리하면 삶의 중심에 서게 된다.

"이와 같이 하라."는 구절을 기억하고 숨은 덕을 따라 살아라.

## ☀ 지금, 도를 행하라

놓아버리는 마음으로 하루를 보내라. 생각을 놓아버리고 모든 것을
포용하는 마음의 본성을 발견하라. 편견과 관념을 내려놓고 만물이 어
떻게 존재하는지 경험하라. 다른 사람을 지배하고 싶은 욕심을 버리고
그들이 무엇을 할 수 있는지 보라. '다 놓아버리면 무슨 일이 생길까?'
하는 질문에 대한 당신의 답을 찾는 시간을 가져라. 이 연습을 실천하
면서 삶에 감추어진 더 많은 덕을 발견하고 놀랄 것이다. 그러면서 스
스로를 바라보는 방식도 달라질 것이다.

# 52

하늘 아래 모든 것은 공통된 시작이 있는데
그 시작이 바로 세상의 어머니다.
어머니를 알면
자식을 알 수 있고
자식을 알면
다시 돌아가 어머니를 받들어야 한다.

입을 다물고
감각을 붙들어라.
그러면 삶이 늘 가득하다.
입을 열고
분주하게 살아라.
그러면 희망은 저 멀리에 있다.

작은 것을 보는 것은 밝음이고,
부드러움을 받드는 것은 강함이다.
반짝임을 이용하여
그 빛으로 다시 돌아가고
재난을 피할 수 있다.

이를 일러 영원한 빛의 배움이라 한다.

# 어머니에게 되돌아가는 삶

*Living by Returning to the Mother*

우리의 삶이 시간과 공간 안에서 순차적으로 겪는 경험 이상임을 깨달으라고 한다. 우리는 이 땅에서 살아가는 시간을 태어나서 죽음에 이르기까지의 직선 과정으로 생각한다. 태어나서 성장의 단계들을 거쳐서 결국 죽음에 이를 것이고, 맞은편에서 기다리고 있던 신비와 마주치게 될 것이다.

노자는 우리에게 인생이란 이 별의 모든 생명이 태어난 그곳으로 되돌아가는 여행이라는 걸 알려주려 한다. 또한 우리가 육체적인 죽음을 맞이하기 전에 이 신비로운 경험을 할 수 있는 능력을 갖고 있음을 깨달으라고 한다.

노자는 모든 만물 하나하나에 깃든 이 신비를 '어머니'라고 부르고, 이는 태어나고 죽는 모든 것들 너머에 존재하는 무언가를 상징한다고 말한다. 이 장의 첫 두 줄에 대해 깊이 생각하면서 어머니에게로 돌아가는 여정을 시작하라.

"하늘 아래 모든 것은 공통된 시작이 있는데, 그 시작이 바로 세상의 어머니다."

이 생각이 당신 존재 안으로 스며들게 하고, '아무것도 없음'에서 태어난 존재에 대해 경외심을 가져라. 보이지 않는 근원이 만물과 마찬가지로 당신도 낳았음을 기억하라. 마치 전선을 타고 흐르는 전류처럼 그 신비로운 '아무것도 없음'은 당신을 포함한 모든 생명을 타고 흐르며 그들을 지탱한다. 그것은 보이지 않고 소리나 냄새도 없기 때문에 당신의 감각적 자아는 감지하기 어려운 한결같은 기운이다.

당신과 나의 영원한 어머니를 매일 조금씩 알아가는 것은 중요한 일이다. 그리고 그것은 어렵지 않다. 존재함을 믿고 조용히 대화를 나누면 된다. 일단 그 존재를 알고 공경하겠다고 마음먹으면 자신을 포함한 어머니의 자식들을 바라보는 방식이 달라질 것이다. 모든 만물을 그 어머니의 소산으로 바라보면 겉으로 드러난 덧없는 모습 너머로 도가 펼쳐지는 세상을 경험할 것이다. 이것이 바로 노자가 자식인 만물을 어머니와 별개로 생각할 것이 아니라 어머니 그 자체로 보아야 한다고 말한 의미다. 그러므로 모든 창조물이 어머니에서 비롯된 것으로 보고 다시 돌아가 어머니를 받들어야 한다.

어떻게 하면 영원한 어머니에게로 돌아가는 여행을 할 수 있을까? 노자는 세속적인 행위들이 당신의 영혼을 갉아먹지 못하도록 입을 틀어막고 귀를 덮으라고 충고한다. 달리 말하면, 그 어머니를 닮은 자기 내면의 부분과 더불어 시간을 보내고, 주변의 크고 작은 존재들 속에서 도를 발견함으로써 밝음을 추구하라는 것이다. 경직된 생각을 버리고 자신을 더욱 강하게 하는 유연함을 길러라.

노자는 이렇게 세상을 보는 방식이 "영원한 빛을 배움"이라고 말하면서 장을 마무리한다. 아주 작은 벌레 안에서, 그 조그마한 존재의 일부분을 이루고 있는 보이지 않는 작은 조각 속에서 그 빛을 보라. 그것은 당신의 심장을 뛰게 하고 우주를 제대로 돌아갈 수 있게끔 붙잡아주는 바로 그 빛이다. 그러므로 벌레에 대한 경외의 마음을 갖는 것에서 그칠 것이 아니라 직접 그 벌레가 되어보라. 이런 식으로 당신은 "작은 것을 봄"을 통해서 밝음을 발견한다. 그리고 유연한 관점으로 세상을 바라보는 새로운 능력을 키우게 될 것이다. 삶에 대한 단순하고 직선적인 생각들을 바꿔라. 그런 다음 바로 눈앞에서 당신의 인생이 달라지는 것을 보라.

노자는 당신에게 "영원한 빛을 배움"에 대한 다음과 같은 조언들을 건넨다.


## 입을 열면 영혼이 도망칠 것이고
## 입을 다물면 영혼과 하나가 될 것이다


입이 영혼을 지키는 문이라고 생각하라. 다른 사람과 대화를 나눌 때 그 문을 닫아야 한다는 것을 자각하고 영혼이 당신의 내면에 안전하게 숨도록 하라. 귀도 마찬가지다. 온갖 풍문과 가치 없는 대화로부터 귀를 덮어라. 적게 말하고 많이 들어라. 함부로 충고하지 말고, 쓸데없이 참견하지 말며, 험담하는 데 끼어들지도 마라. 언제 말하고 언제 들어야 할지를 의식적으로 조절하는 유연함을 통해 당신의 강함을 길러라. 다른 사람의 일에 끼어들고 싶을 때면 영원한 어머니의 단 하나

뿐인 음성은 침묵이라는 사실을 떠올려라. 그렇게 하라. 그러면 당신이 자유와 환희 속에서 어머니를 받들고 있다는 것을, 살아 있으면서 되돌아가고 있다는 것을 느끼게 될 것이다.

## 가장 작은 신비를 깨달으면 가장 큰 신비가 밝혀진다

작은 것에 주의를 기울임으로써 당신은 밝음을 향한 희망을 키우게 된다. 당신에게 생명을 불어넣는, 현미경으로나 보일 법한 작은 존재들 안의 빛에 주목하는 것은 되돌아가는 여행을 경험하는 하나의 방법이다. 한없이 작게 보이는 삶의 신비를 통해 모든 것에 감사하는 마음이 만들어내는 지혜의 빛을 경험하게 된다. 당신과 당신을 낳은 영원한 어머니, 그리고 다른 모두는 하나다. 작은 것을 이해하면 밝음을 얻는데, 이는 곧 당신이 살아 있는 동안 경험해야 할 되돌아가는 여행과 같다. 도처에서 당신을 낳아준 영혼을 발견하고 세상은 선혀 다르게 보이기 시작한다. 그 무엇도 더 이상 평범하거나 열등하거나 혹은 불필요하게 보이지 않는다.

### ♨ 지금, 도를 행하라

주변의 아주 작은 생명체들을 관찰하면서 하루를 보내라. 거미줄을 치고 있는 거미, 바닷가를 따라 잰걸음으로 이동하는 농게, 윙윙대며 날아다니는 파리를 자세히 보라. 당신 몸의 내장 기관과 혈관, 그리고 눈동자 속을 들여다보는 상상의 여행을 하라. 성능이 좋은 현미경이 있어야만 볼 수 있는 모든 것들을 탐험하라. 이러한 작은 것들까지 창조한 영원한 어머니에 대해 명상하라. 당신의 일부인 동시에 당신에게 큰 영향을 미치는 지극히 작은 생명들을 통해 자신의 몸을 바라보는 경험을 하라. 어머니에게로 되돌아가는 삶이 이전에는 결코 경험해보지 못했던 밝음을 선사할 것이다.

# 53

나에게 작은 지혜라도 있다면
오직 대도大道의 길을 걷고
그 길에서 벗어나는 것만을 두려워하리라.

대도의 길은 아주 평탄하고 곧지만
그럼에도 사람들은 샛길을 좋아한다.
이것이 정부는 타락하고
밭은 황폐하고
곳간은 텅 빈 이유다.

화려하게 입고
날카로운 검을 차며
물리도록 먹고 마시고
쓰고도 남을 재산을 모으는 것은
도둑과 같아지는 것이다.

남을 희생시키는 이런 호사는
도둑이 물건을 훔치고 자랑하는 것과 같다.
이는 도가 아니다.

# 부끄러움을 아는 삶
## *Living Honorably*

완벽한 존경의 마음으로 세상을 바라볼 수 있다고 상상해보라. 눈길이 가는 곳마다 대도를 발견할 것이고, 그 모두를 자신처럼 여기게 될 것이다. 그런 관점에서 볼 때, 이전에 존재했거나 앞으로 존재할 모든 사람들은 당신의 근원이 낳은, 당신의 일부다. 동물과 식물, 땅과 바다를 포함한 모든 생명들은 도에 의해 서로 연결되어 있다. 이렇게 생각을 바꾸면 세상은 극적으로 달라진다. 결정적 다수의 사람들이 이 같은 관점을 갖는다면, 지구 전체를 우리 자신의 일부로 보듯 우리 개개인의 몸인 모든 생명체들을 똑같이 존중하게 될 것이다. 이렇게 조화를 이룬다면 노자가 이 장에서 묘사하고 있는 장면들은 벌어지지 않을 것이다.

기술 문명이 눈부시게 발달했음에도 불구하고 중국의 위대한 성인이 2,500년 전에 써내려간 이 글은 아직도 고스란히 들어맞는다. 안타 깝게도 우리는 도의 길에서 한참 벗어나 있다. 우리는 지금 통일된 하나 됨이 아닌 분열을 향하고 있다. 이 장의 끝부분에서 노자가 이르는 것처럼 이는 도가 아니다.

《도덕경》53장의 번역 중 내가 특히 좋아하는 하나는 1944년에 씌어진 위터 바이너의 작품이다. 그는 이 장을 완벽하게 표현해냈다.

궁전은 저리도 훌륭한데
농토는 어찌 이리도 황폐한가.
지주는 날카로운 검을 차고
자수 놓은 옷으로 치장할 때
소작농의 곳간은 텅 비었구나.
그들은 더 가질수록 더 움켜쥔다.
배고프지 않고 목마르지 않은
그런 사람이 어디 있으랴마는
그들은 배가 터지도록 먹고 또 마신다.

이러한 상황이 오늘날에도 여전히 존재하는 것을 볼 수 있다. 소수의 권력을 가진 사람들이 부와 화려함을 누리며 사는 반면 이 땅의 많은 사람들은 배고픔을 경험한다. 수백만의 사람들이 빈곤에 시달리는 동안에도 살상 무기를 만들기 위한 자금은 쌓여간다. 많은 사람들이 가족을 먹여 살리기 위해 동분서주하는 순간에도 지도자라는 이들의 주머니는 차고 넘친다. 평탄하고 곧은 도의 길에 이르기 전에 거치는 긴 길이 있다. 우리는 여전히 에두르는 길을 택하고 그 선택의 결과 매일 너무나 큰 고통을 경험하고 있다.

나는 이 세상을 일거에 변화시키려고 이 글을 쓰는 것이 아니다. 당신이 세상을 보는 방식을 바꾸도록 독려하기 위해서 쓰고 있다. 만약당신이 그런 변화를 이루어낸다면 다른 사람들도 부끄러움을 아는 삶에 자연스레 끌리게 될 것이다. 우리 중 많은 사람들이 이렇게 하면 "물건을 훔치고 자랑하는 도둑"을 막을 수 있는 결정적 다수에 도달할수 있을 것이다.

스스로를 자신만의 유기체로서가 아니라 그것을 둘러싼 환경으로바라보라. 나는 분열되지 않고 온전한 생명체를 표현하기 위해 새로운단어를 하나 만들었다. '환경유기체environorganisms'가 바로 그것이다. 당신의 일부가 아닌 듯 보이는 것들로부터 분리되면 살아남을 수없다는 점을 깨달아야 한다. 공기, 물, 식물과 동물, 그리고 이 땅에 살고 있는 다른 모든 사람들이 바로 당신이기 때문이다. 누군가가 배고픔에 허덕이고 빈곤에 시달린다면 이를 당신 자신의 일이라고 생각하는 세계관을 품어라. 다른 모든 사람 속에 있는 자신을 발견하라. 그러면 당신이 남들과는 다른 유일한 존재라 여기는 믿음을 대신할 연민과사랑, 그리고 기꺼이 행하는 마음을 발견할 것이다.

노자는 그가 살았던 고대 중국의 냉혹하고 냉담한 환경을 비통하게 생각했던 것이 분명하다. 그래서 그는 분열된 에고의 관점을 버리고, 도를 따라서 부끄러움을 아는 삶을 살아야 한다고 호소했다. 당신이 먼저 부끄러움을 아는 삶을 살면 세상이 어떻게 도와 조화를 이루게 되는지에 주목하면서 이 세상의 불균형을 바라보는 방식을 달리하게 될 것이다.

여기 당신의 일상에 적용할 수 있는 노자의 제안들이 있다.

## 연민을 개인의 철학적 토대로 삼으라

재산을 쌓아온 것에 대해 죄책감을 느끼거나, 굶주리는 사람들의 어려운 처지를 슬퍼한다고 해서 달라지는 것은 아무것도 없다. 그러나 연민을 당신의 철학적 토대로 삼는다면 그때는 상황이 달라진다. 이것은 변화를 이루어내는 결정적 다수가 되기 위한 가장 중요한 방법 중 하나다. 그러한 무리가 커질수록 어진 마음과 행동들이 우리가 살고 있는 이 별을 새롭게 조율할 것이다. 같은 생각을 가진 지도자들이 나타나고, 총체적인 부조화와 불일치는 결국 사라질 것이다. 마더 테레사는 세상을 바라보는 한 사람의 방식이 어떻게 세상을 변화시킬 수 있는지를 훌륭하게 보여준다. "나는 사람을 만날 때마다 그의 더 비참한 가면 가운데 하나에서 예수님의 얼굴을 본다."

자선 활동에 참여하거나 그런 활동을 구체화하기 위해 공직에 나선 후보자를 지원함으로써 "대도의 길"을 걸어라. 당신의 삶을 통해 매일 변화를 만들어내겠다고 맹세하라. 그것은 다른 사람을 험담하거나 '나쁘다' 혹은 '부족하다'라고 낙인찍는 자리를 거절하고 돌아서는 일 등의 단순한 행동일 수도 있다. 결국 이 땅에서 벌어지는 그 많은 전쟁들은 불균형을 만들어내는 종교적인 증오에 뿌리를 두고 있다.

《코란》에서 인용한 다음 글귀 속에서 위대한 예언자 무함마드는 이슬람교도들에게 연민을 실천하라고 말한다. 당신은 그의 가르침을 따라 살면서 변화를 만들어낼 수 있을 것이다.

동족과 이방인과 동료들에게
자애롭게 행동하라.

곁에 있는 사람에게 악하게 구는 사람은
신자가 아니며 신자가 될 수도 없다.

곁에 있는 사람이 굶주리는데
혼자 배부른 사람은 신자가 아니다.

### ⚘ 지금, 도를 행하라

불행한 처지의 누군가를 보면 연민의 마음을 갖는 연습을 매일 규칙
적으로 하라. 그 사람을 보며 경멸, 비웃음, 비난, 무관심을 떠올리기보
다는 말없이 축복해주라. 얼마나 많은 '그들'이 작은 전쟁 틈바구니에
서 죽었는지 알게 되거든 적이 죽었다고 환호하지 말고 명복을 빌어주
라. 사랑과 연민을 담아 기도를 올려라.
부끄러움을 아는 삶을 살아라. 필요한 것은 당신의 의지뿐이다.

# 54

도에 굳건히 선 사람은
쉬이 뽑히지 않고
도를 끌어안은 사람은
쉬이 떨어져 나가지 않는다.

자손 대대로 제사가 멈추지 않는다.
도를 자신에게 실천하면 덕이 분명해지고
도를 가정에서 실천하면 덕이 넘쳐서 흐르고
도를 마을에서 실천하면 덕이 확장되며
도를 나라에서 실천하면 덕이 풍성해진다.

도는 어디에든 무엇에든 있다.
도를 진정으로 이해하기 위해서는
있는 그대로의 도를 보아야 한다.
자신으로 자신을 보고
가정으로 가정을 보고
나라로 나라를 보고
세상으로 세상을 보라.
내가 어떻게 세상이 이러한 줄을 알겠는가?
바로 나 자신의 내면을 보기 때문이다.

# 변화를 만들어내는 삶

*Living as If Your Life Makes a Difference*

이 장은 지구를 변화시키기 위해 당신이 해야 할 일이 무엇인지 찾아보라고 한다. 자신을 수십 억 인류 중에 별 볼일 없는 하나가 아닌, 도 그 자체로 바라보라. 〈위 아 더 월드We are the world〉는 모든 사람들의 테마송이다. 진정한 변화를 만들어내는 것은 바로 당신이다.

당신이 전 우주에 무한한 영향을 끼칠 수 있다는 깨달음을 품고 살면 도가 사방으로 퍼져나갈 것이다. 당신은 마치 방을 비추는 빛의 물결과도 같아서 모든 사람들이 그 빛을 보고 영향받을 것이다. 자기 안에 있는 도의 본성을 눈치채지 못한 사람들은 그 차이를 알아차릴 것이고, 삶을 소중히 여기지 못했던 사람들은 그 빛에 매료되어 변화하기 시작할 것이다. 그러므로 당신의 삶을 도의 일부라고 생각하라. 그리고 세상 속으로 균형을 불어넣어라.

54장에서 노자는 우리에게 자신의 신성神性을 발견하고 그것을 누리라고 한다. 도가 모든 숨결과 생각에 생명을 불어넣는 곳, 바로 당신의 내면에 자리한 그 침묵의 공간 속에서부터 삶은 변화하기 시작한다. 다음은 노자가 21세기의 언어로 들려주는 조언이다.

## 변화를 만들어내기 위해 집중할 분야를 선택하라

당신이 세상에 영향을 미친다는 사실에 대해 의심을 품지 마라. 지구를 위한 비전을 세우고, 그 비전에 온전히 기여할 수 있다는 확신을 가져라. 증오도, 경멸도, 폭력도 없는 세상을 그려보라. 자연이 존중되고 보살핌 받는 세상, 암, AIDS, 기아, 어린이 학대, 살상 무기를 비롯한 모든 해롭고 저속한 상황들이 사라진 그런 세상을 말이다.

문화인류학자인 마거릿 미드Margaret Mead는 이 개념을 다음과 같이 표현했다.

"사려 깊고 헌신적인 소수의 사람들이 세상을 변화시킬 수 있다는 사실을 의심하지 마라. 진정으로 그렇게 할 수 있는 사람은 그들뿐이다."

## 당신의 삶이 얼마나 소중한지 깨달아라

나비가 그 날개를 펄럭이면 거기서 나온 에너지가 수천 킬로미터에 영향을 미친다고들 말한다. 마찬가지로 당신이 생각하고 행하는 모든 것은 바깥으로 뻗어나가고 증식된다. 당신이 선택한 변화가 파괴가 아닌 온전함을 향한 것임을 명심하고 살아라. 분명 어질지 못한 하나의 행동은 우리가 살고 있는 온 우주에 영향을 미칠 에너지를 가지고 있다. 그리고 다른 사람을 향한 침묵 속 축복이나 사랑의 마음은 우주 전체에 걸쳐 울림을 준다.

윌리엄 블레이크William Blake는 이 개념을 잘 드러내고 있다.

모래 한 알에서 세상을
한 떨기 들꽃에서 천국을 보기 위해
손바닥 안에 무한을
한 시간 안에 영원을 움켜쥐라.

당신이 모든 생명에게 얼마나 중요한 존재인지 깨달아라.

### ♨ 지금, 도를 행하라

가정, 공동체, 나라, 세상을 향해 어진 생각과 행동을 펼치는 하루를 보내라. 가정 안에서는 슬퍼하고 있는 누군가를 격려하라. 공동체 안에서는 욕하고 비난하지 말고 쓰레기를 줍고 재활용하라. 나라 안에서는 고요한 기도를 올리고, 힘을 가진 사람들에게 애정이 깃든 기운을 보내라. 그리고 적이라고 불리는 이들이 속해 있는 세상을 위해서도 똑같이 그렇게 하라.

# 55

덕과 조화를 이룬 사람은
마치 갓난아기와 같다.
독이 있는 벌레도 쏘지 않고
사나운 맹수도 덤벼들지 않으며
무서운 날짐승도 덮치지 않는다.
뼈는 약하고 근육은 부드러우나
잡는 힘은 단단하다.

남녀의 교합을 알지 못하나
음경이 일어서고 정기가 가득하다.
하루 종일 울어도 목이 쉬지 않으니
조화가 지극하다.

조화를 아는 것은 변하지 않음을 아는 것이고
변하지 않음을 아는 것은 통찰을 갖는 것이다.
도와 조화를 이룬 것은 살아남고
억지로 된 것들은 잠시 자라는 듯하나 이내 시든다.
그것은 도가 아니기 때문이다.
도를 거스르는 것은 무엇이든 일찍 그친다.

# 내려놓는 삶
## *Living by Letting Go*

모든 혜택을 다 받은 것처럼 보이는 사람을 본 적이 있을 것이다. 그들에게는 생명을 빼앗을 만큼 위험한 공격도 통하지 않을 것처럼 보인다. 예를 들어 치명적인 독감이 유행하는 동안 기침과 재채기를 해대는 사람들의 틈바구니에 있으면서도 좀처럼 아프지 않은 사람을 알고 있는가? 많은 사람들이 다치는 범죄 현장의 한복판을 조그만 상처도 없이 벗어난 사람은 어떤가?

이렇게 운 좋은 소수의 사람들은 이 장의 도입부에서 "독이 있는 벌레", "사나운 맹수" 또는 "무서운 날짐승"이라고 표현한 것들로부터 자신을 보호하는 수호천사가 있는 것처럼 보인다. 그러나 노자는 이러한 사람들이 그저 도와 조화를 이루고 있을 뿐이라는 사실을 알고 있다. 어떤 사람들에게는 삶에서 적절한 시기에 적절한 사람들이 나타나는 듯 보이고, 어떤 사람들은 돈이 필요할 때 돈을 만들어낼 수 있는 능력을 가진 것처럼 보인다.

노자는 에고가 아직 자리 잡지 않은 갓난아이들에게 기대를 걸어야 한다고 말한다. 아기들은 불가사의하다고 생각될 만큼의 능력을 갖고 있다. 큰 소리로 온종일 울어대고도 결코 목이 쉬는 법이 없다. 아직 근육이 발달하지 않았지만 물건을 단단히 쥘 수도 있다. 또한 몸이 유연해서 사실상 성인이라면 뼈가 부러질 만큼 높은 곳에서 떨어져도 크게 다치지 않는다고 한다. 이 모든 것들이 노자가 말한 "지극한 조화"다.

55장에서 '행운'은 우연히 다가오는 것이 아니라는 사실을 깨달으라고 말한다. 내려놓는 삶을 선택한다면 행운은 살아가는 내내 당신의 것이다. 자신의 삶을 통제하겠다는 욕심을 버리는 순간, 도의 힘을 끌어당기게 된다. 그러므로 생각을 바꿔라. 당신의 삶이 얼마나 행운 가득한 모습으로 변하는지 바라보라.

면역 체계를 강화하여 질병을 견뎌낼 수 있는 그 '행운'을 얻기 위해 도의 조화 속으로 내려놓아라. 그리고 존재하라. 보호받기 위해 내려놓는다는 것은 모순적으로 들린다. 당신도 아마 그렇게 생각할 것이다. 그러나 내려놓음은 삶의 자유로운 리듬이 아무런 방해도 받지 않고 당신을 통해 흐르게 하는 방법임을 알라.

내려놓는 삶은 걱정, 긴장, 공포를 놓아버리는 것을 의미한다. 위험해 보이는 일에 직면해서도 평안과 행복의 느낌을 끌어올릴 수만 있다면 근원과 조화를 이루게 되고 강압에 따라 행동하던 패턴에서 벗어날 수 있다. 여기서 노자는 "억지로 된 것들은 잠시 자라는 듯하나 이내 시든다."라고 일깨워준다.

이 장에서 힘 있게 말하는 보호의 자연법칙에 도달하라. 그리고 이러한 통찰을 바탕으로 변하지 않는 것을 이해하라.

## 파괴할 수 없는 자신의 이미지를 마음속에 품어라

위험한 상황을 지나는 동안 자신을 지탱해줄 내면의 이미지를 만들라. 물질적인 육체의 이미지는 버리고, 정신이나 사고처럼 당신의 한결같은 부분을 보라. 이것이 당신의 본질이며, 본질은 어떤 식으로도 해하지 못한다. 이런 관점에서 볼 때, 범죄자에서 사나운 맹수, 감기에서 암에 이르기까지 그 무엇도 당신을 위협하지 못한다. 변하지 않는 자신과 조화를 이루면 아무것도 당신을 파괴할 수 없음을 알게 될 것이다. 다가오는 위험에 대비하려고 애쓰지 마라. 삶을 살아가는 내내 아무런 상처도 입지 않는 그 운 좋은 사람이 되겠다고 다짐하라.

## 운 좋은 사람이 되기 위해 당신이 가진 잠재력을 새롭게 바라보라

스스로에게 "난 운이 없는 사람이니까, 일이 제대로 될 리가 없어."라고 말하지 말고 "나는 모든 것을 받아들일 준비가 되어 있어. 행운이 나를 이끌어줄 거야."라고 다짐하라. 이러한 생각의 변화는 도의 흐름 속으로 당신을 안내할 것이다. 평화가 긴장을 대신하고, 조화가 수고의 자리를 채우며, 수용이 간섭과 강압을 대체할 것이다. 그리고 행운이 공포를 몰아낼 것이다. 당신은 당신이 생각하는 대로 될 것이다. 심지어 이전에는 불운의 증거라고 믿었던 것들도 이제는 더 큰 조화를 향해 나아가도록 돕는 상징으로 보일 것이다.

내려놓는 삶을 통해 당신은 임어당의 작품《생활의 발견The Importance of Living》에 담긴 그의 비꼬는 듯한 사고에 감사하게 될 것이다.

"만약 완벽하게 헛된 방식으로 완벽하게 쓸모없는 오후를 보낼 수 있다면, 당신은 살아가는 방법을 아는 것이다."

### ♨ 지금, 도를 행하라

일주일에 걸쳐서 통제하거나 억지로 만들어내지 않고 '잘돼가고 있는 일들'을 표로 정리하라. 이것은 결과를 통제하려는 충동을 의식적으로 제어하는 일이다. 긴장이 되거든 마음을 가라앉히고 되도록 많은 상황을 믿으라. 일주일이 끝날 무렵에는 생각을 바꿈으로 인해 삶이 어떻게 변화했는지 주의 깊게 살펴보라.

도와 조화를 이룬 것은 살아남고
억지로 된 것들은 잠시 자라는 듯하나 이내 시든다.

# 56

아는 사람은 말하지 않고
말하는 사람은 알지 못한다.

모든 통로를 막아라!
입을 다물고
감각을 차단하라.
날카로움을 무디게 하고
얽힌 것을 풀어라.
빛을 부드럽게 하고
티끌을 가라앉혀라.
이를 태초의 하나 됨 혹은 신비한 포옹이라고 한다.

이 신비를 아는 사람은
집착이나 싫어하는 마음에 흔들리지 않고
얻음과 잃음에 동요하지 않으며
명예와 불명예에 좌우되지 않는다.
사람들의 관심 저 너머에 있지만
그들의 가슴속 가장 소중한 부분을 얻는다.

이것이 사람의 가장 귀한 모습이다.

# 말없는 앎을 따르는 삶
## *Living by Silent Knowing*

어쩌면 이 장이 《도덕경》 전체를 통틀어 대중에 가장 널리 알려진 장인지도 모른다. 특히 첫 두 줄인 "아는 사람은 말하지 않고 말하는 사람은 알지 못한다."라는 구절은 너무나도 유명하다. 그럼에도 이 구절의 근본 메시지를 이해하는 사람은 많지 않으며 이를 실천하는 사람은 더더욱 찾아보기 힘들다.

노자는 내면의 깊은 곳에서 나오는 말없는 앎의 모습으로 살아가라고 한다. 이 장을 통해 그동안 지혜롭거나 박식하다고 생각했던 사람에 대한 생각을 바꾸고 싶어질 수도 있다. 좋은 언변을 가진 설득력 있는 연설가는 자신의 주장에 자신감이 넘치고, 이를 힘 있게 전달하고자 한다. 이들은 능력 있는 사람으로서 존중받는다. 그러나 진실은 이와 정반대라고 노자는 말한다. 말하는 사람은 말없는 앎으로 살지 않고, 따라서 그들은 알지 못한다는 것이다.

이렇게 생각을 바꾸면 이전과는 다른 몇 가지 차이점들을 발견하게 될 것이다. 첫째, 똑똑한 척 말하고 남을 설득하려는 사람들은 항상 일종의 집착에 얽매여 있음을 알게 된다. 여기서 말하는 집착이란 하나의 이론, 정의, 승리에 대한 것일 수도 있고, 어떤 방식으로든 이익과 관련이 있을 수도 있다. 그들이 더 많이 말할수록 더욱 그런 집착들에 좌우되는 것처럼 보인다.

두 번째 발견은 당신의 내면에서 벌어진다. 당신은 남을 설득하고 납득시키려는 성향과 욕구를 알아채기 시작한다. 그러고 나면 노자가 말한 "태초의 하나 됨" 혹은 "신비한 포옹" 속에서 자신을 발견하고, 다른 사람의 이야기를 더 귀 기울여 듣게 된다. 박식하고 우월하고자 하는 욕심이 아무런 소용이 없음을 이해하고, 인정받으려고 애쓰는 일에 흥미를 잃어버린다. 말 없는 앎을 통해 당신의 존재는 다른 빛을 향하게 된다. 당신은 덜 날카로우면서 인정되고, 부드럽고, 진중한 느낌을 갖게 된다.

총명하고 지혜롭다는 것에 대해 새롭게 이해함으로써 당신은 모순적인 아이러니와 마주치게 된다. 노자는 도에 따라 사는 성인은 "사람들의 관심 저 너머에 있지만 그들의 가슴속 가장 소중한 부분을 얻는다."라고 말한다. 나는 이렇게 정리하고 싶다. 다른 사람으로부터 인정받으려고 애쓰지 않을수록 더 인정받게 된다. 그런 사람들은 자신들이 명예롭게 보일지, 불명예스럽게 보일지 신경 쓰지 않기 때문에 칭찬을 구하거나 피하지 않는다. 고요한 지혜로 인해 다소 냉담한 듯 보이지만 결국에는 모든 사람의 존경을 받는다.

당신은 이미 말없는 앎의 공간을 내면에 품고 있다. 다음은 이 장의 교훈을 실천하기 위한 조언들이다.

## 모든 통로를 막아라

다른 사람의 환심을 사고 싶어 하는 자신에 대해 솔직해져라. 당신은 누구에게 무엇도 증명할 필요가 없으며 계속해서 떠들어봐야 결코 성공할 수도 없을 것이다. "말하는 사람은 알지 못한다."라는 사실을 기억하라. 아니면 다른 번역본의 표현대로 간단하게 "입을 다물라." 침묵은 깨달음의 증거다. 다른 사람을 이해시키기 위해 말하는 것은 들으려는 사람의 필요보다 자신의 욕심이 앞서는 것이다. 그러므로 다른 사람을 설득하려 애쓰지 말고 조용히 있어라. 그저 깊은 만족을 주는 내면의 깨달음을 즐겨라.

## 이 장에 담긴 네 가지 지침을 기억하라

### 날카로움을 무디게 하라

당신의 판단이 다른 누군가를 공격하기 전에 먼저 자신에게 귀를 기울여라. 더 좋은 방법은 우선 그냥 들어라. 그러고 나서 애정이 담긴 연민의 마음을 자기 자신과 상대방에게 건네라.

### 얽힌 것을 풀라

당신을 세속적인 규칙에 붙들어 매는 것들로부터 벗어나라. 이익을 자랑하고 승리를 증명하는 데 몰두하는 삶과 연결된 매듭을 풀어라. "신비한 포옹" 속에서 고요히 도를 바라보라.

**빛을 부드럽게 하라**

옳고자 하는 당신의 욕심이 분명해지는 순간에 주목하라. 그리고 경직된 태도 대신 당신 존재가 가지고 있는 부드러운 모습으로 변화하라. 외부에서 벌어지는 사건을 불쾌한 눈으로 노려보고픈 충동이 느껴진다면 이는 당신 자신이 내면의 말없는 앎과 멀어지고 있다는 경고다.

**티끌을 가라앉혀라**

소동을 벌이지 마라. 다른 사람들의 행동 방식에 분노가 터져 나오려는 순간, 그러한 자신의 성향을 자각하라. 화가 나서 탁자를 두드리며 소리치고 있다면 멈춰서 자신의 모습을 바라보라. 마치 커다란 바다의 파도와도 같은 당신의 감정이 광대하고 차분하며 모든 것을 알고 있는 근원으로 돌아가는 모습을 지켜보라.

**⚘ 지금, 도를 행하라**

한 시간, 하루, 한 주 또는 한 달 동안 다른 사람에게 충고하지 않는 연습을 하라. 잠시 동안 멈추고, 말없는 앎에 자신을 맡겨라. 조언하려 들지 말고 삶에서 얻은 경험을 바탕으로 질문을 던져라. 그런 다음 그저 당신 자신과 다른 사람에게 귀를 기울여라. 그것이 사람의 가장 귀한 모습이다.

아는 사람은 말하지 않고
말하는 사람은 알지 못한다.

# "계곡과 검은 암컷(玄牝)"
# 노자 사상 속 가장 중요한 신화의 모티프

"계곡의 신은 죽지 않으니 이것을 일컬어 검은 암컷이라 부른다. 검은 암컷의 문을 하늘과 땅의 뿌리라 한다. 이어지고 또 이어져 영원히 존재하니 아무리 써도 마르지 않는다." (谷神不死 是謂玄牝 玄牝之門 是謂天地根 綿綿若存 用之不勤,《도덕경》6장)

이 구절에 대한 해석은 분분하다. 그러나 모두 여성의 생식력을 의미한다는 것에 대해서는 별 이견이 없다. 문외한도 단박에 그 감을 꿰뚫어 알 수 있다. 자연을 사람의 몸으로 비유한 고대 중국인들의 사상, 즉 '천인합일天人合一'에 따르면 달과 계곡은 모두 여성의 상징이다. 여성은 음이다. 특히 달은 음陰의 으뜸, 바로 태음太陰이다. 하늘과 땅조차도 여성에게서 나온다는 말이다. 대만의 신화학자 두이미는 그래서 노자의《도덕경》은 달의 신화에 근거하여 쓰인 것이라고 주장한다.

달을 여성의 으뜸으로 생각한 것은 고대 중국인뿐만 아니라 그리스인들의 경우도 마찬가지다. 태양의 신이 아폴론이라는 남성 신인데 비해 달의 신은 아르테미스라는 처녀 신이다. 달의 여신은 사냥을 한 후

피곤한 몸을 깊은 계곡에서 목욕으로 푼다. 계곡의 한쪽에는 동굴이 있는데, 맑은 샘물이 끝없이 흘러나와 마치 커다란 대야처럼 생긴 욕조를 이룬다. 아르테미스는 이곳에서 깨끗하고 맑은 물로 처녀인 자신을 씻는다. 이때 젊은 사냥꾼 악타이온이 아무 생각 없이 여신의 성역으로 들어와 처녀의 가장 신성한 곳을 보게 된다. '대자연의 숨김없는 아름다움을 본' 이 재수 없는 젊은이는 분노한 달의 여신에 의해 사슴으로 변하게 되고, 여신의 사냥개들에게 물려 찢겨 죽는다. 프로이트 식으로 말하면 달과 계곡이 여성이라는 생각은 인류의 집단 무의식이기 때문에 배우지 않고도 단박에 알 수 있는 것이다.

깊은 계곡의 물은 영원히 마르지 않는다. 깊은 것은 어둡고 검다. 검다는 것은 심연이니 영원히 물로 차 고요하다. 그것은 깊고 오묘하고 숨겨져 있다. 바로 여성이다. 또한 달은 차고 기울지만 죽으면서도 스스로 기르니 결코 죽어 사라지지 않는다. 죽었다가 다시 부활하니 불사의 존재다. 생명은 끝이 없다. 여성만이 생명을 낳고 기른다. 여러 학자들이 이구동성으로 노자의 철학이 여성의 철학이라고 주장하는 이유가 여기에 있다. 어머니는 존재의 시작이고 생명의 창고이고 원류다. 여성은 물처럼 부드럽고 유약하지만 강함을 이기는 가장 유용한 상징이다.

유가가 남성의 철학인데 비해 도가의 사상은 여성의 철학이다. 유가의 사상은 남성적인 모든 것, 즉 인위적이고 제압적이고 이성적이고 때때로 침략적인 것을 강조한다. 그러나 도가의 사상은 철저히 그 반대의 측면인 여성성을 강조한다. 도가는 '받아들이고 정성을 다해 이루고 물러나 지키고 신비하여' 나타나지 않는다. 모든 것을 낳고 기르지만 어느 것도 지배하지 않는다. 고대 중국인들은 이것이 여성과 어머니라 생각했다. 그러므로 노자의 도는 계곡으로 상징되며 낮은 곳으로 흐르는 물이며 생명과 사랑을 주관하는 어머니다. 반면 《논어》 속의 군자는 낮은 곳에 사는 것을 싫어한다. 왜냐하면 세상의 모든 악이 흘러든다고 생각했기 때문이다. 유가는 지배자의 사상이다. 그러므로 산의 정상을 지향한다. 그러나 노자는 백성의 사상이다. 그들은 계곡을 지향한다. 유가는 양의 철학이고 도가는 음의 철학이다. 이 둘은 종종 대립하고 갈등한다. 그러나 결국 상생한다. 음과 양이 잘 어울릴 때에만 비로소 상생이 가능하다. 상생의 결과, 그것이 생명이다. 끊임없이 계속되고 면면이 이어지니 단지 생명, 생명뿐이다. 모든 것을 낳고 그 시원이 되지만 장악하지 않고 제압하지도 않는다. 이 여성성이 바로 농경민들의 이상과 심리 상태였다.

그때나 지금이나 우리 사회는 늘 경쟁과 승리와 성공을 찬양한다. 그것이 삶의 길이라고 생각한다. 그러나 철저한 양陽의 세계 속에서 우리는 마르고 타고 죽어간다. 경쟁이 있으면 질 때가 있고, 성공이 있으면 실패가 있다. 노자의 사상은 한때 지고 실패한 사람을 위한 것이다.

"구부리면 도리어 온전해지고, 낡으면 오히려 새로워질 수 있고, 적으면 오히려 많아질 수 있다."《도덕경》22장)

"감히 세상 사람들의 앞에 서지 않는다."《도덕경》67장)

"감히 무엇을 하는 데 용감한 자는 죽게 되고, 아무것도 하지 않는 데 용감한 자는 살게 된다."《도덕경》73장)

노자의 사상은 한때 실패하고 절망하고 자기연민에 괴로운 사람들을 위로해준다. 다시 살게 해준다. 달처럼 거듭 모태의 자궁 속으로 들어가 다시 태어나게 도와준다. 죽지만 죽는 것이 아니다. 오히려 죽지 못하면 다시 태어날 수 없다. 사는 동안 끝없이 죽고 다시 살아야 새로워질 수 있다. 철학자 피터 마제스가 이것을 다음과 같이 절묘하게 표현한다.

"노자의 사상은 패자를 위한 위안일 뿐 아니라 승자에 대한 깨우침이다. 혹은 패자의 영혼이고, 승자의 철학이다. 노자는 승리와 성공에 반대하지 않는다. 다만 그것이 불러일으키는 교만과 실패에 반대한다."

글을 잘 쓴다는 것이 이렇게 통쾌한 것이구나.

# 57

위대한 지도자가 되고자 한다면
도를 따르는 법을 알아야 한다.
지배하려 애쓰지 말고
고정된 계획과 개념을 놓아버려라.
그러면 세상이 저절로 다스려질 것이다.

내가 어찌 그것을 알겠는가?
세상에 금기와 제약이 많을수록
사람들은 더욱 가난해지고
날카로운 무기가 많을수록
나라는 더욱 혼란해지며
사람들이 잔꾀가 많을수록
괴상한 것들이 더욱 많아지고
법이나 명령이 요란할수록
도둑이 더욱 늘어나기 때문이다.

그러므로 성인은 다음과 같이 말한다.
내가 억지로 행하지 않으므로 사람들이 저절로 바뀌고
내가 고요함을 좋아하므로 사람들이 저절로 바르게 되며
내가 일을 꾸미지 않으므로 사람들이 저절로 부유해지고
내가 욕심을 부리지 않으므로 사람들이 저절로 소박해진다.

# 권위주의를 버린 삶
*Living Without Authoritarianism*

이 장과 앞으로 이어질 몇 개의 장을 통해 노자는 2,500년 전의 통치자들에게 높은 수준의 리더십을 보여야 할 이유와 방법에 대해 조언한다. 그의 충고는 21세기에 접어든 오늘날에도 정치, 행정, 사업, 자녀교육을 포함한 모든 종류의 리더십에 고스란히 들어맞는다.

57장의 기본 메시지는 간섭하지 말고 내버려두라는 것이다. 그렇다고 해서 갓난아이를 찻길로 기어가도록 내버려두거나 수영장 옆에서 아이를 혼자 놀게 하라는 것은 아니다. 자기 자신이나 다른 사람을 해칠 수 있는 누군가를 감독해야 하는 경우는 분명 상식적인 판단을 해야 한다. 노자가 여기서 전하고자 하는 것은 내버려두는 것이 가장 높은 수준의 리더십이라는 점이다. 그는 과도한 제약과 금기를 가진 사회일수록 "사람들은 더욱 가난해진다."라고 말한다. 이는 엄격한 규율이 지배하는 가정에서도 마찬가지다. 권위적인 체제일수록 더 많은 무법자가 모습을 드러낸다.

반면에 아이들은 규칙이나 제제가 없는 상태에서 자신들의 호기심을 탐구하도록 격려받을 때 자신감을 얻는다. 당신이 규율을 바라보는 방식을 달리하면 가족 구성원들은 각자 자신뿐만 아니라 모두를 위한 최선의 결정을 내리게 될 것이다. 예를 들어 십대 자녀들에게 적용하던 엄격한 귀가 시간을 없애고, 그들에게 언제 집에 올 것인지를 알아서 정하게 한다. 그리고 평소보다 늦을 경우 연락하도록 부탁하면 어떤 일이 벌어질까? 오히려 강요하지 않았기 때문에 엄격한 귀가 시간이 있을 때보다 더 일찍 집에 들어오게 될지도 모른다.

가족들에게 강요하던 제약들을 살펴보라. 바람직한 부모는 아이들이 부모에게 기대는 것을 바라지 않는다. 그들은 아이들이 누군가에게 기댈 필요가 없도록 교육한다. 당신은 자녀들이 책임감 있고, 건강하고, 성공하고, 거기에 더해 정직하기를 바랄 것이다. 감시하고 간섭해서가 아니라 그들 내면에 있는 본성에 따라 그렇게 되기를 바란다. 그러므로 모범을 보여야 한다. 스스로 알아서 하면 크게 성공할 수 있다는 것을 아이들에게 보여주라. 무엇을 결정할 때마다 지침서보다는 자신들의 고귀한 본성을 믿고 따르도록 하라.

명령, 법규, 금기 등을 이전과는 다른 방식으로 대하라. 자기 자신을 엄격한 통제가 필요 없는 사람으로 바라보라. 이 새로운 관점을 자신이 리더라고 생각되는 삶의 모든 영역에 적용해보라.

다음은 2,500년 전에 기록된 이 장이 전하는 21세기형 조언이다.

### 자신을 내버려두는 기술을 연마하라

자신을 더 자연스럽게, 덜 통제받도록 놓아두라. 아무런 계획 없이 짧은 여행을 떠나라. 본능적으로 끌리는 곳으로 가라. 당신이 가진 권위적인 부분에게 잠시 휴식 시간을 갖자고 말하라. "나는 나 자신으로 돌아가는 데 아무런 거리낌도 없다. 어느 누구의 규칙에 따라 살 필요도 없으며, 나의 행동을 가로막던 규칙들도 더 이상 필요하지 않다."라고 스스로에게 다짐함으로써 자신과 세상에게 이전과는 다른 새로운 면을 보여주라.

## 다른 사람을 내버려두는 기술도 연마하라

자녀나 당신이 감독하고 있는 누군가에게 "안 된다."라고 말하며 규칙을 들먹이려는 자신을 붙잡아라. 그리고 아무 말도 하지 않고 그냥 지켜보기만 했을 때 생길 수 있는 결과를 생각해보라. 지도자로서 자신의 역할을 바꾸면, 사람들이 삶의 직분을 수행하는 데 규칙은 필요하지 않다는 걸 발견하게 될 것이다. 모든 사람들은 자기가 무슨 일을 하고 싶은지, 무엇이 그들을 가로막고 있는지, 자신들의 꿈을 어떻게 실현할 수 있는지에 대한 감각을 지니고 있다. 도의 방식대로 존재하라. 다른 사람을 내버려두라. 권위적이지 않은 당신의 리더십이 다른 사람들에게 각자 자신을 찾아가도록 영감을 불어넣고 있음을 즐겨라.

### ♨ 지금, 도를 행하라

이전에는 한 번도 해본 적이 없는 일을 하라. 빗속을 맨발로 걸어보고, 요가 수업에 등록하는 것도 괜찮다. 사람들이 많이 모인 곳에서 단상에 올라 연설을 하거나 운동경기에 나가 뛰어보는 것은 어떤가? 낙하산을 메고 비행기에서 뛰어내리는 것도 짜릿하다. 아니면 항상 해보고 싶었던 다른 무엇이라도 좋다.

새롭고 더 큰 경험을 하지 못하게 세악하는 것은 당신 자신임을 인식하고, 삶의 지침서는 덮어버려라. 그리고 이전에는 결코 가보지 못했던 곳으로 문득 떠나라. 다른 사람들에게도 그러한 기회를 주라. 당신의 도움을 최소한으로 받거나 혹은 전혀 받지 않고도 그들이 얼마나 많이 성취할 수 있는지 즐겁게 지켜보라.

지배하려 애쓰지 말고
고정된 계획과 개념을 놓아버려라.
그러면 세상이 저절로 다스려질 것이다.

# 58

통치자가 자기 자신을 알면
백성들은 순박해진다.
통치자가 백성들의 삶을 간섭하면
백성들은 안정되지 못하고 불안해진다.

화禍에는 복福이 기대어 있고
복에는 화가 숨어 있다.
누가 그 끝을 알겠는가?
옳음의 기준이 있는가?
옳은 것이 변하여 이상한 것이 되니
사람이 미혹된 지가 실로 오래되었다.

그러므로 성인은 기꺼이 모범을 보이지만
강요하지 않는다.
예리하나 찌르지 않고
곧으나 분열시키지 않고
빛나나 눈부시지 않는다.

# 행운과 불운에
# 흔들리지 않는 삶

*Living Untroubled by Good or Bad Fortune*

만물의 세상은 '변화의 세상'이다. 우리는 끊임없이 변화하는 삶 속에서 모든 것이 안정되고 예측 가능하기를 바라면서 세상을 본다. 그러나 지구상의 모든 것은 한결같이 움직이고 있다. 알베르트 아인슈타인는 이를 두고 "움직이지 않으면 아무것도 일어나지 않는다."라고 했다. 58장은 세상을 보는 다른 방법, 그러니까 사실상 행운과 불운에 흔들리지 않는 삶을 살 수 있는 방법이 있음을 강조한다. 이 장은 물질세계에서 끊임없이 움직이는 에너지 흐름에만 집중하지 말고 결코 변하지 않는 도에 초점을 두라고 안내한다.

대부분의 사람들처럼 당신 또한 변하지 않고, 안정적이고, 믿을 수 있고, 안전하며, 예측 가능한 환경을 원할 것이다. 그러나 현실은 지금까지의 모든 경험들을 통해 그와 정반대인 예측 불가능한 상황을 고려해야 한다고 분명하게 요구한다. 결국 당신을 둘러싸고 있는 풍경은 질서정연한 것과는 상당한 거리가 있다. 산은 높이 솟았다가 계곡으로 떨어지고, 나무들은 관목 위로 우뚝 솟았으며 구름은 불길한 검은색과 솜털 같은 하얀색 사이를 오간다. 화창한 날에는 폭풍이 숨어 있고, 폭풍우 속에는 가뭄이 차례를 기다리고 있다. 오르내리며 예기치 못하게 벌어지는 사건들이 자연에게는 그저 일상적인 일일 뿐이다. 만물은 모두 언덕과 골짜기를 동시에 품고 있다.

삶의 꼭대기와 바닥에 대한 당신의 관점을 바꿔라. 그 경험들 안에 숨어 있는 것을 발견하라. 행운과 불운이 아닌 온전한 전부를 보라. 서로 반대되는 것들을 혼란을 일으키는 것이 아닌, 하나 됨의 일부로 보라. 도의 세상에는 행운이나 불운이 따로 존재하지 않는다. 그것은 둘로 나뉠 수가 없다. 당신이 '불운'이라고 부르는 것은 다음 차례를 기다리고 있는 '행운'이라는 나머지 반쪽을 포함하고 있다.

58장에서 오늘날의 세상에 적용할 수 있는 노자의 조언은 다음과 같을 것이다.

## 행운이나 불운이 아니라 온전함을 보라

누군가가 주위 사람들과 더없이 행복한 관계를 유지한 채 부자이고, 건강하고, 안정된 직장에서 승진했으며, 자녀들이 학교에서 좋은 성적을 내는 등 당신이 생각하는 행운의 한복판을 지나고 있다면 그 모든 것이 언제라도 변할 수 있음을 깨달아라. 부유함은 그 속에 빈곤함을 감추고 있고, 인기 있는 사람은 역시 어느 순간 아무도 관심을 갖지 않는 처지가 될 수 있다. 일반적으로 불운이라고 생각하는 상황 속에서

도 똑같은 일이 벌어진다.

삶은 행운이나 불운에 흔들리지 않는 능력을 키울 수 있는 완벽한 기회의 장이다. 당신에게는 모든 단계마다 온전함을 바라볼 기회가 있다. 젊음을 '행운'의 한 모습으로 보고, 노년을 '불운'의 증거로 보는 대신에 지나온 젊음은 다가올 노년이라는 온전함의 일부로 깨달아라. 세월이 흘러 당신은 노인이 될 테지만, 그러한 모습은 당신의 물질적인 존재가 변화의 단계를 거치며 발전해나가는 온전함의 일부분이다. 삶은 죽음을 품고 있다. 그러므로 의지를 스스로에게 강요하지 않음으로써 자신의 마음을 이해하고 도와 조화를 이루도록 행동하라. 찌르고 분열시키거나 눈부시지 말고, 예리하고 곧게 빛나라.

## 불운의 상황이 버거워서 거리를 둘 수 없다면 거기에 기대어 있는 행운을 보라

지금 절망의 골짜기를 지나면서 버티기 힘들 정도로 낙담하고 있을 수도 있다. 그것이 삶의 전부인 듯한 생각이 들기도 한다. 환경이나 상황을 더 큰 그림의 일부로 볼 수 없다면, 가장 어두운 밤을 따라 아침이 오는 것과 같이 행운은 불운에 기대어 있다는 사실을 명심하라. 온전함을 배경으로 밤이 지나면 낮이 찾아온다는 당신의 경험에 의지하라. 당신이 골짜기의 바닥에 이르렀다면 이제 갈 수 있는 방향은 오로지 위쪽뿐이다. 모든 일들은 분명히 나아질 것이고, 당신의 운도 틀림없이 바뀔 것이며, 결핍은 풍요로움으로 변할 것이다. 모든 절망의 순간 속에는 행운이 숨어 있고, 당신은 행운과 불운 모두에 흔들리지 않고 사는 법을 배우고 있다.

하루를 보내며 삶의 어떤 면들이 '행운'과 '불운'의 범주에 속하는지 주의 깊게 살펴보라. 하루가 끝날 무렵, '행운'과 '불운'의 제목을 적고 그 아래로 목록을 만들라. 그러고 나서 각각의 항목을 탐험하라. 하나씩 몸으로 느끼거나 그것을 잘 드러내는 이미지를 떠올려보라.

어떤 방식으로든 바꾸려고 애쓰지 말고 눈을 감고 그 주제를 관찰하라. 마치 만화경을 보듯 혹은 삶 그 자체를 바라보듯 지켜보고 그것이 당신을 통해 흐르게 하라. 하늘에 구름이 떠가고, 밤이 낮으로 깨어나고, 쏟아진 비가 증발하여 사라지듯 그렇게 흐르게 하라. 그리고 당신이 행운과 불운에 흔들리지 않고 살 때 어떤 혼란이 오고 갈지 생각해보라.

화에는 복이 기대어 있고
복에는 화가 숨어 있다.

# 59

사람을 다스리고 자연을 섬기는 데
절약과 절제보다 나은 것이 없다.

자제함은 자신의 의도를 포기하는 것으로 시작되고
이는 그동안 쌓은 덕에 달려 있다.
덕을 많이 쌓으면 불가능이 없고
불가능이 없으면 한계가 없으며
한계가 없으면 나라를 이끌 만하다.

이것이 바로 도에 깊고 튼튼하게 뿌리내리는 길이며
영원한 삶과 깊은 통찰력의 비밀이다.

# 절약과 절제의 삶

*Living by Thrift and Moderation*

이 장에 대한 수많은 번역본들에서 반복적으로 쓰인 네 개의 단어가 있는데, 바로 자제, 검소, 절제, 그리고 절약이다. 여기서 노자는 사람을 관리하거나 아이를 키우는 당신의 역할에 있어 이러한 덕목들을 점검해보라고 한다. 방관자처럼 물러서서 아무것도 하지 않는 것이 아닌, 진정한 자기 관리를 실천하라고 진심으로 조언한다. "덕을 많이 쌓으면 불가능이 없다."라는 말처럼 덕을 쌓는 리더십을 갖추면 한계가 사라진다.

절약과 절제의 삶이란 당신의 너그러운 본성을 통해 세상과 조화를 이루는 것을 의미한다. 끊임없이 재촉하고, 지시하고, 명령을 내리고, 규칙을 정하고, 복종을 강요하기보다는 도에 따라 살면서 덕을 쌓는 지도자가 되는 것이 중요하다. 지금까지 해오던 이런 방식을 버리면 자연스레 덜 간섭하게 될 것이고, 스스로 본보기가 되어 다른 사람들로 하여금 올바른 선택을 하도록 도울 것이다. 이것이 바로 도道 중심 리더십의 정수다. 노자가 말하듯이 한계가 없으면 나라를 이끌 만하다.

규칙과 독단, 공포에 지배되는 삶을 살아가는 사람은 그저 지시받은 것만 할 수 있다. 그 이상은 아무것도 할 수 없다. 맹목적으로 복종하는 사람에게는 자기 방향성을 선택할 자유가 없다. 그러므로 남들에게 어떻게 행동해야 한다고 말하기 전에 자제, 검소, 절제, 절약을 실천하라. 순종만을 강요하는 가정에서 자란 아이들은 성인이 되었을 때 심한 편견을 갖는 경향이 있다. 무언가를 받아들일 때 충분히 따져보기보다는 그들을 이끌어주는 위치의 누군가를 따라서 결정하도록 배웠기 때문이다. 그래서 우리는 자녀들에게 한층 높은 기준에 따라 스스로 결정을 내리도록 격려하는 리더십을 발휘해야 하는 것이다.

딸에게 받은 선물이 하나 있는데, 나는 그 선물에 '불가능은 없다'라는 이름을 붙여서 책상에 놓아두었다. 바위를 뚫고 자란 녹색 식물인데, 그것이 솟은 자리엔 흙 한 줌 없이 그저 돌덩어리뿐이다. 이 녹색 생명은 마치 우리가 그동안 배워온 것을 비웃기라도 하듯이 잘 자라고 있다. 선물을 고를 때 딸아이는 이 식물이 나와 비슷하다는 점에 마음이 끌렸다고 한다. 왜냐하면 나는 언제나 불가능한 것은 없다고 말해왔기 때문이다. '불가능은 없다'는 내게 자연에는 한계가 없다는 사실을 기억하게 해주었고, 나 역시도 돌덩어리와 그 단단함을 비집고 솟아난 푸른 생명만큼이나 자연의 한 부분이라는 것을 일깨워주었다.

노자는 "불가능이 없으면 한계가 없다."라고 힘주어 말한다. 덕을 쌓고 이를 본받음으로써 한계 없는 삶을 실천하라. 그렇게 하면 당신은 어떻게 해서든 자신이 이끌어야 했던 사람들 안에서 '깊은 통찰력의 비밀'을 발견할 것이고, 그 사람들은 반대로 당신 안에서 그것을 보게 될 것이다. 이러한 조언들을 받아들임으로써 59장의 지혜를 당신의 삶에 적용하라.

## 할 수 있는 한 많은 덕을 쌓아라

나는 수년간 의식하지 못한 채로 덕을 쌓아왔다. 나는 수십만 권의 책을 자비로 개인과 기관들에 보냈으며, 이런 나눔의 활동으로 하루를 시작하는 것은 어느새 습관이 되었다. 또한 벌어들인 돈의 상당 부분을 익명으로 기부하는 데 썼다. 당시에는 깨닫지 못하고 있었지만 나는 덕을 쌓고 있었던 셈이다.

그 무렵 나는 우리 삶에 항상 정상과 꼭대기만 있는 것은 아니라는 사실을 알게 되었다. 바위처럼 무거운 고통에서 벗어났을 때 나는 사실상 아무런 상처도 입지 않았다. 그것은 바로 내가 도에 깊고 튼튼하게 뿌리를 내리고, 외부 환경과는 무관한 통찰력을 가지고 있었기 때문이다.

## 에고를 다스리는 연습을 하라

에고를 다스림으로써 이전과는 다르게 살아라. 모아서 쌓아두는 존재가 아닌 나눠주는 존재로 자신을 바라보고, 과시하며 소비하는 대신 필요한 것만 쓰며 살아라. 당신의 삶이 에고의 요구보다는 도에 더 밀접하게 연결되어 있음을 깨닫기 시작할 것이다. 욕구를 다스려서 자신과 가족에게 꼭 필요한 것만 소비할 때 당신은 축적하지 않고 베풂으로써 덕을 쌓게 될 것이다. 노자는 당신에게 이것이 곧 "영원한 삶과 깊은 통찰력의 비밀"이라고 상기시킨다.

윌리엄 셰익스피어는 노자가 죽고 2,000년이 시난 후에 그의 희곡 〈헨리 6세〉 제3장에서 이를 다음과 같이 묘사했다.

나의 왕관은 머리 위가 아닌 마음속에 있다.
다이아몬드나 인도의 보석으로 치장된 것도 아니요,
눈에 보이지도 않는다. 나의 왕관은 '만족'이라 불린다.
그것은 왕들이 결코 경험하지 못하는 왕관이다.

### 🧘 지금, 도를 행하라

만물의 신성한 근원이 생명을 영속시키기 위해 어떻게 작용하는지 보고, 거기에 어울리는 다섯 가지 일을 해보라. 다른 사람이 버린 휴지를 줍고, 어려운 처지의 누군가에게 익명의 선물을 보내라. 덕을 쌓고 도에 깊이 뿌리를 내리는 데 도움이 되는 일이라면 무엇이라도 행하라.

사람을 다스리고 자연을 섬기는 데
절약과 절제보다 나은 것이 없다.

# 60

큰 나라를 다스리는 것은
작은 생선을 굽는 것과 같다.
지나치게 들쑤시면 망치기 마련이다.

도로 세상을 다스리면
악惡은 힘을 쓰지 못한다.
힘이 없어서가 아니라
사람을 상하게 하는 데 쓰이지 않기 때문이다.
다른 사람을 해하지 않을 뿐만 아니라
성인 자신도 해를 입지 않는다.

군주와 그 백성들이
서로 해치지 않는다면
덕은 그 나라에 쌓일 것이다.

# 악에 흔들리지 않는 삶
*Living with Immunity to Evil*

이 장이 주는 과제는 지구 전체뿐만 아니라 당신 개인 안에 존재하는 악惡을 새롭게 바라보라는 것이다. 도의 보호막 안에 머물면 악은 당신에게 아무런 영향도 끼칠 수 없다. 자기 자신과 타인을 향한 해로운 생각들을 거부하고 도에 따라 살면 사악하고 나쁜 기운들은 힘을 잃고 물러날 것이다.

도는 누군가를 파괴하거나 해하지 않는다. 오히려 모든 사람에게 기운을 불어넣는다. 이 원칙을 벗어난 사람들은 상대방도 자신과 같은 방식으로 반응할 때만 겨우 성공할 수 있다. 이때 벌어지는 것이 바로 전쟁이며 가족과 공동체의 불화다. 부정은 더 큰 부정을 초래하고, 집단에 큰 혼란이 가중되면서 지도자와 군주는 결국 몰락할 것이다.

악을 새롭게 바라보라. 그리고 단호하게 다짐하라.

'나와 내 사랑하는 사람들이 어디를 가더라도 악의 존재는 우리에게 아무런 영향을 끼치지 않을 것이고, 끼칠 수도 없다.'

그러면 당신 내면의 풍경이 달라지기 시작할 것이다. 폭력적인 생각이나 행동에 대한 소식을 들었을 때 당신은 이렇게 생각힐 것이다.

'나는 그렇지 않다. 나는 다른 사람에게 해를 끼치는 일 같은 것은 생각하지 않는다. 나는 빛과 사랑의 존재이며, 나에게서 쏟아지는 생각들은 사랑이 깃든 도와 어우러진다.'

달리 표현하자면, 다른 사람 때문에 당신에게 무슨 일이 생기더라도 증오를 품고 복수의 계획을 세우지는 않을 것이다. 당신이 도에 집중함으로써 부정적인 생각과 태도에 영향을 받지 않기 때문이다.

너무 단순하다고 생각할지도 모른다. 그러나 많은 사람들이 이렇게 생각한다면? 이런 의식을 가진 지도자가 나타난다면? 노자가 이 장에서 말하는 것처럼 군주와 그 백성들이 서로 해치지 않는다면 삶의 덕은 그 나라에 쌓일 것이다. 우리가 살고 있는 이 세상은 결국 이런 원칙에 따라 이어져야 한다. 그러지 않는다면 결국 인류는 멸망할 것이다. 그 첫걸음을 떼는 것은 바로 당신이다.

도에 대한 깨달음이 한 개인, 한 가정, 한 사회, 그리고 한 나라를 동시에 성장시키면서 우선순위도 달라지게 될 것이다. 그릇된 믿음이 만들어낸 기계나 도구 대신에 환경 친화적인 주택과 운송 수단이 더 많이 만들어질 것이다. 우리는 끔찍한 대량 살상 무기를 없앨 방법을 찾아낼 것이다. 증오와 미움이 사라지고 화합이 그 자리를 대신할 것이다. 노자의 표현처럼 군주와 백성들이 서로를 해치지 않게 될 때 이러한 일들은 현실이 될 것이다.

《도덕경》의 이번 장을 천천히 다시 읽어보라. 그리고 이 장이 당신의 일상에 어떤 영향을 미칠지 생각해보라. 부정적인 생각이 당신을 향하거든 마음속에 자리한 어짊과 사랑의 공간으로 물러서서 그 나쁜 기운을 피하라. 기억하라, 싸움을 단호히 거부하는 사람에게 시비를 거는 것은 불가능하다. 그러므로 싸움을 거부하는 것이 악에 대항하는 당신의 가장 강력한 무기다. 해코지하려는 성난 사람들을 변화시키기 위해 그들의 고약한 사고 수준만큼 자신을 낮추지 말아야 한다. 성난 운전자의 욕설에서부터 점원이나 가족의 거친 말에 이르기까지, 당신이 마음속에 중심을 잡고 있으면 이러한 감정의 폭발을 쉽게 피해갈 수 있다. 그런 해로운 생각과 행동이 당신에게 아무런 영향도 미칠 수 없다는 것을 깨닫고 그런 것들에 대해 무감각해져라.

노자는 2,500년 전에 이 장을 쓰면서 전 인류를 염두에 두고 있었다. 그는 많은 사람들이 경쟁과 복수 대신 협동과 사랑의 정신을 북돋우며 산다면 상처를 주는 행위는 무력해짐을 알고 있었다. 이러한 지혜를 실천하라. 악, 그리고 그 악이 당신과 세상에 미치는 잠재적 영향에 대한 생각을 변화시켜라.

### 해로운 생각의 한복판에 있는 자신을 조절하여
### 부정적인 생각에 대한 면역력을 키워라

자신과 다른 사람에 대해 비판적인 생각이 떠오르는 순간을 잡아라. 예를 들어, 자신이 존경받을 가치가 없다고 생각한다면 그것은 해로운 생각이다. 그런 생각이 들면 자신에게 속삭여라.

"나는 신의 사랑을 받을 가치가 있으며, 그 사랑을 끌어당기는 매력이 내 안에 있다."

도처에서 벌어지는 증오와 악에 대한 소식을 접할 때 복수를 떠올리지 마라. 그리고 정신적인 기운을 담아 생각하라.

'나는 모두에게 사랑의 마음을 보낸다. 그리고 이 사랑이 그들로 하여금 증오의 어리석음을 깨닫도록 도와줄 것이다.'

당신의 모든 생각에 주의를 기울이고, 필요하다면 그 흐름을 변화시켜라. 도의 이로움을 세상에 전하는 한 사람이 되라.

## 해로운 요구에 흔들리지 않겠다고 선언하라

당신을 감싸고 있는 보호막을 떠올려보라. 이 보호막은 세상에서 악이라고 인식되는 것들로부터 당신을 지킨다. 오직 도와 조화를 이루는 기운만이 이 막을 통과할 수 있다. 사랑, 어짊, 자비 등의 기운은 모두 받아들여진다. 그러나 해로운 무엇이 당신에게 다가오면 이 막에 의해 튕겨나갈 것이다. 이는 당신이 도 안에서 단단한 믿음을 갖게 되었음을 뜻한다.

내면에 이런 믿음이 있다면 악의 기운이 아무리 사납게 휘몰아친다 해도 당신에게 직접 영향을 미칠 수 없을 것이다. 당신과 주변 사람들의 삶을 사랑으로 다스리고, 그 무엇에도 상처 입지 않는 성인이 되라. 그렇게 선언하고 실천하라. 위험의 한복판을 자유롭게 걸어라. 이것은 안전 불감증이 아니라 당신과 도가 하나라는 깨달음이다.

### ❧ 지금, 도를 행하라

가족, 직장 동료 혹은 낯선 누군가가 당신을 향해 해로운 마음을 품고 있다고 생각한다면 그들에게 내면의 본성인 도로 대응해야 함을 기억하라. 어진 사랑의 마음을 담아서 그들에게 답하라. 그리고 당신에게는 해로운 것으로부터 면역력이 있는 고요하고 평화로운 깨달음 속으로 물러나라. 악의가 없어 보이는 표현을 연습해두면 톡톡히 효과를 보게 될 것이다. 대응하지 말고 당신 마음속의 도를 통해 우주로 나아가라.

# 61

큰 나라는 모든 물줄기가
흘러들어오는 낮은 땅과 같다.
하늘 아래 만물이 고여 있는 저수지이고
세상의 여인이다.
여성이 언제나 남성을 이기는 것은
고요함으로 스스로를 낮추기 때문이다.

그러므로 큰 나라가 작은 나라 앞에 스스로를 낮추면
우정과 신뢰를 얻고
작은 나라가 큰 나라 앞에 스스로를 낮추면
큰 나라를 자기편으로 끌어들인다.
자신을 굽혀 이기기도 하고
낮은 곳에 머물러 남을 얻기도 한다.

# 낮은 곳에 머무르는 삶
## *Living by Remaining Low*

우리는 삶의 모든 부분에서 정상을 차지해야 한다고 배웠다. 세상은 우리에게 '승자가 되라.', '승자를 존경하라.', '돋보이는 사람이 되라.', '최고가 되라.'라고 말하는 것처럼 보인다. 우리는 보통 돈을 가장 많이 벌고, 가장 큰 권력을 지닌 채 공포와 복종을 불러일으키는 사람들에게 경의를 표한다. 하지만 이렇게 잘난 체하며 사는 사람들이야말로 존경받을 가치가 전혀 없는 사람들이다. 이 장은 우리에게 승자에 대한 믿음들을 다시 평가해보라고 요구한다.

넓은 바다를 보라. 바다는 지구상에서 가장 강력한 힘을 가졌다. 그 힘은 다른 모든 물줄기보다 낮은 곳에 머물기 때문에 가능하다. 모든 강물들이 바다와 하나가 되고자 흘러든다. 그래서 바다는 온 세상이 모여든 저수지가 된다. 노자는 《도덕경》의 전체에 걸쳐 이것을 "위대한 어머니" 또는 "세상의 여인"이라고 부른다. 여성적인 음의 에너지는 모든 것을 받아들인다. 고요히, 그리고 조용히 머물러서 결국에는 정복하고 지배하려는 남성적 양의 기운을 압도한다.

노자는 이 장에서 사람들을 이끌 때 낮은 곳에 머무름으로써 얻는 유익함에 대해 이야기한다. 그는 큰 나라든 작은 나라든 모두 넓은 바다와 같아질 수 있다고 주장한다. 노자는 전쟁이 벌어지고 있는 지역을 관찰한 결과, 그곳에 평화와 조화를 가져올 수 있는 유일한 방법은 도를 따르는 것임을 알게 되었다. 결국 정복해야 할 것은 타인이 아니라 자신의 에고임을 깨달은 것이다.

노자는 이러한 깨달음을 국가와 정치 지도자들을 향해 말하고 있지만, 국가는 개인이 모여서 이루어진 것이다. 이 위대한 성인이 전하는 지혜를 실천하는 개인이 많아지면 변화를 만들어낼 수 있는 결정적 다수가 될 것이다. 우리는 그 가운데 하나가 되어야 한다. 우리 모두는 자기 자신과 상대방을 생각하는 방식에서 극적인 변화를 이루어내는 것이 얼마나 중요한 일인지 깨달아야 한다. 이를 위해서는 180도 생각의 전환이 필요할지도 모른다. 하지만 우리가 에고 중심의 사고를 줄인다면, 조만간 세상은 노자의 이 메시지를 기꺼이 받아들일 것이다. 또한 지구상의 모든 나라들은 여성적인 음 에너지를 가진 지도자가 얼마나 세상에 이로운지 알게 될 것이다. 결국 이것이 자연의 길이며 도의 방식이다.

다른 사람들 위에 군림하는 남성적인 양의 방식이 출세의 길이라는 생각을 버림으로써 당신은 이 장이 전하는 지혜를 세상 사람들에게도 적용할 수 있다. 여성적인 수용성과 고요함이라는 음의 방식을 통해 신뢰와 우정을 키워나가는 진정한 삶의 가치를 깨달으라.

이렇게 새로운 마음가짐과 태도를 익히고, 다음 조언들이 일상에 미치는 영향을 조용히 지켜보라.

## 강함을 만드는 것이 무엇인지에 대해 생각해보라

겸손함, 고요함, 그리고 낮은 자리에 머무는 태도에서 힘을 느낄 수 있는가? 무도의 세계에서 최고 고수는 적은 힘으로 상대방의 공격을 역이용한다. 인류 역사에서 벌어진 폭력의 전말을 보라. 권좌에 눈이 멀었던 사람들은 잔혹한 만행을 저지르지만 나중에는 똑같은 일을 당하게 된다. 이것은 개인의 삶에서도 마찬가지다.

눈에 띄지 않게 고요히 머물면 결국에는 다른 사람들이 당신에게로 흘러와서 우정과 신뢰로 어우러질 것이다. 이 여성적인 음의 존재 방식 안에 머물면 당신은 강한 기운을 내뿜어 사람들을 끌어들일 것이다. 그중에는 변화에 반감을 가졌던 사람들도 있을 것이다. 자신을 넓은 바다라고 생각하고 다른 모든 사람들이 당신에게 흘러들 수 있도록 낮은 곳에 머물라. 머물기로 결정한 그곳이 어디든 간에 그 자리에서 큰 나라를 만들어라.

## 폭력적인 방법을 쓰지 않고도 인류에게
## 커다란 영향을 미친 사람들을 본받으라

고요함과 음의 기운으로 낮은 곳에 머무는 삶을 산 본보기는 도처에서 발견된다. 예수, 부처, 무함마드, 조로아스터, 아시시의 성 프란체스코, 간디, 테레사 수녀 등은 우리에게 훌륭한 역할 모델이 되고 있다.

그들은 권력의 강압과는 정반대의 방법을 통해 인류 역사의 행로를 바꾸어놓았으며 세월이 지나도 모든 사람들의 존경을 받고 있다.

당신도 이들과 같은 도의 지도자가 될 수 있다. 저 낮고 변함없는 바다처럼 자신의 내면에 집중함으로써 가능하다. 당신을 누르고 위에 서고자 하는 사람들도 결국에는 당신에게로 흘러들어올 것이다.

### ♨ 지금, 도를 행하라

당신이 속한 가정, 나라, 세상 속에서 유능한 지도자가 되기 위해 고민하고 있다면 다음에 이어지는 인도의 정신적 지도자 사티야 사이 바바Sathya Sai Baba의 조언에 귀를 기울여라. 어떤 행동을 취하고 어떻게 생각해야 할지 조언을 구하는 사람들에게 그는 다음과 같이 대답했다.

삶의 잔혹함으로
눈은 공포에 질리고
입은 바싹 말라
아무 말도 할 수 없을 때
첫 한 모금의 차가운 물이 되어
내가 당신을 달랠 것입니다.
나를 기억하세요.

위기의 순간이 찾아오면, 자신을 낮추고 낮은 곳에 머묾으로써 당신을 이끌었던 사람을 마음속에 떠올리고 그 사람을 향해 "나를 기억하세요."라고 나지막이 말하라. 그가 도의 본성인 여성성으로부터 멀어 지게 하는 다툼, 탐닉 혹은 에고 중심의 생각들을 극복할 수 있게 당신 을 이끌어주는 것처럼 당신은 자신만의 길을 발견하게 될 것이다.

# 62

도는 보물창고이자
진정한 본성이며
만물의 근원이다.
도는 선한 사람의 보배이며
선하지 않은 사람에게도 은신처가 된다.

악한 사람이라도 내치지 마라.
좋은 말로 그를 깨우치고
행동으로 그를 일으키며
어진 마음으로 그의 무례에 대응하라.
악한 사람을 내치지 말고
다만 악함만을 내쳐라.

그러므로 새로운 지도자를 뽑았을 때
부와 지식으로 그를 돕기보다는
원칙을 되새기도록 돕고 도를 바치는 것이 낫다.

어찌하여 옛사람은 도를 이리도 귀하게 여겼을까?
모든 선의 근원이요
모든 악을 치료하기 때문이 아니겠는가?
도는 세상에서 가장 귀한 것이다.

# 도라는 보물창고 안의 삶

*Living in the Treasure-house of the Tao*

만물의 신성한 근원과 어울릴 수 있는 특별한 장소에 다가가는 모습을 상상해보라. 그곳에서 우리는 선한 사람에게는 보배이며 선하지 않은 사람도 용서받을 수 있는 공간을 발견할 것이다. 이곳에서 위대한 통치자와 현명한 사람들은 자신들에게 주어진 아름다운 책임을 다할 수 있는 방법을 찾기 위해 기도할 것이고, 우리는 사람을 내치지 않고 악함만을 내쫓을 수 있는 비밀을 얻을 것이다. 이곳에서 우리는 악을 치료하는 방법은 물론이고 선의 원천을 깨닫게 될 것이다.

이 장은 의식 있는 다른 모든 존재들처럼 나 역시도 내면 깊은 곳의 신성한 보물창고에 다가갈 수 있다는 사실을 일깨워주었고, 세상의 어두운 면을 바라보는 방식을 바꾸도록 해주었다. 또한 내 안에 불가사의한 도의 원천이 있으며, 만물의 하나로서 나와 내 역할을 새롭게 바

425

라보게 했다.

증오, 악의, 부도덕 등을 짊어진 것으로 보이는 사람들을 살펴봄으로써 당신이 만물을 대하는 편파적인 방식에 변화를 가져올 수 있다. 노자의 말처럼 악하고 나쁜 사람은 없다. 그저 도의 가르침을 거스르며 사는 사람이 악하게 보일 뿐이다. 그들을 내치지 말고 그들이 도와 다시 연결될 수 있도록 도와야 한다. 도와 조화를 이루어 생각하고 행동함으로써 중심을 지켜라. 도의 근원은 어느 누구도 해하지 않고, 가로막지 않으며 비난하지 않는다는 것을 명심하라. 도는 오직 생명을 줄 뿐이다.

부정적인 기운이 느껴지거든 신성한 공간을 찾아 헤매는 순수한 사랑과 어짊 쪽으로 시선을 바꿔라. 부정적인 기운은 강력하다. 그 기운은 근원으로 돌아가 영적인 순환 속에서 생명을 얻는 것이 아닌 근원으로부터 멀어지게 한다. 악함에 대한 인식을 바꾸었다면 다른 사람들도 그 차이를 깨달을 수 있도록 안내하라. 새로운 관점을 갖게 된 것에 감사하라. 당신은 물질 세상에서의 만족과 도의 풍요로움에 대한 차이를 편안하게 설명할 수 있을 것이다. 그리고 누군가에게 도의 보물창고에 이르는 지도를 그려줄 수도 있을 것이다.

지아푸 펑Gia-Fu Feng과 제인 잉글리쉬Jane English가 번역한 《도덕경》에서 이 62장은 다음과 같이 끝을 맺는다.


왜 모든 사람들이 그토록 도를 좋아하는가?
찾는 것을 얻고 저지른 죄를 용서받기 때문이 아닌가?
그런 까닭에 도는 우주의 가장 위대한 보배다.

이 장을 통해 노자가 당신에게 권하는 조언을 들어보라.

## 당신에게 열려 있는 보물창고의 문을 보라

언제나 열려 있는 도, 그 신성한 공간으로 들어가라. 또한 자신을 도의 신성한 창조물로 바라보라. 지금껏 부정적으로 생각해왔던 것이라도 보배로 가득한 도의 공간 안에서는 결코 부정적일 수 없음을 이해하라. 내부의 신성한 온기에 몸을 맡길 수 있는 편안한 집을 떠올려보라. 모든 불안과 공포를 뒤로한 채 그 문으로 걸어 들어가는 당신의 모습을 상상하라. 마음속에 그림을 그리는 명상 기술을 이용해서 이 집을 언제든 원할 때마다 자유롭게 들어갈 수 있는 피신처로 삼아라. 그것은 신성함 그 자체이며, 언제라도 당신의 성소聖所가 되어줄 것이다.

## 악의 있고 비난받을 만한 것들을 보았을 때
## 용서하고 비난하지 않는 연습을 하라

악한 행동과 그 일을 저지른 사람을 분리함으로써 악하게 보이는 사람들을 대하는 노자의 조언을 받아들여라. 그들은 에고가 삶을 지배한다고 믿고 있을 뿐, 그들도 역시 도의 신성한 피조물임을 기억하라. 비열함, 비행, 중독증, 해로운 행위 등에 대한 생각을 지워버려라. 그들이 잘못된 행동에서 벗어나 그냥 거기에 존재하도록 내버려두라. 그들 안에서 도가 펼쳐지는 것을 보라. 일시적으로 자극받았을 뿐인 순수한 아이들의 이미지로 마음속에 그려라. 가슴으로 악한 행동을 용서하고, 사랑의 마음을 담아 눈앞에 서 있는 그 아이들을 끌어안는 노력을 하라.

노자는 자기 자신도 유사한 방식으로 다루어야 한다고 말한다. 자신의 행동 중에서 마음에 들지 않은 부분을 모두 던져버려라. 고통이 느껴지더라도 그대로 놓아두고, 자신을 용서하라. 자신을 포용하는 모습을 떠올려보라. 자신이 밝게 빛나는 존재임을 알아차려라. 도에 어울리는 행동으로 자신을 끌어올리고, 자신뿐만 아니라 다른 모든 사람들에게도 어진 마음을 베풀어라. 이것이 이 장의 가르침을 당신 삶에 적용하는 방법이며, 진정으로 모든 악을 치료하는 길이다.

### ♨ 지금, 도를 행하라

오늘, 잠시 동안만이라도 다른 사람이 이 장의 원칙을 깊이 생각하도록 돕겠다고 결심하라. 직접적으로 《도덕경》이나 이 책을 언급하지는 마라. 예전이라면 분명히 화가 났을 상황에서 사랑의 마음을 표현하거나, 새로 부임한 누군가에게 특별히 의미가 있는 《도덕경》의 한 장을 메일로 보내라. 무엇을 하든지 도에 중심을 둔 생각과 행동이라는 열쇠를 건네서 사람들이 도의 문을 활짝 열 수 있도록 도와주라.

악한 사람을 내치지 말고
다만 악함만을 내쳐라.

# 63

함 없이 함을 실천하고
일함 없이 일하며
맛없이 맛보라.
작은 것을 크게 여기고
적은 것을 많게 보며
원한을 덕으로 갚으라.
복잡함 속에서 단순함을 보고
사소함 속에서 위대함을 이루라.

어려운 일을 하려거든 그 일이 아직 쉬울 때 하고
큰일을 하려거든 그 일이 아직 작을 때 하라.
성인은 큰일을 벌이지 않기에
결국 큰일을 해낸다.

너무 쉽게 대하면 신뢰를 얻지 못한다.
성인은 언제나 모든 일을 어렵게 대하기에
결코 어려움을 겪지 않는다.

# 어려움 없는 삶
*Living Without Difficulties*

이 장은 짧은 문장 안에 함축적으로 많은 의미를 담고 있다. 노자의 조언을 받아들인다면 삶에서 어려움을 겪는 일은 없을 것이다. 그는 여러 날, 여러 주, 여러 달, 여러 해 혹은 전 생애에 걸쳐서가 아니라 매 순간 속에서 생각하는 법을 배워야 한다고 조언한다. 언제나 우리가 가진 전부는 바로 지금뿐이다. 그러므로 우리는 작은 사건을 확대하거나 결코 일어나지 않을 미래를 걱정하는 버릇을 버려야만 한다. 세상에서 변화를 만들어내는 것은 아주 사소한 일들이며, 삶을 단순하게 유지하면 혼란은 사라진다. 노자가 우리에게 일깨워주듯이 복잡함 속에서 단순함을 보고, 큰일을 하려거든 그 일이 아직 작을 때 하라.

이 책을 쓰면서 나는 그 충고를 따랐다. 짐작하겠지만, 불후의 고전 가운데 하나인 《도덕경》의 81장 각각에 대해 에세이를 쓰는 것은 대단히 두려운 작업이었다. 이 같은 프로젝트는 적어도 1년에 걸쳐 매일 이루어지는 자료 조사, 읽기, 쓰기, 수정 등의 과정을 포함하고 있다. 그럼에도 나는 이 프로젝트의 어려운 문제들을 생각하지 않고 "단순함을 보고", "그 일이 아직 쉬울 때" 어려운 일을 하기로 결정했다. 나는 아침에 하나의 장에 깊이 몰두했고, 글이 저절로 내 가슴을 지나 종이에 흘러 쏟아지도록 두었다. 그러한 과정을 통해 "모든 일을 어렵게 대하기에 결코 어려움을 겪지 않는다."라고 말하는 이 63장의 모순적인 끝맺음을 깨우친 듯했다.

할 수 있는 일은 바로 지금 하며, 항상 현재의 순간 속에서 살아간다면 어려움은 없다. 이것이 이 장에 담긴 지혜다. 삶에 있어 골칫거리라고 여기는 것들에 대한 당신의 시선을 점검하라. 모든 일을 '그저 할 만하다'가 아니라 '쉽고 작다'로 받아들이도록 생각을 전환할 수 있겠는가? 끝마치려면 수년이 걸리는 어려운 학습 과정을 어떻게 따라갈 수 있는가? 그러기 위해서는 미래에서 헤매거나 현재의 순간을 걱정거리로 삼지 말아야 한다. 아이를 출산하는 길고 어려운 과정을 어떻게 견뎌내는가? 시시각각 조금씩 그렇게 하는 것이다. 나는 아내가 임신 기간과 아이를 기르던 여러 해 동안 그렇게 하는 것을 지켜보았다. 8년에 걸쳐 다섯 아이들을 낳으면서 말이다. 노자가 이르는 것처럼 큰일을 벌이지 않기에 결국 큰일을 해낸다.

나는 거의 매일 아침 26가지 동작과 두 가지 호흡 운동으로 구성된 핫요가 수업에 참여한다. 섭씨 40도 이상의 공간에서 한 시간 반에 걸쳐 이루어지는 이 고강도 운동은 큰일인 동시에 대단히 어려운 일이기도 하다. 나는 이 일과를 다른 방식으로 받아들이는 법을 배웠고, 이제 그것이 쉽다는 것을 알게 되었다. 첫 번째 호흡 운동이 시작되면 나는 그 순간에 몸과 마음을 모두 동작에 집중시킨다. 마음이 한 시간 후로 가서 배회하려고 하면, 다시 현재로 불러들인다. 거울을 들여다보며 이 운동이나 자세가 작고 간결하다는 것을 스스로에게 일깨운다. 그러면 어려움은 흔적도 없이 사라진다.

현재의 순간 속에서 수련하고 간결한 상태에 머물도록 단련함으로써 나는 90분에 걸친 요가 수업을 손쉽고 간단한 일로 만들었다. 그리고 자연스러운 발전의 과정 속에서 내가 위대하다고 생각하는 것을 이루었다. 그것은 어렵다고 여길 만한 상황에서 일함 없이 일하며 함 없는 함을 실천한 것이다. 그렇기에 나는 어려움을 겪지 않는다.

노자는 당신에게 다음과 같이 함으로써 21세기의 세계를 다르게 바라보라고 한다.

### 지금 이 순간에 집중함으로써 복잡하다고 말하는 것에 숨은 간결함을 찾아라

미래를 구성하는 모든 내일에 대한 선입견을 버려라. 내 친구인 바이런 케이티Byron Katie(이 책에 여러 차례 인용된 《도덕경》 번역본을 만들어낸 스티븐 미첼의 아내)가 정신 이상에 대해 정의를 내려주었는데, 나는 그 정의가 아주 마음에 든다. "갖고 있지 않은 것을 필요하다고 믿는 것은 정신 나간 짓이다." 여기에 내 생각을 조금 더하자면 이렇다. "미래가 어려워 보이기 때문에 지금 당장 만족하거나 행복할 수 없다고 생각하는 것은 또 다른 형태의 정신 이상이다."

지금 갖고 있는 것을 보라. 그리고 당신은 바로 이 순간에도 충분히 잘 지내고 있다는 사실을 깨달아라. 《기적 수업 A Course in Miracles》은 이 개념을 이렇게 풀어낸다.

"당신은 지금 문제가 있다고 생각하고 있을지라도, 사실 당신에게는 아무런 문제가 없다."

## 작게 생각하라

'크게 생각한다.'는 개념을 '작게 생각하고 크게 이룬다.'로 바꿔라. 너무 거대해 보여서 시작할 엄두도 낼 수 없을 만큼 겁이 나는 일이 있다면 천천히 살펴보라. 오늘 당신의 소중한 현재 속에서 할 수 있는 일이 무엇인지 생각하라. 전체 그림 같은 건 깡그리 무시하라. 당신이 작은 일에 착수하면 그것이 크게 확장될 것이다. 그렇게 함으로써 당신은 역설적이게도 큰 결과를 이룰 것이다.

### ♨ 지금, 도를 행하라

오늘, 당신의 인생에 있어 가장 어려운 문제에 집중할 수 있는 시간을 마련하라. 그것이 무엇이든 작게 쪼개서 오늘, 그리고 이 순간에 할 수 있는 작은 단위로 만들어라. 큰 그림은 잊어라. 지금 할 수 있는 일을 하라. 그리고 나머지 것들은 사라지게 놓아두라. '당신'이라는 소설의 첫 단락을 써나가라. 짓고 싶은 집의 청사진을 펼쳐라. 가까운 교육기관을 찾아 듣고 싶었던 강좌에 등록하라. 2분 단위로 달려라. '지금' 속에 존재하라. 작고 간결하게 머묾으로써 바로 지금, 이 순간에 도를 행하는 것이 어떻게 커다란 결과를 가져오는지 지켜보라.

어려운 일을 하려거든 그 일이 아직 쉬울 때 하고
큰일을 하려거든 그 일이 아직 작을 때 하라.

# 64

평온할 때 다루기가 쉽고
아직 분명히 나타나지 않을 때 막기가 쉽다.
약한 것이 잘 부서지고 작은 것이 잘 흩어진다.

일이 생기기 전에 행동하고
무질서해지기 전에 다스려라.
기억하라.
아름드리나무도 작은 씨앗에서 자라고
아홉 층 건물도 한 줌 흙에서 쌓여 올라가며
천릿길도 한 걸음부터 시작된다는 것을.

억지로 하면 실패하기 마련이고 얻으려고 하면 잃을 수밖에 없다.
성인은 억지로 하지 않아 실패하지 않고
얻으려고 하지 않아 잃지 않는다.
사람들은 보통 성공의 직전에서 실패하고 만다.
그러므로 마지막에도 처음 시작처럼 신중하면
실패하는 일은 없을 것이다.

성인은 얻기 어려운 것을 귀하게 여기지 않고,
값비싼 것을 모으지 않으며
생각이 고정되지 않는다.
그는 만물이 제 본성을 찾도록 도울 뿐
함부로 끌고 다니지 않는다.

# 지금 여기에 존재하는 삶

*Living by Being Here Now*

"천릿길도 한 걸음부터"는《도덕경》을 통틀어 가장 유명한 구절이다. 이 구절이 그토록 자주 인용되는 것은 두려워하지 말고 지금 서 있는 자리에서 처음부터 시작하라며 다독이기 때문이다. 아주 작은 씨앗을 심고 가꾸면 숲으로 자라난다. 마라톤도 첫 한 걸음을 내딛는 데서 시작한다. 독일의 시인이자 극작가인 괴테가 이 고대의 가르침을 운율이 있는 언어 속에 아주 멋지게 담아낸 듯하다.

　그저 몰두하라. 그러면 뜨겁게 타오를 것이다.
　그저 시작하라. 그러면 어느새 이루어질 것이다.

　64장의 정수는 바로 이것이다. 모든 목표는 바로 이 자리에서부터 시작한다. 지금 서 있는 자리가 중요하다는 것을 깨달아라. 이러한 생각은 너무 어려워서 엄두가 안 나는 문제들을 해결하는 데 도움이 된다. 바라보는 시선을 달리하면 당신 앞에 놓인 문제들의 어려움은 사라질 것이다.

"성인은 얻기 어려운 것을 귀하게 여기지 않는다."

성인은 큰 문제를 나눠서 작은 단계로 만들기 때문이다. 도를 따르는 사람은 다른 사람을 꾸짖거나 지시를 내리거나 모든 일을 혼자 처리하려 하지 않고 문제가 생기기 전에, 혼란을 일으키기 전에 다스리는 방법을 찾는다. 노자는 우리 모두에게 이와 같이 하라고 이른다.

가족, 공동체, 국가의 문제는 물론이고 자기 앞에 놓인 어려운 난관들을 어떻게 바라보고 있는지 살펴보라. 문제의 원인이 되는 사고방식을 미련 없이 버리고, 일이 커지기 전에 다스림으로써 그것들을 얼마나 쉽게 다스릴 수 있을지 느껴보라.

대부분의 사람들이 현명함에 이르기 위해 거치는 세 가지 단계를 살펴보자.

### 1. 고통을 통과하는 단계

이 단계는 "얻기 어려운 것을 귀하게 여김"으로 인해 삶의 문제들이 주체할 수 없이 커져서 비참한 생활이 오랫동안 지속될 것처럼 보이는 시기다. 당신은 질병, 사고, 중독, 경제적인 손실, 자녀들의 반항, 그리고 이혼과 같은 커다란 문제들을 되돌아볼 수 있는 시간에 도달하게 되고, 그것들 또한 삶의 선물이었음을 깨닫게 된다. 그렇지만 이것은 도의 길이 아니며, 성인이 자신의 삶을 살아가는 방식도 아니다.

## 2. 현재의 순간에 존재하는 단계

여기서 당신은 위기 상황이 터졌을 때 자신에게 질문을 던짐으로써 도에 더욱 가까이 다가서게 된다.

'지금, 이 경험에서 무엇을 배워야 하는가? 나는 이 불행 속에 나를 위한 선물이 있음을 알고 있으며, 그것을 찾는 데 집중할 것이다.'

이런 생각은 도에 중심을 둔 것이기는 하지만 노자가 이 64장을 통해 당신에게 전하고자 하는 내용의 전부는 아니다.

## 3. 커다란 문제가 생기기 전에 미리 빠져나오는 단계

이것은 일이 벌어지기 전에 움직이고, 다가오는 혼란을 감지해서 사전에 다스리는 것을 의미한다. 이것이야말로 도의 방식이다. 노자는 "작은 것이 잘 흩어진다."라고 말한다. 당신은 자연과 완벽한 조화를 이루는 예리한 관찰자가 된다. 통찰을 가지고 다툼을 예견하고 눈 깜짝할 사이에 마음속으로 이를 끝까지 따라간다. 그래서 결국 그 부정적인 기운을 가라앉힌다. 당신의 생각이 다툼보다 앞서 있기에 가능한 일이다. 이전에 문제를 일으키던 방식과는 다르게 행동하고, 따라서 도와 조화를 이룬다. 당신은 문제를 푸는 것이 아니라 사전에 예방한다.

노자는 이 장에서 세 번째 단계, 즉 도의 방법을 익히라고 권한다. 다음의 말을 음미하면서 실행하라.

**"천릿길도 한 걸음부터 시작된다."는 구절을 실천하면서 자신의 타고난 능력을 일깨워라**

최종 결과는 잊어라. 가고 싶었던 곳에 도달하면 어느새 새로운 여정이 시작될 것이다. 그러니 매 단계에서 모든 것을 즐겨라. 모든 목표는 지금 서 있는 자리에서 시작된다는 사실을 명심하라. 그저 한 번에 한 가시씩 하라.

나에게도 이와 같은 일이 하나 있다. 내가 알코올이 들어 있는 음료를 마지막으로 마셨던 것은 약 20년 전이다. 만약 그때 앞으로 20년 동안 술을 마시지 않겠다고 다짐했더라면 그것은 너무 큰 목표여서 지키기 어려웠을 것이다. 하지만 나는 그저 하루하루 조금씩 그렇게 해왔다. 앞으로의 20년에 대해 나는 함부로 장담할 수 없다. 그러나 한 가지 확신할 수 있는 것은 바로 오늘이다. 나는 그저 순간순간, 하루하루씩 술을 마시지 않으며 살아갈 것이다. 내 삶의 매 순간 속에 도가 살아 움직이고 있다.

## 예측의 달인이 되라

삶에서 여러 문제들이 그 모습을 드러내기 전에 그것들을 완벽하게 예방하겠다고 마음먹어라. 예를 들어, 자신의 건강을 예측하라. 어려움이 구체적으로 드러날 때까지 기다리지 말고 미리 예방하라. 균형 있게 음식을 섭취하는 것을 삶의 방식으로 택하라. 몸의 독소를 제거하는 보조 식품을 복용하고, 장을 깨끗이 하고, 과일과 채소를 먹고, 육류 섭취는 줄이고, 운동을 하고, 명상도 하라. 이렇게 함으로써 당신은 문제가 벌어지기 전에 그 문제에서 빠져나오게 된다. 작은 문제를 해결할 수 있는 능력을 가지고 있는 동안 무엇을 해야 할지 예측하고, 큰 문제가 벌어지기 전에 도와 조화를 이루어 건강을 관리하는 것이다.

이런 식으로 예측의 달인이 될 수 있는 삶의 다른 영역도 찾아보라.

## ♨ 지금, 도를 행하라

고치고 싶은 습관 하나를 골라라. 나약함이나 중독의 원인이 되는 습관을 고르면 된다. 내일이나 미래에 대한 기약은 하지 말고, 단지 오늘 하루만 이 습관을 넘어서는 한 걸음을 내디뎌라.

담배와 커피를 끊어라, 오늘 하루만. 채소와 과일만 먹어라, 오늘 하루만. 으르렁대는 주위 사람에게 따뜻하게 말하라, 그저 오늘 하루만. 이 하루의 끄트머리에서 어떤 기분을 느끼는지 곰곰이 들여다보라. 그렇게 하고 나서 매일 조금씩, 한 번에 한 글자씩 기록되어 2,500년이 넘도록 이어지는 《도덕경》의 지혜를 내일도 계속해서 실천하기를 원하는지 스스로에게 물어보라.

# 1+1=3 생명, 오직 생명이구나

그는 두 날개를 펴서 수많은 별들이 있는 하늘로 날아가고

그는 재빨리 날아서 모든 것을 굴복시킨다.

모든 것들을 다 알고 있는 하늘의 신조차

사랑할 때는 그의 권력에 복종한다.


사랑과 욕망은 난폭하여 심지어는 법률과 정의조차 생각하지 않는다. 그래서 고대 그리스와 로마의 시인들은 말한다.

"에로스의 위력이 발휘되는 곳에서는 인간은 물론이고 신조차 모두 굴복할 수밖에 없다."

사랑은 삶과 죽음을 뛰어넘고 맹목적이고 너무도 강대하여 억누를 수도 없고 떨쳐버릴 수도 없고 싸워 이길 수도 없다. 사랑은 화살처럼 박혀 거부할 수 없다. 그저 당할 수밖에 없다. 불꽃과도 같은 그러한 삶에 덧붙는 것은 불행과 재앙이었다. 그것을 알고 있는 제우스는 작은 사랑의 신 에로스가 태어났을 때 죽여 없애려 했다. 그러나 아프로디테가 에로스를 구하여 깊은 숲속에 감추어 두었는데, 어미 사자가

젖을 먹여 그를 키웠다. 사랑은 해칠 수 없다. 사랑이 그렇게 강력한 이유는 그것이 곧 생식과 번식을 의미하기 때문이다. 생명 없이 생명은 이어질 수 없기 때문이다.

1 + 1 = 3, 이 엉터리 수식은 사랑의 번식력을 상징한다. 놀라운 것은 이 엉터리 수식의 기원이 피타고라스의 수학과 매우 잘 어울린다는 점이다. 그럼 설說을 까볼까? 가능하면 점잖게.

'피타고라스의 오각형'이라는 것이 있다. 우리가 별을 그릴 때 쓰는 그 오각형이다. 이 도형은 서구인들이 사악한 정령을 막는 부적으로 쓰곤 했다. 그런데 그 오각형은 원래 육각형이었다. 육각형이 만들어진 이유는 사랑과 욕망 때문이었다. 여성의 음부는 역삼각형으로 묘사되고, 남성의 성기는 삼각형으로 도안된다. 둘이 만나는 성교는 삼각형과 역삼각형이 겹치는 모습으로 묘사되었다. 이것은 문화인류학적인 측면에서 보면 원시사회의 거의 어디서나 나타나는 남녀 교합의 상징이다. 예를 들어 이집트의 피라미드는 강력한 남성의 상징이다. 인도에서는 꼭짓점이 위를 향하는 삼각형과 아래를 향하는 삼각형의 결합은 남성 신과 여성 신의 결합, 즉 시바와 파르바티의 결합을 상징했고, 그것은 천변만화의 변화를 만들어내는 것으로 이해되었다.

재미있는 것은 피타고라스가 도형의 원형原形으로 삼은 것이 바로 삼각형이라는 점이다. 그는 삼각형 내각의 합이 180도라는 것을 증명해냈다. 두 개의 삼각형이 겹치는 육각형의 내각의 합은 얼마일까? 360도다. 그것은 '되돌아옴'이다. 남녀의 교합을 표시하는 두 개의 삼각형이 이룬 별 모양의 육각형은 결국 '되돌아옴'이니 그것은 새로운 생명의 탄생을 의미한다. 그리하여 생명은 다시 생명으로 이어진다.

여기서 잠시 흥미로운 상상 하나. 그런데 왜 '피타고라스의 육각형'

이 '피타고라스의 오각형'으로 바뀌게 되었을까?

유력한 구라 중의 하나는 루시엥의 설이다. 바로 실용적 측면 때문이라는 것이다. 무슨 소리인고 하니 마치 천주교 신도들이 서로 만나면 성호를 그리듯, 피타고라스를 따르던 무리들은 시로 만나면 가슴 앞에 오각형의 별 모양을 그려 서로의 안부와 건강을 물었다는 것이다. 손으로 가슴 앞에서 단숨에 그릴 수 있는 것은 육각형이 아니고 오각형이다. 그리하여 피타고라스의 육각형은 오각형으로 진화했다.

이때 궁금한 것 또 한 가지. 그러면 피타고라스와 그의 무리들은 성교를 거룩한 종교적 행위로 모시는 외설과 음란의 무리들이었을까? 왜 하필 만나면 서로 오각형을 그려대며 안부를 물었을까? 어찌하여 남녀 교합의 외설스러움이 거룩함과 성스러움의 상징이 될 수 있었을까? 그들은 사랑의 그 어찌할 수 없는 힘을 믿었던 것 같다. 만물의 변화와 생성은 '천지 음양의 두 기운이 밀접히 화합하여 이루어내는 것'이니 그 힘이야말로 모든 것의 근원이 아닐 수 없다. 곧 그 힘으로 모든 사악한 악마와 요괴를 물리칠 수 있다고 믿었기 때문은 아닐까? 사랑의 힘, 재앙과 불행조차 불사하지 않는 그 맹목적인 힘에 그들은 압도되고 두려워하고 경외하였고, 그리하여 그 힘으로 다시 모든 재앙과 불행을 몰아내려 했으니, 나는 그것이 사람임을 깨닫게 된다.

노자는 말한다. "만물은 음을 짊어지고 양을 포괄한다." 그리고 또 말한다. "도는 하나를 낳고, 하나는 둘을 낳고, 둘은 셋을 낳고, 셋은 만물을 낳는다." 중국의 철학자 팡푸龐朴는 노자 시대에 이르러 음양이 비로소 하나이고 하나의 원동력이라는 것을 알게 되었다고 주장한다. 음양이 하나가 되었을 때 그 힘이 곧 도로 환원되며, 천변만화를 만들어내는 힘의 원동력이 된다고 믿었다는 것이다. 음양을 가장 잘 설명할 수 있는 것은 바로 남녀의 교합이고 생명의 탄생이다.

　노자는 누구일까? 그가 원했든 원하지 않았든 그는 중국인들의 모든 방중술과 신선 사상의 원류로 활용되었다. 늙어도 늙지 않는 아이 같은 신선은 어린아이가 가지는 무한한 힘을 동경하게 만들었다. 어린아이의 부드러움, 그 시작의 생명력을 늙어가는 자신의 몸속으로 되넣고 싶어 하는 모든 헛된 시도들은 그리하여 그로부터 생겨나기도 했다.

　수식은 간명하다. 1 + 1 = 3, 이것은 '음양이 결합하여 만물을 낳는다'는 모든 이론을 포괄한다. 공부가 재미있는 이유도 간명하다. 구라가 세지기 때문이다. 구라. 이야기. 인간은 그렇게 이야기에 굶주린다. 특히 자신의 이야기에 굶주린다. 그래서 나는 인간은 호모 스토리우스라고 주장한다. 'Homo Storius', 내가 만든 엉터리 신조어다. 말하자면, '구라'라는 뜻이다. 이 새벽, 노자가 나를 웃게 한다.

# 65

옛날, 도를 따르는 사람들은
우직했고 백성들과 잘 어울렸다.
그들은 앞으로 나서서 빛나지 않았고
총명함으로 다스리지 않았기에
나라에 복이 있었다.

답을 알고 있다고 생각할 때는
다스리기 어렵고
모른다는 것을 알고 있을 때는
각자 자기들만의 길을 찾는다.

속임수 없이 나라를 다스리는 것이
그 나라에 복이 된다.
가장 단순한 것이 가장 명확한 것이다.
평범한 삶에 만족하라.
그러면 당신은 모든 사람들에게
그들의 진정한 본성으로 돌아가는
길을 보여줄 수 있다.

# 우직한 삶
*Living by Staying Simple-hearted*

지금 당신이 나라를 다스리는 중요한 위치에 있다면, 나는 특히 이 장을 가슴속에 담으라고 권하고 싶다. 그런 위치에 있지 않다면, 당신 개인의 삶에서 이 장을 깊이 들여다보기 바란다. 모든 삶 속에는 다른 사람을 이끄는 일이 포함되어 있으므로.

다른 사람을 감독하고 지도한다는 것은, 사람들에게 어떤 규칙을 강요하거나 자신의 지성과 능력으로 그들에게 강한 인상을 심어주는 것을 의미하지 않는다. 진정으로 힘 있는 사람은 교활하지 않고, "나서서 빛나지" 않으며 "총명함으로 다스리거나" 공포를 심어주지도 않는다. 노자의 말처럼 모른다는 것을 알고 있을 때는 각자 자기들만의 길을 찾는다. 달리 말하면, 유능한 지도자는 사람들을 그들만의 본성으로 이끈다.

노자는 각자가 모르고 있음을 깨닫도록 돕는 것이야말로 당신의 임무라고 말한다. 그들 스스로 아는 것이 많다고 생각하면, 결코 자신들이 품고 있는 도의 본성으로 돌아갈 수 없다. 물질적인 세상의 신분이 그들의 진정한 본질이라고 믿고 있기 때문이다. 에고는 사람들로 하여금 자신들이 타고난 본성을 알지 못하도록 방해할 뿐이다. 도를 따르는 사람은 에고가 신뢰할 수 없는 주인임을 안다.

우월함이나 지적인 재주를 자랑하지 않음으로써 이 장이 주는 가르침을 실천하라. 사람들에게 당신이 다른 사람을 위한 최선의 방법은 고사하고 스스로의 인생이 어떻게 흘러갈 것인지조차 전혀 모른다는 것을 밝힘으로써 도의 방식에 따라 사는 법을 보여주라. 당신도 그들의 도움이 필요하다는 사실을 알려라. 당신과 다른 사람들에게 벌어지는 일을 통제할 능력이 없음을 솔직하게 드러내 보여라. 겸허하고, 인생의 순환 속에서 평화롭게 살며, 우직하게 머무는 자연인의 모습을 그들에게 보여주라.

리더십을 이전과는 다른 관점에서 바라보면, 에고를 단념하는 사람만이 도의 기운과 하나 됨을 누리고 우직한 지도자가 될 수 있음을 알게 된다. 지도자에게 주어진 유일한 임무는 자신의 영향력이 미치는 영역 안에서 모든 이들로 하여금 자신들이 '모른다'는 사실을 깨닫도록 도와주는 것이다! 이 놀라운 모순을 전하면서 노자가 심술궂게 미소 짓고 있는 듯하다.

이 새로운 사고와 존재 방식을 통해 당신이 이끌어야 하는 사람들과 어우러져라.

### '모른다'고 당당하게 말하라

'모른다'는 말은 강함을 상징한다. 그 말에는 약함의 흔적이 없다. 그러므로 거리낌 없이 '모른다'고 말하라. 다른 사람들에게도 그렇게 말하게 하라. 그러면 도가 그들의 고귀한 자아를 인도할 것이다. 자연은 억지로 강요하지 않으면서 소리 없이 보이지 않게 항상 그 자리에 존재한다. 당신도 가능한 한 다른 사람에게 당신 자신과 당신의 생각을 강요하지 마라. 다만, 너무 어리거나 미숙한 사람들에 대해서는 현명한 대비책이 필요할 것이다.

우리는 물론이고 어느 누구도 우리 자신과 다른 사람들에게 가장 이상적인 것이 무엇인지 모른다. 소리 없는 운명은 항상 작용하고 있으며, 우리의 개인적인 의견과는 관계없이 모든 삶에는 불행과 행운이 함께 찾아든다.

## 단순하게, 단순하게 사는 연습을 하라

당신이 이끌어야 하는 사람들에게 그러한 모델이 되라. 다양한 각도에서 상황을 따지면서 눈에 보이는 분명한 해답을 찾으려고 애쓰지 말고, 처음의 직관을 믿어라. 가장 단순하고 의심의 여지가 적은 길을 택하라. 엉뚱한 곳에 힘 빼지 마라. 당신에게 주어진 많은 선택 사항들을 곰곰이 살피다 보면 문제 스스로가 쓸데없는 자잘한 부분들을 알아서 정리하고 쓰레기통에 던져버린다.

"단순하게 살라."

이것은 비효율적인 관료주의의 진창에 빠져 헤매는 국가의 지도자들뿐만 아니라 당신에게도 도움이 될 만한 훌륭한 조언이다.

"평범한 삶에 만족하라."에 대해 깨달은 바를 행동으로 보여주어라. '부모', '관리자', '상사'라는 꼬리표를 떼고 하루를 보내라. 당신에게 방향을 물어오는 사람들과 당신 자신을 동등한 위치에 세워라. 당신도 당신이 이끌어야 하는 사람들 중 하나라고 생각하라. 오늘 하루는 그렇게 하라. 그러면 지금 당장 도가 작용할 수 있을 것이다.

내 아이들에게 이러한 방법을 실천하자, 아이들이 자신들의 특별하고 진실한 본성에 따라 반응한다는 것을 알게 되었다. 예를 들어 십대인 딸에게 "나는 네가 멀리 나가 있는 동안에도 충분히 책임감 있고 현명하게 행동할 것이라 믿는다. 그리고 너의 그런 점을 사랑한다."라고 말하면 나는 '권위적인 부모'라는 꼬리표를 떼고 내가 대접받고 싶은 방식대로 그녀를 대하게 된다. 이것이 일상이 되었을 때 노자가 옳다는 것이 분명해진다.

"가장 단순한 것이 가장 명확한 것이다."

아홉 층 건물도 한 줌 흙에서 쌓여 올라가며
천릿길도 한 걸음부터 시작된다는 것을.

# 66

바다가 모든 물줄기의 왕인 까닭은
스스로를 낮추기 때문이다.
겸손은 바다에게 그 힘을 준다.

그러므로 백성 위에 서고자 하는 이는
겸손하게 말해야 하고
백성을 이끌고자 하는 이는
먼저 그들을 따라야 한다.

성인은 위에 있어도
백성들이 그 무게를 느끼지 못하고
앞에 있어도 해롭게 여기지 않는다.

성인은 낮은 곳에 머무르기에
세상은 그를 칭송하고
스스로 하인처럼 백성들을 섬기기에
세상은 그를 왕으로 삼는다.

# 바다를 닮은 삶
## *Living by Emulating the Sea*

사람들은 보통 신에 대해 생각할 때 잘못을 저지르면 영원한 저주를 내릴 수도 있는, 세상을 창조한 백인 할아버지를 떠올린다. 반면에 도는 자연스러운 기운이라고 이해한다. 삶의 근원인 도는 왕이나 독재자처럼 사람들을 감시하는 신적 존재로 여기지 않는다. 또한 도는 처벌을 내리거나 보상을 나중으로 미루지도 않는다. 도는 그저 자연과 조화를 이루어 살도록 할 뿐이라고 노자는 말한다.

노자에게 물은 자연을 나타내는 훌륭한 상징이며, 《도덕경》 81개 장의 곳곳에서 물을 언급한다. 물의 성질을 본받으면 도 안에 비판과 배척의 공간은 없다는 사실을 알게 될 것이다. 노자는 바다처럼 되라고 한다. 그리하면 세상은 당신을 칭송할 것이다. 이 책의 곳곳에 나타난 중요한 메시지는 바다가 모두의 왕이라는 것이다. 바다는 낮은 곳에 머물 줄 안다. 모든 물줄기는 흘러서 결국 바다에 이른다. 그리고 그 과정을 통해 바다는 모두를 섬긴다. 여기에 담긴 가르침은 명쾌하다. "겸손하라." 절대로 다른 사람 위에 서거나 자신이 다른 사람보다 우월하다고 생각하지 마라. 가장 높은 힘은 자신을 낮추는 골짜기에 있다. 지배하지 말고 섬겨라.

가장 작은 물줄기조차도 자신만의 길을 열어 바다로 향한다. 그리고 거대한 바다는 그 위대한 힘을 강과 골짜기에게 뽐내지 않는다. 그들 위로 솟아오르거나 헌신을 요구하지 않으며, 자신을 거스른다고 해서 처벌이나 사멸을 내세워 위협하지도 않는다. 바다는 강과 시내가 중력에 이끌려 낮은 곳으로 향할 것임을 알고 있다.

《도덕경》의 곳곳에 담겨 있는 이 은유는 사람들이 낮은 곳에 머무르는 태도와 겸손함의 위엄에 무의식적으로 이끌리는 경향이 있음을 일깨워준다. 이런 지위가 오로지 위대한 성인에게만 주어지는 것은 아니다. 예수의 사도 중 한 명이었던 베드로는 노자가 죽고 수세기 후에 쓰인 《신약 성경》에서 이와 거의 비슷한 메시지를 전한다.

너희 중에 있는 하나님의 양 무리를 치되 억지로 하지 말고 하나님의 뜻을 따라 자원함으로 하며 더러운 이득을 위하여 하지 말고 기꺼이 하며 맡은 자들에게 주장하는 자세를 취하지 말고 양 무리의 본이 되라.(〈베드로전서〉 5:2~3)

흘러들어오는 강물보다 스스로를 낮추며 끈기 있고 순응하는 거대한 생명의 바다로 시선을 돌려라. 그동안 모범적인 지도자에 대해 갖고 있던 생각들을 버려라. 에고를 내려놓고 뽐내려는 욕심을 버림으로써 물을 본받아라. 그리하면 사람들은 당신에게, 그리고 물줄기 같은 도의 자연스러운 흐름에 강하게 끌릴 것이다.

노자는 물이 흐르는 방식을 배우고 가능한 한 따라 하라고 말한다. 당신이 오늘 바다의 지혜를 적용하는 방법이 있다.

## 모든 방법을 알고 있다는 주제넘은 생각을 버려라

당신이 다른 사람보다 연륜이 있고, 지혜롭고, 부유하고 거기에 더해 큰 영향력과 권력이 있다고 하더라도 결코 누군가를 위한 최선의 방법을 알고 있다고 생각하지 마라. 작은 물줄기들이 흘러오도록 허락하고 격려하는 거대한 바다를 닮은 자신의 모습을 마음속에 그려라. 낮은 곳에 머무르고 부드럽게 말하며 겸손함을 잃지 마라. 사람들이 최대한 자신들의 삶을 살도록 내버려두라. 자기 자신을 바다처럼 여기면 에고는 사라지고 그럼으로써 당신은 이 장에서 언급한 지도자의 모습과 닮아간다. 아무도 당신이 내리는 지시를 무겁게 느끼지 않고, 명령을 해롭게 여기지 않는다.

이 글을 쓰던 날 있었던 한 사건으로 인해 나는 이 장에 담긴 조언을 실천할 수 있었다. 내가 있는 곳은 하와이의 마우이이고, 90세이신 어머니, 그리고 내 딸은 플로리다에 살고 있다. 그날 어머니는 심한 복통과 독한 약으로 인한 속 쓰림에 힘들어하셨다. 그래서 나는 딸에게 전화해서 할머니에게 요구르트를 가져다줄 생각이 있는지 알아보려고 했다. 그런데 딸아이는 내가 이야기를 꺼내기도 전에 "집에 요구르트가 좀 있어요. 제가 할머니께 가져다드릴게요."라고 말하는 것이 아닌가? 결국 나는 딸에게 명령을 내리거나 지시하지 않고 가장 낮은 곳에

머무른 채로 딸이 스스로 할머니에게 도움이 되는 방법을 찾도록 한
격이 되었다.

## 섬기는 마음을 유지하라

당신은 다른 사람을 돕기 위해 이 땅에 온 사람이라고 생각하라. 특
히 당신의 리더십이 사람들에게 도움이 될 기회를 찾아라. 바다는 그
풍요로움을 함께하고자 하는 모두를 받아들이고 그 생명을 유지해줌
으로써 그들을 섬긴다는 것을 기억하라. 바다를 닮으라.

### ♨ 지금, 도를 행하라

명령이 아닌 섬김으로 이끄는 하루를 보내라. 간섭하거나 지시하는
습관을 억제할 기회를 찾아, 사람들이 당신에게로 흐르도록 허락하라.
당신의 지시를 따르기보다는 스스로 결정을 내릴 수 있도록 누군가를
격려함으로써 이 원칙에 집중하라.

바다가 모든 물줄기의 왕인 까닭은
스스로를 낮추기 때문이다.
겸손은 바다에게 그 힘을 준다.

# 67

세상 모든 사람이 나의 도를 잘 안다고 말하지만
이는 얼마나 어리석은가?
도는 저잣거리에서 발견할 수 있거나
아버지에게서 아들로 전해지는 것이 아니다.
안다고 해서 얻을 수 있는 것도
잊는다고 해서 잃는 것도 아니다.
만일 도가 그와 같았다면 오래전에 잊혀져 사라졌을 것이다.

나에게 세 가지 보물이 있어 꽉 쥐고 가까이 살핀다.
첫째는 자애로움이고 둘째는 검소함이며 셋째는 겸손이다.

자애로움에서 용기가 나오고
검소함에서 너그러움이 나오며
겸손함에서 통솔력이 나온다.
용감하되 자애로움이 없거나
너그럽되 검소하지 않거나
앞으로 나서되 겸손하지 않으면
이는 사람을 죽이는 일이다.

사랑으로 싸우면 이기고 사랑으로 지키면 튼튼하다.
하늘이 사람을 구하고자 하면
군대를 보내는 것이 아니라, 사랑으로 그를 지킨다.

# 세 가지 보물이 이끄는 삶
*Living by the Three Treasures*

노자는 67장이라는 프리즘을 통해 삶을 바라봄으로써 그 안에서 변화를 일궈내라고 강조한다. 이 장은 도의 관점에서 성공한 삶을 이루는 데 필요한 세 가지에 대해 다루고 있다.

## 1. 자애로움

다른 번역본은 이 부분에서 연민, 친절, 애정, 어짊, 관용 등의 용어를 사용하기도 했다. 당신은 어쩌면 재산, 성과, 권력, 다른 사람에게 미치는 영향력 등이 성공을 평가하는 기준이라고 배우며 자랐을지도 모른다. 일반적으로 성공한 사람이라고 하면 자신들의 목표에 편협하게 집중한 사람을 떠올린다. 오로지 정상에 오르는 것만 생각하고 다른 사람이 하는 일은 무자비하게 훼방 놓는 사람으로 말이다.

459

그러나 노자는 가장 중요한 이 첫 번째 보물이야말로 진정한 용기의 원천이라고 말한다. 용기는 차갑고 냉정한 태도에서 나오는 것이 아니다. 자애로움이 빠진 대담함은 죽음의 처방이라고까지 말한다. 그러므로 외적인 성공의 척도를 추구하기보다는 섬김과 이끎, 애정을 나눔으로써 다른 사람을 먼저 생각하는 마음을 가져야 한다.

셰익스피어는 그의 작품 〈베니스의 상인〉에서 이 첫 번째 보물에 대해 말한다.

자애로움은 강요해서 되는 것이 아니다.
그것은 마치 하늘에서 내리는 단비와 같다…
그러나 자애로움은 왕권의 위력을 능가하고
왕들의 가슴속에 군림한다.

이 위대한 극작가는 다음에 이어지는 구절에서 왜 노자가 세 가지 보물 중 자애로움이 으뜸이라고 말했는지 일깨워준다.

자애로움은 신의 속성이다.
자애로움으로 인해 엄격한 정의가 누그러질 때
지상에서의 권력은 신의 권세에 가까워진다.

자애로움, 연민, 어짊은 모두 신과 도의 속성이다. 노자는 셰익스피어보다 훨씬 앞서 이 진리를 발견했다.

## 2. 검소함

이 검소함이라는 말은 다른 번역본에서 절약, 절제 혹은 간소함 등으로 표현되기도 했다. 오늘날 성취의 정점에 서 있는 사람들을 보면 검소함과 절제라는 단어가 떠오르지 않는다. 그러나 노자는 많은 것을 추구하지 않고 적은 것에 만족할 때 너그러움이 생겨난다고 말한다. 그러므로 꼭 필요한 것만 취하고, 지나치게 모으거나 저장하지 마라. 덜 집착할수록 더 너그러워진다. 더 매달릴수록 더 필요해지고 다른 사람의 행복에는 관심을 기울이기 어렵다.

## 3. 겸손

다른 번역본에서는 이를 풀어서 "자연 위에 군림하려 하지 않음", "감히 다른 사람 앞에 나서지 않음", 그리고 "항상 일등이 되려고 애쓰지 않음" 등으로 나타낸다. 노자는 이러한 특성이 도의 기운을 갖는 진정한 리더십을 만든다고 일깨워준다.

힘, 강함, 승리에 대한 우리의 인식은 종종 거만함, 고상함, 자만심과 같은 남성적인 양陽의 특성에 영향을 받는다. 그러므로 현명한 리더십에 대한 기존의 생각을 버리면 앞서 진정으로 성공한 사람들이 배웠던 것을 당신도 발견할 수 있다. 우리 모두가 도나 신 혹은 뭐라고 부르든 간에 당신으로 하여금 책을 쓰고, 말하고, 발명하게 하는 에너지의 매개자라는 사실을 알 수 있다. 겸손함은 당신의 에고보다 더 거대한 힘 앞에 무릎 꿇는 것이다. 그 근원을 믿고, 그 힘이 당신에게 준 지혜와 영향에 감사하는 것이다. 겸손하라. 낮은 곳에 머물러라. 항상 너그럽고 감사하는 지도자가 되라.

이러한 세 가지 보물을 당신의 일상에 적용할 수 있는 몇 가지 방법들이 여기에 있다.

## 무수히 나타나는 도의 징후들과 조화를 이루며 살아라

조화로운 삶의 열쇠는 연민과 자애로움이다. 당신은 누구와도 경쟁할 필요가 없다. 다른 사람을 물리쳐야 한다거나 자신을 어떤 수준에 맞추어야 한다는 생각을 버려라. 자애로움과 연민을 모든 형태의 생명에게로 뻗어라. 당신 자신에게도 그렇게 하라. 모두를 향해 애정과 존중을 보낼 때 당신은 도와 조화를 이룰 것이고 마치 어머니 품에 안긴 아기처럼 보호받게 될 것이다.

## 과거에는 나약하고 무능력한 지도자라고 비난했을 사람들 속에 숨겨진 간결함과 겸손의 힘을 발견하라

재산을 축적하거나 소비에 빠져들지 않고 검소함을 실천하는 사람들은 훌륭한 지도자의 모범이다. 이에 비해 물질만을 추구하며 강압적으로 말하고 행동하는 사람들은 도에 어긋나 있다. 그런 사람의 행동은 불화를 일으키기 쉽다. 노자가 말한 것처럼 자애로움 없이 대범함만 있는 사람들은 자신들뿐만 아니라 다른 사람들마저 죽음으로 이끌게 된다. 검소함과 겸손함이 있는 지도자들을 주의 깊게 살피고 이를 본받도록 최선을 다하라.

세 가지 보물을 실천하면서 대화하라. 대화 중에 자신의 의견을 전하되 잠깐씩 멈추고 상대에게 귀를 기울여라. 이런 방법으로 노자의 세 가지 보물을 동시에 실천하게 될 것이다. 상대를 이기려 하지 않는 겸손과 말을 아끼는 검소함을 통해 상대방에 대한 자애로운 마음을 갖게 된다.

# 68

훌륭한 무사는 난폭하지 않다.
훌륭한 전사는 성내지 않는다.
훌륭한 승리자는 맞서 싸우지 않는다.
훌륭한 고용주는 일꾼을 섬긴다.
최고의 지도자는 사람들의 뜻을 따른다.


이 모두가 겨루지 않음의 덕을 나타낸다.
이를 일러 싸우지 않음의 덕이라 한다.
이를 일러 사람들의 힘을 쓴다고 한다.


이것은 하늘과 짝을 이룬 지극함으로서
예로부터 전해 내려오고 있다.

# 서로 돕는 삶
## Living by Cooperating

이 장은 어떻게 해야 진정한 승리자가 될 수 있을지 생각해보라고 권한다. 현대사회에서 성공과 출세라는 단어는 다툼과 경쟁의 의미를 담고 있다. 원하는 것을 다른 사람보다 먼저 차지해서 상대를 물리쳐 야만 하는 것이다. 그러나 노자는 이런 종류의 사고방식을 바꾸고 "겨루지 않음의 덕"을 실천하라고 충고한다. "겨루지 않음의 덕"은 일등이 되기를 요구하는 사회 안에서도 도움이 된다.

《도덕경》은 만물이 모두 존재하지 않음의 상태에서 나온다고 알려 준다. 경쟁이 아니라 완벽하게 협력하는 하나 됨이 있을 뿐이다. 만약 당신이 모든 사람에게서 자기 자신을 발견한다면 누구를 무찌를 수 있 겠는가? 결국 자기 자신에게 싸움을 거는 셈이 될 테니 말이다. 노자는 이러한 충고를 받아들여 서로 돕는 삶을 살아가라고 권한다.

이것은 운동경기에도 적용된다. 상대를 적으로 여겨서 정신적·육체적 격렬함으로 대응하지 말고 노자의 말을 떠올려라.

"훌륭한 무사는 난폭하지 않다. 훌륭한 전사는 성내지 않는다. 훌륭한 승리자는 맞서 싸우지 않는다."

이런 사람은 상대를 자신의 한 부분으로 생각하고, 인생이라는 춤을 함께 추는 동료로 받아들인다. 그러니 테니스 경기나 축구 시합을 할 때 상대에게 화내거나 증오의 마음을 품지 마라. 오히려 자신의 발전을 돕는 자신의 일부라고 생각하라. 그들이 없다면 좋은 경기를 할 수 없고, 더 나아질 수도 없으며, 승리를 거둘 수도 없다.

노자가 이르는 대로 "사람들의 힘"을 써라. 그 힘을 통해 자신을 승리자의 위치로 끌어올려라. 상대가 최고의 실력을 발휘하도록 그들과 협력하라. 화내거나 자책하지 말고 바로 앞에 놓인 임무에 집중하라. 공을 보고, 공을 움직여라. 자세를 바르게 하고 균형을 유지하라. 화를 가라앉히면 경기는 새로운 수준에 도달하게 된다. 이것은 운동경기에만 해당되는 것이 아니다. 싸우면 약해지고 협력하면 강해진다. 일은 물론이고 삶의 모든 영역에서 경쟁보다는 협력을 생각하라.

나는 이 땅의 모든 사람들이 '내 편'에 서고, 나의 동료가 되어 함께 삶의 질을 향상시키려 한다고 생각한다. 나는 다른 책의 저자들이 나와 경쟁하고 있다고 생각하지 않는다. 그들이 나보다 더 많은 책을 팔고 있다면 나는 기꺼이 그들의 행운에 박수갈채를 보낸다. 가능한 한 많은 사람들에게 그들의 책을 사서 읽으라고 권할 것이다. 그래서 그들이 더 많은 돈을 벌고, 더 유명해지고, 더 많은 사람에게 다가간다면 나는 진심으로 축하할 것이다. 그리고 그들이 동료로서 내 임무를 도와주었다고 여길 것이다.

나는 테니스 경기를 할 때 상대에게 소리 없는 애정과 격려의 마음을 보낸다. 덜 스트레스 받고, 덜 화내고, 더 부드럽게 생각할 때 노자가 말한 "하늘과 짝을 이룬 지극한" 순간에 이르게 되고, 점수와는 상관없이 내 우수한 능력은 더욱 발전한다.

노자가 2,500년 깊이의 관점에서 들려주는 이야기가 있다.

## 싸우지 않겠다고 선언하라

감기나 질병 혹은 다른 고통을 겪고 있다면 그것을 굴복시키려 하지 마라. 가족들과 논쟁하지 말고, 정치적 신념을 가지고 격론을 벌이지 마라. 중독 증상과도 다투지 마라. 무엇보다 자기 자신과 싸우지 마라. 그 대신 서로 돕는 삶으로 이동하라. 만약 관절염이나 암에 걸렸다면 이렇게 말하라. "내 몸에서 살아야겠다면, 함께 살자꾸나. 그러나 조화를 이루고 평화롭고 건강하게 같이 살자. 그럴 수 없다면 내 몸에서 떠나길 바란다." 조금은 이상하게 들릴지도 모르겠다. 그러나 이렇게 말하고 나면 당신은 한 걸음 물러서서 조화 속에 머물게 된다. 그 안에서 당신은 화내거나, 난폭해지거나, 분노하지 않을 것이다.

또한 자녀와 다른 가족에게 매일 "싸우지 않음의 덕"을 실천함으로써 동맹 관계를 만들어라.

## 다른 모든 사람들 속에서 자신을 발견하라

사랑하는 누군가가 다치면 당신도 그 고통을 고스란히 경험하게 된다. 사랑하는 사람에게 아픈 말이나 행동을 할 때는 자신에게도 똑같이 상처 주고 있는 것이다. 이러한 깨달음을 모든 인류에게 확대해서 적용하라. 결국 우리는 하나의 근원인 도를 이 우주 안의 모든 존재와 공유하는 것이다. 그 모든 존재들과 따뜻하게 포옹한 채 자신의 영혼을 들여다본다면 노사가 말한 "하늘과 짝을 이루는 지극한 원리"가 무엇인지 깨닫게 될 것이다. 이런 생각을 표현한 파블로 카잘스Pablo Casals의 멋진 글이 있다.

언제 우리는 아이들에게 자신들이 어떤 존재인지 말해줄 것인가?
우리는 아이들 한 명 한 명에게 말해주어야 한다.
"네가 어떤 존재인지 알고 있니? 너는 경이롭고, 유일한 존재야. 지나간 온 시간을 통틀어 너와 똑같은 아이는 없었단다. 너의 다리, 팔, 귀여운 손가락, 그리고 네가 움직이는 모습. 너는 셰익스피어가 될 수도 있고, 미켈란젤로가 될 수도 있어. 베토벤과 같은 음악가가 될지도 모르지. 네 안에는 그 무엇이라도 될 수 있는 능력이 숨어 있단다. 넌 정말로 놀라운 존재야. 그런 네가 자라서 어른이 되면 너와 같은 존재인 다른 누군가에게 상처를 줄 수 있겠니?"

♨ 지금, 도를 행하라

경쟁의 상황에서 마주치게 될 상대를 당신의 일부라고 생각하라. 그 사람에게 마음속으로 애정을 보내고, 따뜻하게 감싸고, 그 사람이 최고로 잘할 수 있도록 기도하라. 그러고 나서 당신이 얼마나 나아지고, 또 어떻게 새로운 단계로 올라서는지 주의 깊게 살펴보라.

하늘이 사람을 구하고자 하면
군대를 보내는 것이 아니라, 사랑으로 그를 지킨다.

# 69

군인들 사이에는 다음과 같은 말이 있다.
먼저 움직이지 말고 손님처럼 행동하고
한 치 전진하지 말고 한 자 물러선다.

이를 일러 나아감 없이 나아감,
무력을 쓰지 않는 물리침이라 한다.

적이 있다고 느끼는 것보다
더 큰 불행이 없다.
'나'와 '적'이 함께 존재하기에
내 보물이 있을 자리가 없다.

따라서 두 상대가 만나면
적이 없는 자가 이길 것이다.

군대가 대등하게 맞서면
연민을 가진 쪽이 이긴다.

# 적이 없는 삶
### Living Without Enemies

이 땅의 모든 존재들이 서로 연결된 공동의 운명을 가지고 있었던 세상을 떠올려보라. 적이라는 말조차도 모르고, 우리 모두가 존재하지 않음의 근원에서 태어난 하나임에 기뻐하던 세상 말이다. 누군가에게 해를 끼치는 것이 자기 자신에게도 상처를 입히는 것임을 이해했던 그런 세상을 상상해보라.

안타깝게도 인류의 문명이 기록된 이래로 그런 세상이었던 적은 단한 번도 없었지만, 이런 세상이야말로 노자가 이 장을 통해 전하려고 하는 세상에 대한 비전이다. 그리고 그것은 우리가 도 중심의 리더십에 따라 도 중심의 사람이 되고자 노력할 때 가능하다고 믿는 나의 비전이기도 하다.

이 장대한 비전은 바로 지금, 여기서, 당신과 함께 시작된다! 삶에서 적이라는 개념 자체를 지워버려라. 그리고 이 결심을 주변의 사람들에게 실천하라. 그 실천이 결국에는 전 세계인을 움직여 적이 없는 세상을 향해 나아가게 할 것이다.

최근, 총기와 폭탄으로 무장한 남자가 미국 펜실베이니아주 랭거스터 지역의 암만파(기독교의 재세례파의 하나) 학교 건물에 침입해서 여러 명의 소녀들을 살해하는 일이 벌어졌다. 이 지역의 평화롭고 도 중심적인 기독교인들은 이런 끔찍한 상실에 마음 아파하며 살인범의 가족들을 합동 장례식에 초대했다. 그들은 함께 슬퍼했고, 죽은 소녀들뿐만 아니라 그들을 죽인 범인을 위해서도 함께 기도를 올렸다.

암만파의 지도자는 그 자리에서 이렇게 말했다.

"우리에겐 적이 없습니다. 우리는 모두 신의 자녀들이며 용서야말로 우리 믿음의 가장 핵심입니다. 길을 잃고 우리에게 상처를 입히는 사람들을 용서할 수 없다면 우리의 믿음은 아무런 의미가 없습니다."

이 아름다운 말은 노자가 말한 내용과 참으로 비슷하다.

"적이 있다고 느끼는 것보다 더 큰 불행이 없다."

"두 상대가 만나면 적이 없는 자가 이긴다."

어떻게 하면 적이 아닌 상대를 만날 수 있을까? 다이앤 드레어Diane Dreher는 자신의 책《도, 내면의 평화The Tao of Inner Peace》에서 이 질문에 대한 답을 제시한다. 69장의 내용을 삶에 적용하면서 이 말을 기억하라.

"일치하지 않음을 다툼으로 받아들이는 낡은 인식은 우리의 시야를 편협하게 만들고, 선택의 폭을 제한하며, 경쟁 관계의 양극단 사이에서 끝없이 몸부림치게 만든다."

다이앤은 또 이야기한다.

"적을 만드는 것은 우리의 힘을 빼앗고, 삶에 대해 책임지지 못하도록 가로막는다. 우리는 일치하지 않음을 해결하는 것이 아니라 적이라고 인식된 존재를 두려워하고 증오하고 맹렬히 비난하는 데 집중하게 된다."

《도덕경》의 이 장과 암만파 지도자의 말, 그리고 다이앤의 책이 우리에게 주는 교훈은, 일치하지 않음이 다툼을 의미한다고 여길 필요가 없다는 점이다. 반대의 견해를 가진 사람이라고 해서 적이 될 필요는 없다. 모든 군대가 "먼저 움직이지 않고 손님처럼 행동한다."라는 구절을 가슴에 품고 실천한다면 전쟁은 일어나지 않을 것이다.

노자는 전쟁을 피할 수 없는 상황이라면 먼저 공격할 것이 아니라 방어를 우선으로 해야 한다고 충고한다. 교전을 먼저 시작해서는 안 된다. 그리고 설사 전투가 진행되더라도 그 전투 자체가 몹시 가슴 아픈 일이라는 것을 인식해야 한다. '적'이라는 개념을 버리고 가슴속에 연민이 가득 차면 도와 조화를 이루게 된다. 언어에 의한 것이든, 물리적인 것이든 전쟁이 존재한다는 것은 이미 도와의 연결이 사라졌음을 의미한다. 모든 전쟁과 충돌은 장례식처럼 다루어져야 한다. 이겼다고 축하할 것이 아니라 가슴 아파해야 한다.

그림 속 노자 얼굴을 가만히 바라보고 있노라니, 적이 없는 세상은 우리가 생각하는 것처럼 그렇게 불가능한 것만이 아니라고 말하는 듯하다. 이 장에 담긴 지혜가 지금 당신을 통해 펼쳐질 수 있는 조언을 살펴보자.

## 그 누구도 적이라고 생각하지 마라

이 장의 가장 중요한 구절을 다시 한번 읽어보라.

"'나'와 '적'이 함께 존재하기에 내 보물이 있을 자리가 없다."

여기서 보물이란 당신과 도의 관계, 그리고 마음의 평화다. 사업 경쟁자, 운동경기에서의 상대편, 정치적 의견을 달리하는 정당 당원들은 당신의 적이 아니다. 그리고 분명히 말하지만 당신의 나라가 적이라고 선언한 그 사람들도 결코 적이 아니다.

마음속으로 다짐하라. '나에겐 적이 없다. 세상에는 나와 다른 의견을 가진 사람들이 있고, 때로는 그들로부터 나와 내 삶의 방식을 보호해야 할지도 모른다. 그러나 나는 그들을 적이라고 생각하지 않을 것이다.'

"적이 없는 자가 이긴다."라는 노자의 말을 다시 한번 떠올려보라. 그리고 지금 당장 그런 사람이 되라.

## 절대로 싸움을 벌이지 않겠다고 맹세하라

논쟁이 생기면 방어하는 입장에 서라. 먼저 움직이지 말고 손님처럼 행동하라는 노자의 조언을 따르라. 다툼의 상대로 생각하는 동료의 모습에서 당신 자신을 발견하라. 적이라 생각했지만 사실은 당신의 한 부분인 상대에게 연민과 보살핌의 마음을 전하라. 싸움을 거부하라. 싸움이란 결국 자기 자신과 다투는 것임을 기억하라. 마주침들 속에서 하나 됨을 발견할 수 있는 방법을 찾아라. 우리 모두가 도이기 때문이다.

나치에게 쫓기는 상황에서 쓰여진 《안네의 일기》의 한 구절을 떠올려보라.

"…모든 어려움에도 불구하고, 나는 여전히 사람들의 마음만은 정말로 선하다고 믿는다. … 수많은 사람들의 고통이 아프게 느껴지기는 하지만 그래도 하늘을 올려다보면 모든 일이 다 잘될 거라는 생각이 든다."

이 글을 가족 모두가 볼 수 있도록 집 안 어딘가에 붙여두라.

# 70

내 말은 이해하기도 아주 쉽고
행하기도 더할 나위 없이 쉬운데
세상에는 이해하는 이가 드물고
행하는 이가 거의 없다.

내 말에 근본이 있고
내 행위에 주인이 있다.
사람들이 이를 알지 못하기에
나를 알지 못한다.

성인은 거친 베옷을 걸치고 있지만
가슴에는 옥을 품고 있다.

# 신의 존재를 깨닫는 삶
## *Living a God-Realized Life*

나는 일주일 동안 이 장에 대해 깊이 생각했다. 50가지가 넘는 서로 다른 번역본을 읽었는데 그중 유독 토머스 클리어리Thomas Cleary의 번역에 마음이 끌렸다.

나를 아는 이는 드물고
나를 따르는 이는 귀하다.

이 장이 21세기에 주는 메시지가 무엇인지 알아내기 위해 다시 노자에게 길을 물었다. 나는 노자가 결코 에고를 향한 말을 하지는 않았으리라는 것을 알고 있다. 그는 도에 뿌리를 둔 삶을 즐기고 다른 모든 사람들에게도 그렇게 할 것을 권했던 도의 지도자였다.

이 신성한 존재가 자신을 따르는 고대 중국 사람들 사이로 걸어가는 장면을 상상해보라. 노자는 사람들이 삶을 바라보는 방식을 바꾸기만 하면 인류에게 놀라운 변화가 일어날 수 있다는 깨달음을 간직한 채, 그들의 호전적인 행동에서 느낀 회의적인 마음을 갖고 글로 써내려갔을 것이다. 자유, 마음의 평화, 만족, 그리고 내가 81꼭지의 글을 통해 묘사한 모든 원리들은 그저 생각을 조금만 바꾸면 닿을 수 있는 거리에 있다. 노자보다 500년쯤 뒤에 나타난 나사렛 예수도 노자가 이 장에서 표현한 것과 똑같은 감정을 느꼈으리라 생각한다. 그도 어쩌면 "이것은 너무 쉽고, 너무 간단해서 누구라도 이해하고 실천할 수 있다. 그럼에도 불구하고 이 땅에 펼쳐진 낙원의 본질을 이해하려 하거나 이해할 수 있는 사람은 참으로 드물구나."라고 말했을지도 모를 일이다.

에고가 아닌 도를 따르는 삶을 살아야 한다는 노자의 말에는 실망과 좌절감마저 느껴진다. 나는 이 장에 '신의 존재를 깨닫는 삶'이라는 제목을 달아주었다. 왜냐하면 이것이 바로 노자가《도덕경》의 70장을 통해 전하고자 하는 메시지라고 믿기 때문이다. 그는 "내 말에 근본이 있고, 내 행위에 주인이 있다."라고 말한다. 그러고는 곧이어 사람들이 이것을 이해하지 못하고 그렇기 때문에 "나를 이해하지 못한다."라고 덧붙인다.

노자의 근본은 도다. 그리고 그 행동의 주인은 한결같고 이름을 붙일 수도 없는 존재의 근원이다. 노자는 마치 깊은 생각에 잠긴 채 이렇게 말하는 듯하다.

"나는 신이 생각하듯이 생각하고, 우주의 창조자인 신이 말하듯이 말한다. 그렇기 때문에 신의 존재를 드러내는 이러한 원칙에 따라 행동한다."

나는 당신에게도 이와 같이 할 것을 간절히 요청한다. 삶을 지탱하는 도의 에너지에 자신을 맡기고 그 힘이 당신을 인도하도록 한다면 결코 어려운 일이 아니다. 다툼을 멈춰라. 폭력적인 생각과 행동을 멀리하라. 그리고 다른 사람이나 세상을 통제하고 지배하려 들지 마라. 겸손함 속에 머무르고, 간섭하지 마라. 타인과 당신 자신이 타고난 창조적 재능을 존중하라. 그리고 무엇보다도 보이지 않는 당신의 근원으로 돌아가라. 말썽만 부리는 에고에게 결별을 고하라. 만약 이 모두를 할 수 있다면 당신은 비난하지 않고 기쁨으로 가득 찬 삶을 살아가게 될 것이다.

많은 예술가들이 위대한 정신적 지도자들을 그림 속에 어떻게 표현했는지 생각해보라. 노자는 소박한 의복을 걸치고 있고, 예수는 평범한 옷에 샌들을 신고 있다. 성 프란치스코는 거의 누더기와도 같은 옷차림을 하고, 부처는 지팡이를 짚은 농부처럼 보인다. 무함마드는 아주 검소한 사람으로 묘사된다. 이제 이 위대한 정신적 스승의 추종자들이 어떻게 그려지고 있는지 보라. 그들은 그림 안에서 온갖 사치와 부를 누리고 과시적인 소비를 뽐내고 있다. 위대한 성인은 수수한 모습이지만 내면에 가장 귀중한 무언가를 품고 있다.

그러면 이러한 성인들의 내면에 있는 품은 보물이란 무엇일까? 그것은 67장에서 설명한 자애로움, 검소함, 겸손이라는 세 가지 보물의 형태 속에 담긴 신에 대한 자각이다. 이러한 보물들을 보관하는 데 화려하게 수놓은 복장이나 재물을 잔뜩 쌓아둔 사원 따위는 필요치 않다. 이런 것들은 모두 셀 수 없이 많은 하인들과 노예들의 희생 위에 얻어진 결과이기 때문이다. 성인은 수수하게 차려입음으로써 이 장에 담긴 간결한 메시지와 어우러진다.

이것이 노자가 이 단순한 메시지를 이해하는 사람이 너무 적은 것에 대한 당혹스러움을 털어놓으며 나에게 들려준 이야기다.

## 《도덕경》을 이해하라

《도덕경》의 가르침을 이해하지도, 실천하지도 못하는 대중의 하나가 되려는 마음을 버려라. 노자는 《도덕경》을 따르는 사람이 극히 드물다고 말한다. 당신의 신성함이 곧 도의 일부라는 사실만 기억하면 된다. 《기적 수업》에 따르면 "당신의 신성함은 세상의 모든 법칙들을 뒤집어놓는다. 그것은 시간, 공간, 거리의 제약뿐만 아니라 어떤 종류의 한계도 뛰어넘는다."라고 한다.

스스로에게 이런 지혜를 품은 사람이 되겠다고 선언하라. 그리고 매일 신의 존재를 깨닫는 삶을 기꺼이 실천하라.

## 모든 곳에서 신을 발견하라

보고 듣는 모든 것 속에서 신의 보이지 않는 힘을 발견하는 연습을 하라. 에크하르트는 이 70장의 지혜를 일상에 적용할 수 있는 좋은 충고를 던져주었다.

"이 신성한 탄생을 경험하였는가? 잘 들으라. 만약 이 탄생이 온전히 당신에게서 일어난 것이라면 모든 창조물들이 당신을 신으로 여길 것이다."

그의 조언은 이어진다.

"전 생애에 걸쳐 해야 할 기도는 '감사합니다.' 하나면 된다. 그것으로 족하다."

범사에 신께 감사하다고 말하는 습관을 가져라. 이것이 신을 깨닫는 길이다.

### ⚱ 지금, 도를 행하라

평범하고 검소한 차림의 성인을 따르는 하루를 계획하라. 장신구나 화장 혹은 멋진 옷 같은 것들은 잊어버려라. 그냥 바지 한 벌과 티셔츠 한 장으로 하루를 보내라. 어디를 가더라도 이 '수수한' 차림을 유지하라. 그리고 옷차림과 외모에 신경을 쓰는 것이 얼마나 무의미하게 보이는지 관찰하라. 다른 사람들의 눈을 신경 쓰지 말고 자신에 집중하라. 그리고 어떤 느낌이 떠오르는지 잘 살펴보라.

# 71

모름을 아는 것은 강함이다.
앎을 묵살하는 것은 병이다.

병을 병으로 알 때만
병이 되는 것을 막을 수 있다.
성인은 병이 없는데
병을 병으로 알기 때문이다.
이것이 바로 건강의 비결이다.

# 병들지 않는 삶
*Living Without Sickness*

이 장에 담긴 이야기는 대단히 모순적이다. "병이 병이 될 때 병은 사라진다."는 의미를 담은 여러 번역본들을 수없이 읽으면서 나는 계속 그 모순과 마주쳐야만 했다. 내게 노자는 질병을 피하기 위해서는 실제로 아파야 한다고 말하는 것처럼 보였다.

나는 다시 오랜 시간에 걸쳐, 그리고 매우 열심히 이 짧은 장에 대해 생각하고 또 고민했다. 당신과 나 자신을 위해서 이 장의 핵심 의미를 이해하려고 노력했다. 결국은 노자의 초상 앞에서 명상을 하며 노자에게 이 이해하기 어려운 장에 담긴 의미가 무엇인지 물었다. 그는 다음과 같은 이야기를 들려주었다.

무엇보다도 먼저 '병'이라는 것은 무엇을 의미할까? 내게 있어 '병'은 육체나 정신의 일부가 최초의 좋은 상태에서 멀어져 균형을 잃어버린 것을 뜻한다. 즉, 도와 일치하지 않았기 때문이다. 발열, 통증, 호흡 곤란, 코 막힘, 기침, 피로, 기절 등의 증상은 병이 있다는 것을 나타내는 표시다. 그리고 공포, 불안, 분노, 증오, 걱정, 죄책감, 스트레스, 조급함 등은 성신적인 측면에서 그런 징후를 나타내는 증상들이다. 이러한 증상들은 우리가 순수한 애정, 너그러움, 인내, 만족, 그리고《도덕경》81개 장 전반에서 보여주는 도 중심 사고와 같은 우리 근원과 조화를 잃었다는 신호들이다.

성인은 오랫동안 병을 관찰했고, 마침내 그것이 도와 조화를 이루지 못한 사고의 육체적인 표현이라는 것을 깨달았다. 열병, 감기, 통증 등은 모두 도와 어울리지 않는 조급함, 공포, 분노, 혹은 에고가 이끄는 다른 모든 충동 등의 표현들이다. 성인은 이러한 사고들이 어떤 결과를 불러오는지 보아왔기 때문에 그런 어리석음에 동참하기를 거부한다. 그래서 병을 인지하며 이렇게 맹세한다.

"나는 병을 불러오는 방식으로 생각하지 않을 것이다. 그리고 도라는 자연스러운 행복에 뿌리를 내릴 것이다. 아픈 생각이 병을 만들기 때문이다."

그는 병을 병으로 알게 되었고, 결과적으로 완전한 건강의 비밀을 얻게 되었다.

여기에 해당하는 예를 하나 들어보자. 내 동료이자 친구인 라디카 킨저는 최근에 남인도의 푸타파르티Puttaparthi를 방문하고 돌아왔다. 그곳에서 그녀는 사티야 사이 바바를 만났다. 그는《도덕경》에 담긴 모든 성스러운 메시지를 호흡하고 실천하는 성인으로 알려져 있다. 여기 그녀가 내게 보내온 편지 중 일부를 공개한다.

푸타파르티에서 사이 바바와 일주일을 보내고 지금 막 돌아왔어요. 처음에는 엉덩이뼈 복합골절로 휠체어에 앉아 있는 그의 모습에 너무 슬펐어요. 보통 사람의 몸이라면 그런 육체적인 고통을 참아낼 수 없을 거라고 의사는 말하더군요. 그러나 사이 바바는 자신의 육체적인 상황에 영향을 받지 않는 듯 너무나도 행복한 모습이었어요.

한 신자가 사이 바바에게 물었어요.

"신을 깨달은 존재가 느끼는 육체적인 고통은 어떤 것입니까? 왜 자신을 치료하지 않습니까?"

그러자 사이 바바가 대답했어요.

"내 삶이 곧 나의 메시지입니다. 사람들은 육체에 대한 집착을 버리고 그 안에 있는 자신들의 신성함을 경험하는 법을 배워야 합니다. 고통은 그저 자연스러운 현상일 뿐입니다. 그러나 그 고통으로 인해 괴로워하는 것은 선택의 문제지요. 나는 괴롭지 않습니다. 육체가 나의 전부가 아니기 때문입니다."


사이 바바는 삶에서 일어나는 모든 상황을 있는 그대로 받아들이겠다고 스스로에게 선언했다. 도와 조화를 이루고 살면 병으로 인해 괴로워하는 것은 선택 사항도 되지 못한다.

나는 수년 동안 중독 증상을 경험했다. 《도덕경》의 이 장은 그 중독에서 빠져나와 내가 처음에 태어났던 그때의 순수와 행복으로 돌아오는 데 커다란 도움을 주었다. 반복되는 포기와 거기에 뒤따르는 수치심에서 벗어나기로 마음먹고서야 나는 병을 병으로 알게 되었다. 겉보기에는 괜찮았지만 보이지 않는 내면의 고통은 심각했고, 그 고통은 계속해서 나를 아프게 괴롭혔다. 내가 이 모두를 바라보는 방식을 바꾸자 병을 병으로 이해함으로써 더 이상 아프지 않은 그러한 모순을 이해할 수 있게 되었다. 이것이 진정한 건강의 비결이다.

다음은 이 장의 지혜가 당신의 일상에서 살아 움직이게 해줄 노자의 조언이다.

## 행복한 마음을 품으라

중국 속담에 "마음이 행복하면 몸도 행복하다."라는 말이 있다. 행복한 마음은 병을 병으로 아는 것이다. 상황이 더 나빠질 거라는 생각을 거부하는 것이다. 감기, 복통, 관절통, 피로 같은 증상들을 원래의 행복한 상태로 돌아가기 위해 몸이 보내는 신호로 받아들이는 것이다. 행복한 마음은 육체가 질병을 치료할 수 있다고 생각한다. 그것은 사람이 아니라 도가 만들어낸 것이기 때문이다. 행복한 마음은 질병이나 그로 인한 괴로움 없이 살 수 있는 육체의 능력을 믿는다. 그러므로 이 행복한 마음으로 건강을 유지하라.

## 습관을 점검하라

타고난 행복에서 멀어지게 하는 일상적인 습관은 무엇이 있는가? 모든 중독은 그것이 크든 작든 간에 그 속으로 완전히 빠져들도록 당신을 유혹한다. 지나치게 빠져들어서 몸이 쇠약해진다면 그것을 병으로 받아들여라. 당신은 무엇이 그토록 당신을 잡아끄는지 알고 있다. 또한 음식, 술, 약물 혹은 그것들을 탐닉한 뒤에 이어지는 죄책감과 수치심이 자신을 괴롭히도록 방치했던 순간들도 기억하고 있다. "앎을 묵살하는 것은 병"이라는 사실을 기억하고, 당신이 어떤 병적 집착을 가지고 있는지 점검하라. 그리고 그것들이 무엇인지에 대해 당신이 깨달은 바를 외면하지 않겠다고 맹세하라.

### ♨ 지금, 도를 행하라

하루 동안 당신의 몸이 보내는 메시지에 귀를 기울이고 그것을 믿어라. 그러고 나서 당신의 마음이 그러한 신호에 대해 뭐라고 말하는지 들어보라. 몸이 보내는 신호가 무엇인지 마음에게 물어보라. 그것은 낮잠을 자고 싶어 하는 투정일 수도 있고, 해변을 따라 걷고 싶은 소망일 수도 있다. 도에 중심을 둔 행복한 마음을 가져라. 그러면 아픈 생각들은 그 자리를 잃을 것이다.

# 72

경외하는 마음이 부족하면
재앙을 겪을 것이다.
세속적인 권세를 두려워하지 않으면
더 큰 힘을 갖게 될 것이다.

자신의 시야에 한계를 두지 마라.
태어난 환경을 원망하지 마라.
삶의 자연스러운 행로에 저항하지 마라.
그리하면 세상에 지치지 않는다.

그러기에 성인은 스스로를 알되
스스로를 드러내 뽐내지 않고
스스로를 사랑하되
스스로를 치켜세우지 않는다.

성인은 외면의 것을 버리고 내면의 것을 취한다.

# 경외하고 수용하는 삶
## *Living with Awe and Acceptance*

이 장은 조화로운 삶을 위한 두 가지 요소를 밝힌다. 그중 하나는 경외하는 마음이고 나머지는 전적인 수용이다. 이 두 가지가 어우러지지 않는다면 당신은 도의 존재를 발견하기 어려울 것이다.

이 72장에 대해 글을 쓰면서 경외의 삶을 살았던 16세기 신비주의 시인이자 고난의 성자 요한의 글을 다시 읽게 되었다. 이 장의 느낌이 묻어나는 그의 글 일부를 여기에 옮긴다.

내가 사랑하는 것은
산과 수풀이 우거진 외딴 골짜기
낯선 섬과 메아리치는 강
사랑을 자극하는 산들바람의 휘파람 소리

여명이 밝아오는 새벽

고요한 음악

울려 퍼지는 고독

사랑을 새롭고 깊게 만드는 저녁 만찬

환희와도 같은 절박함을 가슴에 품고 나만의 신성한 공간에 앉아 있으려니 노자가 '경외하라'는 말에 담긴 의미를 전하라고 재촉하는 듯하다. 말에 담긴 의미는 시간을 초월한 거대한 힘만큼 깊고 크다.

나는 바로 지금 내 주변의 아름다운 환경에서 그 힘을 느낀다. 지구의 심장박동과도 같은 파도가 끊임없이 철썩거리는 것처럼, 구관조의 지저귐은 대기를 가득 채운다. 쪽빛의 맑은 하늘, 초록으로 아른아른 빛나는 야자수, 해초와 고무나무, 꿈꾸는 듯한 오렌지, 먼 하늘의 보라색 구름, 창문에 닿을 듯 보이는 무지개, 이 모든 것에 담긴 색들은 숨이 멎을 듯 아름답다.

종이로 글이 쏟아지면, 나는 내 안에 있는 보이지 않는 힘을 느끼고 당혹스러운 기쁨의 물결에 휩싸인다. 나는 금세 바다로 들어간다. 해안선을 따라 배를 몰고, 짠 소금물 속을 재미있게 돌아다니며 잠잘 곳을 찾는 물고기들을 바라본다. 그들은 어떻게 여기에 왔을까? 공기도 없는데 숨은 어떻게 쉴까? 때로는 움직이기를 멈추기도 할까? 내가 떠난 후에도 그들은 계속해서 여기에 남을까? 이번에는 바다에서 나와 모래 위를 걸으며 태양을 온몸으로 느낀다. 그리고 질문을 이어간다. 태양은 어떻게 저 위에 떠 있는가? 어떻게 우리는 24시간 동안 계속해서 돌 수 있는가? 지구는 계속해서 도는데 왜 바다는 뒤집어져서 쏟아지지 않는가? 그리고 별들과 우주의 끝은 존재하는가?

경외하는 마음이 중요한 이유는 당신에 대한 에고의 지배력을 약하게 하기 때문이다. 경외하는 마음은 모든 존재에게 생명을 불어넣는 거대하고 영원한 무언가가 있음을 이해하는 것이다. 세속적인 조건을 두려워하지 않기 때문에 두려움은 사라진다. 당신은 매 순간 셀 수도 없이 많은 기적을 일으키는 힘에 뿌리를 두고 있다. 그럼에도 당신의 에고는 그러한 기적들을 감지하지도 못한다.

72장은 자신과 자신의 관심사들을 온전히 받아들이라고 말한다. 노자는 당신에게 스스로를 제한하지 말고, 자신의 몸을 온전한 창조물로서 받아들이며, 타고난 본성과 삶이 조화를 이루어 펼쳐지게 하라고 제안한다.

나는 자연에 대한 비유를 매우 좋아하는데, 이는 성인의 태도에 대한 훌륭한 지침이 되기 때문이다. 노자는 《도덕경》 전체에서 자연과 조화를 이루는 것을 강조하며 이를 통해 도와 연결될 수 있다고 말한다. 이에 대해 13세기 신비주의 철학자 에크하르트는 다음과 같이 표현했다.

"무지한 사람들이 잘못 상상하듯 신은 자신의 범위를 벗어나지 않도록 만물을 창조했다. 반대로 모든 피조물은 밖을 향해 흐르지만 신의 안쪽에 머문다."

성경은 이렇게 충고한다.

"내 안에 머물러 있으라. 그러면 나도 너희 안에 머물러 있을 것이다. 가지가 포도나무에 붙어 있지 않으면 스스로 열매를 맺지 못하는 것처럼 너희도 내 안에 있지 않으면 열매를 맺을 수 없다. 나는 포도나무요, 너희는 가지다."(《요한복음》 15:4~5)

주변의 환경과 완벽한 조화를 이루는 도를 배워라. 비, 눈, 추위, 바람을 견디는 나무들을 생각하라. 혹독한 시절이 오면 그들 내면의 자아는 충실하게 인내를 가지고 기다린다. 덩 밍다오는 자신의 책《마음의 눈을 밝혀주는 도 365일》에서 이렇게 말한다.

"그들은 서 있다. 그리고 기다린다. 그들이 자라는 것은 겉으로 드러나지 않는다. 그러나 안쪽에서는 조금씩 싹이 자라고 있다. 행운이나 불운은 그들을 바꾸지 못한다. 우리도 이와 같아야 한다."

그러기 위해서는 자신을 만물의 일부로 받아들여야 한다. 그 안에서 자라고 있는 싹을, 언젠가는 열매를 맺게 될 보이지 않는 내면의 그 본성을 사랑해야 한다. "성인은 외면의 것을 버리고 내면의 것을 취한다."라고 한 노자의 말처럼.

자신을 사랑하되 드러내서 뽐내지 마라. 경외하고 받아들여라. 이를 실천할 수 있는 방법들을 살펴보자.

## 모든 일에서 기적을 보라

경외하는 마음으로 세상을 보라. 기적을 찾으려고 애쓰지 말고, 모든 일을 기적으로 바라보라. 경외하는 마음이 있으면 정신적인 권태나 실망을 피할 수 있다. 모든 사람과 사물을 통해 흐르며 그들을 지탱하는, 보이지 않는 도를 보려고 노력하라. 폭풍우가 불가사의한 사건이 되고, 번개는 매혹적인 불꽃놀이가 된다. 그리고 천둥은 보이지 않는 자연의 힘을 일깨우는 놀라운 충고가 된다. 보통 사람의 눈으로는 볼 수 없는 것을 봄으로써 신비로운 삶을 경험하라.

## 자신의 몸과 지금 누리고 있는 삶을 사랑하라

자신의 몸과 자신의 모든 면을 사랑한다고 스스로에게 말하라. 그리고 이렇게 다짐하라. 나의 몸은 완벽하다. 아주 적절한 시기에 태어났고, 지금 내 나이도 딱 좋다. 있는 그대로의 나를 인정하고, 우주의 완전한 조화 속에서 내가 맡은 역할을 받아들인다. 그리고 내 몸의 자연스러운 행로에 나를 맡긴다.

온전히 받아들이는 마음으로 당신의 몸을 보라. 그러면 노자가 말한 것처럼 세상에 지치지 않는다.

### 🔱 지금, 도를 행하라

일상에서 당신이 당연하게 여기는 다섯 가지 자연 현상을 나열하라. 그러고는 각각의 현상이 당신의 의식 속에 흐르게 하여 깊이 살펴보라. 하늘, 꽃, 나무, 달, 해, 안개, 잔디, 거미줄, 호수, 귀뚜라미, 강아지, 그리고 자연에서 벌어지는 모든 일들…. 그동안 느끼지 못했던 그 기적에 넘치도록 감사하라. 글을 쓰고, 그림을 그려라. 그것도 아니라면 사진을 찍는 것도 좋다. 새롭게 깨달은 경외감을 갖고 조금씩 관찰해 온 것들을 자신만의 방식으로 표현하라.

# 도란 무엇인가?

---

도道란 무엇인가? 입을 벌리는 순간 사라지는 것이다. 그것은 언어를 초월해 있다. 세상이 시작하기 전에도 있었고 세상이 사라진 다음에도 있을 것이다. 물론 지금 여기에도 있다. 모든 것들 속에 편재해 있다. 그러나 있고 없음을 초월하고, 현상과 본체를 또한 초월한다. 이쯤 되면 오리무중이 되니 귀신 씨나락 까먹는 이야기가 되고 만다. 그렇다. 그래서 언어를 초월해 있다고 이르는 것이다. 노자와 장자는 이 알 수 없는 것을 '도'라고 부르고 불가의 선사들은 '참본성' 혹은 '참진인眞人'이라고 부르고, 머리에 의존하는 서양의 현인들은 이것을 '진리'라고 부른 것 같다. 오경웅이 쓴《선의 황금시대》라는 책을 보면 중국 선종의 제3조인 승찬이 다음과 같이 말했다 한다.

차별하고 선택하는 마음만 버리면
도 자체에 어려울 것이 없다.
좋고 나쁨을 떠나면
도는 밝은 대낮처럼 뚜렷하다.

그 후 세월이 흘러, 선종의 역사에 조주라는 위대한 선사가 한 법회에서 이 글귀를 보고 평하여 제자들에게 이렇게 말했다.

"그대들이 도에 대하여 단 한 마디라도 말한다면 그 순간 이미 차별하고 선택하는 분별심을 낸 것이다. 나로서는 도에 대하여 분명하지 않다. 나는 다만 그대들이 이 도를 마음 깊은 곳에 순수하게 간직하고 있는지 여부만 알고 싶다."

그러자 한 똑똑한 제자가 질문했다.

"스승께서 도에 대하여 분명치 않으시다면서 우리더러 무엇을 품어 순수히 간직하라는 말씀인지요?"

그러자 조주가 답했다.

"그대들의 의문을 실제 체험을 통해 풀어라."

스승은 매끄럽게 도망가고, 제자는 멍하니 남게 되었다. 위대한 스승들은 늘 그렇게 도주에 능하다. 도망가는 방법도 가지가지다. 그러나 제자 놈이 늘 미끄러지게 한다. 어느 날 제자가 선의 근본 이치를 알려달라 조르자 조주가 다시 이렇게 대답한다.

"나는 지금 오줌이 급하네. 생각해보게. 이런 사소한 일조차 내가 하잖은가."

다시 졸지에 스승은 오줌 뒤로 숨고, 제자는 또다시 멍해졌다.

"스스로 풀어야 한다."

그것이 도망간 스승의 가르침이다. 그는 이것을 아주 여러 방식으로 가르쳤다.

다시 한 제자가 도에 대하여 묻는다.

"만물이 하나로 귀의한다는데 그 하나는 어디로 돌아가는지요?"

(萬法歸於一, 一歸何處)

조주가 대답한다.

"내가 청주에 살 때 무명옷을 한 벌 지었는데, 그 무게가 일곱 근이 었네."

앞뒤가 맞지 않는 이 대화에 이르면 우리는 스승이 뭘 하는 사람인지 의심하게 된다. 그러나 조주는 엉터리 스승이 아니었다. 그는 여전히 스스로 풀기를 요구한다. 우주에서 일어나는 모든 일은 하나로 귀의하는데, 그 하나가 바로 개인적 체험이다. 청주에 있을 때 일곱 근 나가는 옷을 지어 입은 것만큼 개인적인 일은 없다. 그것이 우주의 일과 연결되어 있다는 것이다. 무수히 많은 개별적 사건들 중 어느 하나도 이 하나와 손잡지 않은 것이 없다. 우주와 내가 공명하는 것이다. 그때 스승이 큰 소리로 외친다.

"그대들이 이 늙은 중을 만나보았다 해서 갑자기 다른 어떤 사람이 되는 것이 아니다. 그대들 스스로가 바로 주인공이다. 바깥에서 다른 이를 찾을 필요가 없다."

그는 부처라는 말을 듣기 싫다 했다. 도는 마음도 아니고 부처도 아니고 물건도 아니다. 그것은 시간과 공간을 초월하여 모든 것에 편재하는 것이다. 그래서 조주는 그것을 "뜰 앞의 잣나무"라고 말했고, 장자는 그것이 "똥무더기 속에 있다."라고 말했다.

선종의 스승들이 제자들의 질문에 대하여 말도 안 되는 대답을 하거나 막대기로 때리고 발로 짓밟는 짓거리들을 하는 것을 개탄하는 사람들도 많다. 이성적으로 이해가 되지 않으니 그 무식해 보이는 대응에 개탄하기도 한다. 그러나 '머리의 활동이 창자의 활동보다 더 우주적 가치를 가지고 있는지'는 알 수 없다. 위대한 스승들은 《도덕경》에 나오는 노자의 다음과 같은 깨달음에 충실하다.

자신을 모른다는 사실을 아는 것이 최상의 지혜요,

알지 못하면서 안다고 여기는 것이 가장 큰 병이다.

(知不知上 不知之病)


그들은 사기 치지 않는다. 그렇다면 황당한 시추에이션에서 진짜 스승과 돌팔이를 구별하는 방법이 있을까? 있다. 아주 분명하다. 그것은 상황에 따라 혹은 묻는 사람에 따라 적합하도록 각각 다르게 말할 수 있는 생명력과 독창성에 있다. 매번 똑같은 수법을 써먹는 사람은 가짜라는 것이다. 설혹 그것이 한때의 깨달음에서 비롯된 훌륭한 답이었다 하더라도 매번 사용하면 '말라비틀어진 무말랭이'처럼 생명력이 없어지는 것이다. 그런 스승은 가짜이거나 배움을 멈춘 게으름뱅이인 것이다. 마찬가지로 스승의 깨달음을 마치 제 것인 양 복제하는 제자들 역시 앵무새요, '뜨내기 잡상인'에 불과하다.

노자와 장자, 그리고 불가의 선사들은 자유롭다. 그들은 유가의 번잡한 의무를 넘어서 있다. 그들은 윤리와 도덕, 그리고 그 기초가 되는 인의仁義에 반대하지 않는다. 오히려 그 이상을 요구한다. 유가에 대한 불평은 그것이 미흡하기 때문이다. 유가는 품행이 단정한 덕 있는 관리와 교양인을 만들어냈을지는 모른다. 그러나 그들을 규범으로 묶어두었기 때문에 예기치 못한 상황에 처하거나 새로운 요구에 직면하게 되면, 그들은 마치 줄에 묶인 꼭두각시처럼 자유롭고 창조적인 능력을 발휘할 수 없는 것이다. 그러나 공자가 모자란다는 뜻은 아니다. 공자 역시 만년에 이르러 언행에 걸림이 없고 마음대로 해도 어긋나지 않는 자유에 이르게 되었기 때문이다.

자유롭다는 것은 무엇인가? 혼란에 빠진 한 구도자가 어느 날 노자에게 찾아와 물었다.

> 모르면 바보 취급을 당하고
> 좀 알면 그 지식이 나를 번뇌하게 합니다.
> 좋은 일을 안 하면 남을 해치고
> 좋은 일을 하면 내 자신이 손해를 입습니다.
> 의무를 다하지 못하면 일에 소홀해지고
> 의무를 다하자니 기진맥진입니다.
> 어떻게 하면 이 모순에서 벗어날 수 있습니까?

이게 바로 지금의 우리인데, 아마 노자의 시대에도 이게 미칠 듯한 그들의 고민이었나 보다. 선생 노자가 뭐라고 했을까?

> 가련하다, 그대여! 가는 곳마다 막히고, 가는 곳마다 묶여 있구나!

그리고 이렇게 해법을 준다.

> 첫째, 장애물이 밖에 있으면 그대로 던져버려라. 내던져라. 둘째, 만일 장애물이 안에 있으면 그 작용을 멈추어라. 셋째, 만약 그 장애물이 안팎에 다 있으면 도를 지키려 하지 말고, 도가 그대를 지켜주기를 바라라.

노자의 방식은 불가 선승의 방식과 다르지 않다. 삶의 문제에 걸려 이러지도 못하고 저러지도 못할 때는 그 문제들을 옆으로 제쳐놓고,

스스로 더 높은 곳에 올라섬으로써 그 문제들의 함정을 굽어보라는 것이다. 문제가 해결되는 것이 아니라 문제 자체가 소멸되는 것을 알 수 있다. 이때 우리는 집착을 벗어나 머물지 않는 바람처럼 자유로워진다.

자유의 경지에 이르면 어떻게 될까? 조주 선사는 이렇게 말한다.

"안으로 아무것도 가진 게 없고, 밖으로 아무것도 구할 게 없다."

그는 아주 오래 살았는데, 죽기 전에 이미 바람이 된 것 같다. 바람이 된 사람들, 노자나 장자, 그리고 만년의 공자, 혜능과 마조, 그리고 조주 같은 선승들은 바람이었다.

# 73

다른 이들과 부딪치는 용감한 행동은 죽음으로 향하고
도와 조화를 이루는 용감한 행동은 삶으로 향한다.
이 둘 가운데 하나는 이롭고 하나는 해롭다.


하늘의 도는
싸우지 않고도 훌륭히 이기고
말하지 않고도 적절히 답하며
요구하지 않아도 충분히 채우고
서두르지 않고도 제때에 이른다.


하늘의 그물은 모두를 붙든다.
굵고 거칠지만 결코 놓치는 법이 없다.

# 하늘의 그물 안에서 사는 삶

*Living in Heaven's Net*

다시 한번 모순의 렌즈를 통해서 도를 보라. "하늘의 그물"이란 무엇인가? 그것은 모든 만물이 시작된 보이지 않는 세상이다. 그 그물에는 많은 빈틈이 있고, 그 틈으로 벗어날 수 있을 것 같지만 무엇도 도의 조화를 피해서 존재할 수는 없다.

73장은 우리에게 하늘의 그물 아래서 정중하고 주의 깊게 행동하라고 말한다. 내가 읽은 많은 번역본들은 비록 표현이 다르긴 했지만 같은 주제를 담고 있다. 그중 간결하고 핵심을 찌르는 글을 하나 소개한다.

부주의한 용맹 = 죽음

신중한 용맹 = 삶

그러므로 성인은 신중하게 행동한다.

노자는 우리에게 용기와 허세를 새롭게 바라보라고 한다. 그것을 흠모하며 영웅이 되려 하지 말고 더 주의 깊고 조심스러워져야 한다고 이른다. 무모한 행동을 삼가고 신중하게 머무르는 것이야말로 하늘의 방식임을 명심하라. 노자는 하늘의 그물이 강압적이거나 무모한 방법을 쓰지 않고도 어떻게 모두를 그 품 안에 가두는지 네 가지 보기를 제시한다. 그리고 모든 일에서 이를 본받으라고 북돋운다.

### 1. 싸우지 않고도 훌륭히 이긴다.

평화롭고 고요한 도가 어떻게 해서 항상 이기고 있는지 보라. 태양열을 식히고, 흐르는 바다를 멈추고, 바람을 가라앉히고, 비를 멈추게 하고, 작물이 그만 자라도록 하는 것은 사람이 할 수 있는 일이 아니다. 사람의 노력 없이도 도에 의해서 자연스럽고 완벽하게 이루어진다. 자연은 항상 이긴다. 도는 애쓰지 않고도 이 모두를 행한다. 이렇게 하라. 하늘의 그물 안에서 편히 쉬라.

### 2. 말하지 않고도 적절히 답한다.

하늘의 그물은 고요하고 보이지 않는다. 그 힘은 명령을 내리거나 고함을 치거나 구슬리지 않고도 당신에게 생기를 불어넣는 동시에 우주를 하나로 결합시킨다. 그러므로 더 신중하게 주의를 기울임으로써 하늘의 방식에 따르라. 더 많이 듣고 덜 말하라. 그리고 당신에게 필요한 대답은 아무런 예고 없이 당신을 찾아올 것임을 믿어라.

### 3. 요구하지 않아도 충분히 채운다.

당신은 필요한 것이라면 얼마든지 얻을 수 있다. 무언가를 요구하거나 부탁할 필요가 없다. 하늘의 방식에 따라 신성하고 완벽한 질서 속에 모든 것이 이루어지고 있으며 당신은 그 질서의 한 요소다. 다가오는 모두를 기꺼이 맞이하면 필요한 것을 얻게 될 것이다. 하늘의 그물에 수많은 틈이 있다고 하더라도 쉽게 그 사이로 빠져나갈 수는 없다. 모든 것은 정해진 때에 맞춰서 이루어진다. 당신은 운명과 만나게 될 것이다. 그리고 요구하거나 애쓰지 않고도 모든 것이 이루어지는 방식에 경탄할 것이다.

### 4. 서두르지 않고도 제때에 이룬다.

도가 어찌 서두를 수 있을까? 하늘에게 다음과 같은 억지를 부리는 모습을 상상해보라. "겨울이 지겨워요. 이 길고 추운 밤이 다 가기 전에 아름다운 봄꽃을 가져다줘요. 그리고 감자가 먹고 싶어요. 그 씨를 어제 심었지만 빨리 여물게 해줘요."

도는 신의 적절한 타이밍에 따라 작용한다. 그러므로 모든 일은 정확하게 이루어져야 할 때 이루어진다. 도는 하늘의 방식과 조화를 이룰 수 있도록 속도를 조금 늦추라고 조언한다. 당신이 더디다고 생각할지라도 사실은 모두 제때에 일어나는 것이다.

서두를수록 더 적게 이룬다. 10킬로미터를 달린 후에 급한 마음으로 샤워를 하면 땀이 멈추기는커녕 계속해서 흐른다. 그러나 마음을 늦추고 긴장을 푼 채로 땀이 몸을 타고 흐르도록 내버려두면, 서둘러 샤워를 하는 것과 같은 시간에 땀은 멈추고 더 상쾌한 느낌을 받게 된다. 당신의 에고가 이해하지 못한다고 하더라도 이것은 진실이다. 모든 것은 하늘의 그물 아래 자기만의 때가 있기 마련이다.

다음은 현대를 살아가는 당신을 위한 노자의 조언이다.

## 신중함이 약점이나 공포를
## 드러내는 거라고 생각하지 마라

신중함을 한 걸음 물러서는 방법으로 받아들여라. 자연스럽게 상황이 펼쳐지게 하라. 용기는 훌륭한 덕목이지만 무모함, 즉 생각하지 않고 달려드는 것은 재앙을 불러들인다. 노자는 행동하기 전에 먼저 생각하라고 이야기한다. 누군가와 다퉈서 이기려 하지 말고 하늘이 그만의 방식으로 이기도록 내버려두라.

테니스 경기에서도 억지로 애쓰지 않을 때 젊고 실력 있는 상대방을 종종 이기곤 한다. 상대방은 앞뒤를 헤아리지 않은 채 공을 세게 때려서 불필요한 실수를 저지르는 반면, 나는 조금 뒤로 물러서서 힘들이지 않고 그저 공을 받아넘긴다. 나의 이런 방식은 무모하게 이기고자 하는 상대방의 욕망을 자극하고 그 결과로 그는 더 많은 실수를 범하게 된다. 나는 이를 '젊음의 병'이라고 부른다.

## 능동적인 경청자가 되라

소리 높여 말하는 방식으로 다른 사람을 통제하려 들지 말고 능동적인 경청자가 되어 그들의 말에 귀를 기울여라. 말하지도, 묻지도 말아야 한다는 것을 기억할 때 다른 사람으로부터 얻고자 하는 많은 대답과 결과들이 나타날 것이다. 자연과 조화를 이루어 살아라. 원하고, 애쓰고, 밀어붙이는 대신 먼저 귀 기울여 들음으로써 그렇게 할 수 있다.

73장을 읽고서 나는 하늘의 그물 아래 모든 것들이 얼마나 완벽하게 움직이는지 관찰하기 위해 한 시간 동안 무위無爲의 산책을 하기로 했다. 침묵하는 태양이 땅을 기름지게 하고 우리 모두에게 빛을 주는 것을 주의 깊게 살폈다. 한 걸음 물러나서 꽃 사이를 이리저리 날아다니는 벌들을 관찰했고, 나무 꼭대기의 녹색 바나나 다발을 자라게 하는 보이지 않는 생명의 힘에 감탄했다. 그 모두에서 신성하고 보이지 않으며 고요한 도가 애쓰지 않고 자연스럽게 작용하는 것을 보았다. 그 도는 절대로 서두르지 않지만, 모든 것을 제때에 이룬다는 것을 이해하게 되었다. 녹색 바나나는 때가 되어야 무르익을 것이다. 그러나 나는 바로 오늘 그것들을 창조하고, 기르고, 언젠가는 내 아침 식탁에 오르도록 준비하는 그 에너지를 사랑하게 되었다.

당신도 이런 식으로 한 시간쯤 무위의 산책을 즐겨보기 바란다. 그렇게 한다면 아무것도 하늘의 그물 사이로 빠져나갈 수 없음을 알게 될 것이다.

# 74

모든 것이 변함을 알면
아무것도 붙잡으려 하지 않는다.
죽음을 두려워하지 않으면
이루지 못할 것이 없다.


언제나 죽음을 관장하는 이가 있는데
죽음을 관장하는 이를 대신하여 죽이는 것은
위대한 목수를 대신하여 나무를 베는 것과 같다.
위대한 목수를 대신하여 나무를 베는 자는
자신의 손을 베지 않는 경우가 드물다.

# 죽음을 두려워하지 않는 삶

*Living with No Fear of Death*

죽으면 무슨 일이 벌어질까? 죽음은 우리를 존재의 근원으로 되돌려놓을까? 아니면 죽음은 모든 생명과 의식의 끝일까? 한 가지만은 분명하다. 죽음은 우리가 도저히 이해할 수 없는 절대적인 수수께끼라는 점이다. 도를 연구하는 일부 학자들은 죽음을 시간과 공간과 모든 만물이 그 의미를 잃어버리는 하나 됨의 장소로 생각해왔다. 죽는다는 것은 인간으로서의 정체성인 셈이다. 외면적인 껍데기 안에 존재하는 형태가 없는 그 무엇을 이해하고 받아들일 때 죽음에 대한 공포는 사라질 것이다. 자신이 가진 무한한 도의 본성을 이해한다면 우리는 무한한 삶을 살 수 있다. 도의 본성을 이해한다는 것은 태어남, 삶, 죽음에 대한 사고방식을 바꾸는 것을 의미한다.

변하지 않는 것을 찾으려고 애쓰지 마라. 모든 만물은 끊임없이 변화하고 있음을 이해하라. 그러니 어떤 것에도 집착할 필요가 없다. 하나를 가졌다고 생각하는 순간, 다시 다른 무언가를 원하게 될 것이다. 이것은 세속적인 재물뿐만 아니라 당신의 육체에도 고스란히 적용된다. 자각을 하든 못하든 간에 당신의 몸은 이 글을 읽기 시작할 때와 다르며, 같은 상태에 머무르려고 시도하는 순간 또다시 변화할 것이다. 이것이 우리가 살고 있는 현실의 본질이다. 이런 현실을 편안하게 받아들인다면 죽음을 피할 수 없다는 사실에 덜 불안할 것이고, 결국에는 아무런 걱정도 하지 않게 될 것이다. 노자는 단언한다.

"죽음을 두려워하지 않으면 이루지 못할 것이 없다."

당신이 가진 도의 본질은 무한하다. 무한한 가능성의 세계에서 비롯되었기 때문이다. 당신은 단단하고 변하지 않는 사물이 아니다. 세상 어디에도 당신을 담고 있는 것과 똑같은 육체는 없다. 당신은 참이며 참은 결코 변하지 않는다. 당신의 진정한 자아는 도의 일부분이다. 무한한 도와 조화를 이루어 살 때 죽음은 의미를 잃어버린다. 자신의 가장 고귀한 자아를 깨달아라. 당신이 이룰 수 없는 일은 없다는 사실을 이해하라.

이 장의 두 번째 단락은 죽이는 것, 혹은 다른 존재의 생명을 빼앗는 것에 대해서 다루고 있다. 여기서 노자는 "언제나 죽음을 관장하는 이가 있다."라고 아주 명확하게 말한다. 당신이 이 세상에 태어나던 바로 그 순간 이 여정을 위해 필요한 모든 것은 삶과 죽음을 관장하는 이에 의해 결정되었다. 당신은 도의 기운에 의해 태어났고 당신의 생김새, 피부색, 눈, 귀, 다른 육체적인 부분들 또한 도가 겉으로 드러나는 표현의 방식이다. 여기에는 죽음도 포함된다. 죽음은 신성하고 적절한 시기에 맞춰 구성되고, 결정되고, 이루어진다. 다른 사람 혹은 다른 존재를 죽이는 것은 당신이 할 일이 아니다. 절대로 아니다. 도에 있어 죽음은 삶만큼이나 큰 부분이기 때문에 자연스럽게 이루어져야 한다. 에고에 의해 결정되어서는 안 된다.

나는 수년 전 테니스 시합 중에 이러한 교훈을 얻었다. 그날은 유독 경기가 잘 풀리고 있었는데, 코트를 바꾸며 물을 마시다가 배를 하늘로 향한 채 바닥에 누워 있던 벌을 발견했다. 벌은 짧은 생의 마지막 순간을 겪고 있는 것이 분명했다. 나는 그 벌이 괴로워하고 있다고 생각했다. 그래서 그 고통을 끝내주기 위해 발을 들어 올려 벌을 밟았다. 그러고는 경기를 다시 진행했다. 그런데 그 벌에 대한 생각이 내내 머리를 떠나지 않았다. 나는 옳은 일을 한 것인가? 그 작은 생명의 운명을 결정해버린 나는 누구인가? 하찮아 보이는 작은 곤충이기는 하지만 그 생명을 앗아버린 나는 어떤 사람인가? 이런 생각이 들자 그 순간부터 테니스 코트에는 다른 기운이 감돌기 시작했다.

그전까지 내가 친 샷은 선 위에 곧잘 떨어지곤 했는데, 어느샌가 아슬아슬하게 선을 벗어나기 시작했다. 그리고 바람조차도 나를 방해하는 것처럼 느껴졌다. 움직임은 점점 느려졌고 실수가 이어졌다. 결국 다 이긴 것처럼 보였던 경기는 몹시 실망스럽고 수치스러운 패배로 끝나고 말았다. 비록 선의이긴 했지만 벌을 죽인 살해자로서의 내 역할이 내내 마음에 걸렸기 때문이다. 이때부터 나는 죽음을 다르게 보기 시작했다. 그 이후로는 어떤 것도 의식적으로 죽이지 않는다. 벌을 통한 자각이 있은 후 나는 다른 누군가의 죽음을 결정하는 것은 내가 할 일이 아니라는 것을 깨닫게 되었다. 그 벌에게 불과 몇 분의 삶밖에 남아 있지 않았다고 하더라도 그것을 결정하는 것은 '죽음을 관장하는 이' 혹은 도의 몫이었다.

19년 동안이나 함께해온 고양이가 죽어가는 모습을 고통스럽게 지켜보던 친구와 이야기를 나눈 적이 있다. 그 친구는 고양이의 고통을 덜어주기 위해 안락사를 시키는 문제에 대해 나에게 조언을 청했다. 나는 《도덕경》의 이 장을 그녀에게 읽어주었고 삭은 벌을 통해 겪었던 경험을 들려주었다. 그러자 그녀는 안락사에 대한 생각을 거두고 죽음이 고양이를 데리고 갈 때까지 기다리기로 마음먹었다. 도의 한 형태인 삶에 대한 존중은 우리 모두가 죽음을 결정할 수 있는 위치에 있지 않다는 것을 이해하게 해준다.

노자가 우리에게 물려준 유산은 T. S. 엘리엇의 시 〈리틀 기딩Little Gidding〉 속에 아름답게 담겨 있다.

우리는 탐험을 중단하지 않을 것이다.
그리고 그 모든 탐험이 끝날 때면
출발했던 곳에 닿아 있을 것이다.
그리고 처음으로 그곳을 알게 될 것이다.

이것이 죽음이다. 두려워할 것도, 해야 할 무엇도 없다. 나는 이것이 노자가 이 장을 통해 당신에게 말하고자 했던 바로 그것이라고 믿는다.

## 죽음을 두려워하지 마라

죽음을 두려워하는 것은 자신의 피부색을 받아들이지 않는 것과 마찬가지다. 도는 태어남, 삶, 죽음, 그 모든 과정 속에 있다. 내가 '되돌아감과 약함의 삶'이라고 제목을 붙인 《도덕경》의 40장과 T. S. 엘리엇의 시를 함께 읽어보라. 죽음으로 돌아감으로 인해 당신은 진정으로 도를 이해하게 될 것이다. 아마도 처음으로.

## 자신도 모르게 다른 생명을 죽이는 습관을 점검하라

더 이상 사형 집행자가 되지 않겠다고 결심하라. 작고 보잘것없어 보이는 생명조차도 죽이지 않겠다고 마음먹고 그렇게 행동하라. 삶과 죽음을 관장하는 이가 돌아갈 시기를 결정하게 하라. 일을 크게 벌이지 말고 그저 도와 조화를 이루기 위한 자신만의 약속으로 삼아라. 그리고 절대로 당신의 신념을 다른 사람에게 강요하지 마라. 간섭하지 않는 것이야말로 《도덕경》이 말하는 가장 중요한 덕목 가운데 하나다.

### ♨ 지금, 도를 행하라

명상을 통해 살아 있는 상태에서 죽음을 경험하라. 육체를 빠져나와 세상 위로 떠올라라. 이렇게 하면 육체적인 껍데기가 당신의 전부라는 고정관념에서 벗어날 것이다. 관찰의 대상이 되기보다는 관찰하는 사람의 입장에 가까이 갈수록 죽음에 대한 공포를 쉽게 없앨 수 있을 것이다. 매일 단 몇 분 동안만이라도 이런 명상을 실천하라. 몸이 전부가 아니라는 것을 기억하라. 당신은 결코 죽지도, 변하지도 않는 무한한 도의 일부다.

닐 도널드 월쉬Neale Donald Walsch가 쓴 《신과 나눈 이야기》 중에서 이 장의 생각과 일치하는 부분을 인용한다.

511

어느 눈송이가 가장 아름다운가? 모든 눈송이가 다 아름답다고, 아름다움을 함께 축복하면서 그들이 멋진 풍광을 만들어낸다고 할 수는 없는가? 그러고 나면 그들은 서로 녹아들어 하나가 된다. 그러나 사라지지는 않는다. 결코 존재하기를 멈추지 않는다. 그저 모습을 달리할 뿐이다. 고체에서 액체로, 액체에서 기체로, 보이는 것에서 보이지 않는 것으로, 그러고는 다시 위로 솟았다가 숨이 멎을 듯한 아름다움과 경이로움의 장관 속에 새롭게 돌아오는 것. 이것이 삶, 생명을 기르는 삶이다.

이것이 바로 너희들이다.

이 은유는 완벽하다.

이 은유는 참이다.

이것을 참으로 받아들이고 행동한다면 실제로 경험하게 될 것이다. 마주치는 모든 생명의 아름다움과 경이로움을 보라. 너희들 하나하나가 정말로 놀랍기에 어느 누구도 다른 이보다 더 훌륭하지 않다. 너희 모두는 언젠가 '하나 됨'으로 녹아들어가리니, 그때가 되면 모두가 한 줄기에서 비롯되었음을 알게 될 것이다.

모든 것이 변함을 알면
아무것도 붙잡으려 하지 않는다.

# 75

백성들이 굶주리는 것은
세금을 지나치게 거두어가기 때문이다.
백성들이 영혼을 잃는 것은
나라가 지나치게 간섭하기 때문이다.

백성의 이로움을 위해서 행하라.
그들을 믿고, 그냥 내버려두라.

# 덜 요구하는 삶
## *Living by Demanding Little*

이 장은 나라를 다스리는 지배 계층과 귀족들을 향하고 있다. 고대 중국에서는 여러 전쟁을 거치면서 군주들이 백성들에게 명령을 내리기 위한 다양한 방법들을 사용했다. 그들은 세금이라는 명목으로 재화를 계속해서 거둬들였다. 과중한 세금과 부역의 부담을 짊어진 사람들은 충성심과 영혼을 잃어갔고 결국에는 자신들에게 씌워진 굴레에 대항해서 반란을 일으켰다.

나는 권력을 누리고 있는 정치 지도자들에게 이 사회의 현실을 알려주기 위해 이 책을 쓰는 것은 아니다. 물론 그들이 노자의 조언에 귀기울이겠다고 한다면 대환영이다. 하지만 나는 당신이 《도덕경》81장 하나하나에 담긴 지혜를 삶에 적용하는 것을 돕기 위해 이 책을 썼다. 그러므로 다른 사람들이 영감을 받고 만족스럽고 평화로운 삶을 누리도록 돕는 것에 대해 생각해주길 바란다.

당신은 어쩌면 자녀들이나 직장의 부하 직원들같이 당신의 영향력 안에 있는 사람들에게 더 많이 요구해야 생산성을 높일 수 있다고 믿고 있을지도 모른다. 그러나 노자는 오히려 정반대라고 말한다. 너무 많이 요구하지 말고 가능한 한 그냥 내버려두라. 정치인들이 대중에게 과도하게 세금을 부과하는 것과 당신이 사람들을 대하는 방식 사이에는 유사한 점이 있다.

정부 관리들은 자신들이 원하는 사업을 진행하거나 개인의 이익을 위해서 더 많은 돈을 거둬들이고자 한다. 그들은 특권을 이용해 규칙을 만들고, 그 규칙이 자신들에게 급여를 주고 자신들의 모든 유익을 제공하는 바로 그 사람들을 향해 악용되도록 방치한다. 사실 세금을 내는 사람은 세금을 거두는 사람에 비해 그 혜택을 훨씬 덜 누린다. 달리 말하면, 규칙을 만드는 자와 권력을 가진 자는 그 지위를 이용해서 사람들을 기만하고 있는 것이다. 이런 현상이 지나치게 되면 사람들은 불안해지고 갈등이 생기며 권위를 인정하는 마음도 사라진다. 그렇게 "백성들은 영혼을 잃는" 것이다.

나는 성인이 된 이후로 나를 위해 일하고 내 감독을 필요로 하는 사람의 수를 최소한으로 유지함으로써 이러한 리더십을 실천해왔다. 내가 비서에게 무언가를 요구하는 경우는 아주 드물다. 내 비서는 지난 30년 동안 나의 유일한 피고용인이었다. 그녀는 계약에 대해 협상하고 강연 약속을 정한다. 또한 제법 큰 내 사업을 내 지시를 받지 않고 관리한다. 나는 비서에게 사무실에 나오는 시간, 옷차림, 사람들을 대하는 방법에 대해서 이야기하지 않는다. 그렇게 최소한의 요구만 함으로써 나는 몹시 충성스럽고, 믿을 수 있으며, 자신의 일을 사랑하는, 그리고 나에게 없어서는 안 될 한 사람을 얻었다.

나와 30년이 넘는 세월을 함께해온 편집자에게도 똑같은 방식으로 대한다. 마음에서부터 우러나온 글을 쓰고는 그것을 편집자에게 보낸다. 나는 절대적으로 그녀를 믿고, 별다른 요구 사항 없이 그녀가 원하는 방식으로 작업하도록 허락한다. 이렇게 간섭하지 않음으로써 전문가가 다듬어낸 아름답고 세련된 책이 탄생한다. 또한 편집자와 나는 서로를 존중하고 평화로운 관계를 즐기며, 우리가 함께 만들어내도록 운명 지어진 그 작품에 대해 만족하고 자랑스러워한다. 나처럼 하는 것이 불가능하다고 생각할지도 모르지만 도가 당신의 직업과 개인 생활의 모든 사소한 부분들까지 다스려줄 것을 믿기만 한다면 충분히 가능한 일이다.

다음은 노자가 75장을 통해 당신에게 건네고자 하는 내용이다. 이 장이 나라를 다스리는 위치에 있는 지도자들을 대상으로 하고 있기는 하지만, 사람들을 감독하거나 자녀를 돌봐야 하는 사람이라면 누구나 적용해볼 수 있다.

## 스스로에게 너무 높은 세금을 강요하지 마라

너무 많은 세금을 거두면 사람들의 영혼이 피폐해질 거라는 노자의 조언은 당신에게도 그대로 적용된다. 자신에게 과도한 요구를 해서 부담을 갖게 되면 당신은 우울, 불안, 근심, 심장 질환 혹은 다른 수많은 육체적 질병에 시달리거나 지쳐서 쓰러질 것이다. 부담을 떠안은 중압감에서 벗어나 쉴 수 있도록 자신에게 휴식 시간을 주라. 자연을 가까이하고, 아이들과 함께 어울리고, 책을 읽고, 영화를 보고, 혹은 그냥 아무것도 하지 않을 수 있는 자유 시간을 충분히 허락하라.

## 당신이 이끌도록 위임받은 사람들을 신뢰하라

당신이 돌보고 감독해야 하는 사람들을 감시하려 하지 마라. 그들이 능숙한 부분에 대해서는 그들을 신뢰하라. 그들이 자신들의 능력을 발휘할 수 있도록 내버려두라. 그들도 도의 운명을 충실히 살아야 하기 때문이다. 가능한 한 덜 요구하고 더 많이 격려하라. 자기만의 탁월함을 갖고 행복을 추구할 수 있도록 하라. 당신이 그들을 믿으면 그들도 스스로를, 그리고 도의 지혜를 믿게 될 것이다.

### ♨ 지금, 도를 행하라

머릿속을 온통 사로잡고 있는 것들로부터 벗어나 짧은 휴식 시간을 가져라. 당신이 맡고 있는 책임들도 잠시 잊어라. 15분 정도라도 마음을 정리하고 '요구 사항 목록'을 비워라. 스스로에게 덜 엄격할 때 찾아오는 자유를 만끽하라.

그런 다음 자녀들이나 직장의 부하 직원들에게도 똑같이 해보라. 그들 어깨에 팔을 두르고 함께 산책하자고 말을 건네라. 아무것도 하지 않고 그냥 자연 속에 함께 머무르기를 제안하라. 산책이 끝나면 각자의 보폭으로 그들이 맡은 책임으로 돌아가게 하라. 만약 당신의 아이나 부하 직원에게 감시가 필요하다고 여긴다면 그것은 그들이 자립할 수 있도록 충분히 믿어주지 않았던 당신 책임일 것이다.

백성의 이로움을 위해서 행하라.
그들을 믿고, 그냥 내버려두라.

# 76

사람이 태어날 때는 온화하고 약하지만
죽으면 단단하고 뻣뻣해진다.
만물 초목도 살아 있을 때는 부드럽고 연하지만
죽으면 마르고 쉽게 부서진다.

그러므로 단단함은 죽음의 동반자요
유연함은 삶의 반려자다.
물러설 줄 모르는 군대는 패하고
굽힐 줄 모르는 나무는 부러진다.

단단하고 뻣뻣한 것은 깨지고
부드럽고 유연한 것은 널리 퍼진다.

# 굽힐 줄 아는 삶
## *Living by Bending*

《도덕경》중 내가 가장 마음에 드는 부분은 자연 속에서 도를 발견하려는 점이다. 노자는 강하다는 개념을 다르게 생각해보라고 말한다. 그는 부드럽고 유연하고 심지어는 약하기도 한 것들이 어떻게 해서 세상에서 가장 견고하고 오래가는지를 주의 깊게 살펴보라고 이야기한다. 만약 단단하고 경직되고 완고한 것을 강하다고 생각한다면 그런 인식을 이제 바꿔야 한다. 노자에 따르면 삶은 부드럽고 나긋나긋한 것이다.

내 여덟 아이들과 관련해서 가장 아름다운 기억은 갓 태어난 아이들을 경이롭게 바라보았던 순간들이다. 그 아이들은 너무도 유연해서 자신의 발가락을 입으로 빨기도 하고 발을 쉽게 목 뒤로 올리기도 했다. 태어난 지 며칠 혹은 몇 달 정도 지났을 무렵의 아이들은 요가의 달인이다. 아이들이 아장아장 걷기 시작하면서부터 나는 숨이 멎을 만큼 놀라기도 했다. 아이들은 넘어지면서 머리를 땅에 부딪치기도 하고, 앞도 보지 않은 채 달리다가 벽을 들이받기도 하고, 도랑에 처박히기도 했다. 그러나 어떻게 된 영문인지 아이들은 금세 털고 일어나고는 했다. 어른이라면 틀림없이 뼈나 관절이 상했을 만한 일을 겪고도 이 말랑말랑한 아이들은 상처 하나 입지 않고 멀쩡했다.

같은 이유로 고목은 죽음에 다가설수록 단단하고 부서지기 쉬워서 불이나 바람을 견디기 어렵다. 잘 굽혀지지 않기 때문에 강한 바람이 불면 허리가 꺾여 넘어질 수도 있다. 세월이 흐를수록 나무가 약해지는 것은 바로 유연하지 못하기 때문이다. 어떤 사람들은 강함이라고 생각하는 이 단단함이 사실은 나무를 약하게 만들어버린다. 마찬가지로 모든 생명은 죽음을 맞으면 사후 경직이 일어난다. 이는 완벽한 단단함이며, 그러한 강함은 결국 완전히 사라지게 된다.

굽힐 수 있고 유연하다는 것은 노화의 과정을 넘어서는 것이다. 노자는 이러한 원리를 당신의 사고 과정과 행동에 적용하라고 말한다. 또한 유연함과 약함이 곧 삶이며, 단단함과 뻣뻣함은 죽음을 동반한다고 일깨워준다. 그동안 얼마나 굳은 생각을 가지고 있으며 얼마나 자신의 의견을 강하게 주장하는지로 강함을 가늠하고, 굽히는 것은 약함이라고 배워왔을지도 모른다. 그러나 경직되어서는 오래갈 수 없으며, 유연해야만 모든 상황을 이겨낼 수 있음을 잊지 마라.

강함에 대한 생각을 바꿔라. 진정한 강함은 권력을 가진 사람들만이 아닌 당신 자신을 위한 것이라고 생각하라. 우리가 흔히 약하다고 생각하는 것에는 충분히 그럴 만한 이유가 있다. 약함이 강함이고, 강함이 약함이다. 이것이 《도덕경》의 매혹적인 또 한 가지 모순이다.

이번 76장의 교훈을 적용하는 데 있어 노자는 다음과 같은 사항들을 고려하라고 자극한다.

## 굽힘으로써 강해져라

태풍의 한복판에 서 있는 갈대가 되라. 갈대의 약함이 혹독한 폭풍 속에서도 살아남게 하는 강함이 된다. 당신과 다른 사람의 관계에도 이 원리는 그대로 적용된다. 더 많이 들어라. 사람들이 당신의 관점에 이의를 제기할 수 있도록 하라. 필요하다면 굽혀라. 그렇게 하는 것이 사실은 강함을 선택하는 길임을 이해하라. 다름을 거부하고 경직된 방식으로 생각할수록 더 쉽게 깨진다. 노자가 말해주는 것처럼 "부드럽고 유연한 것은 널리 퍼지는" 반면 "단단하고 뻣뻣한 것은 깨지게" 된다.

## 굽힐 줄 모르는 태도를 점검하라

사형 제도, 특정 약물의 합법화, 낙태, 총기 소지, 산아 제한 방법, 세금 제도, 에너지 절약, 그리고 당신이 확고부동한 입장을 고수하고 있는 기타 다른 문제에 대한 자신의 태도를 살펴보라. 반대 의견을 가지고 있는 사람들의 입장에 서보려고 노력하라. 그들이 제시하는 반론을 곰곰 생각해보면 아래의 오래된 농담 속에 뼈가 있음을 알게 될 것이다.

이것이 내 방식이다.
네 방식은 어떤 것이냐?
그런 방식은 없다.

예를 하나 들어보자. 나는 오늘 내 딸 세레나와 함께 딸이 대학에서 작성해야 하는 프레젠테이션에 대해 이야기를 나눴다. 딸은 대형 유통 회사의 고용 정책과 관련된 자신의 결론이 옳으며 그것을 굽힐 수 없다는 확신으로 가득했다. 딸과는 토론의 여지조차 없었다. 확고부동하게 그들이 틀렸고 자신이 옳았다. 그렇지만 더 나은 토론을 위해 나는 거대 유통사의 입장에 서서 그러한 관점을 딸에게 설명하려고 노력했다. 토론이 계속될수록 딸아이는 다소 의견을 굽히고 있는 스스로를 발견했다. 모든 것에는 각자의 입장이 있다는 것을 이해하자 딸은 기꺼이 반대편의 의견에 귀를 기울였다. 세레나는 굽힐 줄 알게 되었고, 그 결과 더욱 강해졌다.

어떤 문제가 있더라도 양쪽의 지도자들이 최소한 상대방의 이야기를 들으려고 한다면 죽고 사는 정도로까지 대립이 악화될 필요는 없을 것이다. 귀를 기울이고, 굽힐 줄 알고, 온화해질 때 우리는 모두 삶을 통해 배우게 된다.

## ☙ 지금, 도를 행하라

내가 매일 참석하는 요가 교실에는 이 장의 가르침을 떠오르게 하는 운동이 하나 있는데, 당신도 지금 따라해보길 바란다. 발을 모으고 서서, 두 손을 머리 위로 올려라. 그러고는 가능한 한 높이 팔을 뻗어라. 그 상태에서 오른쪽으로 최대한 몸을 굽혀라. 그렇게 굽힌 상태로 1분간 머물러라. 그러고는 다시 원래의 곧추선 자세로 돌아오라. 이번에는 왼쪽 방향으로 똑같이 하라. 그렇게 하면서 유연하고 부드러우며 도와 하나가 되어 굽힐 줄 아는 자신을 발견하라.

물러설 줄 모르는 군대는 패하고
굽힐 줄 모르는 나무는 부러진다.

# 77

하늘의 도는 마치
활을 당기는 것과 같아서
높으면 누르고, 낮으면 올린다.

하늘의 도가
남는 것은 덜어내고
모자란 것은 채운다면
사람은 그와 반대다.
모자라는 데서 덜어내어 남는 데 바치고
넘치게 가진 사람들을 섬기기 위해
곤궁한 사람에게서 빼앗는다.

넘치게 가진 사람 중에 세상을 위해 그것을 내놓을 자 누구인가?
오직 도를 품은 사람만이 남은 것을 남에게 준다.

성인은 끊임없이 주는데,
이는 그의 넉넉함이 끝이 없기 때문이다.
그는 기대 없이 행하고
공을 이루고도 주장하지 않으며
스스로를 누구보다 낫다고 생각하지 않는다.

# 남는 것을 나누는 삶

*Living by Offering the Surplus*

하늘의 도를 조금 멀리서 바라보면 자연이 완벽하다는 것을 알 것이다. 도는 보이지 않게 균형을 유지하고 있다. 애리조나주 세도나 지역에 자리한, 거대하고 붉은 바위산들이 있는 숲을 여행한 적이 있다. 내가 최근에 일어난 산불이 수많은 나무들의 생명을 앗아간 것에 안타까움을 토로하자 여행 가이드는 자연이 어떻게 작용하고 있는지 설명해주었다.

"수백만 년의 세월이 흐르는 동안 숲이 너무 울창해지면 자연은 번개를 내리쳐서 그 숲을 솎아냅니다."

만약에 그러지 않았다면 숲은 넘쳐서 스스로 질식해버렸을 것이다. 우리가 살고 있는 지구는 이렇게 살아 움직이고 있다.

가뭄, 홍수, 태풍, 폭우와 같은 자연현상들이 때로는 매우 끔찍하게 보일 수도 있지만 사실은 그런 현상들로 인해 균형이 유지되고 있는 셈이다. 이런 사실은 나비, 거위 혹은 순록과 물소 무리에서도 분명하게 드러난다. 취미와 오락을 위해 생명을 죽이는 것은 넘치는 과잉을 스스로 해결하는 자연의 체계를 뒤엎는다. 도는 "남는 것은 덜어내고, 모자란 것은 채운다."라고 한다. 자연을 관찰하고, 만약 모자란 것이 있다면 그 모자란 데서 덜어내지 말라고 노자는 말한다.

《도덕경》마지막 부분의 장들은 도를 통해 대중을 다스리는 법에 대해 다루고 있다. 노자는 필요한 것보다 더 많이 갖기 위해 가난한 사람들을 수탈하는 정치 권력자들을 향해 비난을 퍼붓는 듯하다. 오늘날 우리는 이러한 악습의 증거들을 무수히 발견한다. 특히 법률을 만드는 위치에 있는 사람들은 자신들에게 더 큰 혜택을 주는 법안에 동의한다. 그들은 어려운 처지의 사람들로부터 빼앗아서 넘치도록 가진 사람들을 섬기고 스스로에게 후하게 베푼다. 넉넉한 연금 프로그램, 종신 의료보험 제도, 호화로운 선용 차량, 공유지에 마련된 개인 전용 주차 공간, 그리고 무료 일등석 항공권까지! 기아 문제가 심각한 나라에서도 한쪽에선 영양실조로 사람이 죽어갈 때, 다른 한쪽에선 음식과 생필품이 산더미처럼 쌓여 있는 경우가 비일비재하다.

77장은 세상의 다른 한편에 존재하는 결핍을 해소하기 위해 남는 것들을 다시 순환할 수 있는 방법을 생각해보라고 제안한다. 노자는 우리가 가지고 있지만 필요하지는 않은 것이 있다면, 도를 실천할 기회로 삼으라고 말한다. 그러면서 이 장의 지혜가 우리 삶 속에 살아 움직이게 하라고 요청한다. 정부, 정치 지도자들 혹은 산업계의 우두머리들이 아닌 바로 우리를 향해 이야기한다.

"남도록 가진 사람 중에 세상을 위해 그것을 내놓을 자 누구인가?"

오직 도를 품은 사람들뿐이다. 많은 사람이 도를 품으면 그중에서 다스리는 위치에 오를 사람이 나오게 될 것이고, 그러면 우리는 이 장에서 제안하는 삶의 방식을 실천하게 될 것이다.

남는다는 말에는 돈이나 재산뿐 아니라 많은 상징적인 의미가 담겨 있다. 예를 들어 자신과 가족들에게 주고도 남는 기쁨의 과잉이 있을 것이고, 세상과 나눌 수 있는 지적인 능력, 재능, 열정, 건강, 강함과 어짊도 있을 것이다. 경제적인 여유, 배움의 기회, 기쁨, 건강 혹은 절제 등 무엇에서라도 타인의 결핍을 발견하거든 당신이 가진 남는 것을 제공하라. 노자는 무엇이 부족한지를 보고 그것을 채우는 역할을 하라고 우리에게 이른다. 더 많이 모으려고만 하는 태도는 모든 생명의 하나 됨을 방해하고, 오히려 그 하나 됨을 조각조각 갈라놓는다.

도와 어울리는 새로운 존재의 방식을 실천하라.

## 남는 것을 덜어내라

삶에서 남는 것들을 덜어내어 그것이 활용될 수 있는 곳에 가져다주라. 가지고 있는 물건들부터 시작해보자. 옷, 가구, 공구, 비품, 라디오, 카메라 등 지나치게 많이 가지고 있는 것이 있다면 필요한 사람에게 주라. 가능하면 팔지 말고 그냥 주라. 베풀었으니 알아달라고 보채지 마라. 남는 것을 덜어내는 것으로 도와 조화를 이루어 행동하라. 당신이 가지고 있는 건강, 기쁨, 어짊, 사랑, 그리고 내면의 평화와 같은 무형의 풍요로움에 대해 생각해보라. 그러한 멋진 감정들을 필요로 하는 사람들에게 건넬 수 있는 방법을 찾아보라.

# 부족함을 채우는 도구가 되라

순환을 통해 세상의 균형을 유지하는 자연처럼 결핍이 있는 곳이 눈에 띄거든 그 부족함을 채우는 도구가 되라. 벌어들인 것 중 일부는 부족함을 채우는 데 쓰일 수 있도록 하라. 노자는 강조한다.

"성인은 끊임없이 주는데, 이는 그의 넉넉함이 끝이 없기 때문이다."

돈을 주기 어렵다면 고요한 축복의 말을 건네라. 구급차나 경찰차의 사이렌 소리가 들리면 기도를 올려라. 돈이나 재물과 같은 물질적인 수단을 통해서, 혹은 어짊, 열정, 환희, 용서와 같은 비물질적인 형식에 담긴 사랑으로 빈 공간을 메울 수 있는 기회를 찾아라.

## 🧘 지금, 도를 행하라

남는 것의 일부를 덜어낼 때 그 남는 것은 다른 어딘가에서 유용하게 쓰일 수 있는 것이어야 한다. 주위를 둘러보고 필요 없거나 사용하지 않는 것을 찾아라. 나는 글을 쓰다가 고개를 들어 주위를 살펴보니 노트 몇 권, DVD 3장, 그리고 토스터기가 눈에 들어왔다. 이들은 모두 지난 6개월 동안 한 번도 쓰지 않았던 것들이었다. 당신도 지금 당장 방을 훑어보면 어렵지 않게 쓰지 않는 물건들을 발견할 것이다. 이것들을 다시 순환시키는 시간을 마련하라. 아니면 지금 당장 눈에 띄는 것을 집어들고 그것을 필요로 하는 곳에 가져다주라. 그렇게 함으로써 도를 실천하는 사람이 되라.

하늘의 도는 마치
활을 당기는 것과 같아서
높으면 누르고, 낮으면 올린다.

# 78

세상에 물보다 부드럽고 약한 것은 없다.
그러나 강하고 단단한 것을 부수는 데는
이보다 더 훌륭한 것이 없다.
세상에 이를 대신할 것이 없다.

약함이 강함을 이기고
부드러움이 단단함을 넘어선다는 것을
온 세상에 모르는 이가 없지만
누구도 이를 실천하지는 못한다.

그러므로 성인은 불행의 한복판에
고요하게 머무름에도
나쁜 기운이 그의 심장에 들어가지 못한다.
그는 도우려고 하지 않기에
사람들에게 가장 큰 도움이 된다.

진실의 말은 역설적으로 들린다.

# 물처럼 사는 삶
## *Living like Water*

나는 《도덕경》을 읽고 공부하고 또 실생활에 적용해오면서 노자의 물에 대한 다양한 비유로 인해 감명받곤 했다. 그는 바다, 비, 안개, 눈, 그리고 강과 작은 물줄기 등의 비유를 통해 계속해서 물에 대해 이야기한다. 노자는 정신적인 힘을 모든 자연 속에서 찾고 있지만, 특히 물이 우리의 삶 속에서 어떻게 작용하는지에 대해 특별히 경외의 마음을 품고 있다. 물과 같아야 한다는 말은 《도덕경》 전체에 걸쳐서 계속 등장한다. 물은 이 세상의 다른 무엇보다도 도에 가깝고, 따라서 이는 도를 가르치는 데 있어 완벽하게 어울리는 상징인 셈이다.

물은 우리에게 도만큼이나 신비롭고 오묘하다. 당신이 강물 속으로 손을 뻗어 그것을 단단히 움켜쥐려고 하면 결국 모두 잃고 만다. 잡으려는 마음을 버리고 손에 힘을 뺀 채 물과 하나가 되기 전에는 붙잡을 수가 없다. 역설적이게도 오히려 놓음으로써 그것을 얻는다. 노자는 신비로운 물의 모든 방식들을 따르라고 말한다. 설령 그것이 자기가 가지고 있는 지식에 정면으로 배치된다고 해도 말이다.

노자는 이 책에서 여러 번 언급해온 세 가지 주제를 다시 한번 되풀이한다. 이것이 물의 진정한 특성이다.

1. 굽힘으로써 삶의 단단한 부분들을 극복하라! 부드럽게 흐르는 물이나 끊임없이 떨어지는 낙수처럼 뻣뻣함과 경직됨은 지속된 온화함으로 극복할 수 있다. 그러므로 지속적으로 온화하게 행하고 기꺼이 굽혀라. 가혹함과 무자비함의 저항이 서서히 사라지는 것을 지켜보라.

내 가족 중에는 수년 동안 환각 물질을 복용해서 자신과 모든 관계에 상처를 입히겠다고 억지를 부렸던 이가 하나 있었다. 하지만 다행히 나의 사랑이 담긴, 그러면서도 단호한 반응이 그녀의 마음을 돌려놓았다. 그녀의 단단함은 계속해서 이어지는 온화하면서도 굳은 상냥함과 다정함 앞에서 천천히, 그리고 조금씩 녹아내렸다. 이런 방법은 가끔 실망스러울 때도 있지만, 노자의 말처럼 우리는 물과 같이 부드러운 접근 방식을 선택하고 행동해야 한다.

"강하고 단단한 것을 부수는 데 이보다 더 훌륭한 것이 없다."

2. 물은 쉽게 제압할 수 있을 것처럼 보인다. 그러나 물은 매우 유연해서 모든 강한 것들 아래에서 자신만의 높이를 찾고, 단단한 것들이 방해할 수 없는 자신만의 공간으로 들어간다. 바리케이드를 치고, 제방을 쌓아라. 물이 새지 않도록 철저히 대비하라. 그러나 그렇게 해봤자 시간이 흐르면 부드럽고 유연한 물이 승리할 것이다. "약함이 강함

을 이긴다."라는 말에는 당신을 위한 힘 있는 메시지가 담겨 있다. 부드럽게 행하고 기꺼이 자신을 낮추며, 약함을 드러내 보여라. 당신이 도와 조화를 이루고 있음을 잊지 마라. 노자는 당신에게 불행의 한복판에서 그저 고요하게 머무르는 성인이 되라고 말한다. 그러면 나쁜 기운은 당신의 마음에 들어오지 못할 것이다.

3. 물은 너무 부드러워서 해칠 수도, 상처를 입힐 수도, 부술 수도 없다. 물은 몇 번이고 되풀이해서 자신의 근원으로 되돌아갈 뿐이다. 끓여보라. 그러면 그것은 증기가 되어 공기 속으로 되돌아간다. 마셔보라. 그러면 그것은 당신의 몸을 적시고 마찬가지로 되돌아간다. 더럽혀보라. 충분한 세월이 흐르면 이전의 맑은 상태로 되돌아갈 것이다.

당신도 부드러움을 실천해서 단단함을 넘어선다면 부서지지 않을 것이다.(43장을 다시 읽어보라.) 하늘 아래 물보다 부드러운 것이 없지만, 또 단단함을 넘어서는 데 이보다 훌륭한 것이 없다. 이러한 비유 속에는 많은 지혜가 숨어 있다. 부드러운 상태에 머물러라. 당신이 얼마나 단단해질 수 있는지 뽐내고 싶거든 슬쩍 한 걸음 물러서라. 엄격하게 통제하는 대신 인내심을 발휘하라. 온화한 자아를 믿어라.

다음은 내가 아주 좋아하는 메리 올리버Mary Oliver의 〈기러기 Wild Geese〉라는 시인데, 이 장의 메시지를 잘 보여주고 있다.

착해지지 않아도 된다.
후회하며 백 마일의 사막을
기어 다니지 않아도 된다.
몸 안의 그 연약한 동물이

사랑하는 것을 사랑하도록 내버려두면 된다.

당신의 절망을 들려주오. 그럼 내 절망도 말할 테니.

그 사이에 세상은 굴러가고

그 사이에 태양과 비의 맑은 방울들은

풍경을 가로질러 움직인다.

대초원과 깊은 숲을 건너

산들과 강들 너머까지.

그 사이에 기러기는 맑고 푸른 창공을 높이 날아

다시 집으로 돌아간다.

당신이 누구든, 얼마나 외롭든

당신은 상상하는 대로 세계를 볼 수 있다.

기러기처럼 거칠고 달뜬 소리로 당신을 부른다.

당신이 있어야 할 곳은

세상 모든 것 한가운데라고.


노자는 우리가 자연, 그중에서도 특히 물로부터 얼마나 많은 것을 배워야 하는지 일깨워준다. 그리고 이렇게 배운 것들을 삶에서 실천하라고 재촉한다.

## 강함과 약함을 다른 시선으로 바라보라

단단함, 경직됨, 강압, 지배, 독단 등과 같은 상투적인 이미지는 결코 강함의 속성이 아니다. 오히려 이러한 특성들 때문에 부드러움 혹은 약함이라고 불러온 것들에게 압도되고 제압당할 것이다. 이 모두를 이제는 다르게 바라보라. 그리고 당신의 세상이 달라지는 것을 경험하라. 약하고 부드러운 상태에 머무르는 사람들에 감탄하고 그들을 따라할 때 자신의 내면에서 도를 실천하는 진정한 강함을 발견하게 될 것이다. 간섭하고 도와주는 것은 그만두라. 그 대신에 당신이 필요한 곳이라면 어디든 물처럼 흐르는 쪽을 택하라. 온화하게, 부드럽게, 그리고 겸손하게.

## 물처럼 부드러워져라

마치 물처럼 열린 곳이라면 어디로든 흘러라. 우격다짐으로 지배하려 들지 마라. 반대되는 의견들을 너그럽게 받아들여서 자신의 모서리를 부드럽게 다듬어라. 덜 간섭하라. 말하고 지시하기보다는 귀를 기울여라. 다른 누군가가 무엇을 제시하면 "감사합니다. 그렇게 생각해 본 적은 없지만 고려해보겠습니다."라고 답하도록 노력하라.

### ♨ 지금, 도를 행하라

명상하라. 그 속에서 물의 성질과 같은 자신의 모습을 떠올려보라. 부드럽고, 약하고, 유연하고, 물 흐르는 듯한 자아가 단단하고 견고하여 이전에는 들어갈 수 없었던 곳들 속으로 들어가게 하라. 대립했던 사람들의 삶 속으로 흘러들어가라. 그들 내면의 자아 속으로 들어가는 당신의 모습을 그려보라. 아마도 처음으로 그들이 겪고 있는 일들을 이해하게 될 것이다. 물과 같은 자신의 이미지를 품고, 당신의 관계가 어떻게 달라지는지 지켜보라.

# 79

크게 다투면 화해하더라도 원한이 남는다.
거기에 무엇을 할 수 있겠는가?
가진 것에 만족하는 것이
언제나 결국에는 최선이다.

손해가 있어도 어진 마음으로 감당해야 한다.
적의敵意는 결코 선의善意가 되지 못한다.
그래서 성인은 항상 주되 보답을 바라지 않는다.

덕이 있는 사람은
언제나 줄 방법을 찾고
덕이 없는 사람은
언제나 받을 방법을 찾는다.
주는 사람에겐 삶의 충만함이 함께하고
받기만 하는 사람에겐 빈손만 남는다.

# 원한을 남기지 않는 삶

*Living Without Resentments*

내게 많은 도움이 되었던 이번 장은 의견 차이나 다툼으로 인해 생긴 원한을 끌어안는 방법에 대해 이야기한다. 논쟁 후에 짜증과 분노를 일으키는 것은 무엇인가? 대개의 경우 다른 사람이 어떤 잘못을 했고, 얼마나 앞뒤가 맞지 않는 행동을 했는지 상세한 목록이라도 만들 수 있을 것이다. 그러고는 이렇게 결론을 내릴지도 모른다. "그 사람(자녀, 시부모, 직장 상사 혹은 다른 누구라도)이 그 따위로 말하면 나에게도 충분히 화를 낼 권리가 있다!"라고. 그러나 당신이 도를 따르는 삶을 원한다면 이런 생각을 바꿔야 한다.

원한은 상대방의 행동으로 인해 생기는 것이 아니다. 원한이라는 것은 어진 마음이나 사랑, 진정한 용서를 통해 그 다툼을 끝내려고 하지 않기 때문에 생긴다. "돌아오는 손해를 어진 마음으로 감당해야 한다.

적의敵意는 결코 선의善意가 되지 못한다."라고 노자는 말한다. 악쓰고, 소리치고, 윽박지르는 모든 일들이 벌어지고 나면 고요함을 위한 시간이 찾아온다. 영원히 몰아치는 폭풍은 없다는 것을, 그리고 그 안에는 언제나 평온함의 씨앗이 숨어 있다는 것을 기억하라. 대립하는 순간이 있다면 평화를 위한 시간도 있게 마련이다.

다툼의 폭풍이 잠잠해지면 당신의 에고는 옳음을 주장하려고 하는데, 이런 욕구를 거부할 수 있어야 한다. 이제 분노를 내려놓고 어진 마음을 펼칠 시간이다. 그걸로 끝이다. 그러니 상대방과 자신을 용서하고 원한을 날려버려라. 노자가 이 장에서 말하는 것처럼 무언가를 얻으려 하기보다는 줄 수 있는 방법을 모색하라.

나는 이 심오한 장에 담긴 지혜에 따라 사업을 운영하고 있다. 회사의 목적은 오로지 주는 것이다. 내 비서는 제품 할인에 대한 논쟁이 생기면 상대가 원하는 것이 무엇이든 그렇게 해주어야 한다는 것을 알고 있다. 누군가가 우리 물건을 살 형편이 안 되면 그냥 준다. 그리고 내 강의를 아무런 대가 없이 녹음하도록 허락한다. 사진을 찍고 사인을 하거나 그 밖의 여러 가지를 위해 시간을 할애한다. 비행기 시간만 허락한다면 가장 늦게 강의장에서 빠져나오고, 원하는 사람이라면 누구와도 기꺼이 대화를 나눈다. 이는 모두 주는 행위다. 나와 더불어 일하는 사람들은 이를 잘 알고 있으며 이러한 원칙을 실천한다.

얼마 전에 나는 강연 투어의 일원으로 한 사람을 초청했다. 그는 대단히 뛰어난 재능을 가진 음악가이자 예능인이었지만 가난했다. 훌륭한 재능에도 불구하고 경제적인 풍요로움은 그의 삶에 찾아오지 않았다. 강연 일정이 시작되고 며칠이 지난 후, 나는 그가 주는 사람이기보다는 받는 사람의 경향이 더 크다는 것을 알았다. 그는 함께 일하고 있는 다른 동료들을 고려하지 않고 따로 돈을 더 벌 수 있는 방법을 끊임없이 찾고 있었다.

나는 그와 긴 대화를 나누면서, 이익을 취하려는 마음이 그의 풍요로움을 가로막고 있음을 일러주었다. 그리고 노자가 건네는 지혜를 믿으라고 격려했다. 결론적으로 이 대화가 우리 서로에게 원한을 남기지 않고 강연 투어를 계속 진행해나가도록 해주었다는 점이다.

당신이 진정한 덕을 품고 산다면 언제나 줄 수 있는 방법을 발견하게 될 것이다. 이것은 도와 완벽하게 어우러진 진실이다. 즉, 생명의 창조자는 언제나 주되 결코 대가를 바라지 않는다. 그러므로 부족함과 원한에 대한 생각을 바꾸고, 어떻게 하면 섬길 수 있을지에 대해 진심으로 고민해보라. 온 우주가 반응할 것이고, 당신도 결국 행하게 될 것이다. 나는 삶 속으로 밀려들어와 놀라움과 환희로 채울 그 흐름을 계속해서 유지하고자 한다. 노자도 이렇게 말한다.

"주는 사람에겐 삶의 충만함이 함께하고, 받기만 하는 사람에겐 빈손만 남는다."

79장의 지혜를 당신의 삶에 적용하기 위해 노자가 들려주는 이야기에 귀를 기울여보라.

## 무슨 일이 있어도 사랑을 향해 나아가라

싸움이나 격렬한 논쟁을 끝마친 당신 자신의 모습을 그려보라. 분노와 복수에 대한 욕망, 그리고 상처를 남기던 기존 방식에서 벗어나 어짊과 사랑과 용서를 건네는 자신의 모습을 떠올려라. 지금 당장 그렇게 하라. 이렇게 진정한 덕을 통해 당신이 지금 품고 있는 모든 원한들을 녹여내라. 미래에 어떤 다툼을 겪게 되더라도 다음과 같은 대답을 기본으로 삼아라.

"나는 무슨 일이 있어도 사랑을 향해 나아간다."

## 주는 연습을 하라

논쟁과 다툼이 생기면 먼저 주는 마음을 실천하라. 헐뜯고 비방하기보다는 어진 태도를 보이고, 상대가 틀렸다는 것을 증명하기보다는 존중의 신호를 보냄으로써 도와 덕을 실천하라. 주는 것은 에고를 잊는 것이다. 에고가 우월함을 뽐내고 이기기를 원하는 반면에 도의 본성은 화해하고 조화롭게 살기를 바란다. 이처럼 받는 대신에 나눠줌을 실천하면 다투는 시간을 없앨 수 있다.

### ♨ 지금, 도를 행하라

성 프란체스코의 〈평화의 기도〉에 나오는 "다툼이 있는 곳에 용서를"이라는 구절을 암송하라. 그의 가르침에 따라 용서하는 사람이 되라. 미움에는 사랑을, 어둠에는 빛을, 그리고 다툼에는 용서를 건네라. 매일 이 구절들을 반복해서 읽으면 당신은 에고의 욕심을 넘어서 '삶의 충만함'을 깨닫게 될 것이다.

가진 것에 만족하는 것이
언제나 결국에는 최선이다.

# 대립되는 짝을 찾아 그 가운데를 무찔러라

일상은 소리로 가득 차 있다.
소리가 침묵을 압도한다.
그래서 늘 소란한 일상

그러나 어느 때
아주 평화로울 때
문득 내가 내가 아니고
내가 존재하지도 않을 때
그리하여 모든 사물과 다를 바 없이
내가 그것으로 스며들고
그것이 나와 하나가 될 때
완벽한 고요가 찾아온다.

완벽한 고요함 속으로 새가 한 마리 날아간다.
그러나 새의 날갯짓이 고요를 깨지 못한다.

목청껏 소리쳐 고요를 깨뜨린다.

그러나

소리는 고요를 더욱 짙게 한다.

어떤 소리도 침묵의 우세함을 어지럽히지 못하니

움직임은

그 움직임 너머에 존재하는

모든 움직임조차 껴안은 움직임 없는 고요를

흩트리지 않는다.


시간은 부재한다.

오직 영원히 영속되는 지금만이 있다.

시간이 없으니 어떤 일도 시작하지 못하고 어떤 일도 끝나지 못한다.

아무 사건도 없다.

고요한 평화


모든 것이 침묵으로 이야기하고

아름다움이 스스로 고스란히 드러난다.


  선각자들은 '존재하는 모든 것All That Is'은 완벽하다고 말한다. 왜냐하면 '참존재'가 모든 것 안에 깃들어 있기 때문이다. 예를 들어 몸은 저절로 작동하고 신체적 기능을 정확하게 수행한다. 힘들이지 않고 걷고 자연스럽게 숨 쉰다. 몸은 자체의 동력에 따라 자동적으로 움직인다. 그 안에 존재하는 참존재에 의해 그렇게 되는 것이다. 참존재는 도처에 두루 존재한다. 서양인은 이것을 만물 속에 나타나는 신성神性,

즉 'The Presence of God'이라고 부른다. 노자는 이것을 도道라 부른다. 나는 무어라 부르든 관계하지 않는다.

6조 혜능은 말한다. 마음은 하나다. 단지 정지해 있지 않다. 끝없이 움직인다. 항상 흐르는 강물처럼 어느 때는 맑고 어느 때는 흙탕물이다. 어떤 때는 잔잔하고 어떤 때는 소용돌이친다. 이것이 마음이다. 그러므로 마음은 끝없이 흘러 어느 한곳에 고이지 않아야 한다.

"어디에도 머무름 없이 마음을 써야 한다."

이 뜻은 기존의 관념이나 판단에 집착하거나 물들지 않고, 있는 그대로 보아야 한다는 뜻이다. 그래야 걸림이 없이 자유롭다. 혜능은 이것을 '무념無念'이라 말한다. 생각이 없거나 생각을 끊는다는 뜻이 아니다. 무념은 생각이 자유롭다는 뜻이다. 혜능의 무념이 바로 노자의 '무위無爲'와 곧바로 통한다.

노자는 무위란 "하지 않으면서도 못하는 것이 없다(無爲而無不爲)."라고 말한다.

혜능은 무념이란 "생각하지 않으면서 생각 못함이 없다(無念而無不念)."라고 말한다.

혜능은 마음의 자유를 구하고 노자는 행위의 자유를 구한다.

나는 자유가 어디에 있는지 찾아보았다. 자유는 선택이 아니다. 선택은 두 극단의 하나를 택하고 다른 것을 버리는 것이다. 그것은 집착이다. 자유는 오히려 떨어져 나오는 것이다. 대립되는 것들을 융합하여 그 중도를 취하는 것이다. 있음과 없음, 밝음과 어두움, 움직임과 정지, 맑음과 흐림, 성스러운 것과 평범한 것, 길고 짧음, 올바름과 그릇됨 등 모든 대립을 넘어설 때, 참자아를 발견하고 자유로워진다.

노자는 《도덕경》 2장에서 말한다.

모두 아름다운 것을 아름답다 말하는 까닭은

추함이 있기 때문이다.

착한 것을 착하다 여기는 것은

착하지 않음이 있기 때문이다.

그런 까닭에 있는 것과 없는 것이 서로를 낳고

어려운 것과 쉬운 것이 서로를 만들며

긴 것과 짧은 것이 서로 겨루고

높은 것과 낮은 것이 서로 견주고

음과 소리가 서로 어울려 조화를 이루고

앞과 뒤는 서로가 서로를 따르는 것이다.


갈등과 대립이라는 이원론이 더 높은 차원에서 서로를 받아들이며 합쳐질 때 서로를 낳게 된다. 이때 우리는 어디에도 부딪치거나 갇히지 않는 바람이 된다. 우리는 이미 기존의 관념을 넘어서 한 단계 높은 곳에 서게 된다. 치솟아라. 치솟아라. 높은 곳에 올라라.

어느 날 새벽에 일어나 문득 내가 자유롭다고 느껴질 때, 내 안에 신이 머문다는 생각이 들 때 그렇게 고마울 수 없다. 홀로 엎드려 경배하니 내 몸이 확장되어 엎드린 마루로 흘러내리는 듯하다. 이런 순간이 내 삶 속으로 기어드는 날이 있으니 삶은 얼마나 찬란한가? 그러다 이런 깨달음을 까맣게 잊고 다시 찌푸리고 살다 또다시 마음이 맑아질 때가 있으니 잊었던 기쁨이 다시 몰려든다. 그러니 그날이 또한 얼마나 좋은 것이냐! 마음은 저 혼자 계곡의 밑을 구름으로 감돌기도 하고, 돌연 산의 정상을 향해 기쁨으로 치달리듯 한다. 맑은 날, 비 오는 날, 흐린 날, 바람 부는 날, 그날이 어느 날이든 날마다 그날로 살아 있다는 것. 그것이 마음을 따라 사는 것이다. 종심從心.

시인의 시 한 구절이 마음을 흐른다. 그러니 또한 오늘은 얼마나 좋은 날이냐.

조그만 물결이 강 안에 자라는 물풀을 어루만지는 강…
이 땅 위에서 가장 순수한 물은
아무것도 감추고 있지 않으면서도 무엇인가를 품고 있는 듯.
- 단테의《신곡》연옥편 제28곡 중에서

# 80

백성이 적은 작은 나라를 떠올려보라.
그들은 무기가 있으나 쓰지 않는다.
그들은 직접 손을 써서 일하기를 즐기고
도구를 만드는 데 시간을 허비하지 않는다.

그들은 죽음을 진지하게 받아들이고 멀리 가지 않는다.
거처가 편안하여 이동에 관심이 없다.
배와 수레가 있어도 타는 이가 없다.

그들은 음식이 좋아 만족하고
옷이 편안하여 기뻐하며
집이 아늑하여 만족한다.
그리고 그들의 풍속을 이어간다.

이웃 나라가 서로 바라다 보이고
닭 우는 소리와 개 짖는 소리가 서로 들리지만
늙어 죽을 때까지
서로 평화롭게 내버려둔다.

# 자신만의 낙원에서 사는 삶

*Living Your Own Utopia*

마지막 장만을 남겨둔 이번 80장은 'KISS'라는 제목이 어울릴지도 모르겠다. 여기서 KISS란 '간단히 해, 멍청아Keep it simple, stupid.'를 줄인 속어다. 이 장에서 노자는 충돌이 없고, 자연과 조화를 이루었으며, 무기가 있을지언정 쓸 일은 없는 이상적인 사회의 모습을 그려낸다. 고대 중국의 성인은 자연에 가까이 머무르고 삶의 기본적인 요소들 속에서 기쁨을 느끼는 것이 기술 문명의 이로움과 고급 자동차를 추구하는 것보다 더 큰 만족을 준다고 말하는 듯하다. 땅을 가까이 하고, 직접 손을 써서 일하며, 이웃과 경쟁하지 말라고 충고한다.

2,500년이 지나오면서 세상이 엄청나게 변한 것은 틀림없지만 이 장에 담긴 그의 충고는 21세기를 위한 지혜, 그 이상을 전한다. 무기가 그저 과거의 흔적으로 존재하며 폭력적이고 어리석었던 역사를 보여

주고 경각심을 일깨우기 위해 박물관에 전시된 세상을 상상해보라. 당신은 그곳에 전시된 다양한 다툼들을 보면서, 같은 몸에 기생하고 생존을 위해 그 몸과 서로에게 의존하지만 그럼에도 서로를 죽이고 결국 그 숙주마저 파괴하는 미생물과 인류가 서로 닮았다고 느낄 것이며, 전쟁은 무분별하고 파괴적임을 깨닫게 될 것이다.

인류사의 도처에서 벌어졌던 다툼들을 살펴보면 고대와 현대를 막론하고 증오와 대립이 이치에 맞지 않았음을 발견하게 된다. 사람들은 어째서 땅을 공유하고 평화롭게 어울려 살 수 없었을까? 무엇이 다른 사람을 죽여야 할 만큼 중요했던 것일까? 최근에는 서로 앙숙이었던 나라들이 동맹을 이루기도 한다. 서로를 죽이려고 했던 그 모든 다툼은 다 무엇이란 말인가? 우리는 무엇 때문에 생명을 주는 도와 조화를 이루지 못했을까? 이러한 질문들에 대한 답은 대단히 복잡하게 뒤얽혀 있지만 불행하게도 우리는 그 질문을 계속 이어가야 한다.

이 장은 자신만의 낙원에 살고자 한 당신의 노력을 부정하지 않는다. 그러면서 증오, 살인, 전쟁, 그리고 그 뒤를 잇는 협력을 거쳐 다시 폭력의 사이클로 이어지는 불합리한 순환에서 빠져나오라고 제안한다. 단순하게 살고 누군가를 지배하려고 애쓰지 않는다면 당신은 평화로운 존재의 근본으로 돌아갈 수 있다. 전쟁 도구들을 자꾸 만들어내려는 낌새가 보인다면 충돌을 평화롭게 해결하고자 하는 후보에게 한 표를 던져라.

당신은 그러한 선택을 통해 도의 본질에 가까이 다가설 수 있다. 새로운 기술의 도움을 받지 않고 일하는 쪽을 택할 수도 있고, 손으로 직접 글을 쓰며 당신의 근원과 연결됨을 느끼는 쪽을 택할 수도 있다. 차를 운전하는 대신에 걷기를 선택할 수도 있으며, 계산기의 도움 없이 셈을 하고 관계를 친밀히 하기 위해 전화번호를 외우는 것을 선택할 수도 있다. 또한 기계를 이용한 운동 대신에 수영이나 달리기를 선택할 수도 있다.

수고를 덜어주는 수많은 기구들이 있지만, 당신은 단순한 삶을 위해 그것들을 사용하지 않을 수도 있다. 어쩌면 이메일을 받지 않거나 음악을 다운로드하지 않는 것이 노자가 말한 땅을 가까이하는 당신 나름의 방식일 수도 있다. 당신은 단순하게 유지하고 싶은 삶의 영역들을 깨닫고 동시에 현대사회가 정보와 기술을 매개로 무엇을 전하려고 하는지 이해할 수 있다. 정보의 과부하, 너무 많은 도구, 과도한 복잡화의 영향이 느껴지는 순간을 찾아내라. 그리고 당신을 만족시키는 자연스러운 환경으로 옮겨가라.

노자는 도와 당신의 관계에 대한 깨달음을 위해 삶을 단순하게 만들라고 격려한다. 삶에 대한 생각을 바꾸는 데 도움이 될 이러한 새로운 마음가짐과 행동을 실천하라. 결국 당신의 삶은 변화할 것이다.

## 작은 것에 감사하라

당신이 당연하게 여기는 것들과 행복한 전투를 시작하라. 거기에는 매일 접하지만 결코 감사함을 느끼지 못하는 집, 정원, 식사, 옷, 가족, 그리고 친구들처럼 편안함을 주는 존재들이 있다. 관심을 기울여라. 애정이 깃든 감사를 표현하라. 당신의 삶을 구성하는 작은 보물들에 대해 경외의 마음을 갖고 가까운 주변에 더 많은 시간을 쏟아라.

# 주위에서 천국을 발견하라

더 나은 삶을 찾아 여행을 하고, 세속적인 이익을 구하고, 새로운 나라와 새로운 사람들을 경험해야 한다는 믿음을 버려라. 실제로 당신은 일생 동안 이사 한번 가지 않고 같은 곳에 살면서도 도의 축복을 누릴 수 있다. 프랑스의 작가이자 철학자인 볼테르는 "내가 서 있는 곳이 천국이다."라고 말했다. 이 말을 명심하라. 만약 당신이 지금 있는 곳에서 똑같은 사람들, 똑같은 사진들, 그리고 똑같은 가구들로 인해 마음이 편안해진다면 그곳을 당신의 천국으로 삼아라. 단순함 속에서 기쁨과 위로를 발견하라. 당신이 가진 것, 머물고 있는 곳, 그리고 있는 그대로의 자신 안에서 만족을 찾을 수 있도록 사고방식을 전환하라. 모든 공간 속에서 도를 느낌으로써 당신만의 낙원을 가꾸어라.

## ❧ 지금, 도를 행하라

음식에 집중하는 하루를 보내라! 당신의 건강과 즐거움을 위해 음식을 만들어낸 신비로운 근원에 감사하고, 그 근원과의 모든 관계에 대해 기도를 올려라. 장을 보고, 요리를 하고, 저녁 모임을 계획하고, 만찬에 초대된 손님이 되기도 하고, 음식점에서 식사를 하고, 간식을 먹고, 혹은 극장에서 팝콘을 먹는 것은 의식적으로 그 관계를 탐험할 수 있는 기회들 중 일부일 뿐이다. 이러한 음식과의 관계들을 도의 끝없는 순환을 구성하는 하나의 요소로, 그리고 자신만의 낙원에 머무르는 데 중요한 부분으로 받아들여라.

늙어 죽을 때까지
서로 평화롭게 내버려둔다.

# 81

믿음직한 말은 아름답지 못하고
아름다운 말은 믿음직하지 못하다.
선한 사람은 따지지 않고
따지는 사람은 선하지 않다.
덕이 있는 사람은 흠을 찾지 않고
흠을 찾는 사람은 덕이 없다.

성인은 쌓아두지 않고
다른 사람에게 모두 준다.
더 많이 가질수록 더 많이 준다.

하늘의 도는 모두를 이롭게 하고
누구에게도 해를 끼치지 않는다.
성인은 이를 따라서 모두를 이롭게 하고
누구와도 겨루지 않는다.

# 쌓아두지 않는 삶
*Living Without Accumulating*

마지막 장은 《도덕경》에 담긴 모든 생각들을 마무리하고 있다. 당신은 '아무것도 없음no-thing-ness'에서 태어났다. 당신이 시작된 그 자리에는 아무것도 없었고, 당신이 돌아갈 그곳에도 역시 아무것도 없다. 그래서 노자는 물질을 모으려고만 하지 말고 당신의 진정한 본질을 찬양하라고 말한다. 도의 '형태 없음' 속에 순수한 도라고 할 수 있는 것은 없는 것처럼 당신의 진정한 본질은 형태가 없다…. 바로 당신이 그 도이기 때문이다.

《도덕경》은 '아무것도 없음'이 곧 도임을 인식하는 존재의 방식으로 당신을 이끈다. 이것은 신을 인식하는 존재의 방식이라고 부를 수도 있다. 나는 이 마지막 글에서 쌓아두지 않는 삶을 통해 자신의 비존재nonbeing, 즉 도의 본질을 가진 자아에 다가서라고 말하고자 한다. 이것은 더 많이 내주고, 덜 따지며, 세상 모든 것에 대한 집착을 놓아버리는 것을 뜻한다. 궁극적으로는 당신의 생명과 육체에 대한 집착까지 내려놓는 것일 수도 있다. 그러나 당신은 여전히 살아서 이를 실천할 수 있다. 고난의 성자 요한은 삶을 대하는 이런 방식에 대해서 다음과 같이 이야기한다.

모든 것에 만족하기 위해서는
아무것도 갖지 않은 채로 소망하라.
모든 것을 소유하기 위해서는
아무것도 얻지 않기를 소망하라.
모든 것이 되기 위해서는
아무것도 되지 않기를 소망하라.
모든 것을 알기 위해서는
아무깃도 아는 것이 없기를 소망하라.

'아무것도 없음'에 대한 이 모든 지혜는 노자가 우리에게 전하는 가르침 속에 고스란히 들어 있다. 이 고대의 현인은 우리가 쌓아두지 않는 아무것도 없음에 대해 이해함으로써 존재 자체를 축복할 수 있기를 바란다.

사물들이 사라진 세상을 상상하기는 어렵지만 노자는 그런 세상에 대해 설명한다. 그곳에는 아름다운 말이 필요 없다. 묘사할 것이 없기 때문이다. 그곳에는 다툴 것도 없고, 서로 차지하기 위해 싸울 소유물도 없다. 존재하는 것은 도의 숨은 덕뿐이기에 비난하거나 흠잡을 일도 없다. 그리고 그곳에는 모으고, 축적하고, 쌓아 올릴 것이 아무것도 없다. 그래서 당신은 가진 것을 나눠주고, 다른 사람을 지지하게 된다. "하늘의 도는 모두를 이롭게 한다."라고 노자가 말하는데, 여기서 이롭다는 것은 곧 신의 덕목이며, 신은 참으로 도와 같다.

에크하르트는 신과 도라는 말이 서로 교환될 수 있다는 것을 다음과 같이 그려낸다.

신은 존재 너머의 존재이며
존재 너머의 존재하지 않음이다.
신은 아무것도 아니다. 아무것도.
신은 아무것도 없음이다.
그럼에도 신은 대단한 무언가다.

《도덕경》은 이 마지막 장을 통해 당신이 육신을 갖고 이 세상에서 살아 있는 동안 하늘의 도를 따르기 위해 할 수 있는 전부를 다 하라고 격려한다.

당신의 생각이 변하고, 결국에는 삶이 영원히 달라질 수 있도록 다음에 이어지는 노자의 제안들을 시도해보라.

## 접수 쌓기는 이제 그만두라

따지고 다투려는 성질을 버리고 당신과 의견이 다른 누군가가 옳을 수 있음을 인정하라. 상대방에게 그저 "당신이 옳다. 당신의 의견을 들려줘서 고맙다."라는 의미의 말을 전함으로써 다툼을 마무리 지어라. 이렇게 하면 싸움은 끝나고 동시에 비난과 책망도 남지 않는다. "당신이 옳다."라는 말을 건네는 것으로 자신만 옳기를 바라는 에고를 다스려라. 이 한 마디가 당신의 삶을 훨씬 더 평화롭게 만들어줄 것이다.

## 스스로를 '아무것도 없음'의 수준까지 낮춰라

당신의 몸과 모든 소유물들을 관찰하라. 그러고 나서 그 모두가 변화하는 세상의 일부분임을 받아들여라. 마하트마 간디는 "당신이 진실의 대양 한복판에서 헤엄칠 거라면 당신 자신을 '0'의 상태로 만들어야 한다."라고 말했다. 이것을 명심하라. '아무것도 없음' 혹은 '0'의 자리에서 관찰자가 되어 물질의 세상 속에 당신이 쌓은 것들을 살펴보라. 그럼으로써 세상에 확실하게 실재하는 것은 아무것도 없음을 발견하게 될 것이다. 소유물이나 사고방식에 집착하고 있는 자신이 느껴질 때마다 이를 실천하라.

D. H. 로렌스는 이런 개념을 극적으로 포착해낸다.

당신은 스스로 사라지고,
지워지고, 철회되고, 홀대받는가?
하찮게 여겨지기를 마다하지 않는가?
기꺼이 망각 속으로 사라지는가?
아니라면, 결코 진정으로 변하지는 못할 것이다.

생각을 바꾸면 삶이 달라진다. 기쁘게 변화하라.

샘 해밀Sam Hamill이 작업한《도덕경 : 새로운 번역Tao Te Ching: A New Translation》에 담긴 노자의 목소리를 당신에게 전한다. 바로 이 마지막 장이다.

> 성인은 쌓아두지 않으며
> 그러므로 내어준다.
> 다른 사람을 위해 살수록
> 그의 삶은 위대해지고
> 다른 사람에게 줄수록
> 그의 풍요로움은 커진다.

이 글귀를 적어두고, 되풀이해서 외워라. 그리고 적어도 하루에 한 번은 실천하라. 그렇게 하면 이 세상을 살아가는 당신의 삶은 도로써 충만할 것이다.

《도덕경》에 담긴 총 81장의 글은 그 속에 담긴 힘과 방대한 지혜에 대한 나의 외경심과 의구심을 자극했다. 그 과정을 정리하는 것으로 1년에 걸쳐 계속되었던 이 프로젝트를 마무리하고자 한다.

이 책의 맨 앞에 인용한 공자의 말을 다시 한번 읽어보라. 전하는 이야기에 따르면 공사는 노자의 신망에 감명을 받아서 예禮에 대한 조언을 구하고자 그를 찾았다고 한다. 예는 유교에서 가장 중요하게 여기는 덕목이지만 노자는 이를 위선적이고 허튼소리라고 생각했다. 노자를 만나고 돌아온 공자는 제자들에게 노자에 대해 자신과 같은 범인凡人의 생각을 훌쩍 뛰어넘는 신비로운 힘을 가진 한 마리의 용과 같았다고 털어놓았다.

81꼭지의 짧은 에세이를 쓰는 동안 나는 노자의 신비로운 매력을 절감했다. 앞부분의 장들을 읽을 때 노자는 고대 중국의 지혜를 현대의 사람들에게 전해주는 훌륭한 선생님이라고 생각했다. 그러다가 시간이 흐르고 그의 가르침에 더욱 몰두하게 되면서는 노자가 내게 직접 말을 하고 있는 것처럼 느껴지기 시작했다. 그는 나를 통해서 당신에게, 그리고 다가올 세대에게까지도 이야기를 하는 듯했다. 가끔은 노자가 우리에게 이 속에 담긴 중요한 메시지를 깨달아야 한다고, 그러지 않으면 문명화된 채로 멸망할 거라고 힘주어 말하는 것 같기도 했다. 그리고 때때로 그의 존재가 곁에 있는 듯 느껴지기도 했다.

이 원고를 마무리했을 때 나는 공자의 마음을 흔들었던 용과 같은 신비로운 힘에 부딪치는, 고통스럽지만 피할 수 없는 기회를 얻었다. 노자는《도덕경》을 통해 넘어설 수 없을 것처럼 보이는 어려운 문제와 도로 향하는 통찰을 주어 시간과 공간이라는 바람과 구름을 마주 볼 수 있게 해주었다.

이 책의 최종 편집본을 다시 읽을 당시에 나는 인생 최대의 도전을 선물받았다. 종종 사람을 충돌과 대립으로 몰고 가는 깊은 내면의 상처가 수면 위로 떠올랐다. 사람들로 하여금 스스로를 피해자라고 생각하게 만들고 결국에는《도덕경》의 도처에 언급된 전쟁과 같은 극단으로까지 치닫게 하는 화가 치밀어 오르기도 했다. 나의 생각들은 절대로 적을 만들지 말라는 노자의 가르침과 한바탕 싸움을 벌여야 했다.

내가 겪고 있던 어려운 상황 속에서는 사랑이라는 근원과 연결되고 고요함 속에 머무르는 것이 누구에게나 어려운 일일 것이다. 아무런 이유 없이 불쑥 모습을 드러낸 그 불운 속에는 어떤 행운이 숨어 있는 것일까? 나는 이제 악한 사람들을 가르치는 선생이 되어야 하는가? 한 장 한 장 읽어가며 내 안의 질문들은 끝도 없이 이어졌다.

그때 내 안에서 노자가 용 같은 모습을 드러내기 시작했다. 책을 읽어나가자 얼굴이 열기로 뜨겁게 달아올랐다. 마치 노자가 나에게 직접 말을 건네는 것만 같았다.

'그래, 81장의 글을 읽고 그 뜻을 더듬는 데 1년의 시간을 보냈다고 도를 터득한 것처럼 생각하는 모양인데, 당신이 도를 깨달았는지 알아볼 수 있는 좋은 방법이 한 가지 있다. 여기에는 당신을 정신적으로, 육체적으로, 지적으로, 그리고 감정적으로 뒤집어놓고 혼란으로 밀어넣을 뜻밖의 무언가가 있다. 내가 당신에게 가르쳐준 전부를 삶에 적용해보라. 평화 가운데 머무르고, 타고난 본성을 믿고, 그 모두가 완전하다는 사실을 깨달아라. 첫째로 아무것도 하지 마라. 전쟁 속으로 끌려들어가는 느낌이 들거든 그 누구도 적으로 삼지 마라. 마음속에 복수나 비난을 포함한 그 어떤 폭력도 품지 마라. 극복할 수 없을 것처럼 보이는 어려움에 직면하더라도 모두를 사랑하고, 모든 것을 알고 있는 도의 완전함에 뿌리를 둔 채로 이를 실천하라. 그리고 나서야 자신이 도를 실천하는 사람이라고 말할 수 있을 것이다.'

매 장을 다시 읽을 때마다 그 장은 정확하게 내게 필요한 내용을 담고 있었다. 노자가 용의 숨결로 나를 뜨겁게 하기 시작했다. 처음에는 아무런 희망도 없이 황폐하게만 느껴지던 일들이 결국 도가 가져다준 것에 대한 깊은 감사와 즐거운 삶을 위한 희망이 되었다.

이제 이 책을 덮을 당신에게 내가 바라는 것은 아무리 힘겨운 상황에 직면해 있더라도 생각을 바꾸고 변화하는 삶을 즐길 수 있도록 도의 지혜를 실천하라는 것이다. 비록 도에 통달한 성인은 아니지만 나도 도를 실천하고 있다. 《도덕경》에 담긴 글들은 2,500년 전에 기록되었고 그만큼의 시간이 지난 현대의 사람들을 위해 그 의미를 밝히는 역할을 할 수 있는 것은 참으로 영광스러운 일이었다. 이제, 나는 평화롭다.

노자여, 고맙습니다.

고백하자면, 번역을 시작하기 전에 약간의 선입견을 가지고 있었다. 덕분에 새벽마다 눈 비비며 일어나 겨우 정신을 차렸다가 수없이 많은 판본과 그보다 더 많은 번역본, 그리고 웨인 다이어의 글 사이에서 길을 잃곤 했다. 노자의 원음原音을 전하겠다고 강조하는 기존의 책들과는 달리《도덕경》에서 일부를 덜어내고, 또 일부는 더했노라 솔직하게 말하고 사과하는 이 책이 처음에는 당황스럽기도 했다.

그러나 이런 마음은 번역을 해나가는 과정에서 자연스럽게 풀어졌다. 동양과 서양 사이에 가로놓인 사고의 차이는 오히려 새로운 해석을 가능하게 해주었고, 학문적으로 파고들어 글 속에 갇히고 마는 현학적 오류에서 벗어나 자유롭게 노닐 수 있는 여지를 마련해주었다. 그렇게 학문의 올가미를 풀어내고 삶 속으로 걸어 들어온 노자의 이야기는 우리 일상에 더 가까웠고, 솔직했다.

"학문은 하루하루 쌓아가는 것이고 도는 하루하루 덜어내는 것이다."(爲學日益 爲道日損,《도덕경》48장)

이 노자의 글처럼 '자기 경영'은 도식화된 실용적 방법론을 통해 무언가를 더해가는 학습의 과정이 아니라 내면에 존재하는 참 '나'를 되찾아가는 여행임을 깨닫게 해준 이 책에 감사한다. 이 책이 나에게 그러했듯, 여러분 마음속에 봉인된 삶의 행복을 찾아가는 여정에 도움이 되었으면 좋겠다.

끝까지 응원해준 부모님과 가족들에게 감사의 마음을 전한다.

신종윤

## 참고도서

*The Essential Tao: An Initiation into the Heart of Taoism through the Authentic Tao Te Ching and the Inner Teachings of Chuang Tzu,* translated and presented by Thomas Cleary

*The Illustrated Tao Te Ching: A New Translation with Commentary,* by Stephen Hodge

*Tao Te Ching,* by Lao Tsu; translated by Gia-Fu Feng and Jane English

*Tao Te Ching: The Definitive Edition,* by Lao Tzu; translation and commentary by Jonathan Star

*Tao Te Ching: A New English Version, by Stephen Mitchell*

*Tao-Te-Ching: A New Translation,* by Lao-Tzu; translated by Derek Bryce and Léon Wieger

*Tao Te Ching: A New Translation,* by Lao Tzu; translated by Sam Hamill

*Tao The Ching,* by Lao Tzu; translated by John C. H. Wu

*A Warrior Blends with Life: A Modern Tao,* by Michael LaTorra

*The Way of Life According to Lao Tzu,* translated by Witter Bynner

# 치우치지 않는 삶
## 웨인 다이어의 노자 다시 읽기

초    판 1쇄 발행 2010년 2월  1일
개정판 1쇄 발행 2021년 1월 28일
개정판 6쇄 발행 2024년 8월  1일

지은이 | 웨인 다이어
옮긴이 | 신종윤
해제 | 구본형
펴낸이 | 한순 이희섭
펴낸곳 | (주)도서출판 나무생각
편집 | 양미애 백모란
디자인 | 박민선
마케팅 | 이재석
출판등록 | 1999년 8월 19일 제1999-000112호
주소 | 서울특별시 마포구 월드컵로 70-4(서교동) 1F
전화 | 02)334-3339, 3308, 3361
팩스 | 02)334-3318
이메일 | book@namubook.co.kr
홈페이지 | www.namubook.co.kr
블로그 | blog.naver.com/tree3339

ISBN 979-11-6218-134-8  03150

* 값은 뒤표지에 있습니다.
* 잘못된 책은 바꿔 드립니다.
* 이 책은 《서양이 동양에게 삶을 묻다》의 개정판입니다.